HISTOIRE

DE LA RÉPUBLIQUE

DE VENISE.

Tome III.

DE L'IMPRIMERIE DE FIRMIN DIDOT,
IMPRIMEUR DU ROI ET DE L'INSTITUT.

HISTOIRE

DE LA RÉPUBLIQUE

DE VENISE.

PAR P. DARU,
DE L'ACADÉMIE FRANÇAISE.

SECONDE ÉDITION, REVUE ET CORRIGÉE.

TOME TROISIÈME.

A PARIS,

CHEZ FIRMIN DIDOT, PÈRE ET FILS,
LIBRAIRES, RUE JACOB, N° 24.

1821.

HISTOIRE

DE

LA RÉPUBLIQUE DE VENISE.

LIVRE XVIII.

Guerre des Florentins alliés aux Vénitiens, contre le pape et le roi de Naples. — Ligue de la république avec le pape. — Les Turcs appelés dans le royaume de Naples par les Vénitiens. — Guerre de la république contre le duc de Ferrare, et le roi de Naples. — Conquête et acquisition de la Polésine de Rovigo. — Ligue contre les Vénitiens. — Le pape les excommunie. — Traité de paix. — Les Français sont appelés en Italie, 1478-1493.

Ce n'est pas toujours un moyen de ramener le calme dans une république orageuse, que de lui donner un maître. L'élévation des Médicis, qui avait eu lieu à la faveur des troubles de Florence, ne les fit point cesser. Le pape Sixte IV, et le roi de Naples Ferdinand, vou-

I.
Nouvelle guerre en Italie. Venise et Florence contre le pape et le roi de Naples. 1478.

lurent en profiter pour opprimer les Florentins; ceux-ci trouvèrent des alliés dans les Vénitiens, dans le duc de Milan et le duc de Ferrare. Ainsi fut troublée la paix dont l'Italie avait joui pendant près de trente ans, et dont elle était redevable à la confédération imaginée par François Sforce. Dans cette nouvelle lutte, qui dura pendant les années 1478 et 1479 (1), les succès furent balancés; mais Laurent de Médicis sentit qu'un état qui ne peut soutenir la guerre que par le secours de ses alliés, doit prévoir que cette ressource lui manquera tôt ou tard, et se hâter de faire la paix. Il n'épargna point les actes de soumission envers le pape, et le roi de Naples; ceux-ci le reçurent dans leur alliance et formèrent une nouvelle ligue offensive et défensive, dans laquelle étaient compris les Florentins, le duc de Milan et la république de Gênes.

Laurent de Médicis abandonne les Vénitiens.

---

(1) Voyez la relation et les actes de la négociation faite par les ambassadeurs du roi Louis XI, pour traiter la paix entre le pape Sixte IV et le roi de Naples d'une part, et la république de Venise, les ducs de Milan et de Ferrare, et la république de Florence d'autre, ès années 1478 et 1479, manusc. de la Biblioth.-du-Roi, n° 1087-729. Le traité du 1er avril 1478 ratifié. Manuscrit de la Biblioth.-du-Roi, n° 9690, et autres provenant de la bibliothèque de Brienne, n° 14.

Par ce traité, fait à son insu, (1) la république de Venise se trouvait abandonnée de ses alliés, et exclue d'une ligue qui paraissait menaçante. Son premier soin fut de désunir cette confédération. Pendant qu'on y travaillait, le sénat imagina d'appeler en Italie René de Lorraine, dont la mère était fille de René d'Anjou, et de mettre à la tête des armées de la république, avec le titre de capitaine-général (2), un prince qui avait à faire revivre d'anciennes prétentions sur le trône de Naples. C'était à-la-fois intéresser vivement le généralissime au succès de la guerre, et préparer des embarras à Ferdinand d'Arragon.

Ligue contre ceux-ci.

La seigneurie avait entrepris de détacher le pape Sixte IV de l'alliance de ce roi. Pour y réussir, on s'adressa à ses faiblesses; sa passion était d'élever sa maison. Jamais souverain pontife n'avait poussé si loin ce qu'à Rome on appelle le népotisme. Il avait un neveu, nommé le comte d'Imola, qui exerçait sur lui un as-

II.
Ils détachent le pape de la ligue.
1480.

---

(1) In detto anno 1479 fù conchiusa una lega trà il papa, il rè Fernando, il duca di Milano, i Fiorentini e i Genovesi, senza alcuna nostra saputa.
(Marin Sanuto, *Vite de' duchi*, G. Mocenigo.)
(2) Id. ibid.

cendant incroyable; et toute la politique de la cour romaine n'avait d'autre objet, toute la puissance de l'église n'avait d'autre emploi, que de former à ce neveu un établissement digne de son ambition, ce qui n'était pas facile.

Le comte d'Imola venait de s'emparer de la principauté de Forli, dont le seigneur dépossédé s'était retiré à Venise. (1) La seigneurie fit exposer au pape, qu'elle se déterminerait entre ces deux compétiteurs, pour appuyer l'un ou l'autre, suivant le degré de confiance que sa sainteté voudrait lui témoigner à elle-même. Elle offrit de protéger l'usurpation du comte d'Imola et de lui faire même un sort considérable, si le pape consentait à accepter l'alliance de la république, au lieu de celle de Ferdinand. Ces offres le déterminèrent.

L'alliance de ces deux puissances fut conclue le 16 avril 1480 pour vingt-cinq ans; chacune y désignait ses amis. De la part du pape, c'étaient l'empereur, comme protecteur de la sainte église romaine, le roi de Hongrie, les républiques de Gênes, de Sienne et de Lucques;

---

(1) Il comte Girolamo, nipote del papa Sisto IV, ebbe Forli, e Antonio Maria degli Ordelaffi che n'era signore venne qui.

(Marin SANUTO, *Vite de' duchi*, G. Mocenigo.)

de la part des Vénitiens, les ducs de Savoie, d'Autriche, de Ferrare et d'Urbin, le seigneur de Rimini, le duc de Lorraine, capitaine-général de la ligue, le comte d'Imola, et plusieurs autres princes ou seigneurs (1).

Il n'y avait pas lieu de compter sur la coopération de tous ces états, mais sur leur neutralité : ainsi, dans l'intervalle du mois de décembre au mois d'avril, la politique des Vénitiens sut changer la face des choses, et la république se trouva à la tête d'une ligue, au lieu d'avoir à combattre seule toutes les principales puissances de l'Italie.

Mais cette ligue, qui garantissait la sûreté des Vénitiens, ne satisfaisait pas leur haine. La guerre n'était pas déclarée, et dans leur impatience de susciter un ennemi au roi Ferdinand, ils intriguèrent à Constantinople, pour persuader au grand-seigneur de venir attaquer les côtes du royaume de Naples. C'était une singularité politique assez remarquable, que de voir les chefs d'une ligue, dans laquelle était le pape, solliciter les Turcs de s'armer contre un prince chrétien et les appeler en Italie. Sébastien Gritti, envoyé

III. Invasion des Turcs dans le royaume de Naples, sollicitée par les Vénitiens. 1480.

---

(1) Marin SANUTO, *Vite de' duchi*, G. Mocenigo.

de Venise, exposa au sultan, que les principales villes de la Pouille et de la Calabre étaient d'anciennes colonies grecques; qu'elles avaient depuis appartenu à l'empire d'Orient; que par conséquent il avait droit de les réclamer, puisqu'il était maître de la Grèce et de cet empire. Ces raisons devaient paraître très-suffisantes à ce prince; il envoya une flotte de soixante-dix voiles (1), avec des troupes de débarquement, qui prirent terre dans la Pouille et mirent le siége devant Otrante.

La flotte vénitienne, partie de Corfou, suivit de loin la flotte turque, et attesta par son inaction la connivence de la république (2).

---

(1) Marin Sanuto, *Vite de' duchi*, G. Mocenigo.

(2) E la nostra armata anch' essa si levò di Corfù di vele sessanta, di Grippi ed altre armate e le andò dietro. La quale armata turchesca andò ad Otranto del rè Ferrando e dategli alcune battaglie, alla fine l'ebbero per forza. E incominciarono ad avere stato in Italia. Nella terra usarono grandissima crudeltà. Presero il conte Francesco Largo capitano del rè e il fecero segare per mezzo, e così il vescovo di quella città, e dodici mila uomini furono ivi ammazzati dai Turchi, sicchè di venti due mila ch' erano, non ne rimasero vivi che dieci mila. Presa la detta città volevano etiam aver Leze e Taranto. La nostra armata ritornò a Corfù.

(*Id. ib.*)

Otrante fut emportée le 26 juillet, après un siége de quelques jours ; douze mille soldats ou habitants furent égorgés ; le gouverneur, l'évêque, furent sciés par le milieu du corps, et les Turcs se disposaient à se porter sur Tarente. C'était assurément une diversion aussi vigoureuse que les Vénitiens pouvaient la souhaiter.

Prise d'Otrante par les Turcs.

Toute l'Italie se leva aux cris du roi de Naples. On réclama les secours de la seigneurie contre une agression dont on était loin de la croire complice : mais elle répondit froidement qu'elle avait eu une longue guerre à soutenir contre les Turcs, sans qu'aucune puissance fût venue à son secours, dans les dangers pressants où elle s'était trouvée ; qu'elle avait été assez heureuse pour en sortir avec gloire et pour conclure la paix avec les Ottomans ; qu'elle ne pouvait pas violer un traité qui faisait sa sûreté, et qu'elle mettait son honneur à garder religieusement ses promesses. Les Vénitiens étaient capables de laisser dévaster tout le royaume de Naples, et Ferdinand aurait été probablement écrasé, si une attaque du roi de Perse n'eût obligé Mahomet II de rappeler son armée, et si la mort de ce sultan, qui survint le 7 mai 1481, n'eût délivré l'Italie de ce formidable ennemi.

Retraite des Turcs. 1481.

L'armée turque partie, on s'occupa d'assiéger la garnison qu'elle avait laissée dans Otrante.

Otrante reprise.

Le pape, les Génois et l'Espagne fournirent des secours aux Napolitains. Les Vénitiens observèrent ce qu'ils appelaient leur neutralité. La nouvelle de la mort de Mahomet détermina le pacha à rendre la place; il capitula pour en sortir avec tous les honneurs de la guerre : on fournit aux Turcs dix vaisseaux de transport pour s'en retourner; mais, dès qu'ils furent embarqués, on les attaqua avec des galères, et tout ce qui ne fut pas massacré, fut mis à la chaîne (1).

IV.
Brouillerie entre les Vénitiens et le duc de Ferrare.
1481.

Le roi de Naples était devenu l'ennemi irréconciliable d'une république qui avait été au moins la spectatrice indifférente de son désastre, et qui attirait en Italie un héritier de la maison d'Anjou. Ferdinand ne se borna pas à intriguer, comme on l'a vu, contre les Véni-

---

(1) Marin Sanuto, *Vite de' duchi*, G. Mocenigo.
Guichardin, dans le 15ᵉ liv. de son Histoire, où il fait une digression sur les progrès de l'art de la guerre, dit, à l'occasion de ce siége, une chose assez remarquable, c'est que ce fut à la prise d'Otrante que les Européens furent redevables, non pas de la découverte, mais de la connaissance des ouvrages propres à défendre les places contre l'artillerie. Ils virent avec étonnement que les Turcs, pendant leur occupation, avaient fait autour de celle-ci des travaux dont il n'existait pas de modèle.

tiens dans le royaume de Chypre ; il chercha à leur susciter une guerre en Italie.

Il était beau-père du duc de Ferrare; ce prince, dont les états se trouvaient limitrophes des possessions de la seigneurie, avait, il est vrai, reçu plusieurs services importants de la république, mais il vivait sous des lois assez dures, qui lui avaient été imposées par les précédents traités. Ses sujets ne pouvaient faire du sel dans leur propre territoire, et étaient obligés d'en acheter à Venise. Les Vénitiens jouissaient dans le pays de Ferrare de grands priviléges, entre autres de n'y reconnaître pour juge que le vidame, ou consul de leur nation, même dans leurs contestations avec les habitants du pays(1).

Le roi de Naples sollicitait son gendre de secouer un joug aussi humiliant. Ce duc, assuré d'un secours si considérable, fit commencer quelques travaux dans ses anciennes salines, et voulut lever quelques droits sur le commerce

---

(1) Ces priviléges, quoiqu'un peu moins étendus dans l'origine, prenaient leur source dans des traités conclus entre les Vénitiens et les Ferrarais, en 1191, 1203 et 1204. On y avait réglé la manière dont seraient jugés les uns et les autres dans leurs contestations respectives. Muratori rapporte ces traités. *Antiquités du moyen âge*, dissertation 49e, pages 357, 359 et 363.

des Vénitiens. Ces entreprises excitèrent des plaintes, dans lesquelles la république ne ménagea pas l'amour-propre de son voisin. Pendant qu'on échangeait des notes rédigées avec beaucoup d'aigreur, le consul de Venise eut occasion de citer devant lui un prêtre ferrarais, contre lequel un marchand vénitien réclamait une somme. Le prêtre ne comparut point. Le consul le condamna, et la sentence ne put être exécutée, parce que l'officialité, c'est-à-dire le tribunal ecclésiastique de Ferrare, évoqua la cause, attendu la qualité du défendeur, sur lequel un juge étranger ne pouvait avoir de juridiction, puisque les juges du pays eux-mêmes n'en avaient pas.

Le vidame, sans tenir compte de cette opposition, fit arrêter le débiteur; et l'official, usant de représailles, lança l'excommunication contre cet étranger, pour avoir attenté à la liberté d'un prêtre.

Le vidame alla se plaindre au duc, en fut reçu très-froidement, et jura par le corps de notre Seigneur que, s'il n'obtenait satisfaction, il sortirait de l'état de Ferrare. Le duc lui répondit qu'il était libre de le faire, et le consul se hâta d'aller à Venise, échauffer les Vénitiens contre les Ferrarais.

Ce départ était presque une déclaration de

guerre. Le duc, qui ne croyait pas dans le principe que les choses allassent si loin, commença à se repentir de son imprudence. Il fit toutes les protestations, donna toutes les explications dont le fait était susceptible; il envoya même le juge de l'officialité à la seigneurie pour faire des excuses; mais on signifia à ce prêtre l'ordre de partir, s'il ne voulait pas être pendu sur l'heure, pour avoir osé lancer l'excommunication contre le résident de la république, et on le renvoya, en ajoutant qu'il n'était redevable de la vie qu'à la modération si généralement reconnue du gouvernement vénitien.

Le pape, loin de prendre parti dans cette affaire pour le duc de Ferrare, ou au moins pour les priviléges du clergé, fit dire aux Vénitiens qu'il approuvait leur ressentiment, et qu'il les seconderait même dans leur vengeance. L'ambition du comte d'Imola expliquait cette détermination. Il s'était rendu à Venise, où il avait été reçu avec de grands honneurs et inscrit au livre d'or, pour proposer à la république le partage des dépouilles du duc de Ferrare. Le roi de Naples, de son côté, se hâta d'envoyer des secours à son gendre, et se prépara à faire marcher une armée contre le pape.

V. Guerre des Vénitiens contre le roi de Naples et le duc de Ferrare. 1482.

Les hostilités commencèrent au mois de mai 1482. Une flotte vénitienne fut envoyée sur les côtes de Naples. Une flottille entra dans le Pô. L'armée de terre de la république, sous le commandement de Robert de Saint-Severin, pénétra dans la province de Rovigo, connue sous le nom de Polésine. Le duc de Ferrare allait être investi dans sa capitale ; mais il exaltait la haine de ses sujets, contre des voisins ambitieux, et il suscitait de nouveaux ennemis à la seigneurie, en signant un traité d'alliance avec le duc de Milan, et les Florentins

L'armée de Naples entra sur le territoire de l'église et menaça Rome. Le peuple de cette capitale se mit à murmurer contre la faiblesse d'un pape qui, se laissant entraîner par un neveu dans une guerre où le saint-siége n'avait aucun intérêt, exposait ses états à une invasion. L'armée vénitienne vint délivrer Rome de ce danger, et battit complètement à Velletri les troupes de Ferdinand.

VI.
Le pape se déclare contre la république.
1482.

On était encore à Rome dans l'ivresse de la victoire, que déja le pape, qui la célébrait avec tant d'enthousiasme, se disposait à montrer encore une fois l'inconstance de sa politique, en changeant d'ennemis et d'alliés. Ce n'étaient point les plaintes des Romains qui l'avaient ému, c'était la volonté de son neveu qui l'avait changé. Les cours d'Espagne et de Naples s'étaient réunies pour éblouir le comte d'Imola par des promesses qui passaient toutes ses espérances. Un traitement de cent mille ducats, le commandement d'une armée, l'assurance des principautés de Faenza et de Rimini, qui n'étaient point vacantes, le mariage de sa fille avec l'héritier de la maison de Ferrare, furent l'appât auquel se laissa prendre cet ambitieux sans talents, devenu, par la faiblesse d'un vieillard, l'arbitre des destinées de l'Italie. Le pape s'allia avec les ennemis de la seigneurie, par un traité du 19 décembre. Ainsi dans le cours d'une campagne, commencée d'abord contre le duc de Ferrare seul, la république se trouvait avoir à combattre toutes les puissances de la péninsule (1).

Le pape embrassa avec une chaleur extrême le nouveau parti dans lequel il venait de se jeter. Il écrivit (2) à la seigneurie pour colorer

---

(1) Sicchè s'unì tutta l'Italia contro noi.
(Marin SANUTO, *Vite de' duchi*, G. Mocenigo.)

(2) Les lettres du pape et la réponse sont rapportées dans l'*Historia di Venezia, dall' anno 1457, all' anno 1500*, manuscrit de la Biblioth.-du-Roi, n° 9960, (2ᵉ partie,) et avec quelques variantes dans l'*Histoire de la guerre de Ferrare*, par Pierre CYRNÆUS.
Rerum italicarum scriptores, tom. XXI, p. 1209.

une défection dont elle avait sujet d'être irritée, protestant qu'il ne s'y était déterminé que par son amour pour la paix, par son zèle pour les intérêts de l'église; il offrait sa médiation, et exhortait les Vénitiens à s'y soumettre, en laissant entrevoir la menace des censures ecclésiastiques, s'ils se refusaient à le prendre pour arbitre de leur différend.

C'était une des qualités les plus dignes d'admiration dans le gouvernement vénitien, que sa fermeté dans les circonstances périlleuses. La république se trouvait sans doute engagée dans une lutte difficile à soutenir; mais jusque-là ses armées avaient été victorieuses; elle se voyait maîtresse de la province de Rovigo, et ses troupes occupaient déjà les faubourgs de Ferrare. On rejeta, non pas la paix, mais toute proposition qui tendrait à ce que la république renonçât à ses avantages; et, pour manifester sa résolution de soutenir ses droits, la seigneurie finit par rappeler l'ambassadeur qu'elle avait à Rome.

VII.
Il excommunie les Vénitiens.
1483.

Le pape assembla le consistoire pour délibérer sur les censures que méritaient les Vénitiens. Là, le cardinal Marc Barbo, patriarche d'Aquilée, prit la liberté de lui représenter que la république était le boulevard de la chrétienté contre les Turcs; qu'elle avait rendu d'importants services à l'église; que, dans cette occasion, elle avait armé contre le duc de Ferrare, par des motifs apparemment très-justes, puisqu'ils avaient reçu l'approbation de sa sainteté ; qu'on ne pouvait regarder comme criminelle une guerre pour laquelle le saint-père avait publié les indulgences, et à laquelle ses troupes avaient pris part; et qu'enfin, dans cette campagne même, les armes vénitiennes avaient été employées pour la délivrance de Rome (1); il pourrait paraître singulier qu'elles fussent anathématisées après avoir défendu le saint-siége, tandis que celles qui l'avaient attaqué ne l'étaient pas.

Ces raisons ne firent aucune impression sur le saint-père. Le 25 mai 1483, il fulmina la bulle d'excommunication. Cette bulle ordonnait à la seigneurie de restituer, dans le délai de quinze jours, tout ce qu'elle avait conquis sur le duc de Ferrare; faute de quoi, le doge, les patriciens, leurs sujets, la république, étaient excommuniés; tous les pays de la domination vénitienne, même ceux d'outre-mer, étaient mis en interdit. Défenses étaient faites d'y célébrer le service divin, d'y administrer les

---

(1) Marin SANUTO, *Vite de' duchi*, G. Mocenigo, et SANDI, *Storia civile di Venezia*, lib. 8, cap. 10, art. 2.

sacrements, même à l'article de la mort. Il était ordonné à tout le clergé de sortir des terres de la seigneurie. Les propriétés de tous les Vénitiens étaient confisquées. Tous leurs débiteurs se trouvaient libérés de leurs dettes, et soumis à l'excommunication s'ils les acquittaient en tout ou en partie. Il était permis de courir sus aux Vénitiens armés contre Ferrare; et quiconque en égorgerait un mériterait, par cette action, l'absolution de tous ses péchés (1). Le doge et tous les magistrats étaient dépouillés de leurs offices, et la seigneurie de tous ses droits sur les états qu'elle possédait. Tous les Vénitiens étaient déclarés infâmes, incapables de rendre témoignage, de tester, de succéder; leurs fils, neveux et descendants étaient exclus, jusqu'à la quatrième génération, des fonctions, bénéfices et dignités ecclésiastiques. Les étrangers étaient obligés de sortir sans délai du territoire vénitien avec leurs marchandises; il leur était défendu de commercer et de contracter avec les sujets de la république, de leur vendre des grains ou autres denrées, sous peine d'excommunication et de nullité des contrats. Il était défendu à tous gens de guerre

---

(1) Marin Sanuto, *Vite de' duchi*, G. Moccnigo.

de prendre les armes pour les Vénitiens, même quand ils s'y seraient engagés, la bulle les déliant à cet égard de leurs sermeuts; à tous rois ou princes de contracter aucune alliance avec la république, nonobstant tous les traités existants, qui devaient être considérés comme nuls et non avenus ; enfin ordre leur était donné de faire poursuivre et saisir les personnes, les marchandises et propriétés des sujets de la seigneurie (1).

C'était la seconde fois qu'une guerre contre Ferrare attirait l'anathème sur la république.

Aussitôt que le conseil des Dix eut été informé que cette étrange bulle venait d'être affichée à Rome, il prit des précautions pour qu'elle ne pût pénétrer dans les états vénitiens, et manda les chefs du clergé, pour leur ordonner de faire continuer par-tout le service divin comme à l'ordinaire, et pour leur défendre d'ouvrir aucune lettre ou paquet venant du dehors. Les ecclésiastiques absents du territoire de la république reçurent ordre d'y rentrer. Quelques jours après, le patriarche apporta

---

(1) SANDI, *Storia civile di Venezia*, lib. 8, cap. 10, art 2. Voyez la bulle dans un recueil de pièces historiques qui est à la Biblioth.-du-Roi, n° 721.

encore tout cachetés les ordres qui lui étaient adressés de Rome.

Ces mesures n'empêchèrent point la bulle de transpirer ; mais presque tous les ecclésiastiques obéirent au gouvernement, il n'y eut que quelques moines qui professèrent la maxime que l'excommunication, même injuste, conserve son effet (1). On exila ces fanatiques, et après avoir assemblé les évêques, consulté des gens de loi savants dans les matières ecclésiastiques, on interjeta appel de la bulle du pape au futur concile. Cet appel fut même affiché aux portes des églises de Rome, et il en coûta la vie à quelques gardes de nuit que le pape, dans sa colère, fit pendre, en punition de leur négligence.

Les prélats vénitiens qui, dans cette circonstance, se trouvaient fortuitement à Rome, se virent dans un grand embarras : s'ils ne revenaient pas dans leurs diocèses, la république confisquait leurs biens; et s'ils tentaient de s'échapper de Rome, le pape mettait leur tête à prix ou les faisait vendre comme esclaves (2).

Après avoir repoussé avec cette vigueur les

---

(1) Marin Sanuto, *Vite de' duchi*, G. Mocenigo.
(2) *Storia veneziana di* Andrea Navagiero.

atteintes de la puissance spirituelle, il n'importait pas moins d'opposer une forte résistance aux autres armes des ennemis.

Les alliés firent une diversion dans la province de Bergame, ce qui obligea l'armée qui assiégeait Ferrare de se diviser. Le duc de Lorraine resta devant la place avec une partie des troupes ; les autres, sous le commandement du comte Robert de Saint-Severin, allèrent défendre le Bergamasque.

VIII.
Guerre des Vénitiens contre toute l'Italie.
1483.

Des deux côtés on essaya des diversions, pour attirer les forces de l'ennemi loin du point que l'on voulait attaquer. Une flotte vénitienne exécutait des descentes sur les côtes de Naples, prenait l'importante place de Gallipoli, et en ruinait quelques autres de fond en comble (1). Les galères napolitaines ravageaient les côtes de la Dalmatie, sans pouvoir déterminer la flotte de Venise à lâcher prise pour les poursuivre et à se détourner de ses opérations. Ferdinand

___

(1) Il existe une narration de cette expédition des Vénitiens sur les côtes de Naples, intitulée : « *Ragionamento della guerra de' signuri viniziani contro la cittate di Gallipoli, di Nerito e altri luochi della provinzia.* »

(Scritta da Angelo Tafuro de Nerito. *Rerum italicarum scriptores*, tom. XXIV.)

se vit obligé de rappeler son armée de la Lombardie pour défendre ses propres états (1).

Ce mouvement répandit la consternation dans le Ferrarais. Chacun des alliés vit le moment où il allait avoir sur les bras toutes les forces des Vénitiens. Les détachements qui parcouraient les provinces de Bergame, de Brescia, de Vérone, se replièrent. La république renforça son armée par de nombreuses milices; on fit des levées dans toutes les provinces, dans Venise même, et on couvrit de barques armées toutes les branches du Pô et tous ses affluents. Bientôt après, les alliés reçurent l'avis, que l'escadre napolitaine avait été chassée par celle de Venise, et n'oserait plus sortir du port de Brindes, où elle s'était réfugiée. Ainsi la campagne se terminait sans que, de part ni d'autre, on eût remporté des avantages décisifs; mais on savait, par expérience, que la seigneurie était en état de soutenir une longue guerre, tandis qu'il n'en était pas de même des alliés.

Le roi de Naples avait rappelé ses troupes pour défendre ses côtes. Le duché de Milan,

---

(1) Il y a parmi les manuscrits de la Bibliothèque-du-Roi, sous le n° 9976 un journal des campagnes du duc de Calabre général de la ligue. Cet ouvrage est intitulé : *Ephemeridi delle cose fatte per il duca di Calabria*.

troublé par des divisions intestines, n'avait plus la même puissance qu'au temps où le génie de François Sforce balançait la fortune des Vénitiens.

Les Médicis n'étaient pas affermis dans Florence.

Le duc de Ferrare était aux abois. Le pape seul conservait son ardeur belliqueuse parce qu'il voyait son autorité compromise.

Mais les autres alliés étaient loin de vouloir s'exposer aux derniers malheurs, pour soutenir la bulle du pape et l'indépendance du duc de Ferrare.

IX. Traité de paix. La république acquiert la Polésine de Rovigo. 1484.

Le duc de Milan commença à traiter secrètement, non pas avec la république elle-même, mais avec son général, ce qui fit naître contre la fidélité de celui-ci de grands soupçons, que la seigneurie sut dissimuler. Machiavel dit même formellement que la république traita avec le duc (1).

Enfin, des plénipotentiaires de toutes les puissances belligérantes se réunirent. Le pape y envoya un légat, avec la mission de traverser la paix, ce qui n'empêcha point qu'elle ne fût conclue le 7 août 1484 (2).

---

(1) Discours sur Tite-Live, liv. 3, ch. 11.
(2) Ce traité est rapporté par Marin Sanuto, *ibid*.

Le duc de Ferrare paya, par la cession de la Polésine de Rovigo, la guerre qu'il avait allumée, et, pour tout le reste, on se remit dans l'état où l'on était auparavant. Le pape fut si indigné de voir la paix signée, sans qu'on eût rien stipulé pour le rétablissement de son neveu ni pour le maintien de l'autorité du saint-siége, en exigeant des Vénitiens quelques soumissions, qu'il en tomba malade, et mourut quatre ou cinq jours après (1). Son successeur, Innocent VIII, leva l'interdit, l'année suivante, sans beaucoup de difficultés.

D'après les renseignements que nous fournit l'historien Sanuto, la république avait entretenu dans cette guerre, sous les ordres du comte Robert de Saint-Severin, quatre-vingt-un escadrons, et sous ceux du duc de Lorraine, cent vingt-trois. Les alliés avaient dans la province de Brescia cent trente-cinq escadrons ; à quoi il faut ajouter les troupes qui défendaient Ferrare, et l'armée napolitaine. Pendant ces trois campagnes, on s'était battu avec peu de vigueur. Les obstacles naturels que présentaient, à chaque pas, les canaux qui coupent les provinces de Rovigo et de Ferrare, favorisaient la cir-

---

(1) Tanto fù il dolore che sentì di questa pace, *ibid.*

conspection des chefs et le peu d'énergie des troupes ; mais l'insalubrité de l'air coûta plus de monde aux puissances belligérantes, que n'auraient fait de sanglantes batailles. On compta plus de vingt mille hommes qui périrent victimes de la fièvre contractée dans ces marais.

Le gouvernement de la république eut à réparer le tort que cette guerre venait de faire à ses finances. Elle avait coûté, dit-on, trois millions six cent mille ducats (1). On imagina, entre autres expédients, d'augmenter les droits déja existant sur les marchandises et sur les vaisseaux de l'étranger. Chaque bâtiment non vénitien fut assujetti à payer cent ducats de droit d'ancrage, et trente pour cent de la valeur de sa cargaison. L'huile et le froment étaient taxés à un droit considérable, ce qui prouve que Venise n'avait pas à craindre d'en manquer.

Ce nouveau tarif excita beaucoup de réclamations, notamment de la part de la république de Raguse, qui fit même intervenir comme arbitre le sultan Bajazet II ; mais ni les exhortations impérieuses de ce dangereux médiateur,

---

(1) *Histoire de Venise*, de Th. de Foucasses, 4ᵉ décade, liv. 2.

ni les humbles prières des Ragusais ne purent obtenir le moindre changement dans les déterminations de la seigneurie.

X.
Différend de la république avec le pape.

A peine les Vénitiens étaient-ils réconciliés avec le pape qu'ils eurent de nouvelles occasions de repousser les prétentions de la cour de Rome, et ils le firent toujours avec cette fermeté respectueuse qui ne permettait ni de se plaindre des procédés, ni de conserver aucune espérance.

Le pape avait toujours retenu la prétention de conférer les bénéfices ecclésiastiques, non-seulement sur la présentation du gouvernement, mais même sans sa participation. La république avait eu à négocier long-temps, pour obtenir que jamais les bénéfices ne pussent être conférés, soit par résignation, soit autrement, qu'à des sujets vénitiens (1); mais le pape voulait

---

(1) E avendo la signoria supplicato il papa che i beneficj ecclesiastici posti nel dominio non possano, per rinunzie, ne per qual si voglia altra via, essere conferiti ad altri che a nobili e a cittadini venetiani, ovvero sudditi del ducale dominio ; al che avendo assentito il papa, fù nell' istesso senato a 20 giugno (1472) deliberato, che i consiglieri, sotto pena di ducati 500, non possano dare il possesso d'alcun benefizio ecclesiastico ad alcuno che non sia suddito alla ducal signoria.
(*Storia veneziana di* Andrea Navagiero.)

toujours en disposer, et ne témoignait ses égards pour la seigneurie qu'en la gagnant de vitesse, et en s'empressant de faire la nomination avant que la proposition du sujet lui fût parvenue.

En 1485, il conféra l'évêché de Padoue au cardinal Michieli, tandis que le gouvernement lui en présentait un autre. La seigneurie obtint le désistement du cardinal, en saisissant ses revenus.

Cinq ans après, un siège bien autrement important vint à vaquer; c'était le patriarcat d'Aquilée. Il était d'un grand intérêt pour la république de faire la nomination, afin de constater son droit de souveraineté; car elle avait laissé un petit domaine temporel au patriarche. L'ambassadeur de Venise, Hermolao Barbaro, s'empressa d'aller prier le pape d'attendre que la seigneurie eût désigné celui qu'elle desirait voir élever à cette dignité. Innocent VIII, impatient d'exercer cet acte de son autorité, nomma patriarche cet ambassadeur lui-même, quoiqu'il fit tout son possible pour s'en défendre, qu'il ne fût âgé que d'environ trente ans, et n'eût pas encore embrassé l'état ecclésiastique. Sans lui donner le temps de se consulter, de sentir combien il s'écartait de ses devoirs d'ambassadeur, il le fit revêtir du rochet en sa présence, et le proclama à l'instant. Ce nouveau prélat était recommandable par son nom, par les services de son grand-père, le défenseur de Brescia, par son mérite personnel, par l'amitié de Pic de la Mirandole, et de Laurent de Médicis; enfin par son grand savoir, qui lui avait valu l'honneur de recevoir la couronne poétique des mains de l'empereur.

Tous ces titres à la considération n'empêchèrent pas le gouvernement vénitien de lui interdire l'acceptation d'une dignité obtenue sans l'aveu de la république.

Le conseil des Dix séquestra les revenus du siége, défendit au procurateur Zacharie Barbaro, père de l'ambassadeur, de recevoir aucunes félicitations, et lui ordonna de tout employer, pour faire rentrer son fils dans la soumission qu'il devait aux lois de sa patrie. On menaça le père de la privation de ses dignités, de la confiscation de ses biens; ce vieillard en mourut de chagrin. Le nouveau patriarche offrit, dit-on, sa démission, que le pape ne voulut jamais accepter. L'étude vint le consoler dans l'exil, et cet exil valut au monde savant la traduction de plusieurs livres d'Aristote, celle de l'ouvrage de Dioscoride sur les plantes, et un travail immense sur le texte, alors très-corrompu, de Pline le naturaliste. Cette affaire dura trois ans. La mort d'Hermolao Barbaro, qui survint, en rendit la solution moins difficile, et enfin, le prélat désigné par le gouvernement, obtint l'institution canonique du siége vacant.

Vers le même temps, le pape se permit une autre entreprise, qui était aussi d'une trop grande conséquence pour qu'on pût la tolérer. Engagé avec le roi de Naples dans des différends, qui nécessitèrent le rassemblement de quelques troupes, il ordonna une levée de décimes sur les revenus du clergé vénitien, et cela, sans même avoir demandé l'agrément de la république. Le conseil des Dix défendit à tous les ecclésiastiques de payer une imposition, que le gouvernement n'avait pas autorisée, et telle était la crainte qu'inspirait ce conseil, que le clergé encourut l'excommunication, plutôt que de lui désobéir. Ensuite le pape exposa ses besoins à la seigneurie, et la levée des décimes fut permise.

Tous ces faits sont assez peu considérables en eux-mêmes, mais ils font connaître l'esprit du temps, les prétentions de la cour de Rome, et les maximes du gouvernement vénitien. Ce gouvernement était beaucoup plus avancé que tous les autres dans la connaissance de ses droits. On voit cependant qu'il avait à lutter pour que les revenus ecclésiastiques ne fussent pas donnés à des étrangers, pour ne laisser conférer les évêchés qu'à des hommes de son choix, et pour empêcher le pape de lever, de sa propre autorité, des impôts dans le territoire de la république. Cette résistance supposait, sur la nature de la puissance spirituelle, des idées beaucoup plus hardies, ou, pour mieux dire, beaucoup plus justes, que celles qu'on avait généralement alors.

On en trouve une nouvelle preuve dans les limites que le gouvernement vénitien avait su mettre à l'autorité de l'inquisition. Je remarque cependant un jugement de ce tribunal, qui se rapporte à peu près à cette époque. En 1477, un sujet de la république fut dénoncé au saint-office, comme coupable d'avoir composé un livre en faveur des opinions condamnées de Jean Hus. Ailleurs, on aurait brûlé vif ce fauteur de l'hérésie. A Venise, on se contenta de brûler le livre, et de mettre l'auteur en prison pendant six mois, après l'avoir promené dans les rues, coiffé d'un bonnet, sur lequel on avait peint des figures de diables : ce qui fit beaucoup rire le peuple, et produisit plus d'effet que si on eût excité sa pitié par le supplice d'un fanatique.

XI. Marc Barbarigo, doge, 1485, remplacé par son frère Augustin Barbarigo. 1485.

Le doge Jean Moncenigo mourut vers la fin de l'année 1485, et fut remplacé par le procurateur Marc Barbarigo. Celui-ci, qui régna seulement quelques mois, était un homme d'un esprit éclairé, et d'un caractère fort doux. Sa modération fut mise à l'épreuve par un frère qu'il avait, et qui semblait prendre à tâche de se trouver en opposition avec lui dans toutes les occasions.

Le doge, blessé de rencontrer constamment un contradicteur et un censeur si amer dans son frère, lui dit un jour en plein conseil : « Messire « Augustin, vous faites tout votre possible pour « hâter ma mort; vous vous flattez de me suc- « céder; mais, si les autres vous connaissent « aussi-bien que je vous connais, ils n'auront « garde de vous élire (1). » Là-dessus il se leva, ému de colère, rentra dans son appartement et mourut quelques jours après. Ce frère, contre lequel il s'était emporté, fut précisément le successeur qu'on lui donna. C'était un mérite dont on aimait à tenir compte, sur-tout à un parent, de s'être mis en opposition avec le chef de la république.

C'est à-peu-pres vers cette époque, que les historiens placent l'établissement d'un troisième tribunal à Venise, composé de quarante patriciens comme les deux autres. Le premier, qu'on appelait la quarantie criminelle, existait dès le douzième siècle. Le second, qu'on distinguait par la dénomination de quarantie civile, avait

---

1) Marin SANUTO, *Vite de' duchi*, M. Barbarigo.

été institué en 1400. Sa dénomination indique ses attributions. Apparemment que depuis l'agrandissement des possessions de la république, il ne pouvait plus suffire aux affaires. Un troisième tribunal, sous le nom de nouvelle quarantie civile, fut créé pour y suppléer en 1492 (1), ou 1494 (2).

XII.
Guerre contre le duc d'Autriche.

Là jalousie, qui subsiste toujours entre voisins, forma une nouvelle ligue de plusieurs princes contre la république. Le duc d'Autriche, les évêques de Trente et de Brixen, et les comtes André et Oderic d'Arco déclarèrent la guerre aux Vénitiens, sous prétexte de la violation de quelques limites, du côté du pays de Cadore. On commença par des confiscations de marchandises; on brûla de part et d'autre de malheureux villages; les Autrichiens s'emparèrent de la ville de Roveredo; ils battirent même la petite armée de la république près de Trente. Mais après quelques mois de ravages réciproques, la paix vint mettre un terme à une guerre qui n'avait point d'objet (3). Je remarque dans ce

---

(1) Suivant les *Mémoires historiques et politiques sur Venise*, de Léopold CURTI, 1re part., ch. 3.
(2) Suivant l'*Histoire vénitienne* de DOGLIONI, liv. 9.
(3) Ce traité est rapporté textuellement par Marin SANUTO, *Vite de' duchi*, A. Barbarigo.

traité, que le duc d'Autriche s'engagea à faire réparer les dommages que les marchands vénitiens avaient éprouvés dans ses états, et que, pour sûreté de l'exécution de cette condition, il envoya des ôtages à Venise. Cette courte guerre donna lieu à un emprunt de trente mille ducats, qui fut hypothéqué sur les produits de la régie des sels (1).

A cette époque, c'est-à-dire vers la fin du quinzième siècle, la république de Venise était parvenue au plus haut point de sa puissance; je ne dirai pas de sa prospérité; car son commerce était déja moins florissant; cependant il n'y avait pas, depuis Cadix jusqu'au fond des Palus-Méotides, un port qui ne fût fréquenté par les vaisseaux Vénitiens. Les côtes de la Grèce et de l'Italie pouvaient, suivant l'expression d'un vieil historien (2), être considérées comme des faubourgs de Venise.

La république possédait en Italie, outre le littoral des lagunes, formant l'ancien duché de Venise, les provinces de Bergame, de Brescia, de Crème, de Vérone, de Vicence, de Padoue; la marche Trévisane, comprenant le Feltrin,

XIII. Situation de la république.

---

(1) Marin SANUTO, *ibid.*
(2) SABELLICUS, decad. 4, lib. 3.

le Bellunois et le Cadorin, le Polésine de Rovigo, et la principauté de Ravennes : au fond du golfe, le Frioul, à l'exception d'Aquilée, et l'Istrie, moins la ville de Trieste : sur la côte orientale du golfe, Zara, Spalato et toutes les îles de la Dalmatie : la côte d'Albanie : dans la mer Ionienne, les îles de Zante et de Corfou : en Grèce, Lépante, Patras : dans la Morée, Moron, Coron, Naples de Romanie, et Argos : dans l'Archipel plusieurs petites îles, et divers établissements sur les côtes; enfin, Candie et le royaume de Chypre.

Ainsi, depuis l'embouchure du Pô jusqu'à l'extrémité orientale de la mer Méditerranée, elle était maîtresse de tout le littoral. A dire vrai, ses anciens voisins étaient aussi devenus plus puissants, et elle en avait dans le Turc un nouveau, qui était très-dangereux.

La branche légitime d'Arragon possédait la Sicile. La branche bâtarde paraissait affermie sur le trône de Naples, et annonçait l'ambition de dominer en Italie. Les états de Florence, de Milan, de Ferrare, de Mantoue, avaient acquis plus de stabilité, et par conséquent plus de force. Il n'y avait que Gênes qui eût perdu l'une et l'autre. A cette époque, elle était redevenue, pour la quatrième fois, sujette du duc de Milan. S'il est vrai que ce fût un avantage pour la république de Venise d'être affranchie d'une rivalité, qui lui avait coûté tant d'efforts, la sécurité qui en résultait était bien compensée par l'agrandissement de la maison d'Autriche, et par l'invasion des Turcs dans l'empire d'Orient.

Nous avons eu occasion de faire remarquer la diminution que la longue guerre de Lombardie avait occasionnée dans les revenus de la république. Maintenant l'observation de résultats contraires dans des circonstances opposées peut confirmer cette maxime, que ce ne sont point les conquêtes, mais le commerce et la prospérité intérieure, qui font la richesse des états.

La ligue d'Italie avait fait jouir Venise d'une assez longue paix. Ses finances s'en améliorèrent sensiblement, malgré les deux guerres passagères qu'elle eut à soutenir dans cet intervalle contre les Turcs et contre le duc de Ferrare.

En 1490, les revenus publics (1) se trouvaient

---

(1) Nel 1490.

Entrate della città di Venezia.

Dazio del vino all' anno.......	68,410	
Dazio della mescetteria........	36,000	
Dazio dell' entrata............	25,000	165,010 duc.
Dazio dell' uscita.............	13,200	
Dazio della beccaria..........	22,400	

accrus à-peu-près d'un cinquième; c'est-à-dire qu'ils s'élevaient à environ douze cent mille du-

Report........ 165,010
Dazio della grassa ternaria nuova. 7,000
Dazio della ternaria vecchia, olio, ferro, legname................ 29,020
Dazio delle taverne............ 6,500
} 207,530 duc.

Questi sono deputati alla camera degli imprestiti.

Ufizio de' governatori delle entrate per decime, 20, 30, e 40 per cento..... 87,000
Tanse de' Giudei............ 4,500
Colletta di Cologna........... 400
Tanse...................... 12,500
Uno per cento all' entrata e uscita.. 14,000
Il terzo degli imprestiti per coloro che non fanno imprestiti......... 27,200
} 145,600

De' quali danari ducati 27,000 e 14,000 e ducati 16,000 dal sale sono obbligati al Montenuovo.

Fitti di Rialto. (Cet article est en blanc dans l'édition de Marin Sanuto, donnée par Muratori. On peut y suppléer par l'état de l'époque la plus rapprochée de celle-ci, où ce produit est porté pour) 54,000
Salinaj di Chioggia............ 500
Straordinarj................. 33,000
Giustizia vecchia per dazio di legna........................ 4,400

91,900

353,130

LIVRE XVIII.

cats ; ce qui ferait cinq millions deux cent mille francs de notre monnaie, en calculant le ducat

Report........	353,130

Report......	91,900	
Ufizio delle ragioni vecchie, per tutto	7,000	
Fondaco de' Tedeschi per tutto..	18,000	
Entrata, uscita, ternaria una per cento oltre l'altra scritta disopra....	5,000	
Ufizio de' panni d'oro..........	500	
Ufizio di levante.............	350	
Ufizio della foglia dell' oro......	500	
Ufizio dell' argento in Rialto....	700	
Ufizio delle biade per dazio de' frumenti e de' pistori............	11,300	146,920
Zecca dell' oro e dell' argento...	2,700	
Fondaco della farina..........	4,000	
Ufizio del canevo.............	2,300	
Ufizio de' pioveghi............	170	
Ufizio de' priori di comune.....	300	
Ufizio de' cataveri............	»	
Ufizio de' signori della pace....	700	
Ufizio pel censo di Feltre e di Cividal di Belluno................	1,500	

Spesa ordinaria.

Alla camera degli imprestiti pel monte vecchio....................	154,000
Alla camera del frumento per depositi......................	400
Alla camera degli imprestiti pel monte nuovo...................	57,000
	211,400

500,050

3.

à 4 fr. 35 cent. C'était à peu près cent mille marcs d'argent ou le quart de ce que rendait la

Report......	500,050
Report....	211,400
Salarj di consiglieri, quarantie, ufiziali, scrivani, notaj, mossari, fanti e altri provigionati et salariati all' anno....................	37,570
	248,970

Nota che quando si mette una decima si riscuote sì di laici, come da cherici.

Per la decima delle possessioni..	19,000	⎫
Per la decima delle case.......	8,000	⎪
Per la decima degli imprestiti...	7,500	⎪
Per la decima delle mercatanzie.	8,000	⎬ 70,500
La decima de' cherici di Venezia e terre di Terra-Ferma..........	22,000	⎪
La decima de' detti delle terre da mare.......................	6,000	⎭

Entrate di Terra-Ferma.

	Entrate.	Spese.	Restano	
La città di Trevigi.......	48,000	12,000	36,000	⎫
Padova......	60,000	24,000	36,000	⎪
Vicenza......	32,000	7,000	25,000	⎪
Verona......	56,000	7,000	49,000	⎪
Brescia.......	81,000	31,000	50,000	⎬ 230,550
Bergamo.....	29,000	12,000	17,000	⎪
Crema.......	9,000	8,000	1,000	⎪
Ravena...'...	9,000	7,000	2,000	⎪
La patria del Friuli......	7,550	3,000	4,550	⎪
Polesina di Rovigo. L'auteur n'indique pas la dépense.	10,000	»	10,000	⎭
	341,550	111,000	230,550	

. 801,100

France (1) telle qu'elle était alors, c'est-à-dire du temps de Louis XI ; c'était presque autant que la somme des produits de ce même royaume du temps de Charles VII, et même de Charles VIII (2).

Report.......	801,100
Le terre maritime rendono all' anno ducati 18,000. C'est une erreur, il faut 180,000, comme dans les états précédents.........	180,000
Da i dieci ufizj si riscuote una e tre per cento del golfo.....................	3,000
Decime di panni e robe che vengono da terra e dentro del golfo per ogni decima...	2,000
Da i governatori si riscuotono le tanse de' botteghe	6,000
Ebrei da terra limitati...............	1,500
Ebrei da mare limitati...............	2,000
Ebrei tansati.....................	3,000
Ufizio del sale utile de' sali...........	133,000
Affitti di botteghe, volte, stazioni e rive..	7,000
Il mezzo ducato per amfora del vino il quale va per la riparazione de' lidi......	10,800
TOTALE............	1,149,400

La comparaison de cet état avec les précédents ne serait pas facile à faire, parce que l'auteur change les dénominations de beaucoup d'articles, en retranche et en admet de nouveaux ; mais en somme la différence de cet état à l'ancien est de 203,600 ducats d'augmentation.

(1) *Essai sur les mœurs et l'esprit des nations*, ch. 94.

(2) Le roi Charles VIII avait mis de nouveau son ima-

C'était enfin le double des revenus du duché de Milan (1).

Il faut cependant considérer que, pour se faire une idée un peu exacte de la valeur de l'argent, il ne suffit pas de réduire les diverses dénominations des monnaies à un poids de métal; il est encore nécessaire de comparer la valeur de ce métal avec celle des choses ; du blé, par exemple.

Or, pour le même poids d'argent, on avait

---

gination de vouloir ranger ses finances ; de sorte qu'il ne levast sur son peuple que douze cent mille francs et par forme de taille, oultre son domaine, qui estoit la somme que les trois estats lui avoient accordée en la ville de Tours lorsqu'il fut roi, et vouloit ladite somme par octroy pour la défense du royaume, et quant à luy il vouloit vivre de son domaine, comme anciennement faisoient les rois, ce qu'il pouvoit bien faire, car le domaine est bien grand, s'il estoit bien conduit, compris les gabelles et certaines aydes, et passe un million de francs. S'il l'eust fait c'eust esté un grand soulagement pour le peuple, qui paye aujourd'hui plus de deux millions et demi de francs de taille.

(*Mémoires de Ph.* DE COMMINES, liv. 8, ch. 18.)

Un homme qui s'y connaissait mieux que Philippe de Commines, mais qui écrivait cent ans plus tard, Sully, reproche à Charles VIII d'avoir considérablement augmenté les tailles. (*Économies royales*, tom. II, p. 687.)

(1) CORIA, *Hist. de Milan*, liv. 7. Ce duché comprenait à cette époque, Come, Lodi, Crémone, Parme, Pavie, Novare, Alexandrie, Tortone et Gênes.

alors le double du blé qu'on aurait aujourd'hui ; d'où il suit que la France, sous Charles VII, n'avait guère que dix-sept millions de revenus, en langage de notre temps, et quarante-sept millions sous Louis XI, après la réunion de l'Artois, de la Bourgogne, de l'Anjou, de la Provence, et d'une partie de la Picardie. Les revenus de Venise à cette même époque, c'est-à-dire à la fin du quinzième siècle, ne s'élevaient qu'à onze millions, valeur actuelle. Les mêmes pays rendent aujourd'hui bien davantage : c'est l'effet des progrès du génie fiscal et de la distribution moins inégale des richesses. Le fait est, qu'alors dans l'état vénitien, les impôts étaient fort modérés. On voit que le gouvernement ne s'attachait pas à tirer beaucoup d'argent des provinces. L'impôt sur les terres était presque inconnu, parce que les possesseurs des terres étaient puissants. D'ailleurs il est de la nature des gouvernements modérés de faire porter l'impôt sur les marchandises. « L'impôt par tête est plus naturel à la servitude ; l'impôt sur les marchandises est plus naturel à la liberté, parce qu'il se rapporte d'une manière moins directe à la personne (1). »

A l'époque de cette histoire où nous sommes parvenus, la république vénitienne était sans

---

(1) *Esprit des lois*, liv. 13, ch. 14.

contredit l'état le plus puissant de toute l'Italie.

Elle possédait, dans la péninsule, un moins vaste territoire que le roi de Naples ; mais elle avait d'immenses colonies, et, par conséquent, des richesses et une marine bien supérieures à celles de Ferdinand d'Arragon.

Le pape n'avait qu'un état peu considérable, et son trésor l'était encore moins, malgré les tributs que lui payait toute la chrétienté.

XIV.
Ligue entre le pape, le duc de Milan, et la république.
1493.

Le duc de Milan avait réuni encore une fois la Ligurie à la Lombardie ; mais Gênes était déchue de son ancienne splendeur, et la puissance fondée par François Sforce avait dégénéré dans la main de ses héritiers.

Son fils, prince dissolu, avait régné assez tranquillement, grace à la confédération fondée par son père. En mourant, il laissa un fils mineur, une veuve faible, et un frère ambitieux. Ce frère, qui se nommait Louis, commença par disputer la régence, et finit par s'emparer du trône.

Sur le point de consommer son usurpation, il jugea nécessaire de s'assurer des protecteurs, et il crut en trouver d'abord dans Laurent de Médicis, surnommé le Magnifique, et même dans le roi de Naples, Ferdinand, quoique celui-ci fût beau-père du jeune duc de Milan, qu'il s'agissait de détrôner. Mais, se méfiant bientôt de l'un et de l'autre, il se tourna du côté du pape et des Vénitiens.

La seigneurie avait un grand intérêt à ne pas laisser le roi de Naples acquérir de l'influence dans les affaires de la Lombardie, soit comme allié de celui qui voulait s'emparer de la couronne, soit comme protecteur de l'héritier légitime. Cette considération la détermina à se déclarer elle-même en faveur de Louis Sforce.

Si l'usurpation pouvait devenir moins odieuse par l'assentiment des autorités les plus respectables, Louis Sforce aurait pu se croire juste possesseur du trône, en se voyant appuyé par les Vénitiens, allié du pape et reconnu par l'empereur, qui ne fit pas difficulté de lui donner l'investiture du duché; mais on verra que toutes ces protections ne le rassurèrent pas assez pour qu'il laissât vivre l'héritier légitime.

Le traité d'union entre le duc de Milan, le pape et les Vénitiens, fut signé à Rome, le 22 avril 1493 (1).

Les parties formèrent une ligue offensive et défensive, pour vingt-cinq ans.

Le pape s'engageait à entretenir de trois à quatre mille chevaux, et deux ou trois mille hommes d'infanterie. Chacune des deux autres puissances devait en fournir le double. C'était

---

(1) Ce traité est dans Marin Sanuto, *Vite de' duchi*, A. Barbarigo.

une armée de vingt-cinq à trente mille hommes; aucune des parties ne pouvait former une alliance avec un état d'Italie, sans le consentement des deux autres confédérés, ni, en cas de guerre, conclure une paix séparée.

<small>XV.
Hésitation du pape et du duc. Ils appellent les Français en Italie.</small>

Le pape qui signa cette ligue était Alexandre VI, l'un des pontifes les plus scandaleux qui aient déshonoré la tiare, et l'un des politiques les plus tortueux qui aient troublé le monde (1). A peine se fut-il allié avec les Vénitiens et le duc de Milan, qu'il sentit qu'en inspirant de vives inquiétudes au roi de Naples, il s'en était fait un ennemi irréconciliable. L'appui de ses confédérés ne le rassurait pas. Louis Sforce était encore mal affermi sur le trône; et la politique des Vénitiens avait toujours été trop indépendante, pour qu'il fût sage de compter sur eux.

Le duc de Milan jugeait aussi qu'il était nécessaire à sa sûreté de susciter au roi Ferdinand des embarras, qui ne lui permissent pas de s'occuper des affaires de la Lombardie. Dans cette vue, Louis Sforce, le duc de Ferrare, un des Médicis

---

(1) Au reste les Vénitiens ne méritent pas le reproche d'avoir concouru à l'élection de ce pontife. Le journal de Burchard rapporte qu'un cardinal de leur nation fut privé du revenu de tous ses bénéfices pour avoir vendu sa voix à Borgia.

et le pape, dit-on, conçurent le projet le plus insensé dont des princes italiens pussent s'aviser, celui d'attirer les Français en Italie; tant les passions injustes conseillent mal. Plusieurs historiens affirment (1) qu'Alexandre VI intervint dans les sollicitations qui furent adressées au roi de France, pour attaquer le roi de Naples. Quelques autres ne nomment que Louis Sforce. Pour celui-ci, on ne peut révoquer en doute qu'il n'ait fait cette démarche : on nomme le ministre qu'il chargea de cette négociation : ce fut le comte Belgiojoso, qui d'abord fit un voyage secret, pour cet objet, à la cour de France, et qui y retourna ensuite à la tête d'une ambassade (2).

Ces princes se gardèrent bien de communiquer ce projet à leurs alliés les Vénitiens. Ils négocièrent secrètement auprès de Charles VIII, alors roi de France, et ne trouvèrent dans cette cour que trop de facilités, pour la déterminer à faire revivre les prétentions presque oubliées de la maison d'Anjou sur la couronne de Naples.

---

(1) GUICHARDIN, RUCCELAI, qui sont des auteurs contemporains, et plusieurs autres après eux. FONCEMAGNE partage cette opinion. (Voyez *Mémoires de l'acad. des Inscriptions*, tom. 17.)

(2) Sa harangue à Charles VIII se trouve dans une pièce manuscrite des recueils de DUPUY, n° 745.

Il peut être utile de rappeler ici sur quoi elles étaient fondées.

XVI. *Droits de la maison d'Anjou sur la couronne de Naples.*

Charles d'Anjou, frère de saint Louis, et comte de Provence, par sa femme, fut investi du royaume de Naples en 1265, par le pape, qui voulut opposer un compétiteur aux princes de la maison de Souabe. Après en avoir fait la conquête, et avoir fait mourir, en sa présence et sur un échafaud, le jeune Conradin, héritier légitime de cette couronne, Charles d'Anjou la perdit en 1282, par une suite de cet affreux massacre qu'on appela les Vêpres siciliennes.

Son fils, Charles-le-Boiteux, se trouvait prisonnier du roi d'Arragon, et acheta sa liberté en renonçant à la Sicile.

Robert-le-Bon, un des fils de Charles-le-Boiteux, ressaisit le trône de Naples.

Il laissa cette couronne à Jeanne Ire, sa petite-fille, que sa dissolution, ses forfaits et sa mort ont rendue si fameuse. Elle mourut sans enfants, quoiqu'elle eût eu quatre maris. Mais elle adopta successivement Charles Durazzo, son cousin, arrière-petit-fils de Charles-le-Boiteux, et Louis d'Anjou (1).

---

(1) Lettres par lesquelles Jehanne royne de Jerusalem et de Sicile, etc., adopte pour son fils naturel et légitime Louis

Charles Durazzo la fit étrangler en 1382, pour s'emparer du trône. Il mourut assassiné, en 1386, laissant deux enfants, qui régnèrent tour-à-tour, Ladislas et Jeanne II.

Celle-ci, non moins fameuse que la première par ses désordres, mourut sans postérité. Elle avait appelé au trône Alphonse, roi d'Arragon, par un acte d'adoption, qu'elle révoqua ensuite, pour substituer à ce prince Louis d'Anjou (1). Puis elle revint à son premier choix qu'elle annulla encore, et finit par nommer René d'Anjou son héritier.

Ainsi cette maison avait occupé ou disputé le trône de Naples pendant cent soixante-dix ans.

---

duc d'Anjou, frère du roi Charles V, et, après lui, ses enfants, pour succéder en son lieu au royaume de Sicile et autres terres *citrà pharum*, etc., avec les bulles du consentement et permission du pape Clément VII, 11 janvier et 29 juin 1380. (En latin.) Ordinatio et adoptio facta per illustrissimam dominam Johannam reginam.

(*Manuscrit de la Biblioth.-du-Roi*, n° 14.)

(1) Adoption ou arrogation faicte par la royne Jehanne II de Sicile, de la personne de Louis d'Anjou, 3e du nom, roy de Sicile, son cousin, qu'elle déclare son successeur audit royaume, avec la révocation par elle faicte de pareille adoption, qu'elle avait auparavant faicte en faveur d'Alphonse d'Arragon. 1er septembre 1423. (En latin.) Révocation de l'adoption faicte par la royne Jeanne II, en faveur du roy d'Arragon. (En latin.) 21 juin 1423, *ibid*.

Elle tirait originairement ses droits sur ce royaume, d'une investiture donnée par le pape, au détriment de la maison de Souabe : et elle s'y était établie par le meurtre du jeune Conradin.

La première branche de la maison d'Anjou, régnante à Naples, avait fini avec Jeanne Ire, étranglée par Charles Durazzo.

Mais Jeanne Ire n'avait point d'enfants; Charles Durazzo avait été adopté par elle. Comme elle, il descendait des deux premiers rois de cette maison; ainsi le crime dont il se souilla n'était pas nécessaire pour lui donner un droit qu'il avait déja.

Jeanne II, sa fille, était donc héritière légitime; mais si l'on veut s'attacher uniquement au titre primitif, et faire dériver tous les droits de l'investiture, il n'y a plus moyen de juger ce fameux différend; parce que l'inconstante politique des papes transporta successivement ce droit à plusieurs compétiteurs, jusque là qu'Alexandre VI reçut le même jour la haquenée de Frédéric d'Arragon et celle du roi de France (1); et si les papes avaient pu ôter la couronne à la maison de Souabe, ils avaient le même droit d'en dépouiller la maison d'Anjou (2).

---

(1) Le 28 juin 1500. (Journal de Burchard.)

(2) Charles VIII disait, dans une proclamation qu'il pu-

Quoi qu'il en soit, Jeanne II ayant fait la faute de nommer successivement deux héritiers au lieu d'un, ces deux prétendants, Alphonse d'Arragon et René d'Anjou, se disputèrent la couronne, et Alphonse d'Arragon finit par l'emporter en 1442 (1).

Si maintenant on voulait discuter les droits de celui-ci, à qui d'ailleurs les investitures ne manquèrent pas plus qu'à son compétiteur, on trouverait qu'au moment où Charles d'Anjou, frère de saint Louis, fut appelé au trône de Naples par le pape, ce trône, qui revenait, selon l'ordre de la nature, à Conradin, fils et petit-fils des deux derniers rois de la maison de Souabe, était occupé par Mainfroy, son oncle, qui l'avait usurpé au préjudice de son neveu.

---

blia le 22 novembre, en passant à Florence, qu'il allait faire la guerre aux Turcs; que, pour cela, il fallait occuper le royaume de Naples, que ses ancêtres avaient arraché des mains des infidèles, et que sa maison en avait reçu vingt-quatre fois l'investiture de douze papes et deux fois de deux conciles généraux.

(*Voyez* le Journal de BURCHARD, édition d'Eccard, page 2049.)

(1) Toutes ces révolutions du royaume de Naples sont rapportées dans l'instruction que le roi François Ier donna, en 1516, à ses ambassadeurs, pour conclure avec le roi d'Espagne le traité de Noyon. On peut les voir dans le manuscrit cité ci-dessus.

Ce Mainfroy était frère naturel du dernier roi.

Sa fille unique épousa Pierre III, roi d'Arragon, et lui transmit ses prétentions à la couronne des deux Siciles. Ce fut ce Pierre III qui fit prisonnier Charles d'Anjou, dit le Boiteux.

C'était de Pierre III qu'Alphonse V, roi d'Arragon, tenait ses droits à la couronne de Naples.

Celui-ci était mort en 1458, et avait laissé sa couronne à son fils naturel, Ferdinand Ier (1).

Il y avait donc plus de cinquante ans que cette maison régnait à Naples, lorsque le roi de France entreprit de l'en déposséder.

Cependant le roi de France, Charles VIII, n'était point appelé à cette couronne par l'ordre de la nature.

La maison d'Anjou venait de s'éteindre dans Charles d'Anjou, neveu et successeur de René comte de Provence, qui, de son vivant, avait eu soin de prendre toujours le titre de roi des

---

(1) Response faicte par le pape Pie II, lors de l'assemblée de Mantoue, aux ambassadeurs du roy Charles VII, sur ce que ledit Pie II avoit investi Alphonse d'Arragon et Ferdinand, fils bastard dudit Alphonse, du royaume de Sicile, au préjudice du roy Resné de la maison d'Anjou. (En latin.) 1459.

(*Manuscrit de la Biblioth.-du-Roi*, ibid.)

deux Siciles. Il y avait un descendant de cette maison en ligne directe, c'était le duc de Lorraine, petit-fils, par sa mère, du roi René, le même que nous avons vu appelé en Italie par les Vénitiens.

Celui-là aurait été fondé à réclamer les droits que la maison d'Anjou pouvait avoir.

Mais Charles VIII, qui était de la branche des Valois, ne se trouvait parent de la branche d'Anjou, qu'en remontant à leur tige commune, qui était Louis-le-Lion, père de saint Louis; or, entre Louis-le-Lion et Charles VIII, il y avait un intervalle de deux cent soixante-douze ans, rempli par neuf générations.

Il est vrai que le comte de Provence (1) avait, par son testament, laissé sa couronne au roi Louis XI, père de Charles VIII; mais Louis XI ne s'était pas occupé de faire valoir des préten-

---

(1) On peut voir le testament du roi René, du 22 juillet 1474, et celui de Charles d'Anjou, du 10 décembre 1481, à la suite des *Mémoires* de Ph. de COMMINES, édition de 1714. Si le roi de France avait voulu recueillir toute cette succession de prétentions, il aurait eu fort à faire; car le comte de Provence s'intitulait roi de Jérusalem, d'Arragon, des Deux-Siciles, de Valence, de Majorque, de Sardaigne, de Corse, duc d'Anjou et de Bar, comte de Barcelonne, de Provence, de Forcalquier et de Piémont.

tions si lointaines. Ce prince circonspect, qui avait refusé la principauté de Gênes, se serait bien gardé d'entreprendre la conquête d'un royaume au fond de l'Italie.

Son fils, qui avait d'abord reconnu, et même appuyé les droits du duc de Lorraine, était dans cet âge pour lequel les entreprises les plus hasardeuses sont les plus séduisantes. Il ne fut pas difficile à des conseillers imprudents de persuader à un roi de vingt ans, qu'il était le légitime héritier d'un royaume dont il s'agissait de faire la conquête. Ils ajoutaient que cette conquête était facile, l'évènement le prouva ; mais la prévoyance de ces ministres aurait dû aller plus loin.

<small>XVII. Entreprise de Charles VIII. Il entre en Italie.</small>

Charles, dans l'impatience d'aller conquérir un royaume éloigné, accommoda à la hâte quelques différends qu'il avait avec ses voisins. Il rendit à l'archiduc d'Autriche l'Artois, dont Louis XI s'était emparé, et au roi d'Espagne le Roussillon, engagé pour trois cent mille écus, dont on n'exigea pas même le remboursement (1). Ce n'était pas assurément que les finances du roi

---

(1) Le continuateur de FLEURY, (*Histoire ecclésiastique*, liv. 117,) rapporte, d'après l'historien de Charles VIII, BELLEFORÊT, liv. 5, ch. 158, et BELCARIUS, biographe de Louis XII, liv. 4, que la restitution du Roussillon fut, non

fussent dans un état prospère. Il rappela les ambassadeurs qu'il avait auprès de Ferdinand, ren-

---

pas négociée, mais arrachée par deux moines. Voici son récit :
« Le roi d'Arragon envoya de nouveaux ambassadeurs à la cour de France, pour faire la demande de cette province. Ceux-ci eurent l'adresse de gagner deux cordeliers qui y avaient beaucoup de crédit, et dont l'un était Olivier Maillard, fameux prédicateur de ce temps-là, dont le goût n'était pas beaucoup raffiné en fait d'éloquence, et confesseur de Charles VIII. L'autre s'appelait Jean Mansierne, et était confesseur de la duchesse de Bourbon. On dit que Ferdinand leur avait envoyé des barils pleins d'argent, qu'on croyait être remplis de vin d'Espagne : d'autres disent que ce furent des bouteilles pleines d'or. Quoi qu'il en soit, les deux cordeliers jouèrent bien leur personnage. Ils insinuèrent d'abord auprès des courtisans, et ensuite soutinrent, que c'était un principe de religion, que les ames, en quittant leur corps, n'étaient pas toutes bienheureuses, et ne voyaient point Dieu jusqu'à ce qu'elles eussent satisfait à la justice divine, et que celles qui, s'étant accommodées du bien d'autrui, ne l'avaient pas restitué, brûlaient dans le purgatoire, jusqu'à ce que le dommage eût été réparé par leurs héritiers : que quand il serait vrai que Louis XI eût justement acquis les comtés de Roussillon et de Cerdagne, il n'était pas excusable devant Dieu, parce que ce n'était point la faute de Ferdinand s'il ne les avait pas rachetés ; mais celle des Maures, qui l'avaient contraint d'employer à lever des troupes contre eux les trois cent mille écus d'or destinés au remboursement (de la dette pour laquelle le Roussillon était engagé) ; qu'ainsi son ame souffrirait aussi long-temps

4.

voya ceux de ce prince, s'avança avec son armée, fit demander, ou exigea fièrement le pas-

qu'il s'en écoulerait jusqu'à la restitution des deux comtés ; que Charles VIII, de qui cette restitution dépendait, serait tourmenté dans le purgatoire tant que ses successeurs différeraient de la faire ; qu'enfin ce qu'on avait retiré des deux comtés, pendant que la France en avait joui, excédait de beaucoup la somme prêtée. Tout ce raisonnement des deux cordeliers ne fut pas du goût du conseil, dont les membres n'étaient pas si scrupuleux que le roi ; mais Louis d'Amboise, qui avait été précepteur de S. M., et qui était dévot à sa manière, en parla à Charles VIII en termes si pathétiques, qu'il consentit à la restitution, avec d'autant plus de facilité qu'on avait suborné des personnes pour dire qu'elles avaient été présentes à la mort de Louis XI, et que ce prince avait commandé, pour l'acquit de sa conscience, qu'on restituât le Roussillon et la Cerdagne. La duchesse de Bourbon tenait un peu de la superstition de son père, et ne doutait pas de la sincérité de ceux qui lui faisaient ce rapport. Elle se croyait obligée, sur peine de damnation, à l'accomplissement de ses dernières volontés. Elle le persuada si fortement à Charles son frère, que la restitution se fit, quelque obstacle que le conseil y pût apporter.

« Le desir qu'avait le roi de France de faire la guerre en Italie, le faisait passer par-dessus toutes les considérations qui concernaient le bien de son royaume ; car ce fut encore par le même motif qu'il voulut faire la paix avec Maximilien, à des conditions fort avantageuses à ce prince. Les députés de celui-ci eurent l'adresse de gagner deux nouveaux favoris du roi, Guillaume Brissonet et Étienne de Vèse. »

sage dans les pays qu'il avait à traverser. Naples fut dans les alarmes; les Vénitiens, inquiets de voir un roi de France au milieu de la péninsule, éludèrent de se déclarer, et attendirent les évènements; Louis Sforce s'applaudissait de s'être fait garantir ses états par le roi de France; le pape, qui l'avait appelé, commençait à s'en repentir.

Cette marche des Français au-delà des monts changeait entièrement la face des affaires. Ici commence une ère nouvelle pour l'Italie. Il eût été bien heureux pour la république de Venise, et pour toute la péninsule, que les rois de France et les empereurs se fussent crus obligés de respecter une bulle de Jean XXII, rendue près de deux siècles auparavant, où ce pape disait : « Par l'autorité du père éternel et des apôtres Pierre et Paul, après une mûre délibération, de l'avis de nos vénérables frères, et de notre pleine puissance, nous séparons l'Italie de l'empire, nous nous réservons de pourvoir à son gouvernement, et vous défendons d'y pénétrer (1). » Mais les rois, à la fin du XVe siècle, s'étaient accoutumés à respecter beaucoup moins l'auto-

---

(1) Voyez cette bulle imprimée pour la première fois dans l'*Essai sur la puissance temporelle des papes*, tome 2 de la 3e édition.

rité pontificale, qui, il faut en convenir, avait fait tout ce qu'il fallait pour leur paraître moins vénérable. Ici, d'ailleurs, les passions du pape favorisaient l'ambition des étrangers, puisque lui-même appelait les ultramontains.

XVIII. Découverte du Nouveau-Monde. Passage du cap de Bonne-Espérance.

Deux autres évènements, qui arrivèrent à-peu-près vers ce temps-là, changèrent totalement les rapports commerciaux qui existaient entre Venise et le reste du monde. Vasco de Gama ouvrit une nouvelle route vers les Indes orientales; Christophe Colomb découvrit un nouveau continent : Gênes avait été écrasée par Venise, il était réservé à un de ses enfants de la venger (1). Dès-lors la Méditerranée ne fut plus qu'un lac. Les navigateurs qui ne se lancèrent point sur l'océan, ne furent plus que des marins timides. Il n'y eut plus de raison pour que les marchandises de l'Inde et de la Chine arrivassent en Europe, en traversant le continent de l'Asie. L'Amérique offrit de nouveaux objets au commerce : l'architecture navale et la navigation prirent un nouvel essor; et ce peuple d'illustres négocians,

---

(1) Il Colombo ha recato più danno a Venezia che tutti gli antichi Genovesi.
(*Relatione della città e repubblica di Venezia*, manuscrit de la Biblioth.-du-Roi, n° 10,465.)

établi au fond du golfe Adriatique, placé loin des marchandises et des points principaux de consommation, ne put plus vanter ni l'étendue de son commerce, ni la force de sa marine; il se trouva déchu du rang où son industrie l'avait élevé entre les nations.

Ainsi le cours toujours imprévu des choses humaines, trompe tous les calculs de la prévoyance. Sans doute il y eut alors, parmi les Vénitiens, des hommes d'état qui se félicitèrent que l'ambition de la république eût déja pris, depuis quelque temps, une autre direction; ils se flattèrent qu'elle conserverait son rang comme puissance territoriale. Il nous reste à voir quelle devait être sa destinée dans cette nouvelle condition.

LIVRE XIX.

Tableau du commerce des Vénitiens; leurs manufactures; leur marine.

§. Causes locales de la direction des Vénitiens vers le commerce.

Au moment où Venise va perdre l'empire du commerce, après l'avoir exercé pendant quatre ou cinq siècles, il est utile d'interrompre le récit des évènements, pour voir avec quelle activité persévérante, avec quelle intelligence, elle sut fonder, développer, consolider ce moyen de puissance, qui assurait du travail à la population, perpétuait l'opulence des grandes familles, réparait les désastres publics, faisait la force de l'état dans la guerre, et augmentait sa splendeur dans la paix.

Ce fut à leur situation politique et territoriale que les Vénitiens durent cette direction vers les opérations commerciales, source de leur prospérité.

Fugitifs du continent de l'Italie, réfugiés dans

des îles étroites, incultes et stériles, sans communications sûres avec le continent dévasté par les barbares, ils ne voyaient autour d'eux que la mer, et dans leurs mains que quelques richesses mobiliaires, qu'ils avaient pu sauver de la dévastation générale, mais qui allaient bientôt s'épuiser, si le travail et l'industrie ne parvenaient à les faire fructifier.

Le sel était l'unique produit du sol qu'ils foulaient. La pêche ne pouvait que très-imparfaitement pourvoir à leur subsistance. Mais cette pêche, ce sel, devenaient des moyens d'échange pour se procurer les objets nécessaires à la vie. Ils manquaient de presque tout. Les habitants des lagunes étaient réduits à aller acheter sur le continent voisin, des grains, du bois, des métaux, des pierres; il fallait même qu'ils y allassent chercher de l'eau.

Heureusement pour eux, les peuples limitrophes ne pouvaient leur rien apporter.

Ces peuples, désolés par des guerres continuelles, n'étaient point adonnés à la navigation. Si, à l'époque où tant de fugitifs se réfugièrent dans les lagunes, il y avait eu près de là une ville maritime commerçante, qui se fût empressée de leur porter tout ce dont ils manquaient, cette ville leur aurait soutiré le peu de richesses qu'ils avaient transportées dans leurs îles, et peu-à-peu ces fugitifs, au lieu de se créer une patrie sur ces plages incultes, seraient allés chercher la sûreté, l'aisance, ou du travail, chez l'étranger. Mais la rigueur de leur condition, la privation de tout secours les condamna à de grands efforts; et des travaux héroïques firent leur bonheur en même temps que leur gloire.

Ce fut encore une faveur de la fortune que cette sévérité du sort qui les exilait au milieu des flots. Obligés d'aller continuellement chercher eux-mêmes ce qui leur manquait, ils prirent nécessairement l'habitude de braver la mer. Quand ils ne purent trouver sur la côte voisine ce que réclamaient leurs besoins, ils allèrent le chercher sur la côte opposée. Peu-à-peu ils observèrent quels étaient les points où ils pouvaient faire leurs achats, ou leurs échanges, avec le plus d'avantage. Ces fréquentes traversées, qu'ils faisaient pour leur compte, leur fournirent l'occasion de devenir les intermédiaires de toutes les communications des deux rives de l'Adriatique. Ces voyages n'avaient d'abord pour but que l'approvisionnement des îles; l'esprit de commerce en agrandit l'objet, en étendit les limites, en perfectionna les moyens. L'art et la cupidité essayèrent des routes moins timides, et l'on s'aperçut que cette ville nouvelle, placée dans une position facile à défendre, presque sur la limite qui sépare l'Europe de l'Asie, était appelée à devenir, par l'industrie de ses habitants, le marché principal des peuples occidentaux. D'autres circonstances locales lui donnaient les moyens de communiquer facilement avec un grand nombre de consommateurs.

L'Italie était séparée de l'Allemagne par les Alpes, alors impraticables pour le commerce. Un port situé au fond de l'Adriatique et à l'embouchure du Pô, était l'entrepôt naturel des laines, des soies, du coton, du safran, de l'huile, de la manne, et de toutes les autres productions que l'Italie fournit à la Hongrie et à l'Allemagne.

Par la même raison, tout ce que le Nord avait à tirer du Levant, de l'Afrique, et de l'Espagne, devait passer par Venise. Les voyages au-delà du détroit de Gibraltar, pour remonter vers les côtes septentrionales de l'Europe, étaient alors des voyages de long cours. L'imperfection de la navigation était telle, que les peuples septentrionaux n'avaient pas encore appris à venir eux-mêmes chercher les productions de la Méditerranée, et que les habitants des côtes de cette mer ne tentaient que bien rarement des expéditions qui entraînaient tant de perte de temps, de frais et de dangers. Il en résultait que le fond du golfe Adriatique était le seul point de communication de l'Allemagne avec la mer navigable; et Venise était un magasin établi sur ce point de communication, offrant une égale sûreté contre tous les ennemis et contre les tempêtes.

Le Pô, la Brenta, l'Adige, semblaient venir se jeter dans le bassin des lagunes, pour offrir aux Vénitiens une route facile, par laquelle ils pouvaient conduire, sans danger et sans frais, toutes les productions que demandait l'Italie septentrionale. Aussi ce fut un des soins les plus constants de cette république naissante de s'assurer une libre navigation et toutes sortes de franchises sur ces fleuves et sur leurs nombreux affluents. Dès l'an 712, le premier doge de la république conclut un traité avec Luitprand, roi des Lombards, qui conservait aux Vénitiens des priviléges commerciaux dans les ports et sur les terres de ce royaume. Non-seulement ils étaient exempts chez leurs voisins, de toutes redevances, mais ils prenaient à ferme les droits du souverain, et l'exercice de cette perception leur donnait les moyens de la rendre onéreuse à leurs rivaux et d'écarter toute concurrence. On les vit même, dans le XVe siècle, offrir au duc de Milan, Philippe-Marie Visconti, de lui entretenir dix mille hommes de pied et dix mille

II. Priviléges que les Vénitiens obtiennent pour commercer chez leurs voisins.

chevaux, s'il voulait leur laisser l'administration des douanes de sa capitale (1).

La république n'apporta pas moins d'attention à conserver le privilége exclusif de fournir ce continent des produits qu'elle pouvait tirer de son petit territoire. Elle perfectionna l'art d'extraire le sel. Elle s'appropria, autant qu'elle le put, toutes les salines de ces côtes. Elle interdit à ses voisins la faculté d'exploiter celles qu'ils avaient. Les Vénitiens vendaient deux qualités de sel; celui qu'ils fabriquaient eux-mêmes dans leurs lagunes, et qu'ils appelaient sel de Chiozza, et celui qu'ils tiraient des salines de Cervia, de l'Istrie, de la Dalmatie, de la Sicile, des côtes d'Afrique, de la mer Noire et même d'Astracan. Tous ces sels étrangers étaient compris sous la dénomination de *sel de mer* ou *d'outre-mer*. Les premiers étaient d'une qualité supérieure, et, par conséquent, d'un prix plus élevé.

Les salines de Cervia appartenaient aux Bolonais; les Vénitiens traitèrent avec eux, et, pour

---

(1) Mediolanenses paratos illi decem millia equitum, tantumdem peditum persolvere; hoc tantùm sibi poscere mediolanensis urbis redditus administrandos permittat....., tanta erat hoc tempore unius urbis gens, tanta et domi et apud exteros negotiandi consuetudo.

(Billius, lib. 5, in finerer. ital. script., tom. XIX.)

se réserver le commerce de tout le sel qui proviendrait de cette origine, ils déterminèrent la quantité qu'il serait permis d'en exploiter (1); et ils établirent des surveillants sur le lieu même de la fabrication.

La république obtint le droit de transporter même les sels fossiles que l'Allemagne méridionale et la Croatie tiraient de leurs mines. Elle força un roi de Hongrie à fermer les siennes. Les peuples riverains de l'Adriatique ne purent pas y faire naviguer leur sel; les habitants de l'Italie supérieure ne purent pas en consommer d'autre que celui de Venise. Pour tout sujet de la république, l'achat du sel étranger était puni comme un crime. On rasait la maison du délinquant, et on le bannissait à perpétuité. Mais en même temps que Venise faisait ce monopole, elle s'en assurait la conservation, en fournissant à tous ces peuples, devenus ses tributaires, du sel excellent et à très-bas prix. La vente s'en faisait par des compagnies, qui se chargeaient d'en approvisionner chacune tel ou tel pays. Il est incroyable combien de trésors cette seule branche de commerce a procuré aux Vénitiens pendant quatorze siècles.

---

(1) *Storia civile e politica del commercio de' Veneziani* di Carlo Antonio Marin, tom. V, lib. 1, cap. 4.

Ces. priviléges leur coûtèrent du sang; mais la défense de ces prétentions, et les guerres qu'ils eurent à soutenir contre les corsaires et contre des voisins jaloux, les mirent dans la nécessité de se former une marine militaire.

Après quelques siècles d'efforts, on vit le pavillon de Saint-Marc se déployer fièrement sur toute la Méditerranée, les flottes vénitiennes faire des conquêtes, la république fonder de riches colonies, étendre sa navigation et son commerce dans toutes les mers alors connues, et s'arroger la souveraineté du golfe Adriatique. Les guerres continuelles qui divisaient les autres peuples, leur grossière ignorance, leur éloignement presque général pour le commerce et la navigation, furent autant de circonstances favorables, qui donnèrent à la république le temps d'établir solidement la puissance de sa marine et la prospérité de son industrie.

Devenue, après la chûte de l'empire d'Orient, maîtresse de presque tous les points maritimes de cet empire, elle eut un avantage immense dans tous les marchés du Levant : ses négocians y jouissaient de tous les priviléges attachés à l'indigénat; et dans tous les ports ses vaisseaux trouvaient, non-seulement un asyle gratuit, mais encore une protection spéciale.

Pendant huit siècles, c'est-à-dire jusqu'à l'é-

III.
Tendance

<small>de la législation vénitienne à favoriser le commerce.</small>

poque où les Vénitiens voulurent devenir conquérants sur la terre-ferme de l'Italie, la législation, la politique, eurent pour objet principal la prospérité du commerce. Priviléges chez l'étranger, sûreté chez eux, facilités pour le déplacement des hommes, des choses et des capitaux, établissement des banques, perfectionnement des monnaies, encouragements à l'industrie manufacturière, police vigilante sans être incommode, tolérance religieuse peu connue chez les autres nations, tout concourait à faire d'un Vénitien commerçant, et ils l'étaient tous, l'homme de l'univers qui avait le plus libre emploi de ses facultés pour augmenter son bien-être.

Si à ces avantages on ajoute la possibilité d'acquérir les droits de citoyen, et si on considère que la participation à la souveraineté était attachée à ce titre, on concevra quelle affluence d'étrangers devait augmenter la population de Venise et accroître sa prospérité, en lui portant des capitaux et une nouvelle industrie. On concevra combien les citoyens de cet état devaient être attachés à leur patrie, et quelles devaient être la force et les ressources de ce gouvernement. On sentira en même temps que cette république dut perdre, sous tous ces rapports, quand elle adopta, ou plutôt quand elle subit le gouvernement aristocratique. On a dit que la portion de ses citoyens qui s'était arrogé toute l'autorité, avait voulu dédommager l'autre, en lui abandonnant les avantages qui résultent de la profession du commerce. On a fait honneur de cette marque de désintéressement à la modération de la classe aristocratique, c'est une erreur de fait; il est constant que les nobles continuèrent d'être négociants jusqu'à l'époque où la république était déja déchue de sa puissance et le commerce de sa splendeur. J'en ai cité quelques exemples, et on en trouve à chaque pas dans les historiens.

Si ensuite on réfléchit sur l'influence que l'habitude du travail, l'émulation, la richesse, les voyages, la fréquentation des étrangers, ont nécessairement sur les mœurs d'un peuple, et sur le développement de toutes les facultés intellectuelles, on devinera que les Vénitiens devaient être une nation déja polie, lorsque d'autres peuples, que la nature ne semblait pas avoir placés dans un rang inférieur, n'étaient encore que barbares; et l'on ne s'étonnera pas de lire dans l'histoire de Charlemagne, que les seigneurs qui composaient sa cour furent émerveillés de voir, à la foire de Pavie, les tapis précieux, les étoffes de soie, les tissus d'or, les perles et les pierreries que leur étalèrent les marchands vénitiens. Je ne doute pas que les hauts barons ne méprisassent beaucoup la profession de ces commerçants ; mais il fallut bien qu'ils rabattissent un peu de leur fierté, lorsque Pépin fut battu par ces mêmes hommes, lorsque les rois de l'Europe se virent obligés de demander des vaisseaux aux Vénitiens, pour passer dans la Palestine, et lorsque les Baudouin, les Montmorency, les comtes de Champagne et de Montfort contractèrent alliance avec ces négocians, pour conquérir et partager l'empire de Constantinople.

Cette supériorité des Vénitiens sur les autres peuples de l'Europe, j'en excepte les Toscans, que leur gloire littéraire place infiniment au-dessus, se maintint jusque bien avant dans le quinzième siècle. Toutes les villes de France, d'Allemagne et d'Angleterre, étaient des amas informes de maisons sans architecture, sans monuments ; les seigneurs de ces pays vivaient dans de tristes châteaux-forts, et ne connaissaient pas plus que les citadins le luxe et les arts. A cette époque il n'y avait des lettres et de l'élégance qu'en Italie et dans la partie de l'Espagne occupée par les Maures.

Il ne serait pas juste de vouloir faire dériver tous ces avantages d'une cause unique. Venise fut sans doute en partie redevable de sa prospérité au bonheur d'avoir un gouvernement régulier long-temps avant les autres nations ; mais ce gouvernement, qui veillait à la conservation de la fortune publique, n'était pas le principe de la richesse nationale; celle-ci était due entièrement au commerce, dont les Vénitiens étaient en possession. Dès le huitième siècle, le commerce des Vénitiens avec l'Orient était assez important, pour les déterminer à rester dans l'alliance de l'empereur Nicéphore, malgré les menaces de Charlemagne.

En même temps qu'ils jouissaient de cette opulence, juste fruit du travail, les Vénitiens étaient contenus par leurs lois somptuaires, dans les bornes de cette sage économie, seule conservatrice des capitaux qui alimentent le commerce, et seule modératrice du prix de la main-d'œuvre. « Le commerce a du rapport avec la constitution : dans le gouvernement d'un seul, il est fondé sur le luxe, et son objet unique est de procurer à la nation qui le fait, tout ce qui peut servir à son orgueil, à ses délices, à ses fantaisies : dans le gouvernement de plusieurs, il est ordinairement fondé sur l'économie (1). »

Intermédiaires entre les peuples voluptueux de l'Orient et les nations incultes de l'Europe,

---

(1) *Esprit des Lois*, liv. 20, ch. 4.

les Vénitiens avaient imité l'industrie des uns et conservé la simplicité des autres. Pour se faire une juste idée de l'état des relations commerciales à une époque donnée, il faut observer quels étaient alors les pays habités par le luxe qui consomme, ou par l'industrie qui produit, ou par la barbarie stupide qui ignore même ces sortes de jouissances.

IV. État des autres peuples à l'époque où les Vénitiens devinrent un peuple commerçant.

Pendant les premiers siècles de la république de Venise, toute l'Europe était sauvage. Les arts avaient quitté l'ancienne Italie pour passer du côté de l'empire, et aller décorer la nouvelle capitale du monde. Mais quand les faveurs de la fortune arrivent subitement, elles ne trouvent pas les hommes préparés à les recevoir. Les peuples chez lesquels Constantin avait transporté son trône, avaient plutôt des goûts voluptueux que du génie et de l'activité. Dans leur voisinage, un peuple d'une haute antiquité, éclairé long-temps avant les barbares de l'Occident, dut à ses traditions, à son activité, à ses conquêtes, cette variété de connaissances et de travaux qui distingue les nations civilisées. Les Vénitiens allèrent observer les procédés des arts chez les Grecs et chez les Arabes, en échangeant continuellement les denrées de l'Occident contre toutes les marchandises de l'Asie. C'était déja beaucoup pour une peuplade de pêcheurs, de former la chaîne de communication entre les peuples policés et ceux qui ne l'étaient pas. Ils portèrent leur industrie plus loin; le soin d'approvisionner l'Europe, et de répandre toutes ses productions en Orient, ne suffisait pas à leur activité; ils s'aperçurent que l'empire grec recevait des contrées lointaines, et alors presque inconnues, non-seulement beaucoup de choses utiles, mais aussi une multitude de superfluités, qui deviennent un besoin pour la société perfectionnée. Ils allèrent s'établir le plus près qu'ils purent de la source de tous ces objets; et tel fut le succès de leur activité et de leur courage, qu'ils devinrent les facteurs et puis les maîtres du commerce de la voluptueuse Constantinople.

La presqu'île de la chersonnèse Taurique, située au fond de la mer Noire, fut de tout temps pour les grandes villes de l'Hellespont et des mers de la Grèce, ce que la Sicile était pour Rome, un grenier inépuisable, qui assurait la subsistance de la population. Elle nourrissait Athènes; elle avait payé un tribut annuel de cent quatre-vingt mille mesures de froment à Mithridate; elle avait d'abondantes salines, et fournissait des laines et des pelleteries. Ces objets de première nécessité acquéraient un nouveau prix par le voisinage d'une ville comme Constantinople. Le vénitien Marc-Pol parle déja d'un voyage fait sur cette côte, vers le milieu du treizième siècle, par son père.

L'abondance des sequins dans tout l'Orient prouve que les Vénitiens y faisaient un grand commerce, que leur monnaie y jouissait d'une grande confiance, et qu'ils étaient obligés de payer une partie de leurs achats en argent comptant. L'un des inconvénients du commerce de l'Asie pour les Occidentaux, c'est d'avoir à traiter avec des peuples qui n'ont presque aucun besoin des productions de l'Europe; il en résulte que les achats ne peuvent s'y faire qu'en métaux monnayés, sur lesquels il n'y a rien à gagner. Pour les Vénitiens, ce désavantage était moindre: comme ils ne trafiquaient avec l'Inde que par l'intermédiaire de peuples qui avaient des besoins, ils pouvaient faire le commerce d'échanges, qui donne un double profit. Il y a un autre fait qui peut faire juger du grand nombre des Vénitiens répandus dans l'empire grec. Lorsque Emmanuel Comnène, imitant l'exemple de Mithridate, fit arrêter en un jour tous les sujets de la république qui se trouvaient dans ses états, les prisons ne purent suffire à les contenir; il fallut en remplir les églises et les monastères. La difficulté de protéger leurs établissements en Asie, la jalousie des Génois, et les révolutions de l'empire d'Orient, obligèrent vingt fois les

Vénitiens à chercher de nouvelles routes, pour rétablir leurs relations commerciales sans cesse interrompues.

C'est une chose digne de l'attention de l'histoire, que les vicissitudes qui ont fait changer si souvent le cours du commerce, qui, comme un fleuve, porte sans cesse vers l'Occident, mais toujours par des routes différentes, les productions de l'Asie. Il semblerait que l'Europe ne peut se suffire à elle-même. L'activité de ses habitants se fatigue de mille travaux qui produisent des besoins étrangers à leur bien-être; de tout temps ils comptèrent au nombre des objets de première nécessité, les marchandises de l'Orient, et toujours ce commerce a occupé l'industrie de quelques peuples plus ou moins heureusement placés.

<small>V. Diverses routes qu'a prises successivement le commerce de l'Europe avec l'Asie.</small>

Tantôt les Phéniciens recevaient ces productions par l'Euphrate ou par la mer Rouge, et les répandaient sur les côtes de l'Europe par la Méditerranée. Tantôt les Assyriens, les Chaldéens, communiquaient avec l'intérieur de l'Asie par la Bactriane : les marchandises de l'Inde remontaient l'Indus, faisaient un trajet de quelques journées sur des chameaux; on les embarquait ensuite sur l'Oxus, qui les portait dans la mer Caspienne.

L'Égypte, sous les Ptolémées et sous les Romains (1), rappela le commerce sur la mer Rouge. Dans les temps postérieurs, la translation du siége de l'empire à Bysance fit sentir l'avantage d'une ligne plus directe. Les marchandises traversèrent le lac Aral ou descendirent par l'Oxus dans la mer Caspienne. De cette mer elles entrèrent dans le Volga, qui s'y jette, le remontèrent jusqu'à l'endroit où il s'approche à dix-huit milles du Tanaïs. La main des hommes avait même tenté de creuser un canal de communication entre ces deux fleuves (2). Arrivées dans le Tanaïs, les productions de l'Asie descendaient avec lui dans les Palus-Méotides, traversaient la mer Noire et venaient remplir les ma-

---

(1) Strabon, liv, 11, ver. in Polyb., cap. 6.

(2) Cette entreprise fut renouvelée sous Selim II, vers l'an 1570. « Aveva il bascià ricordato che tagliandosi uno stretto di miglia dieciotto, in un luogo detto Asdragan posseduto dai Russi, potevasi facilmente congiungere insieme due grandi e famosi fiumi, cioè il Tanaï e la Volga, onde si sarebbe prestata commodità grandissima a diverse navigazioni e s'aumentarebbero le pescagioni del Tanaï, con grande e certo utile di datii del signore, ma con speranza di cose maggiori, aprendosi una facile navigazione dal mare Maggiore nel quale il Tanaï mette capo, al mare Caspio, ove sbocca la Volga.

(*Historia della guerra di Cipro*, da P. Paruta, lib. 1.)

gasins de Constantinople, alors la ville la plus florissante de l'univers.

Un roi d'Arménie imagina d'abréger ce trajet, en évitant la navigation du Volga, du Tanaïs et des Palus-Méotides : il établit une communication directe entre le Cyrus, qui se jette dans la mer Caspienne, et le Phase, qui court vers l'extrémité du Pont-Euxin. Le trajet par terre n'était que de quinze lieues. Cent vingt ponts furent jetés entre les montagnes pour rendre cette route praticable au commerce, et attestent encore la grandeur, l'utilité et les difficultés de l'entreprise.

Tant que le commerce suivait cette voie, il enrichissait les villes maritimes de la mer Noire, Caffa, Trébizonde, Sinope, Bysance. L'avidité des Tartares vint multiplier les dangers sur cette route; ils détournèrent vers le lac Aral, le Gihon et le Sihon, deux fleuves qui se déchargeaient dans la mer Caspienne, et détruisirent ainsi une des communications de l'Inde avec l'Europe. L'industrie des Sarrasins rouvrit la communication de la mer Rouge. L'Égypte, Alexandrie, et tous les ports de la Syrie devinrent les entrepôts des marchandises de l'Orient.

Ainsi les productions de l'Asie arrivaient tour-à-tour en Europe par l'embouchure du Nil ou celle de Tanaïs; mais, soit qu'il fallût aller les acheter en Égypte ou dans la Chersonnèse, les Vénitiens furent toujours des premiers à se présenter pour en approvisionner l'Occident. Le commerce réalisait ce que la poésie avait autrefois imaginé : le Nil, le Phase, le Caïque, l'Hypanis, communiquaient avec l'Éridan, et devenaient ses tributaires (1).

<small>VI.
Etablissements des Vénitiens dans les pays étrangers.</small>
Les Vénitiens avaient des comptoirs sur toutes les côtes, à Alexandrie, à Tyr, à Bérythe, à Ptolémaïs, et sur tous les points intermédiaires, depuis l'embouchure du Tanaïs jusqu'en Italie ; ils pénétrèrent même jusqu'à Astracan (2).

L'importance de ce commerce leur donnait un grand intérêt de cultiver soigneusement la bienveillance des empereurs d'Orient. A la faveur de quelques formules de vassalité envers l'empire, ils y jouirent long-temps des avantages de l'indigénat, et ils s'en prévalurent pour écarter les autres Européens, jusqu'à ce que la rivalité de Gênes vint les brouiller eux-mêmes avec

---

(1)   Spectabat diversa locis Phasimque, Lycumque,
   Et caput unde arctus primum se erumpit Enipeus,
   Saxosumque sonans Hypanis, mysusque Caïcus,
   Et gemina auratus taurino cornua vultu
   Eridanus...
(GEORGICON.)

(2) *Storia civile e politica del commercio de' Veneziani* di Carlo Ant. MARIN, tom. IV, liv. 2, cap. 7.

les empereurs de Constantinople; brouillerie qui fut suivie de la ruine de l'empire grec par les Vénitiens réunis aux Français.

En Égypte, ils firent et renouvelèrent souvent des traités avec le gouvernement du pays; ils se conformèrent à l'esprit du siècle, en sollicitant l'autorisation du pape pour trafiquer avec les mahométans; mais, en même temps, ils ne se faisaient pas scrupule de condescendre aux erreurs des infidèles, en intitulant leurs traités: *Au nom du Seigneur et de Mahomet* (1). Leurs relations ne purent être dans cette contrée, ni si étendues, ni si amicales qu'en Asie : aussi plus d'une fois conçurent-ils l'idée d'en faire la conquête : Marin Sanuto la leur conseillait (2) en leur disant que cette possession les rendrait maîtres de tout le commerce de l'Orient; que la communication de l'Inde avec la Méditerra-

---

(1) Acte rapporté par Marin, dans son *Histoire du commerce de Venise*, tom. IV, liv. 2, ch. 4.

(2) « Secreta fidelium crucis. » Ouvrage qui fait partie du recueil intitulé : *Gesta Dei per Francos*.

Histoire du commerce de Venise, par Marin, tom. 4, liv. 3, ch. 3.

Ricerche storico-critiche sull' opportunità della laguna veneta pel commercio, sull' arti e sulla marina di questo stato. (Venezia 1803, page 45.)

Cet ouvrage est du comte Jacques Filiasi.

née par la mer Rouge était la plus courte, la plus économique, et la plus sûre; qu'il n'était pas impossible d'établir une communication entre la mer Rouge et le Nil; qu'indépendamment du commerce de l'Inde, il y avait, sur la côte orientale de cette mer, un pays abondant en aromates et en parfums (plus tard on y aurait ajouté le café); que l'Afrique elle-même offrait une riche matière au commerce par son or et son ivoire; qu'enfin la possession de l'Égypte, pour une puissance maritime de la Méditerranée, était préférable à la possession des Indes. Il ajoutait que les Vénitiens étaient alors la seule nation en état de tenter cette conquête, et un auteur fait à ce sujet cette réflexion : « Peut-être, s'ils l'eussent exécutée, le commerce des Indes n'aurait-il pas échappé de leurs mains (1). »

Il ne paraît pas que ce projet ait jamais été suivi par eux avec une intention sérieuse; si, de temps en temps, leurs flottes se présentaient sur la côte d'Égypte, c'était seulement pour déployer un appareil de forces qui accélérât leurs négociations avec les soudans. Une seule fois ils y firent une invasion, et, contre leur or-

---

(1) Se lo avessero fatto, il traffico dell' Indie orientali forse non sarebbe fuggito dalle loro mani. (*Ibid.* p. 46.)

dinaire, cette expédition ne fut qu'une étourderie : ils s'emparèrent, par un coup-de-main, d'Alexandrie, qu'il fallut évacuer au bout de vingt-quatre heures.

Mais s'ils ne furent pas conquérants en Afrique, ils y furent commerçants et voyageurs.

On juge que, puisque leur commerce avait pénétré dans l'intérieur de l'Afrique, ils devaient avoir des établissements sur les points plus facilement accessibles. On cite les familles Zuliani, Buoni, Soranzi, Contarini (1), pour s'être enrichies dans le commerce de Barca, de Tunis et de Tanger. Les villes de ces côtes, quand elles étaient habitées par les Arabes, n'étaient pas, comme aujourd'hui, d'immondes repaires de brigands, situés au milieu de terres incultes ; c'étaient des cités opulentes remplies de manufactures (2). Les vaisseaux de Venise allaient, dès le VIIe et le VIIIe siècles, y charger des grains, des laines, des bois de teinture, des gommes, des parfums, des dents d'éléphant, de la poudre d'or, des draps, des toiles, des étoffes de soie et de coton, même des huiles, quand l'Italie ou la Grèce en manquaient, et enfin des esclaves qu'ils ven-

---

(1) *Ibid.* page 39.
(2) Furono esse una volta opulentissime e piene di manufatture. (*Ibid.* p. 38.)

daient à d'autres Africains ou aux Maures établis en Espagne.

VII.
Commerce des esclaves. Ce commerce des hommes fut long-temps en usage chez les Vénitiens, malgré les défenses de l'église. On cite l'humanité du pape saint Zacharie, pour avoir racheté beaucoup d'esclaves qu'ils se disposaient à vendre aux mahométans (1). Dès le neuvième siècle, la législation tendit à faire cesser cet odieux commerce; mais, dans le principe, on ne le considérait que dans l'intérêt de la religion. Ce n'était pas le trafic des hommes qui indignait le législateur; et, comme on trafiquait des chrétiens aussi-bien que des païens, c'était la vente des esclaves chrétiens aux infidèles que l'on s'efforçait de réprimer.

Vers l'an 840, l'empereur Lothaire promit d'empêcher ses sujets de faire des esclaves dans le duché de Venise (2), pour les garder ou pour

---

(1) Contigit plures Veneticorum hanc romanam advenisse in urbem negociatores, et mercimonii nundinas propagantes multitudinem mancipiorum, virilis scilicet et feminini generis emere visi sunt, quos et in Africam ad paganam gentem nitebantur deducere. Quo cognito idem sanctissimus pater fieri prohibuit, datoque eisdem Veneticis pretio, quod in eorum emptione se dedisse probati sunt, cunctos a jugo servitutis redemit. (*Vie du pape* saint Zacharie.)

(2) Memorie storiche de' Veneti primi e secondi del conte Giacomo Filiasi. (Tom. 7, capo 4.)

les vendre aux païens. Sous le dogat d'Urse Participatio, c'est-à-dire vers l'an 880, ce genre de commerce fut interdit sous des peines sévères, mais avec les infidèles seulement, et cette prohibition fut peu respectée. On en a la certitude par les autres lois rendues postérieurement sur le même objet. Celle de 944 attribue les disgraces de la république au mépris qu'on avait fait de cette défense (1). On fut obligé de la renouveler dans le XIVe, et même dans le XVe siècle, et les actes publics attestent que les Vénitiens ont eu des esclaves à leur service jusqu'au temps dont je viens de parler. Ces esclaves ne pouvaient pas être Vénitiens, mais on pouvait les acheter dans les colonies, c'est-à-dire en Istrie, en Dalmatie, etc. (2).

Parmi les impôts que la guerre de Chiozza rendit nécessaires, il y en a un de trois livres

---

(1) In præcedentibus temporibus cùm mancipiorum captivitatem facerent nostri, ob hoc peccatum multæ tribulationes nobis venere, et D. Ursus bonus dux, etc., hanc malitiam destruxerunt, sed per malignitatem invidi hostis, etc. Cette loi est citée dans les *Ricerche storico-critiche*, etc., p. 27.

(2) Lunga pezza durò un tale abuso, non ne' Veneziani, ma ne' sudditi loro oltremarini dell' Istria e della Dalmazia, leggi trovandosi del XIV e XV secolo, fatte per stirparlo. (*Ibid.* page 27.)

d'argent par mois pour chaque esclave que posséderont les citoyens. En 1323, le célèbre voyageur Marc-Pol donna, par son testament, la liberté à un de ses esclaves.

On rapporte un contrat de 1428 pour la vente d'une fille russe de trente-trois ans, au prix de soixante sequins. Une loi de 1446 porte défense de vendre des esclaves aux Ragusais et aux Dalmates, par la raison qu'ils les vendaient aux musulmans. Dans tous les livres qui parlent de leur commerce, l'achat et la vente des esclaves sont indiqués comme l'un des objets des spéculations des Vénitiens. Il est donc certain qu'ils en achetaient et en vendaient dans l'Orient et dans l'Afrique, qu'ils en avaient chez eux, et que seulement il leur était interdit de vendre des chrétiens à des musulmans.

Il était naturel que les Vénitiens contractassent quelque chose des usages des peuples qu'ils fréquentaient. L'esclavage existait d'ailleurs sous une autre dénomination et sous d'autres rapports dans presque toute l'Europe. Si les autres nations ne faisaient pas ce commerce, c'était parce qu'elles n'étaient pas commerçantes. L'avarice des Vénitiens, ou l'imitation des Orientaux, alla jusqu'à spéculer sur le prix que les esclaves pouvaient acquérir par la mutilation; il fallut que les lois réprimassent cette barbarie, et comme les hommes ne manquent jamais de passer de l'atrocité à l'absurdité, d'autres lois devinrent nécessaires pour défendre d'employer les esclaves à des maléfices (1). Les esclaves se vengèrent de leurs maîtres en les corrompant. Ils contribuèrent au moins autant que la fréquentation des Orientaux, à introduire dans Venise cette dépravation de mœurs, qui fut constamment un des caractères distinctifs de cette capitale. Je reviens à l'objet spécial de ce livre.

VIII. Commerce des Vénitiens avec l'Europe.

Ardents à saisir toutes les branches du commerce de l'Asie et de l'Afrique, les Vénitiens n'étaient pas moins jaloux de transporter euxmêmes tout ce qui pouvait se vendre ou s'acheter dans les marchés de l'Occident. Les discordes qui régnaient en Europe, la servitude des peuples et le mépris des nobles pour toute profession étrangère aux armes, laissaient un champ libre aux voyageurs vénitiens qui ne trouvaient pour concurrents que les autres marchands venus de Toscane ou de Gênes.

Mais les désordres de la guerre, l'imperfection de l'administration publique, l'indépen-

---

(1) La loi est de 1410. « Que' miserabili, » dit l'écrivain que j'ai déjà cité, « per farsi strada all' affetto de' padroni, servivanli in tali sciochezze, pratici molto in esse, erano Orientali, o della Grecia ! » (*Richerche storico-crit.*, etc., p. 28.)

dance et la tyrannie des seigneurs, multipliaient les dangers sur les routes que le commerce avait à parcourir. C'était une précaution encore plus indispensable en Europe qu'en Asie de voyager par caravanes et avec des escortes. Les avanies y étaient encore plus fréquentes que chez les infidèles. Les seigneurs, non contents d'établir arbitrairement des péages sur leurs terres, couraient le pays pour rançonner et piller les riches voyageurs. Il fallait à chaque pas se racheter de la cupidité de ceux dont le donjon gardait une défilé; il fallait leur rendre agréable et profitable l'arrivée des caravanes. Ce fut l'origine de l'usage que les marchands vénitiens conservèrent long-temps, de conduire avec eux des troupes de musiciens, de charlatans, de baladins et d'animaux curieux, pour amuser les grossiers barons qui voulaient bien leur donner asyle ou passage.

Malgré la difficulté de parcourir des contrées encore barbares, ces infatigables voyageurs se montraient dans toutes les villes un peu considérables, depuis la source du Danube jusqu'à son embouchure, et sur toute la surface de l'Allemagne et de la France. Ils longeaient toute la côte de l'Europe que baigne l'Atlantique. On nomme deux navigateurs, les frères Zéno, qui en 1390 visitèrent l'Islande, et s'élevèrent près du pôle jusqu'au Groënland (1). Mais c'était surtout avec les villes maritimes et commerçantes que les Vénitiens avaient eu soin d'établir des rapports. Marseille, Aigues-mortes, toutes les villes de la Catalogne, Anvers, l'Écluse, Londres, étaient liées avec eux par des traités.

Dans plusieurs de ces anciens traités il y avait une clause remarquable : c'était celle qui exemptait le doge de tous droits pour le commerce qu'il faisait personnellement (2). Il faut bien se garder de croire que cette exemption fût accordée dans le temps où les doges, déchus de toute autorité personnelle, se trouvaient réduits à la représentation de la suprême magistrature; c'était à l'époque où les doges étaient de véritables princes, qu'ils faisaient le commerce pour leur propre compte. Ce qui est digne de quelque attention ici, ce n'est pas de voir le chef de l'état abuser de son crédit pour obtenir un privilége personnel, c'est de le voir exercer publiquement une profession, pour laquelle les autres nations affectaient un si ridicule mépris. Ce ne fut qu'en 1381, que la république interdit le négoce à

---

(1) *Ricerche storico-critiche*, etc., p. 119.

(2) *Idem*, etc., p. 87.

son premier magistrat, mais elle ne s'interdit pas de le choisir parmi les négocians. Elle exigea seulement qu'il liquidât ses affaires dans l'année de son élection (1).

J'ai exposé sommairement quelles étaient les relations des Vénitiens en Asie, en Afrique, et chez les principales nations de l'Europe. On ne s'étonnera pas qu'ils en eussent de plus intimes encore avec l'Italie; il est vrai qu'ils y trouvaient quelques rivaux; cependant le commerce qu'ils faisaient chez leurs voisins, était une source d'immenses bénéfices. On en a entendu le témoignage de la bouche même du doge Thomas Moncenigo.

IX.
Obstacles que la cour de Rome oppose au commerce des Vénitiens avec les mahométans.

Ce vaste commerce que les Vénitiens entretenaient avec les mahométans dans tout l'Orient, éprouva une forte opposition de la part de la cour de Rome, qui ne tendait à rien moins qu'à se rendre maîtresse de cette source de richesse et de puissance. Le père Paul Sarpi rapporte (2) avec beaucoup de clarté, toute la suite de cette

---

(1) *Ibid.* Voyez aussi l'*Histoire de Venise*, de Paul Morosini, liv. 3, et celle de Monacis, liv. 4.

(2) Dans son *Écrit sur l'inquisition*, manuscrit de la Bibliothèque-du-Roi, n° 21 et 9964-123. Voyez aussi l'*Histoire des inquisitions*, par Marsollier, qui a à-peu-près traduit l'ouvrage de Frà Paolo, sans le citer.

controverse, dans laquelle les intérêts mondains étaient mêlés avec les intérêts spirituels.

La cour de Rome, à l'occasion des croisades, défendit à tous les chrétiens de porter aux infidèles des armes ou autres munitions de guerre. Les Vénitiens eurent bien de la peine à se soumettre à cette prohibition. Ce fut bien pis lorsqu'en 1307, le pape Clément V l'étendit à tous les objets de commerce quelconques, et défendit, sous peine d'excommunication, d'avoir aucunes relations avec les mahométans, par conséquent de leur porter aucunes marchandises. Comme il jugea que les censures spirituelles pourraient être insuffisantes, pour effrayer les spéculateurs, il y ajouta une amende égale à la valeur des marchandises exportées, laquelle amende devait être perçue au profit de la chambre apostolique.

Le gouvernement vénitien ne se crut pas obligé de tenir la main à l'exécution d'une bulle qui paralysait son commerce ; les négociants trouvèrent, dans leur avidité, des arguments pour se rassurer contre les censures de l'église ; mais quelques-uns, au moment de mourir, se rappelèrent qu'ils les avaient encourues. Le confesseur leur refusait l'absolution, il fallut faire le calcul de toutes les marchandises qu'ils avaient vendues aux infidèles, et ils se trouvaient débiteurs, envers la chambre apostolique, d'une somme qui excédait leur fortune. L'église voulut bien se contenter de tout ce qu'ils avaient, et devint leur héritière; de sorte qu'en moins de quinze ans, la chambre apostolique se trouvait créancière de tous les capitaux du commerce, dans la ville la plus riche de l'univers. Mais il fallait obtenir l'exécution de tous ces testaments signés par des mourants, au préjudice de leurs héritiers naturels. Jean XXII, successeur de Clément V, et l'un des pontifes les plus intéressés qui se soient assis dans la chaire de saint Pierre, envoya à Venise, en 1322, deux nonces, avec la mission de recueillir tous les héritages dévolus au saint-siége.

Ils avaient ordre d'user de l'excommunication, pour contraindre les héritiers à se dessaisir des successions, et les notaires à représenter les originaux des testaments. En peu de temps, plus de deux cents personnes, parmi lesquelles on comptait des magistrats revêtus des premières dignités de la république, se virent excommuniées.

Le gouvernement, après avoir consulté, avec sa gravité accoutumée, les théologiens de la république, qui désapprouvèrent cet abus du pouvoir spirituel, fit notifier aux nonces de sortir de Venise. Le saint-siége, réduit à négocier, se détermina, au bout de deux ans, à révoquer les censures prononcées par ses nonces; mais en même temps il nomma un nouveau commissaire, pour faire exécuter la bulle, et exigea que tous ceux qui avaient été atteints par l'excommunication, le doge seul excepté, comparussent à Avignon, en personne, ou par procureur, pour voir régler la somme dont ils étaient débiteurs envers la chambre apostolique.

L'historien, dont j'abrége le récit, ajoute qu'on ne sait pas positivement quel fut le résultat de cette bulle; mais qu'il se trouva des esprits hardis, qui avancèrent hautement que ce n'était point un péché de trafiquer avec les infidèles, pourvu qu'on ne leur portât ni armes, ni munitions de guerre. Le pape s'empressa de condamner cette opinion par une nouvelle bulle de 1326, et déclara hérétiques ceux qui la professaient.

Malheureusement pour le pape, il était alors engagé dans un démêlé encore plus important avec l'empereur Louis de Bavière, qui prétendait que sa couronne était indépendante du saint-siége. Jean XXII mourut, sans avoir pu parvenir ni à faire plier les Vénitiens, ni à s'accommoder avec eux.

Son successeur, Benoît XII, qui était un esprit moins porté à la violence, réduisit ses prétentions à exiger que ceux qui voudraient trafiquer avec les infidèles, en toute sûreté de conscience, en obtinssent la permission du saint-siége.

Ces permissions n'étaient point gratuites, car on calcula que, dans une seule année, elles avaient rapporté à la chambre apostolique neuf mille ducats d'or.

Ce ne fut qu'au commencement du quinzième siècle, que cet usage d'acheter de la cour de Rome la permission de faire légitimer ce qui était auparavant un péché, c'est-à-dire de trafiquer avec les mahométans, tomba en désuétude.

Mais deux siècles après, Clément VIII imagina un autre réglement pour lever un impôt sur le commerce. Par une bulle de 1595, il défendit à tous les Italiens d'aller trafiquer dans les pays où le culte de la religion catholique ne s'exerçait pas publiquement, à moins qu'ils n'en eussent obtenu la permission du saint-office, et qu'ils ne se soumissent à justifier tous les ans de l'observation du devoir pascal; ceux qui se dispenseraient de l'une ou de l'autre de ces obligations, devaient être traduits à l'inquisition.

Le gouvernement vénitien détourna l'effet de cette bulle, en ajoutant, le 3 septembre 1610, à ses réglements sur le saint-office, un article qui défendait de citer devant l'inquisition les sujets de la république, trafiquant au-delà des monts, et les déclarait justiciables, seulement des tribunaux séculiers.

Telles furent les entreprises de la cour romaine sur le commerce de Venise.

Si, après avoir parcouru l'espace qu'embrassaient les spéculations des citoyens de cette république, on veut se rappeler toutes les colonies qu'elle a occupées : si on fait attention, qu'indépendamment de Constantinople, où elle a commandé en souveraine pendant un demi-siècle, elle a possédé en propre, dans la mer Noire, Tana, Lazi et Nicopolis; dans le bassin de la Propontide, Héraclée, Ægos-Potamos, Radosto et Nicomédie; sur le détroit des Dardanelles, Sestos, Abydos et Gallipoli; dans l'intérieur des terres, en remontant l'Hèbre, Andrinople; au fond de l'Archipel, Salonique; la majeure partie du Péloponnèse, c'est-à-dire Égine, Argos, Mégalopolis, Moron, Coron, Colone, Méthone, Naples de Romanie, l'Achaïe et Patras; les îles de Scio, de Ténédos et de Négrepont, dans l'Archipel; Candie, à l'entrée de cette mer; au-delà, l'île de Chypre; dans les temps antérieurs, une partie des côtes de Syrie, et presque constamment toute la chaîne d'îles et de ports qui s'étendent depuis la pointe

X. L'étendue et la situation des possessions de la république favorisait son commerce.

de la Morée jusqu'au fond de l'Adriatique : si on ajoute que des Vénitiens tenaient, comme feudataires de la république, les îles de Lemnos, de Scopulo, et presque toutes les Cyclades, Paros, Nio, Melos, Naxos, Tine, Andros, Micone et Stampalie : si on considère ce développement de côtes, ouvert à l'activité de tant de navigateurs et de spéculateurs, dont le gouvernement encourageait l'ambition, on reconnaîtra qu'aucune des nations modernes n'avait eu jusque alors, ni autant d'hommes accoutumés par leur position à l'exercice de la mer, ni autant de terres à explorer, ni autant de ports pour abriter les vaisseaux, ni une si grande variété de productions pour en composer la cargaison.

Rien ne donne une plus haute idée de l'activité de ce peuple, de la vigilance de son gouvernement, que le soin et le succès avec lequel il occupait à-la-fois tant de points éloignés, contenait ses sujets dans l'obéissance, faisait respecter son nom chez les étrangers, et dominer son pavillon sur les mers qui l'en séparaient.

La république avait cherché à s'assurer de la fidélité de ses colonies, en y envoyant de ses citoyens qu'elle attachait à leur nouveau pays par des concessions de propriétés. Un tiers de l'île de Candie avait été donné aux Vénitiens, qui y avaient transporté leur domicile. On y trouvait le triple avantage de surveiller les indigènes, d'intéresser les principaux colons à la prospérité de la métropole, et de procurer aux voyageurs vénitiens un accueil plus fraternel et une protection plus spéciale.

Dans le Péloponnèse, il y eut une répartition des terres entre les anciens habitants et les nouveaux. Cent fiefs y furent créés pour les familles patriciennes. Cinquante familles d'artisans y furent transportées.

Là où la république n'exerçait pas la souveraineté, elle n'épargnait aucun soin pour assurer à ses commerçants des facilités, des priviléges, et pour entourer ses agents de cette considération qui concilie les égards des étrangers. Ses consuls, choisis presque toujours dans la classe patricienne, étaient entretenus avec une sorte de pompe. On exigeait qu'ils eussent à leur suite un chapelain, un notaire, un médecin, sept serviteurs, deux écuyers, et dix chevaux (1). Aussi leur permettait-on de lever sur le commerce un droit qui allait jusqu'à deux pour cent. Le revenu des consulats de

XI. Son système de conduite là où elle ne dominait pas.

---

(1) SANDI, *Storia civile.*

Syrie et d'Alexandrie était évalué par le cavalier Soranzo, à 25,000 ducats (1).

Ces consuls n'étaient pas seulement les avocats de leurs compatriotes, lorsqu'ils avaient quelque faveur ou quelque réparation à demander au gouvernement du pays; ils étaient les juges de tous les nationaux, et même quelquefois ils décidaient dans les causes où des habitants indigènes étaient intéressés : on en a vu un exemple dans l'affaire du vidame de Ferrare. Le podestat ou baile de Constantinople fut, pendant quelque temps, sur le pied d'un souverain. Il portait les brodequins d'écarlate, marque de la dignité impériale. Il commandait dans tout un quartier de la ville, faisait arborer l'étendard de Saint-Marc sur les clochers, paraissait en public entouré de gardes, exerçait sur la colonie une pleine juridiction; et même, lorsque après l'invasion des Turcs il se vit réduit à n'être qu'un ambassadeur, il continua de prendre sous sa protection beaucoup d'habitants étrangers à la république, notamment des Arméniens et des Juifs, qui payaient, par des tributs, l'avantage de n'obéir qu'à lui.

---

(1) *Governamento dello stato veneto*, Man. de la bibl. de Monsieur, n° 54.

Enfin là où les circonstances locales exigeaient plus de modestie et de dextérité, les Vénitiens ne manquèrent ni de l'une ni de l'autre. Quand Louis XIV envoya un ministre et des jésuites pour convertir le roi de Siam, il se trouva que le premier visir de ce prince était un Vénitien de Céphalonie, nommé Constance Falcon. En Égypte ils ménageaient leur crédit auprès des soudans. Lorsque les maîtres de cette contrée furent en état d'inimitié déclarée avec les Turcs, cette circonstance les rapprocha naturellement des Vénitiens. L'union devint tellement intime, grace à quelques libéralités, que la république savait faire à propos, que les Vénitiens s'approprièrent le monopole du commerce de l'Égypte (1). Ailleurs, ils savaient se rendre si nécessaires, que lorsqu'ils interrompaient leurs expéditions, les habitants du pays les sollicitaient de les reprendre. On cite une ambassade envoyée pour cet objet à Venise par l'empereur de Trébizonde, en 1360 (2).

Il y avait dans l'Asie occidentale un peuple qui, vingt fois asservi, avait su conserver le maniement des affaires commerciales. Les Ar-

---

(1) SMITH, *De la richesse des nations*, liv. 4, ch. 7.

(2) *Histoire de Venise*, par Paul MOROSINI, liv. 20.

méniens, sous le joug des Perses, des Grecs, des Romains, des Parthes, des Sarrasins, des Tartares et des Turcs, ont prouvé qu'ils savaient défendre leur fortune mieux que leur liberté. Ils avaient cependant, à la faveur des troubles du XIIe siècle, formé un état indépendant à l'extrémité de l'Asie mineure ; et ils communiquaient, par l'Euphrate, avec Ormus et le golfe Persique. Les Vénitiens eurent l'art de s'emparer des affaires, même chez ce peuple dont elles étaient le patrimoine, l'élément. Ils se rendirent utiles, bientôt nécessaires ; ils obtinrent des priviléges (1), s'établirent en grand nombre dans le pays, envahirent toutes les professions lucratives, et montèrent toutes sortes de manufactures. La fabrication du camelot, par exemple, était un objet d'une grande importance pour les Arméniens ; on y employait des poils de chèvres de Paphlagonie et d'Angora, dont l'exportation était sévèrement défendue. Non-seulement les Vénitiens fabriquèrent des camelots en Arménie, non-seulement ils exportèrent ces étoffes, après en avoir fourni

---

(1) Marin, rapporte le texte de plusieurs concessions de priviléges accordés aux Vénitiens en Arménie.

(*Histoire du commerce de Venise*, tome IV, liv. 2, ch. 5.)

tout le pays, mais encore ils obtinrent la faculté d'établir ces fabriques dans le leur, en faisant lever, pour eux seuls, la prohibition qui empêchait la sortie des matières premières.

On peut juger de la prospérité de leur colonie dans cette contrée, par la nécessité où ils se virent de construire des maisons, des magasins, d'élever des églises, d'avoir des juges de leur nation, et enfin par la confiance que le gouvernement du pays leur témoigna, en les chargeant de la fabrication de sa monnaie.

C'était en se multipliant par leur activité, en se montrant par-tout, en prévenant tous les besoins des autres peuples, que les Vénitiens les entretenaient dans une ignorance barbare, ou dans une voluptueuse oisiveté, et qu'ils devenaient le lien nécessaire de toutes les nations. Toutes les marchandises passaient par leurs mains; et si parmi les objets d'échange il en était quelques-uns qui pussent acquérir une augmentation de valeur, en recevant une modification, Venise ne négligeait pas de se réserver le bénéfice de la main-d'œuvre. Ainsi, par exemple, tous les musulmans des côtes de la Méditerranée avaient besoin d'armes, et faisaient une grande consommation de meubles et d'ustensiles de bois plus ou moins soigneusement travaillés. Au lieu d'acheter ces objets chez d'autres nations, les Vénitiens eurent soin de les fabriquer eux-mêmes. Les noms des rues de Venise attestent que cette capitale, pendant le temps de sa splendeur, était un grand atelier; et le nombre des hommes que les diverses corporations de métiers mirent sous les armes, dans les dangers de la patrie, prouve l'immense quantité de bras que ces travaux occupaient. Ce soin de fabriquer eux-mêmes les objets manufacturés qu'ils devaient vendre, leur procura un autre avantage. En essayant les procédés des arts, ils les perfectionnèrent; leurs manufactures acquirent bientôt une juste célébrité, et les Vénitiens devinrent les fournisseurs de ceux-là même qui leur avaient fourni les premiers modèles.

XII. Influence du commerce sur la puissance de la république.

On se demande d'où on pouvait tirer assez d'hommes pour conduire tant de vaisseaux, soutenir tant de guerres sur terre et sur mer, contenir, administrer, exploiter de si grandes provinces et de si nombreuses colonies, élever des monuments, creuser des canaux, et monter tous les jours de nouveaux ateliers, qui exigeaient un grand nombre de bras. Au XVe siècle le seul arsenal de Venise occupait seize mille ouvriers et trente-six mille marins. Cependant cette capitale, unique source de la population véritablement vénitienne, n'avait guère que deux cent mille habitants. Mais la société ne se compose pas toujours d'éléments homogènes, et telle est la diversité des passions et des intérêts des hommes, qu'on peut les employer à se comprimer les uns les autres, et que, par leurs travaux, ils procurent eux-mêmes de nouveaux moyens de puissance à celui qui les gouverne(1).

Les Dalmates fournissaient des soldats à la métropole. Ces soldats gardaient et contenaient les colonies. Les îles fournissaient des matelots. Les matelots procuraient des richesses. Ces richesses servaient à soudoyer les compagnies de stipendiaires qui conquéraient à la république des provinces sur le continent, et les stipendiaires, les milices provinciales et les marins s'employaient, à leur tour, à faire rentrer les Dalmates dans le devoir. Au milieu de cette réaction continuelle des diverses classes de la

---

(1) Le città marittime le quali agevolmente possono esercitare un gran commercio, impoverite di genti per qualche evento, non mancano mai di averne altre pronte, che bramano di sussistere e di lucrare, o coll' impiego della persona, o col mettere a censo i capitali, o con il rischio di carichi, e da se soli od uniti in società mercantile.

(*Storia civile e politica del commercio de' Veneziani* di Carlo Antonio Marin, tom. III, lib. 1, cap. 2.)

population l'une sur l'autre, toutes étaient plus ou moins attachées au gouvernement par les liens de l'intérêt. Un salaire très-avantageux attirait les soldats étrangers sous les drapeaux de Saint-Marc, et les meilleurs ouvriers dans les ateliers de Venise. Les glaces, les armes, les étoffes, sortaient de ces ateliers pour aller payer toutes les marchandises de l'Europe et de l'Asie. Ces marchandises n'étaient pas seulement une source de richesses, c'étaient encore des moyens de puissance. Par exemple, parmi les objets que le commerce tirait de l'embouchure du Tanaïs, le poisson, les cuirs, les tapis, les épiceries, les perles, étaient la matière d'un bénéfice considérable; mais un objet d'une toute autre importance pour une nation adonnée à la navigation, c'était le chanvre. Ce chanvre devenait aussitôt dans les mains des Vénitiens un aliment de leur marine, et un moyen de paralyser à leur gré celle des autres nations.

Ainsi le commerce vivifiait, agrandissait, consolidait Venise. Semblable à cette île fabuleuse de l'antiquité, dont elle nous explique l'allégorie, incertaine, flottante, mal affermie en sortant des flots, elle acquit de la stabilité, dès qu'elle vit naître le dieu des arts.

XIII.
Législation commerciale.

Quand on veut pénétrer dans les antiquités de l'histoire de Venise, pour y découvrir l'état de sa législation commerciale avant le treizième siècle, on ne trouve qu'incertitudes et obscurité. Le savant patricien Sandi (1) avoue l'inutilité de ses recherches sur cet objet. Il faut bien sans doute qu'il ait existé des règles pour la décision de tous les conflits d'intérêts auxquels le commerce peut donner lieu : mais ces lois n'ayant point été recueillies ni conservées, l'étude de la législation commerciale de ce peuple célèbre ne fournit que quelques observations détachées, et il faut que l'imagination se hasarde à suppléer ce que le temps a fait disparaître d'un édifice, qui sans doute n'avait pas un ensemble régulier. Venise adopta, dans le treizième siècle, le code qu'un roi d'Arragon avait fait compiler sous le titre de consulat de la mer. On rapporte que les marchands vénitiens, qui remplissaient Constantinople, à l'époque de la conquête de cette capitale sur les Grecs, jurèrent l'observation de ce code, dans l'église de Sainte-Sophie. Ce code a servi à établir, entre les nations civilisées, un droit public de navigation et de commerce maritime. On sent bien que les Vénitiens eurent successivement un grand nombre de réglements à faire sur cette matière. On en fit une collec-

---

(1) *Storia civile veneziana*, lib. 4, cap. 7.

tion en 1275 (1). Des magistrats spéciaux furent institués, pour protéger les fabriques importantes, comme celles des étoffes de laine et de soie.

XIV.
Envoi
périodique
de grandes
escadres
dans
les ports
principaux. Le commerce n'était pas seulement à Venise la profession de tous les particuliers, il employait aussi la marine de l'état. Quoique l'exportation ou l'importation des marchandises occupassent plus de trois mille bâtiments (2), le gouvernement envoyait tous les ans, dans les ports principaux, des escadres de quatre ou six grosses galères, qui recevaient les marchandises que les particuliers avaient à envoyer ou à faire venir (3). Cet usage avait pour motif d'exercer la marine militaire, d'en tirer parti pendant la paix, de faire, par cet appareil, respecter le pavillon de Saint-Marc, de fournir des moyens de commerce à ceux qui n'étaient pas en état d'armer des vaisseaux pour leur compte. Mais cette méthode, au lieu de favoriser le commerce, l'aurait frappé de stérilité, si elle eût été conçue dans la vue du monopole. Ces galères ne trafiquaient point pour le compte du gouvernement; on les louait à des spéculateurs pour le

---

(1) On en peut voir l'extrait dans l'*Histoire du commerce de Venise*, tom. V, lib. 2, cap. 2.

(2) *Ricerche storico-critiche*, etc., p. 91 (au XVe siècle).

(3) *Storia civile di Venezia* da Vittor Sandi, lib. 5.

voyage, et, probablement par cette raison, le commandement n'en était point donné à des patriciens (1). Mais ces escadres n'étaient confiées qu'à des marins habiles, que le gouvernement choisissait, et qu'il environnait de beaucoup de considération. Un grand nombre de jeunes nobles s'y embarquaient, pour acquérir l'expérience du commerce ou de la marine (2).

Voici quelle était la destination de ces escadres. Celle qui faisait voile vers la mer Noire, se partageait en trois divisions : la première longeait toutes les côtes du Péloponnèse, et allait vendre à Constantinople ce que la Grèce avait à fournir à cette capitale, et les marchandises apportées de Venise : la seconde se dirigeait vers Sinope et Trébizonde, sur la côte méridionale du Pont-Euxin, pour y acheter les productions de l'Asie, arrivées par le Phase : la troisième s'élevait au nord, entrait dans la mer d'Azof et allait, à l'embouchure du Tanaïs, acheter, dans le port de Caffa ou de Tana, et le poisson qu'on pêchait en grande abondance aux

<small>Dans la mer Noire.</small>

---

(1) Non si dava tuttavia a queste galere pubblico commandante dell' ordine patrizio. Disponevansi per appalto.
(*Storia civile di Venezia* da Vittor SANDI, lib. 5, cap. 15.)

(2) *Ibid.* lib. 8, cap. 16.

bouches de ce fleuve, et les marchandises de l'Orient, arrivées par la mer Caspienne, le Volga, le Tanaïs, et les divers objets que venaient vendre, sur cette côte, les caravanes de Russes ou de Tartares. Ces deux divisions, à leur retour, approvisionnaient Constantinople de ces divers objets, laissaient une partie de leurs cargaisons dans les ports de la Romanie, de la Grèce ou de l'Archipel, et venaient déposer, dans les magasins de Venise, ce qui était destiné à la consommation de l'Europe.

En Syrie. Une autre escadre parcourait les côtes de Syrie : elle touchait à Alexandrette, qui est le port d'Alep, dont le soudan était lié par un traité de commerce avec la république (1). Les Vénitiens avaient dans cette échelle un comptoir, un consul, une église, un four; ils y payaient six pour cent de droit d'entrée et de sortie, excepté pour les cotons qu'ils exportaient à meilleur marché : leurs vaisseaux allaient ensuite faire leur principal chargement à Berythe, qui était le port de Damas; là ils étaient exempts de tous droits (2). En revenant, ils s'arrêtaient à Famagouste en Chypre, puis à Candie, où ils embar-

---

(1) Il est rapporté dans l'*Histoire du commerce de Venise*, tom. 4, liv. 3, ch. 2.

(2) *Ibid.*

quaient du sucre, car, dès le quatorzième siècle, c'était un des produits de cette île (1); puis enfin dans la Morée, approvisionnant ces colonies de toutes les denrées du Levant, et prenant en échange ce qu'elles avaient à fournir à l'Occident.

La troisième escadre allait chercher les pro- *En Égypte.* ductions de l'Égypte et les marchandises de l'Asie arrivées par la mer Rouge. Les marchandises que les Vénitiens importaient en Égypte, consistaient principalement en produits du commerce de la mer Noire, notamment en esclaves des deux sexes, et sur-tout en belles femmes de la Géorgie et de la Circassie (2).

On voit que les flottes vénitiennes se diri- *Ports* geaient sur tous les points de communication, *de l'océan.* que l'Europe avait alors avec l'Orient ; mais l'escadre destinée au plus long voyage, était celle

---

(1) Ho ritrovato ne' libri detti *mixtorum* dove sono registrati i decreti del senato ed altri corpi sovrani che nel secolo XIV° succedevano alla giornata questo che fa al proposito. 1334, 13 agosto.

Quod zuccarum natum et factum et quod nascetur et fiet in insulâ nostrâ Cretæ possit conduci Venetiis cum navigiis disarmatis solvendo quinque pro centenario, *ibid.*

(2) Les documents qui contiennent les concessions du soudan, sont dans l'*Histoire du commerce de Venise*, tom. 4, liv. 3, ch. 3.

qu'on appelait la flotte de Flandre. L'équipage de chaque vaisseau, partant pour cette destination, ne pouvait pas être de moins de deux cents hommes. La flotte touchait d'abord aux ports de Manfredonia, de Brindes, d'Otrante, dans le royaume de Naples (1); puis elle devait aborder en Sicile : c'était là, qu'à la faveur des priviléges qu'ils avaient obtenus du roi Guillaume, les Vénitiens chargeaient leurs vaisseaux de tous les produits que cette île fournissait aux peuples du Nord, notamment de sucre.

L'escadre longeait ensuite toute la côte d'Afrique, en passant par Tripoli, Tunis, Alger, Oran et Tanger. Sur toute cette route, elle laissait les diverses marchandises dont les habitants de ces côtes avaient besoin; ceux-ci, accoutumés au retour périodique de cette flotte, apportaient, à l'époque ordinaire de son arrivée, toutes les productions de l'intérieur de l'Afrique. Tant que les Sarrasins furent maîtres de ces contrées, ces ports furent animés par un commerce considérable. Les Vénitiens qui y étaient établis dès le milieu du treizième siècle (2), avaient de grands

---

(1) On peut voir dans la bibliothèque de Monsieur, sous le n° 60, un manuscrit qui est le recueil des priviléges dont le commerce vénitien jouissait dans le royaume de Naples.

(2) Voyez les documents des traités avec Tunis et Tripoli

privilèges et formaient des caravanes, qui allaient faire les achats dans l'intérieur de ce continent. Des foires célèbres se tenaient à Tunis, à Mogador, à Oran, à Tanger. C'était là que l'Afrique recevait les marchandises de l'Europe et de l'Asie, et livrait son froment, ses fruits secs, son sel, son ivoire, ses esclaves et sa poudre d'or. En sortant du détroit de Gibraltar, la flotte allait continuer ses opérations sur la côte de Maroc, et après avoir approvisionné les Barbaresques et les Maroquins de fer, de cuivre, d'armes, de draps, de meubles, d'ustensiles et de mille autres objets, elle prenait sa direction le long des côtes occidentales du Portugal, de l'Espagne et de la France, entrait dans les ports de Bruges, d'Anvers, de Londres, achetait en Angleterre des draps non teints, des laines fines, pour alimenter les manufactures vénitiennes, et faisait des échanges avec les navires des villes anséatiques, qui venaient prendre à ce rendez-vous les marchandises de l'Orient, destinées à la consommation des peuples septentrionaux. Les marchandises d'exportation, qui composaient le chargement des vaisseaux destinés à ce voyage, consistaient

---

dans l'*Histoire du commerce de Venise*, tom. IV, liv. 3, ch. 4. Il paraît que les Vénitiens payaient dans ces échelles un droit de dix pour cent.

principalement en épiceries, drogues, aromates, vins, soies, laines et cotons filés, raisins et fruits secs, huile, borax, cinabre, minium, camphre, crême de tartre et sucres, dont les Vénitiens étaient en possession d'approvisionner l'Angleterre depuis la fin du treizième siècle (1). Le lest des bâtiments se composait de terres colorantes, de fer, de cuivre, d'étain et de plomb. Mais la plupart de ces marchandises n'étant que des matières premières, n'offraient au spéculateur que le bénéfice qu'il pouvait faire sur le prix d'achat, accru des frais de transport. La vente des marchandises fabriquées était bien autrement avantageuse ; aussi les vaisseaux étaient-ils chargés en grande partie de glaces, de verre de toute espèce, de riches étoffes de laine, de soie et d'or. Chaque voyage procurait des échanges ou des ventes pour la valeur de plusieurs millions de ducats. Après s'être pourvues de tous les objets que la Flandre et l'Angleterre pouvaient fournir au midi de l'Europe, les galères redescendaient vers le détroit de Gibraltar, s'arrêtaient

---

(1) MARIN, dans son *Histoire du commerce de Venise*, tom. V, liv. 3, ch. 2, cite un décret de 1319 qui autorise le départ d'une escadre partant pour Londres, avec cent mille livres de sucre, et dix mille livres de sucre candi valant trois mille cent quatre-vingts livres de gros.

en France, à Lisbonne, à Cadix, entraient ensuite dans les ports d'Alicante et de Barcelonne, où elles prenaient des soies écrues, et revenaient à Venise, en côtoyant les provinces méridionales de la France et toute l'Italie ; ce voyage durait un an.

On ne peut s'empêcher de reconnaître dans ces voyages de long cours, faits sur des vaisseaux de l'état, mais pour le compte du commerce, le modèle des compagnies que les Hollandais, les Anglais et les Français ont organisées dans des temps postérieurs, pour le commerce des Indes.

Ces sociétés avaient des priviléges. Les vaisseaux des particuliers ne pouvaient pas entrer en concurrence avec les leurs, ni même aller dans les ports principaux, où les grandes escadres devaient toucher (1). C'était une faveur importante que l'exclusion de toute concurrence dans les marchés où ces flottes allaient trafiquer. Mais ces compagnies n'étaient point permanentes; chaque galère était affermée séparément et il faut ajouter que le gouvernement mettait ce

---

(1) Era pure vietato a vascelli privati, di trafficare ne' porti dove quelle galere andavano, anzi venendo sorpresi e fermati, il loro carico dichiaravasi buona preda come se fossero stati nemici.
(*Ricerche storico-critiche*, etc., p. 96.)

privilége à un prix si modéré qu'on ne pouvait attribuer l'adoption de ce système qu'à l'intérêt bien ou mal entendu du commerce, et non à un intérêt fiscal. D'ailleurs il faut remarquer que ces dispositions, qui semblaient interdire tout commerce aux armateurs particuliers dans les ports fréquentés par ces escadres marchandes, n'étaient peut-être que des lois temporaires. Un auteur qui vient de publier un livre sur le gouvernement de Venise, le soupçonne ainsi : « Il faut observer, dit-il, que nous n'avons que des fragments de la législation de ces temps-là, et se garder de prendre cette prohibition, qui n'était peut-être qu'une mesure de circonstance motivée par une guerre, pour une loi constante et générale (1). »

Ainsi l'état expédiait annuellement vingt ou trente galères de mille, douze cents, deux mille tonneaux, dont la cargaison était évaluée à cent mille ducats d'or pour chacune (2); c'est-à-dire à plus de dix-sept cent mille francs.

---

(1) *Memorie storico-civili delle successive forme del governo de' Veneziani*, da Sebastiano Crotta.

(2) Singulis annis longas naves hoc est triremes XXV diversas petere partes, quarum quælibet in urbem rediens, aureorum c. millium valorem offert.

(Paulus Morosini, *De rebus ac formâ reipublicæ venetæ.*)

On se demande quelle pouvait être la destination des bâtiments appartenant au commerce, lorsque les flottes de l'état se réservaient le privilége de fréquenter tant de ports. Les faits répondent à cela. Le commerce de Venise entretenait en activité trois ou quatre mille navires. On encouragea toujours soigneusement et la construction et l'armement des vaisseaux. Cette multitude de bâtiments parcourait les deux rivages de l'Adriatique, tous les ports du ponant, c'est-à-dire les côtes de Sicile, de Naples, de l'Etat-Romain, de la Toscane, de Gênes, les côtes méridionales de la France, et les côtes orientales de l'Espagne, enfin les échelles du Levant qui n'étaient pas réservées aux escadres armées par la république.

Beaucoup de ces vaisseaux appartenaient aux patriciens : les jeunes nobles étaient obligés de faire quelques voyages sur les vaisseaux de commerce, où, quand ils étaient pauvres, ils étaient reçus gratuitement; on leur fournissait même, s'ils en avaient besoin, les moyens de faire une pacotille ; tant il entrait dans les vues de l'administration de les porter vers cette profession.

Je laisse à penser si une nation, qui attachait tant d'intérêt à son commerce, était soigneuse d'exclure les étrangers de toute concurrence. Quoique à cette époque la jalousie commerciale

XV.
Efforts des Vénitiens pour interdire les avantages

du commerce aux étrangers.

n'eût pas encore réduit les prohibitions en système, l'intérêt des Vénitiens leur fit pratiquer tout ce que le génie fiscal a inventé depuis. La guerre leur avait fait raison des Pisans, des Siciliens, et des Génois. l'Espagne, long-temps occupée par les Maures, n'avait pu se livrer au commerce; la France le dédaignait; quant aux Anglais, ils ne commencèrent à négocier en Turquie que fort tard, et sous le pavillon français. Ce ne fut qu'en 1577 qu'ils obtinrent la faculté de s'y présenter sous leur propre pavillon (1).

---

(1) On trouve dans la correspondance de M. De Maisse, ambassadeur de France à Venise, (*Manusc. de la Biblioth.-du-Roi*, n° 1020 $\frac{H}{265}$) des passages qui expriment l'étonnement avec lequel on voyait, en 1583, des bâtiments anglais arriver dans les échelles du Levant, sous leur propre pavillon. Cet ambassadeur écrivait au roi le 22 mai : « Ces
« seigneurs se sont informés de moi, si V. M. n'empêcheroit
« point l'Échelle que la reine d'Angleterre veut faire dresser
« en Constantinople, me disant qu'autrefois les rois de France
« l'avoient fait en semblable cas, et, pour vous en dire la
« vérité, Sire, chacun a opinion ici que V. M., pour son
« honneur et réputation, ne le doit permettre, ayant été
« reçu et accoutumé de tout temps que tous les vaisseaux
« chrétiens qui passoient ez mers de deçà, devoient naviguer
« sous la bannière de France, et être sujets aux consuls et
« officiers, que pour cet effet V. M. tient ez lieux nécessaires. Cela jusques ici a rendu V. M. respectée et honorée
« seule, entre les princes chrétiens, parmi les barbares,

La république de Hollande n'existait pas encore ; la première capitulation des Provinces-Unies avec la Porte est de 1598.

« et est un privilége que facilement V. M. ne doit laisser
« perdre.

« Il déplaît aussi grandement à ces seigneurs, comme ceux
« qui y ont plus d'intérêt, que la reine d'Angleterre s'établisse
« en ce quartier-là, d'autant que leur trafic en diminuera de
« beaucoup, tant pour la quantité des marchandises qu'ils y
« apporteront, que pour celles dont ils se chargeront en
« retour, comme des drogueries et autres. Vos sujets de
« Marseille, et ceux qui trafiquent de deçà, y perdront et
« ne seront tellement respectés qu'ils étoient auparavant.
« V. M. y saura bien pourvoir s'il lui plaît, tant est que l'on
« trouve fort mauvais par deçà, que le baile d'Angleterre
« soit descendu contre Péra le jour du vendredi-saint, sans
« qu'il ait été accompagné d'autres chrétiens, pour la révé-
« rence du jour, et est cet acte interprété ici, avoir été faict
« en mépris de notre religion, outre qu'il se trouve que ce
« vaisseau étoit chargé d'acier et autres marchandises pro-
« hibées être portées aux infidèles. Ces seigneurs essayeront,
« comme je crois, par tous moyens, d'empêcher que cette
« négociation ne sorte son effet. »

Ailleurs il dit que les Anglais, en débarquant, s'étaient donnés pour ennemis des *idolâtres chrétiens*.

Voici encore l'extrait d'une lettre de 1547 de M. de Morvilliers, ambassadeur de France à Venise, qui prouve que ce privilège s'étendait aux autres échelles du Levant. « De
« toute ancienneté, dit-il, les rois de France ont eu cette
« prérogative et privilége en Alexandrie que toutes les na-

A la faveur du droit de souveraineté, qu'elle s'était arrogé sur le golfe, la république se réservait presque le droit exclusif d'y naviguer. Des flottilles armées gardaient les embouchures de tous les fleuves, et ne laissaient pas entrer ou sortir une barque sans l'avoir visitée rigoureusement. Deux escadres longeaient sans cesse, l'une les côtes d'Istrie et de Dalmatie, l'autre celle de la Romagne et du royaume de Naples, tandis que le capitaine du golfe, avec vingt galères, stationnées à Zara ou à Corfou, était toujours prêt à se porter là où les droits de la république auraient trouvé quelque résistance. Voici quelques exemples du soin qu'on apportait à les maintenir. A la suite d'un différend qu'ils avaient eu avec le patriarche d'Aquilée, en 1248, les Vénitiens l'obligèrent à fermer un de ses ports à ses propres sujets. On raconte que ce même prince, sollicitant la permission de faire venir, sur un bâtiment de sa nation, une provision de vin, qu'il avait achetée dans la marche d'Ancône, pour son usage personnel,

---

« tions, fors et excepté la vénitienne et la génevoise, ont
« été comprises sous celle de France, et les marchands
« d'icelles subjects à la juridiction des consuls de la nation
« françoise. »
(*Man. de la Bibl.-du-Roi*, n° 8784.)

la république refusa cette permission, mais voulut bien se charger elle-même de ce transport.

On juge combien la jalousie des Vénitiens dut être alarmée, lorsqu'ils apprirent que les Portugais avaient découvert une nouvelle route des Indes. Ce fut par leur ambassadeur à Lisbonne, qu'ils en reçurent le premier avis : il mandait qu'on avait vu revenir de l'Asie des vaisseaux chargés de poivre, de drogues et d'autres marchandises. A cette nouvelle, dit le cardinal Bembo (1), la république vit que la branche la plus importante de son commerce allait lui échapper. Lorsqu'elle apprit que les Portugais

XVI. Leur jalousie contre les Portugais, lorsque ceux-ci se furent établis dans les Indes.

---

(1) Talibus jactatæ incommodis civitati, malum etiam inopinatum ab longinquis gentibus et regionibus extitit. Petri enim Paschalici, apud Emmanuelem Lusitaniæ regem legati, litteris patres certiores facti sunt regem illum per Mauritaniæ, Getuliæque oceanum convertendis ex Arabiâ Indiâque mercibus itinera suis tentata sæpe navibus, demum explorata compertaque habuisse, navesque aliquot eò missas pipere et cinnamis ejusque modi rebus onustas Olysipponem revertisse, itaque futurum ut, ejus rei facultate hispanis hominibus tradita nostri in posterum cives parciùs angustiùsque mercarentur, magnique illi proventus qui urbem opulentam reddidissent toti penè terrarum orbi rebus indicis tradendis civitatem deficerent. Eo nuntio patres accepto non parvam animi ægritudinem contraxerunt. (lib. 6.)

formaient des établissements sur ces côtes, qu'ils s'y rendaient maîtres de toutes les marchandises de l'Asie, et qu'ils pourraient bientôt les livrer à l'Europe à plus bas prix que celles qui arrivaient par la mer Rouge, par l'Euphrate, ou par le Tanaïs, cette jalousie se changea en fureur. Les Vénitiens s'empressèrent d'exciter celle du soudan d'Égypte : ils lui répétèrent que les nouveaux établissements de ces Européens allaient ruiner les siens ; que son pays ne serait plus l'entrepôt du commerce de l'Europe et de l'Asie. Ils le pressèrent de faire des efforts pour chasser les Portugais des points où ils ne pouvaient être encore solidement établis : ils lui en offrirent les moyens, lui envoyèrent des canons, des métaux pour en faire, des fondeurs, des constructeurs de navires, des matériaux ; l'engagèrent même à en faire passer aux princes indiens, pour les aider à repousser ces étrangers. Ils proposèrent, dit-on, d'ouvrir à leurs frais une communication entre la Méditerranée et la mer Rouge à travers l'isthme de Suez.

Le soudan d'Égypte était peu en état de consommer une entreprise si fort au-dessus du génie de sa nation. Il commença par menacer de dévaster le peu d'établissements que la piété chrétienne conservait dans la Terre-Sainte, si le pape et les Espagnols n'obligeaient les Portugais à se retirer des côtes d'Asie. Cette négociation, entreprise par un moine du Saint-Sépulcre, n'eut aucun résultat.

Ensuite le soudan s'étant concerté avec les rois de Cambaye et de Calicut, envoya une dixaine de bâtiments, montés par huit cents Mamelucks, lesquels, après avoir descendu la mer Rouge et traversé la mer des Indes, allèrent attaquer la flotte portugaise, qui partait de Cochin pour l'Europe ; ils la détruisirent (1).

---

(1) L'abbé Tentori, dans son *Essai sur l'Histoire de Venise*, tom. II, dissertat. 19, traite cette anecdote des secours fournis par les Vénitiens au soudan contre les Portugais de *falsa falsissima*, et il en donne pour preuve la constance de la république à ne jamais sacrifier les intérêts de la religion à ceux de son commerce, et à ne jamais accepter l'alliance de infidèles. Ces preuves sont peu concluantes contre le témoignage de Mariana, *Histoire d'Espagne*, tom. II, liv. 28, ch. 10, de Huet, *Histoire du commerce des Anciens*, et de plusieurs autres.

Ce projet de ramener le commerce de l'Asie vers la mer Rouge était tellement celui des Vénitiens, qu'ils ne cessèrent d'y revenir même à une époque où ils n'auraient pu en tirer le principal profit, leur marine ayant perdu l'empire de la Méditerranée. Voici ce qu'on lit dans un voyageur moderne : « La fin de cette même année, (1769), vit une autre expédition dont les suites devaient rejaillir jusques sur l'Europe. Ali-Beck arma des vaisseaux à Suez, et, les chargeant de Mamelouks, il ordonna au beck Hasan d'aller occuper Djedda,

8.

Mais ce n'était là qu'un succès passager. Peu de temps après, les vaisseaux du soudan furent pris ou brûlés à leur tour; il aurait fallu une marine et de la persévérance pour obliger les Portugais à lâcher prise. Albukerque conçut une vengeance digne d'un homme de génie. Si elle eût réussi, c'en était fait de l'espérance des Vénitiens, de la puissance du soudan, de la prospérité de l'Égypte, de l'Égypte elle-même. Il entreprit de détourner le Nil, avant sa sortie de l'Éthiopie, et de le forcer de se jeter dans la mer Rouge. Heureusement il ne put accomplir ce projet, qui aurait détruit une des plus belles parties de la terre habitable, et empêché l'Égypte de remplir les destinées que sa position lui garantit tôt ou tard, c'est-à-dire d'être le centre de communication des trois parties de l'ancien monde.

---

port de la Mekke, pendant qu'un corps de cavalerie, sous la conduite de Mohammad-Beck, marcha par terre à la Mekke même, qui fut prise sans coup férir et livrée au pillage. Son dessein était de faire de Djedda l'entrepôt du commerce de l'Inde; et ce projet, suggéré par un jeune Vénitien(*) admis à sa confiance, devait faire abandonner le trajet par le cap de Bonne-Espérance, et lui substituer l'ancienne route de la Méditerranée et de la mer Rouge.

(VOLNEY. *Voyage d'Égypte et de Syrie.*)

(*) M. C. Rosetti. Son frère Balthazar Rosetti devait être douanier de Djedda.

Les Vénitiens, perdant toute espérance de ce côté, tâchèrent de traiter avec les Portugais, pour entrer en partage des bénéfices de ce nouveau commerce. Il n'y avait pas moyen de composer entre l'avarice et l'avidité. Le pape avait tracé sur le globe une ligne, au-delà de laquelle tout ce qui serait découvert devait appartenir aux Portugais. Munis de ce titre, ils ne voulurent rien céder de leurs droits à une nation qui les enviait, sans être en état de les leur disputer. En 1521, les Vénitiens firent une nouvelle tentative. Ils proposèrent au roi de Portugal de lui acheter, à un prix fixe, toutes les épiceries qui arriveraient dans ses ports. Le roi ne voulut point affermer le monopole à ces étrangers; et il ne resta au gouvernement de Venise, pour se venger de tant de refus, que la ressource d'exempter de tous droits d'entrée les épiceries qui arrivaient dans leur port par la voie d'Égypte, et de soumettre à une douane rigoureuse celles qui arriveraient des Portugais (1).

La législation vénitienne, relativement aux étrangers, pour tout ce qui concernait leur commerce, était dure, comme chez tous les peuples puissants et jaloux de leurs avantages. Les lois

---

(1) SANDI, *Storia civile de' Veneziani*, lib. 9, cap. 12.

défendaient même de recevoir aucun négociant étranger sur les vaisseaux vénitiens. Les étrangers payaient des droits de douanes deux fois plus forts que les nationaux. Dans les discussions avec les indigènes, il fallait qu'ils se consumassent en frais, pour obtenir une lente justice. Ils ne pouvaient ni faire construire, ni acheter des vaisseaux dans les ports de la république. Les vaisseaux, les patrons, les propriétaires de la marchandise, tout devait être vénitien (1). Toute société entre les nationaux et les étrangers était interdite ; il n'y avait de priviléges, de protection, et par conséquent de bénéfices que pour les Vénitiens, et spécialement pour les citadins ; car ce furent les droits attachés à la qualité de citoyen de Venise, qui devinrent l'origine de cette espèce de condition, désignée par la dénomination de citadinance (2).

Pour jouir des faveurs que le gouvernement accordait au commerce, il fallait avoir acquis ce titre ; aussi voyait-on un grand nombre de riches négociants des autres nations, se faire inscrire sur la liste des citoyens de Venise. On cite même

---

(1) *Principj di storia civile della repubblica di Venezia* di Vittor SANDI, lib. 7, cap. 1.

(2) *Ibid.*

à ce sujet un roi de Servie, qui, à son départ de Venise, fut si effrayé de la somme à laquelle furent taxés les objets qu'il emportait, qu'il sollicita le titre de Vénitien, pour être dispensé de payer ces droits (1). Les sujets même de la république étaient l'objet de la jalousie de la capitale; les marchandises de luxe, et jusqu'aux choses de première nécessité, ne pouvaient leur être fournies que par les Vénitiens. Pour établir une fabrique hors du dogado, il fallait obtenir un privilége; et pendant long-temps les villes de la terre-ferme ne purent expédier leurs marchandises à l'étranger qu'en les faisant passer par Venise, où elles payaient un droit.

Ce n'était que dans Venise même qu'il était permis de traiter avec les Allemands, les Bohémiens et les Hongrois. On juge avec quelle sévérité étaient prohibées les marchandises qui pouvaient entrer en concurrence avec celles que produisait l'industrie nationale. Dans le dix-septième siècle, les Vénitiens demandèrent, à plusieurs reprises (2), que le port de la capitale fût érigé en port franc; on en fit l'essai, mais le

---

(1) *Ricerche istorico-critiche*, etc. p. 111.
(2) En 1658, 1662, 1689, 1702, 1717, 1730, 1733.

gouvernement revint bientôt après à ses inflexibles douanes. Malgré cette législation si gênante, les étrangers affluaient à Venise. Outre les Juifs, les Grecs, les Allemands, qui y occupaient des quartiers, on y voyait une multitude d'Arméniens, de Musulmans, d'Italiens, de Frisons, et de Hollandais, quoique ces deux derniers peuples n'eussent encore donné l'essor ni à leur amour pour la liberté, ni à leur ardeur pour les spéculations commerciales.

En privant presque tous les peuples de l'Italie de l'avantage de faire le commerce, et en leur livrant, à un prix modéré, tout ce qu'ils ne leur permettaient pas de se procurer par eux-mêmes, les Vénitiens s'étaient rendus tellement nécessaires, que souvent, pour faire plier leurs voisins, ils n'eurent qu'à cesser toutes relations avec eux (1). Le roi de Naples, Robert, étant en guerre

---

(1) Marin Sanuto, l'auteur du livre, *Secreta fidelium Crucis* (livre 2, 3ᵉ partie, ch. 3) fait la même observation: «Veneti, quando discordia oritur inter eos et civitatem aliquam Lombardiæ vel marchiæ Tervisinæ, inimicos suos duplici viâ lædunt. Prima est via lævior : non ejus arma capiunt, vel in personam lædunt, vel temporalia bona surripiunt, sed strictè prohibent ne eorum victualia vel mercimonia quæcumque ad civitatem Venetiarum portari, aut per loca eis subjecta deferri, aut è contra de civitate vel districtu Venetiarum ad eas

avec la république, fut obligé de faire la paix, parce que ses sujets ne lui payaient plus aucun impôt, alléguant qu'ils n'avaient plus d'argent depuis que les Vénitiens avaient cessé de fréquenter le pays. Pendant la guerre où la république fut engagée contre les Turcs, au commencement du seizième siècle, l'envoi des flottes dans le Levant et sur les côtes de Barbarie se trouva nécessairement interrompu. Mais à peine la paix eut-elle été conclue, que Venise vit arriver un ambassadeur de Tunis, pour la solliciter de reprendre ses relations commerciales avec l'Afrique.

La jalousie que les Vénitiens témoignaient contre tous les étrangers, ne devait pas ménager les Juifs. Tour-à-tour admis et chassés, ils finirent par être tolérés à Venise, mais leur trafic y était gêné par mille entraves. Ils ne pouvaient s'y établir que pour un temps ; ils étaient assujettis à porter un signe distinctif ; on leur imposait des taxes particulières, qui ne les dispensaient d'aucune autre ; un quartier séparé

---

transferri. Nec hoc levis jactura cuiquam videatur : frequentare enim civitates Lombardiæ et marchiæ Tervisinæ, hoc modo arctatæ, Venetias nuncios transmittunt secumque sub certis pactis vivere coguntur. »

leur était assigné, et ils y étaient renfermés depuis le coucher du soleil jusqu'au jour; ils ne pouvaient posséder des immeubles; on les obligea à tenir leur banque publiquement; le nombre de ces établissements fut limité; l'intérêt de l'argent fut fixé tantôt à dix, tantôt à douze pour cent, même sur gages, intérêt qui paraît énorme, et qui prouve seulement qu'à cette époque les fonds placés dans le commerce rendaient davantage (1). Cette banque finit par remettre son bilan. Elle devait plus d'un million de ducats; mais la colonie juive était sous la surveillance d'un tribunal nommé *les Inquisiteurs des Juifs*, créé en 1722, qui fut chargé de contraindre les débiteurs à payer intégralement leurs créanciers.

Quelque temps après, en 1777, l'hôpital des Incurables suivit l'exemple des Juifs, et fit une banqueroute de deux millions de ducats; et cette fois personne ne contraignit l'établissement débiteur à s'acquitter. On interdisait aux Juifs plusieurs métiers, plusieurs arts; il leur était défendu de faire rien imprimer : mais, malgré toutes ces rigueurs d'une police soupçonneuse,

---

(1) Le taux de l'intérêt dépend de trois choses, l'abondance des capitaux disponibles, la sûreté du prêt, et le meilleur emploi qu'on peut faire de son argent.

ils affluèrent toujours à Venise, sur-tout lorsqu'ils furent expulsés de l'Espagne et du Portugal, parce que le gouvernement vénitien les avait soustraits à la juridiction de l'inquisition ecclésiastique (1).

Parmi les lois des Vénitiens qui réglaient leurs rapports commerciaux avec les étrangers, il faut en remarquer une qui tenait à des considérations d'un autre ordre. Venise faisait un commerce considérable avec les pays transalpins, c'est-à-dire avec l'Allemagne. Un décret de 1475 défendit aux sujets de la république d'aller eux-mêmes conduire leurs marchandises au-delà des monts; de sorte que les Allemands furent obligés de venir les chercher. Cette disposition particulière est une exception, une véritable anomalie dans le système commercial de Venise : pour se l'expliquer, il faut considérer que la capitale voulait empêcher toute relation entre ses provinces de terre-ferme et l'Allemagne, que ce commerce ne pouvait se faire que par terre, et qu'apparemment le gouvernement voulut interdire tout ce qui pouvait détourner les Véni-

---

(1) On peut voir dans l'*Histoire civile* de SANDI, liv. 9, un long chapitre sur les lois de Venise, relatives aux Juifs, aux Turcs, aux Arméniens, aux Grecs.

tiens du commerce maritime (1). Il serait plus difficile de trouver la raison d'un autre usage, qui laissait presque entièrement aux Napolitains l'exploitation de la pêche du corail, si abondante sur les côtes de la Dalmatie. A cette exception près, le gouvernement se montra constamment fidèle à la maxime fondamentale qui conseille, dans le commerce comme dans la guerre, de ne pas attendre l'étranger chez soi : encore faut-il remarquer que les Allemands ne pouvaient importer leurs marchandises à Venise, qu'à une époque déterminée; qu'ils ne pouvaient les vendre qu'à des Vénitiens; qu'ils ne pouvaient acheter que des Vénitiens ce qu'ils exportaient en retour (2) : qu'ils avaient dans Venise un quartier qui leur était spécialement réservé, mais que l'entrée en était interdite aux femmes; de sorte que, pour s'établir dans la ville avec un ménage, il fallait qu'ils épousassent une femme du pays, c'est-à-dire

---

(1) C'est la raison qu'en donne SANDI dans ses *Principes de l'Histoire civile*, liv. 7, chap. 1, et il la répète liv. 8, chap. 16.

(2) *Principj di storia civile della repubblica di Venezia* di Vittor SANDI, lib. 8, cap. 1. Cet ordre de choses fut établi par un décret du 26 juillet 1385.

qu'ils se fondissent dans la population indigène (1).

Jamais peuple destiné à s'élever aux grandes entreprises commerciales, ne commença avec des moyens plus bornés. Les Vénitiens n'avaient point de territoire : tributaires de leurs voisins pour tous les besoins de la vie, ils ne pouvaient leur offrir en échange que le poisson et le sel, productions spontanées de la nature, dont la main de l'homme ne saurait augmenter considérablement la valeur ; mais plus les profits de ce commerce étaient modiques, plus il importait de l'étendre. Pour augmenter la consommation du poisson, il fallut lui donner une préparation qui permît de le conserver : pour n'avoir point de concurrents dans la vente du sel, il fallut d'abord le livrer au plus bas prix.

XVII. Causes de l'accroissement du commerce de Venise.

Les bénéfices très-médiocres que les insulaires purent faire sur ces deux objets, leur fournirent les moyens d'acheter quelques produits grossiers, que leur offrirent les côtes environnantes. Les bois de la Dalmatie devinrent dans leurs mains des barques, et leurs îles le chantier de construction qui fournissait à la navigation

---

(1) *Governo dello stato veneto* dal cav. SORANZO.
(Manusc. de la biblioth. de Monsieur, n° 54.)

des fleuves et des ports voisins. Plus les villes d'Aquilée, de Padoue, de Ravenne, avaient de moyens de prospérité, plus la main-d'œuvre devait y être chère, et plus leurs habitants devaient dédaigner ce genre de travaux. Il en résulta pour les Vénitiens, outre l'avantage de vendre des objets dont leur industrie avait considérablement augmenté la valeur, l'avantage plus grand encore de se perfectionner dans l'art des constructions navales, tandis que les autres peuples ne faisaient pas les mêmes progrès, et de se trouver toujours approvisionnés de matériaux, par conséquent en état d'augmenter leur marine.

Leur commerce devenant plus profitable, ils transportèrent dans leurs îles d'autres produits bruts d'un prix plus élevé, et susceptibles de recevoir un plus grand accroissement de valeur; le lin et le chanvre pour faire des agrès, le fer pour forger des ancres et des armes.

Plus riches, ils s'exercèrent sur des matières plus précieuses, la laine, le coton, la soie, l'argent, l'or : plus habiles, ils parvinrent à transformer en marchandises d'un grand prix une vile matière comme celle des glaces.

Chacune de ces branches de commerce faisait entrer dans Venise quelques fonds de l'étranger. Ces capitaux devenaient une nouvelle matière première sur laquelle l'industrie vénitienne s'exerçait encore. Les négociants les plaçaient sur eux-mêmes et leur faisaient produire un gros intérêt, en les employant à acheter des marchandises brutes, qui au sortir de leurs ateliers doublaient, triplaient, décuplaient la mise de fonds.

L'activité de l'industrie augmentait la population : l'accroissement de la population augmentait les consommations de tout genre; et cette consommation, plus étendue, devenait une nouvelle cause de spéculations et de bénéfices. On ne se contentait plus d'aller acheter à l'étranger les matières premières dont on manquait, on tâchait de forcer le pays à les produire. On élevait des troupeaux dans la Polésine, on en envoyait dans les montagnes de l'Istrie autrichienne. La côte de Frioul se couvrait de mûriers. On essayait de naturaliser la canne à sucre dans les îles du Levant. La richesse du commerce augmentait la puissance de l'état; la puissance de l'état donnait de nouveaux moyens de prospérité au commerce. Faisant le monopole sur le sel, dominateurs de l'Adriatique, établis dans l'Orient, vainqueurs des Pisans et des Génois, les Vénitiens se virent assurés de la jouissance exclusive de leus avantages commerciaux.

L'aisance générale de la population, l'affluence des capitaux étrangers, les tributs de l'Orient, les progrès du luxe, le mouvement intérieur et extérieur, la consommation des troupes, l'armement des flottes, tout devenait une occasion de travail pour le pauvre, une nouvelle source de richesse pour le spéculateur et pour l'état; et cette source grossissait de jour en jour, parce que chaque effet devenait cause.

XVIII. Causes de sa décadence. Cette progression ne devait pas s'arrêter, si les circonstances extérieures n'eussent changé. Mais on vit tout-à-coup diminuer la masse des consommations, et le nombre des objets sur lesquels l'industrie vénitienne s'était exercée jusque alors.

Les autres peuples de l'Europe devinrent commerçants et cessèrent de se pourvoir à Venise de ce qu'ils purent se procurer eux-mêmes. Ils entrèrent en concurrence avec les Vénitiens, dans tous les marchés des peuples qui ne font qu'un commerce passif.

Les marchandises de l'Asie changèrent de cours et n'affluèrent plus dans l'Adriatique.

Enfin les arts, qui contribuent au perfectionnement de l'industrie, firent chez les autres nations des progrès que les Vénitiens ne surent pas suivre d'un pas égal.

Telles furent les principales causes de l'accroissement et de la décadence de la prospérité commerciale de Venise.

Je termine ici ce tableau du commerce des Vénitiens : il fut dans son apogée au XVe siècle ; passé cette époque, plusieurs causes le firent déchoir rapidement.

La première fut la conquête de Constantinople par les Turcs, et la politique du sultan Soliman, qui, en 1530, entreprit de faire passer par Constantinople toutes les marchandises de l'Asie, même celles qui arrivaient en Europe par la Syrie et par l'Égypte. On parvint à faire comprendre au divan qu'il n'y avait point d'avantage à forcer les marchandises à un long détour, dont l'unique résultat était d'en augmenter le prix sans profit pour le vendeur. La communication directe avec l'Égypte et la Syrie fut permise; cependant quand les Turcs furent maîtres de presque toute la Grèce et des côtes de l'Albanie, ils s'accoutumèrent à y faire arriver par des caravanes les diverses productions de l'Orient. Alors les Vénitiens, toujours attentifs à saisir ces marchandises sur le point où elles venaient déboucher, établirent à Spalato, qui leur offrait un port commode et sûr, un comptoir, un lazareth, et une foire. Spalato devint, au XVIIe siècle, une ville de commerce plus abondamment fournie qu'aucune des échelles du

Levant ; elle était particulièrement bien située pour recevoir les productions de la Perse et de la mer Noire (1).

La seconde cause de décadence, fut dans les mauvais traitements que les Turcs firent éprouver aux négocians européens, et qui firent cesser les voyages des grandes flottes vénitiennes.

La troisième fut la découverte de l'Amérique et celle du passage aux Indes par le cap de Bonne-Espérance.

La quatrième fut l'excès de puissance de Charles-Quint, qui, dès le commencement de son règne, en 1517, doubla les droits de douane que les Vénitiens payaient dans ses états, et les porta à vingt pour cent sur toutes les marchandises d'importation ou d'exportation. C'était leur interdire l'entrée de ses ports. Il fit plus, il la leur défendit formellement, s'ils ne se soumettaient à cesser leur commerce direct avec l'Afrique, et à porter dans sa ville d'Oran, toutes les marchandises qu'ils avaient à vendre aux Maures. Le nouveau roi d'Espagne voulait faire de cette ville, où il y avait déjà des foires célèbres, le centre et l'entrepôt général de tout

---

(1) *Storia civile veneziana* di Vittor SANDI, lib. 10, cap. 13.

le commerce de la Barbarie. On eut beau représenter qu'on n'avait pas le droit d'exiger des Maures, ni des Vénitiens, qu'ils se résignassent à ne trafiquer les uns avec les autres qu'à Oran, chez les Espagnols; les ministres de Charles-Quint persistèrent dans leur système; les Vénitiens ne s'y soumirent pas; mais il fallut opter entre le commerce d'Afrique et celui d'Espagne. Sous le règne de Philippe II, fils de Charles-Quint, la jalousie des ministres espagnols contre le commerce des Vénitiens continua de se manifester. Beaucoup de négociants de Venise furent troublés dans leurs opérations; beaucoup de leurs vaisseaux furent retenus dans les ports, ou saisis en pleine mer sous divers prétextes. Il fallut en venir à embarquer des gens de guerre sur les navires marchands, pour les défendre contre cette espèce de piraterie (1).

Enfin, une cinquième cause de la décadence de la prospérité commerciale de Venise, fut la perte des îles de Chypre et de Candie.

On sera peut-être surpris de ce qu'au nombre des circonstances, qui durent faire déchoir le commerce de Venise, je ne compte point la ri-

---

(1) *Storia civile veneziana* di Vittor Sandi, lib. 10, cap. 13.

valité des villes anséatiques liguées vers la fin du XIIe siècle. Leur ambition se bornait à faire le commerce du Nord, et celle de Venise à rester en possession de celui du Midi. La nature des choses ne permettait ni à l'une ni aux autres de porter leurs vues plus loin. L'état de l'art de la navigation était tel, que l'on ne pouvait faire le voyage de la Baltique dans la Méditerranée et le retour en un an : voilà pourquoi la ville de Bruges avait été choisie pour dépôt intermédiaire, où se faisait l'échange des marchandises du Nord et de celles du Midi.

XIX. De la banque de Venise.

Il me reste à dire quelques mots de la banque de Venise; son ancienneté, qui remonte au XIIe siècle, c'est-à-dire bien au-delà de l'origine de toutes les banques connues, prouve la priorité des Vénitiens dans tous les établissements qui appartiennent au commerce. Cette banque était un dépôt, qui ouvrait un crédit aux bailleurs de fonds, pour faciliter les paiements et les revirements, c'est-à-dire qu'au lieu de payer en argent effectif, on payait en délégations sur la banque. Les créances sur cet établissement étaient payables à vue, et il a toujours justifié la confiance publique. Je n'entrerai pas dans les détails de l'organisation de cet établissement, qui d'ailleurs ne furent réglés définitivement qu'en 1587; ces détails n'appartiennent point à l'histoire.

LIVRE XIX. 133

Jusques-là il y avait eu beaucoup de banques particulières, dont la confiance publique était le seul soutien, elles étaient tenues principalement par des nobles. Le gouvernement profita, pour les supprimer, de la loi qui interdisait le commerce aux patriciens; créa une banque unique, nationale, la plaça sous la surveillance du prince, et se rendit caution des fonds qui y seraient déposés.

C'était un dépôt pur et simple. La caisse ne retenait aucun droit de garde ni de commission, et ne payait aucun intérêt. Pour que les propriétaires des capitaux se déterminassent à les y verser, il fallait que le crédit de cette caisse fût tel, que les créances sur la banque fissent dans le commerce absolument la même fonction que le numéraire. Voici les mesures que l'on prit pour leur donner cette faveur.

D'abord on institua une caisse dite du comptant, dont la destination était de payer à l'instant, et en valeurs métalliques, tous les effets qui étaient présentés. En se mettant en état de rembourser à point nommé, on se mit dans le cas de rembourser moins.

Il y avait à Venise plusieurs sortes de monnaies; on choisit la meilleure pour être celle de la banque. Il fut réglé qu'elle ne compterait et ne paierait qu'en ducats effectifs, dont le titre était plus fin et l'altération moins commune que celle des autres espèces. Il en résulta que les porteurs d'un effet sur des particuliers avaient à courir le risque d'être payés en monnaie de bas aloi, tandis que le propriétaire d'une créance sur la banque était sûr de recevoir les meilleures valeurs. Ce système mérita à l'argent de banque une préférence sur l'argent courant, et augmenta le crédit de cet établissement.

Peu-à-peu le gouvernement introduisit l'usage de faire certains paiements en valeur sur la banque, au lieu de les effectuer en espèces; il commença par admettre ces valeurs dans les caisses publiques sans difficulté, et quand cet usage eût été établi, une loi régla qu'on pourrait acquitter en argent de banque les lettres-de-change tirées soit du dedans, soit du dehors, quand elles s'éleveraient à plus de trois cents ducats. Il fut défendu de refuser ces valeurs lorsqu'il n'y aurait pas de convention contraire. C'était presque leur donner un cours forcé, et cependant on ne faisait aucune violence à la confiance.

Afin de donner à la rotation de ces valeurs une rapidité extraordinaire, on ouvrit à chaque propriétaire de fonds un compte de débit et de crédit, qui leur permettait de transmettre leurs créances; et pour que l'on pût effectuer ces transmissions facilement, et les accepter avec sûreté, il fallut commencer par déclarer que les créances sur la banque ne pourraient être soumises ni à la saisie, ni à l'hypothèque.

Ainsi on multiplia les espèces en en faisant faire les fonctions par les valeurs de banque, et on soutint le crédit de ces valeurs, par l'exactitude rigoureuse du remboursement, quand il était demandé, par la bonté des monnaies qu'on y employait, par la commodité que ces valeurs offraient aux porteurs, et par le privilége dont elles jouissaient. C'était au prix de tous ces avantages que le gouvernement se trouvait avoir entre les mains une masse considérable de fonds, qu'il pouvait faire valoir pour son compte, sans en payer aucun intérêt. Il devint le banquier universel, il connut toutes les affaires des particuliers, et il sut si bien établir son crédit que, dans la suite, quoiqu'on n'ignorât pas qu'il employait les fonds de la banque, et malgré les nécessités qui l'obligèrent à fermer deux fois la caisse au comptant (en 1690 et en 1717), quoiqu'enfin la suspension des paiements se prolongeât pendant plusieurs années (1), les valeurs de banque continuèrent de circuler sans défaveur, parce qu'on était sûr qu'elles seraient réa-

---

(1) Notamment de 1717 à 1739.

lisées, et que le gouvernement donnait l'exemple de les recevoir sans difficulté (1). Enfin le gouvernement se trouva si sûr du crédit de ces effets, qu'il put grever les actions de banque de deux dispositions onéreuses : la première était une retenue de dix pour cent sur les actions qui passaient d'un propriétaire mort sans enfants à ses collatéraux; par la seconde, l'état se déclarait héritier des actions appartenant à un propriétaire mort *ab intestat* et sans héritiers naturels. Il serait fort difficile de dire quel était le montant des fonds déposés dans cette caisse centrale du commerce; ils variaient nécessairement; on les évaluait, vers le milieu du XVIIIe siècle, à cinq millions de ducats effectifs, et à la fin du même siècle, à quatorze ou quinze millions.

Le gouvernement vénitien avait été obligé, dans divers circonstances, de recourir à des emprunts, et les créances qui en résultaient étaient devenues des effets négociables, dont la valeur éprouva quelquefois de grandes variations. Il y avait deux sortes d'emprunts, les uns rembour-

---

(1) Les détails ci-dessus sont empruntés en partie d'un mémoire sur la banque de Venise, sous la date du 30 juin 1753. Il se trouve dans la correspondance de l'abbé de Bernis, alors ambassadeur de France.

sables en vingt-cinq ou trente ans, et dont l'intérêt était de trois, quatre, cinq pour cent, les autres à fonds perdu, à huit pour cent d'intérêt payables pendant dix-huit ans.

Si j'entreprenais de faire connaître les monnaies de Venise, il faudrait, pour que cette digression fût de quelque utilité, suivre toutes les variations du système monétaire, et établir le rapport de la valeur des espèces vénitiennes, avec celle des monnaies étrangères à diverses époques. Dans l'impossibilité d'entreprendre un pareil examen, je me borne à donner une notice sur les monnaies de la république, à la fin du XVIIIe siècle. Ce qui prouve, mieux que tous les raisonnements, la bonté du système monétaire des Vénitiens, c'est la faveur dont leurs espèces ont joui constamment chez l'étranger.

XX. Des monnaies de Venise.

Il y en avait de cuivre, de billon, d'argent, et d'or.

La seule pièce en cuivre pur était le bezzon, qu'on divisait idéalement en six deniers, car cette dernière monnaie était imaginaire. Le sol et le demi-sol étaient une monnaie de cuivre contenant un peu d'argent.

La monnaie nouvelle en billon, ou le traero, de 5, de 10, de 15, de 30 sols, valait intrinsèquement à-peu-près le tiers de sa valeur nominale.

Les monnaies d'argent étaient l'écu, pesant 153 karats 2 grains, poids de marc, valant en monnaie de compte 12 livres 8 sols.

La justine, ou le ducaton, pesant 135 karats 3 grains, et valant 11 livres.

Le ducat effectif (pour le distinguer du ducat de compte, monnaie idéale), pesant 110 karats 1 grain, valant 8 livres.

Ces trois monnaies se divisaient en fractions de moitié, du quart et du huitième.

Il y avait en outre une petite pièce, nommée l'oselle, qui valait 3 livres 18 sols; et une autre monnaie d'argent, uniquement destinée au commerce du Levant, où elle était fort connue sous le nom de talaro. Elle valait un peu moins que la justine.

Les monnaies d'or étaient :

Le sequin, pesant 16 karats 3 grains $\frac{1}{2}$, et valant 22 livres;

Le demi-sequin;

Le ducat d'or, pesant 10 karats 2 grains, et valant 14 livres;

La pistole, pesant 32 karats $\frac{2}{3}$, et valant 38 livres;

L'oselle d'or, valant 88 livres.

Cette dernière pièce était une médaille plutôt qu'une monnaie.

Et enfin l'écu d'or, ayant une valeur triple de celle de l'oselle d'or.

Ces monnaies d'or étaient composées de neuf cent quatre-vingt-dix-sept parties d'or fin sur trois parties de cuivre. De là venait la faveur dont les sequins de Venise ont toujours joui dans le commerce, comme étant de l'or le plus fin, ce qui en effet était vrai, puisqu'ils ne contenaient d'alliage qu'une quantité égale à $\frac{3}{1000}$ de leur poids, mais ce qui n'empêche pas qu'une monnaie alliée d'une plus grande quantité de cuivre ne soit également bonne, pourvu qu'elle contienne le poids de métal fin qui est annoncé.

Les poids que je viens d'énoncer, étaient ceux qui sont connus en France sous le nom de poids de marc. Le marc contenant 4808 grains, se divisait en 8 onces, l'once en 144 karats, le karat en 4 grains; la fraction des deniers n'était pas usitée, mais 24 grains la représentaient (1).

Je viens de parler des monnaies réelles : dans les calculs de banque on avait un autre langage, on y distinguait les valeurs en monnaies de banque et monnaies courantes.

---

(1) Ceux qui desireraient d'autres renseignements sur la monnaie de Venise, les trouveront dans la 18e dissertation de l'abbé TENTORI, tom. II de son *Essai sur l'histoire civile, politique et ecclésiastique de Venise.*

Le ducat de banque, qui se subdivisait en 24 gros, ou 124 marchettis, valait 9 livres courant $\frac{3}{4}$.

Le ducat courant avait les mêmes subdivisions, mais ne valait que 6 livres courant $\frac{1}{3}$.

La livre se subdivisait en 20 sols, et chaque sol en 12 deniers; mais il y avait la livre courante, et la livre de banque ou de gros, et celle-ci valait 96 fois la première.

Enfin, pour avoir une idée de la valeur qu'on attachait à toutes ces dénominations, il suffit de savoir que le ducat de banque (en supposant le change au pair) valait en monnaie de France 5 francs; d'où il suit que le ducat courant valait 3 francs 18 centimes, la livre courante 51 centimes, et la livre de gros 48 francs 96 centimes (1).

---

(1) Ces rapports avaient un peu changé dans les derniers temps. Je joins ici la dernière évaluation, faite par le bureau des longitudes.

OR.

Sequin	12 fr. 00 c.
Demi-sequin...............	6 — 00
Oselle....................	47 — 07
Ducat d'or................	7 — 49
Pistole...................	21 — 36

ARGENT.

Ducat effectif de huit livres piccoli	4 — 18

LIVRE XIX.

Quant au système général des poids et mesures, les Vénitiens n'en eurent jamais aucun. Ils conservèrent les coutumes des pays qui entrèrent successivement dans leurs domaines. A Venise même il y avait plusieurs sortes de mesures. L'esprit mercantile s'accommode fort bien de cette confusion (1). Seulement il peut n'être

XXI.
Des poids
et mesures.

Ecu à la croix.............	6 —	70
Justine ou ducaton.........	5 —	91
Talaro...................	5 —	32
Oselle...................	2 —	07
Ducat courant.............	3 —	33
Livre....................	0 —	52

(1) Voici une notice des principales mesures en usage.

Mesures linéaires.

Le pied d'Aquilée.........	$0^{mèt.}$ 343 $^{millim.}$
id. de Bergame.......	0 — 436
La brasse de Brescia.......	0 — 475
Le pied de Crème.........	0 — 467
id. de Padoue..........	0 — 428
id. de Rovigo	0 — 464
id. de Trévise..........	0 — 408
id. de Venise..........	0 — 346
id. de Vérone..........	0 — 340
id. de Vicence	0 — 346

Mesures pour les étoffes.

La brasse de Bergame......	$0^{mèt.}$ 652 $^{millim.}$
L'aune de Brescia.........	0 — 678

pas inutile d'ajouter qu'à Venise on distinguait deux sortes de poids, le poids gros et le poids subtil. Cent livres de poids gros étaient égales à 158 livres de poids subtil.

Le pied de Chypre............	0 mèt. 671 millim.
La Brasse de Crème.........	0 — 665
L'aune de Trieste...........	0 — 673
La brasse de Venise.........	0 — 673
id. de Vérone.........	0 — 640

Mesures agraires.

La pertica de Bergame......	0 hect. 0657
Le pio de Brescia..........	0 — 3258
La pertica de Crème.......	0 — 0756
La vaneza de Legnano......	0 — 0125
Le campo de Padoue.......	0 — 5549
Le campo de Rovigo........	0 — 5433
Le campo de Trévise.......	0 — 5209
Le passo de Venise.........	0 — 0003
La vaneza de Vérone......	0 — 0125
Le campo de Vicence......	0 — 3626

Mesures itinéraires.

Le mille d'Italie............	1 kilom 489 mètres.
Le mille de Venise.........	1 — 835

Mesure de capacité pour les grains.

Le staro de Bergame......	20 litres 66 ou environ en froment	kilog. 15-54
La charge de Candie.....	152 — 34 ou	114-59
Le staro de Venise......	84 — 96 ou	63-90

Considérées dans leur rapport avec la livre poids de marc, 100 livres poids de marc équivalaient à 182 livres poids subtil, et à 114 livres poids gros.

30 livres faisaient une mirrhe, et 40 mirrhes un migliaro.

En décroissant, la livre se divisait en 11 onces, l'once contenait 6 sagii, et le sagio 24 karats.

XXII. Influence du commerce sur l'activité industrielle.

On a vu quelle était l'importance du commerce des Vénitiens et le système d'administration qui le régissait. Je ne saurais entrer dans le détail des objets qui, autrefois, composaient la masse des exportations et des importations. On y suppléera facilement, pour peu que l'on connaisse quelles sont les productions que l'Europe tire ordinairement de l'Afrique et de l'Asie.

Mesure de capacité pour les liquides.

La pinte de Bergame.........	1 litres 23
Le bocali de Brescia.......	0 — 71
L'enghistera de Venise.......	0 — 62
L'inquitara de Vérone.......	1 — 10
Le mezze de Vicence........	0 — 59

Mesure de pesanteur.

La livre de Bergame.........	0 kil. 324
Idem de Venise...........	0 — 477
Le peso sottile de Vérone.....	0 — 331
La livre de Vicence	0 — 445

D'ailleurs, pour que l'énumération de ces objets fût de quelque utilité, il faudrait y ajouter sur les quantités, le prix et le bénéfice de chaque marchandise, des renseignements qui nous manquent. Quand nous posséderions un grand nombre de faits, il serait fort difficile d'en tirer des conséquences justes, à cause des variations continuelles que les circonstances devaient amener. Je pourrai indiquer, mais pour les temps modernes seulement, les objets que Venise achetait et vendait à l'étranger. Nous ne considérons point ici le commerce dans ses effets sur l'existence des particuliers, mais dans son influence sur la prospérité de l'état. Cette influence peut se réduire à trois points principaux; l'abondance des fonds que le commerce procurait au trésor public; l'occupation qu'il fournissait à un grand nombre d'hommes, la facilité qu'il donnait au gouvernement pour entretenir des forces maritimes respectables.

Sous le premier rapport, un discours du doge Thomas Moncenigo, que j'ai rapporté textuellement, contient les renseignements les plus authentiques, et les plus détaillés que nous ayons (1).

---

(1) Charles Marin qui a fait une histoire spéciale du commerce de Venise, lorsqu'il arrive au tableau du commerce

Il me reste donc à faire connaître l'influence du commerce sur l'activité industrielle du peuple et sur la marine de l'état.

Je n'ai pas besoin de dire que la multitude des affaires devait occuper beaucoup de citoyens, mais il est curieux et utile de connaître sur quels objets s'exerçait plus particulièrement l'industrie manufacturière des Vénitiens, à une époque où les procédés des arts étaient encore inconnus à tant d'autres peuples.

Celui-ci touchait à la partie de l'Europe qui eut la gloire de sortir la première des ténèbres de la barbarie, et il contribua lui-même à cette révolution par ses fréquentes communications avec l'Orient. Aussi les arts industriels étaient-ils exercés à Venise depuis une époque très-reculée.

La construction et la conduite des vaisseaux, les travaux hydrauliques, que la position de Venise rendait nécessaires, les digues, les ponts, les édifices sur pilotis, supposent des connaissances mathématiques, l'usage de la mécanique et l'art de traiter les métaux. Aussi n'est-il

---

dans le XVe siècle (tom. VII, liv. 2, ch. 3), se borne à l'analyse du discours de Th. Moncenigo.

pas difficile de croire que Charlemagne, comme le racontent quelques historiens, avait cherché à attirer des ouvriers vénitiens dans ses états, et qu'il était vêtu d'un sayon de Venise (1).

Les Vénitiens, à leur tour, appelaient des architectes, des peintres de Constantinople. Cependant on cite un présent de douze grosses cloches, envoyées par un doge, dans le IXe siècle, à l'empereur d'Orient; ce qui permet de penser que l'art de la fonderie était, à cette époque, moins familier aux Grecs qu'aux Vénitiens. Un autre doge, voulant décorer d'un autel d'argent l'église de Saint-Marc, le fit faire à Constantinople; ce qui prouve qu'on y était plus habile dans l'orfévrerie qu'à Venise. Mais les Vénitiens avaient trop d'émulation pour ne pas surpasser leurs maîtres. Ils excellèrent bientôt dans cet art, comme dans plusieurs autres, et parvinrent à fabriquer des chaînes d'or d'une extrême ténuité, qui furent à la mode dans toute l'Europe. Dans un tournois qui eut lieu pour célébrer l'anniversaire du doge Thomas Moncenigo, c'est-à-dire en 1414, le corps des orfèvres fit une cavalcade et ils défilèrent sur la place de Saint-Marc au nombre de trois cent cin-

---

(1) Sago veneto amictus. EGINHARD, *Annales Francorum*.

quante (1). Enfin, un siècle après, cette branche de commerce déja très-considérable prit encore un nouvel accroissement lorsque Louis XII, par une loi somptuaire peu conforme aux principes d'une administration éclairée, défendit l'orfévrerie dans ses états. Il était plus facile de proscrire le métier que la chose; aussi la vanité irritée par la défense, alla-t-elle se pourvoir ailleurs des objets que les ateliers de France ne pouvaient plus fabriquer. L'opulence n'en dépensa pas moins, mais son argent, au lieu d'entretenir des ouvriers français, alla enrichir des Vénitiens. Il paraît que déja les Français avaient fait des progrès dans ce genre d'industrie, car je trouve dans un historien du XVe siècle, qu'en 1473 la république de Venise envoya en présent au roi de Perse, une crédence de vases d'or et d'argent *travaillés à la française* (2).

XXIII. Manufactures. Étoffes de soie.

On sait que les œufs de vers à soie avaient été apportés par des moines du fond de l'Asie à Constantinople, avec l'art de les faire éclore, d'élever les vers, de filer les cocons et de met-

---

(1) *Cronaca di Venezia et come lo fù edificata, et in che tempo, et da chi, fino all' anno* 1446. »
(Manusc. de la biblioth. de St.-Marc., f° 49.)

(2) *Lavorati nobilmente alla francese. Delle guerre de' Veneziani nell' Asia*, libri trè di Coriolano Cippico.

tre la soie en œuvre. Les trois premières fabriques de tissus, qu'on avait vues en Europe, avaient été établies par l'empereur Justinien à Corinthe, à Thèbes, et à Athènes, et sans doute il fallait qu'elles eussent acquis un certain degré de perfection, puisque les empereurs de Constantinople payaient un tribut de quatre cents vestes de soie de Thèbes aux rois de Perse (1). Lorsque les Vénitiens prirent l'île d'Arbo sous leur domination, ou sous leur protection, ils la soumirent à une contribution annuelle de quelques livres de soie. Le titre où cette redevance était stipulée se montre encore dans les archives de l'église d'Arbo (2). Il porte la date de 1018, et on y lit que, si les redevables n'acquittent pas le tribut en soie, ils seront tenus de le remplacer par un poids égal d'or pur.

Ce fut à Constantinople que les Vénitiens prirent les premiers modèles de leurs manufactures, mais dans le principe ils n'étaient que les facteurs des marchandises fabriquées dans les trois villes grecques que j'ai nommées. Pour conserver ce trafic, ils firent la guerre à Roger,

---

(1) Nicétas, *Histoire de l'empereur Alexis Comnène,* liv. 1er, chap. 4.

(2) *Voyage en Dalmatie,* par l'abbé Fortis, tom. II.

roi de Sicile qui, vers le commencement du XIIe siècle, avait établi à Palerme une manufacture de ces étoffes. Lorsque Roger fit la paix avec l'empereur Manuel, il s'obligea à lui rendre tous les prisonniers grecs, à l'exception des Corinthiens, des Thébains non nobles, et des femmes qui savaient l'art de fabriquer la soie et le lin. Les habitants de Thèbes et de Corinthe furent retenus en Sicile, comme autrefois les Érétriens l'avaient été en Perse, pour y travailler à des tissus (1).

On en a conclu qu'il était probable que les Vénitiens n'avaient pas négligé ce moyen de naturaliser cet art dans leur pays (2), mais on n'en apporte aucune preuve positive; quoi qu'il en soit, leur guerre contre le roi fut suivie d'un accommodement, par lequel ils obtinrent des priviléges pour l'exportation du sucre, de la manne et des soieries de la Sicile. Ils furent traversés par les Génois dans la jouissance de ces avantages. L'ambition de Venise tendait toujours à se rendre maîtresse de ce commerce des soieries, en s'appropriant les manufactures;

---

(1) Nicétas, *Histoire de Manuel Comnène*, liv. 2, ch. 8.

(2) *Storia civile e politica del commercio de' Veneziani* di Carlo Ant. Marin, tom. III, lib. 3, cap. 5.

mais elle avait bien des difficultés à surmonter pour réaliser ce projet. Elle ne pouvait avoir la matière première au même prix que les Siciliens et les Grecs, parce que son territoire était peu propre à la culture des mûriers; de sorte que ses étoffes n'auraient pu soutenir la concurrence avec celles des Grecs et de Palerme, ni pour la qualité, ni pour le prix.

Le partage de l'empire grec, au commencement du XIIIe siècle, fournit l'occasion d'aplanir une partie de ces obstacles : la république se trouva maîtresse de plusieurs places dans la Morée; elle commença par attirer des ouvriers des manufactures de Thèbes, d'Athènes, et de Corinthe. Peu de temps après, elle devint la protectrice des seigneurs qui avaient obtenu des principautés dans son voisinage, et notamment de Geoffroy de Villehardouin, qui avait été revêtu du titre de prince d'Achaïe. Pour prix de cette protection, elle se fit céder le privilége d'extraire des soies du pays, et dès-lors ayant la matière première, et les ouvriers, les Vénitiens transportèrent ce genre d'industrie dans leur capitale, où bientôt des fugitifs de Lucques vinrent perfectionner les métiers.

On raconte que trente-une familles, chassées de cette ville par des discordes intestines, vinrent chercher un asyle à Venise vers l'an 1310.

C'était une émigration d'environ trois cents ouvriers, ils y trouvèrent un accueil favorable, des encouragements, le droit de citadinance, un quartier qu'on leur assigna pour leurs ateliers, enfin une nouvelle patrie (1). Et ils s'y attachèrent si sincèrement qu'une soixantaine d'années après cette adoption, deux de ces familles, celle de Garzoni et celle de Paruta, méritèrent d'être élevées au patriciat, par leur dévouement à la république (2).

---

(1) Les fabriques de soieries, de velours et de brocards, dit Smith, florissaient à Lucques, durant le XIIIe siècle, elles en furent bannies par la tyrannie de l'un des héros de Machiavel, Castruccio Castracani, en 1310. 900 familles furent chassées de Lucques, trente-une desquelles se retirèrent à Venise, et offrirent d'y introduire les manufactures de soie. Ces offres furent acceptées, plusieurs priviléges leur furent accordés, et ces étrangers, au nombre d'environ trois cents, établirent leurs ateliers. Dans le principe, la matière leur était apportée de la Sicile et du Levant. La culture du mûrier et celle des vers à soie, ne paraît pas avoir été communément répandue dans le nord de l'Italie, avant le XVIe siècle. (Liv. 3, ch. 3.)

On a fait remarquer que ce récit de Smith était susceptible de quelques modifications, et que les Lucquois ne pouvaient pas être arrivés à temps pour donner aux Vénitiens la première idée des fabriques de soieries.

(2) Apostolo ZENO, *Vie de Paul Paruta.*

Cette sage conduite attira dans cette capitale un grand nombre d'étrangers industrieux. Quelque temps après, la fabrique des soieries produisait aux Vénitiens un bénéfice annuel de cinq cent mille ducats. En perfectionnant les métiers des Grecs et des Lucquois, ils ajoutèrent à ces tissus l'or et l'argent qu'ils parvinrent à filer.

On voit avec quel soin le gouvernement de Venise attirait les ouvriers étrangers. Veut-on avoir une idée de ses moyens pour empêcher l'industrie de passer chez les autres nations ? qu'on lise l'article 26 des statuts de l'inquisition d'état.

« Si quelque ouvrier ou artiste transporte son
« art en pays étranger, au détriment de la ré-
« publique, il lui sera envoyé l'ordre de reve-
« nir ; s'il n'obéit pas, on mettra en prison les
« personnes qui lui appartiennent de plus près,
« afin de le déterminer à l'obéissance par l'in-
« térêt qu'il leur porte ; s'il revient, le passé lui
« sera pardonné, et on lui procurera un éta-
« blissement à Venise ; si malgré l'emprisonne-
« ment de ses parents, il s'obstine à vouloir
« demeurer chez l'étranger, on chargera quel-
« que émissaire de le tuer, et après sa mort
« ses parents seront mis en liberté (1). »

---

(1) Dans un *Mémoire sur les manufactures de Venise*,

C'était beaucoup de s'être approprié les manufactures de soie, il restait à s'emparer du commerce exclusif de leurs produits. La législation et la politique tendirent de concert à ce but. D'abord l'usage des soieries fut interdit aux nationaux, ce qui était nécessaire pour rendre cette manufacture de luxe réellement profitable à l'état; mais en même temps les étoffes de soie devinrent la marque distinctive des nobles, et des principaux magistrats de la république, ce qui recommandait ces étoffes à la vanité des étrangers. On pourvut par de sages réglements à la bonté de la fabrication : dès l'année 1172, un tribunal avait été créé pour la police des arts et métiers, la qualité et la quantité des matières furent soigneusement déterminées : la sagacité des Vénitiens leur fit apercevoir de loin le principe de la division du travail; il fut ordonné aux ouvriers de ne s'attacher qu'à une espèce d'ouvrage; enfin l'acquisition des colonies procura des soies de toutes sortes de qualités, les Génois furent vaincus, et les Vénitiens devinrent maîtres de cette branche de com-

---

en date du 18 nivose an VI, et existant aux archives des affaires étrangères, on cite deux exemples de l'application de cette peine à des ouvriers en verroterie, que l'empereur Léopold avait attirés dans ses états.

merce, parce qu'ils étaient à-la-fois les plus habiles, les plus économes, et les plus forts.

Draps, toiles, tissus de coton. Les fabriques de draps (pour lesquelles ils tiraient, comme on l'a vu, les laines de l'Espagne et de l'Angleterre) fournissaient à la consommation de tous les Levantins. Les matières premières de cette sorte de manufactures, étaient exemptes de tous droits d'entrée, et ses produits de tous droits de sortie.

Le commerce et la fabrique des toiles, étaient un objet encore plus important (1); parce que la matière première, le lin, était plus à la portée des Vénitiens. Indépendamment de ce qu'ils en exportaient beaucoup de l'Égypte et de la mer Noire, la Lombardie leur en fournissait en abondance.

La fabrication des tissus de coton était connue à Venise, dès le commencement du XIV siècle (2).

Teintures. Les Vénitiens n'excellaient pas moins dans l'art de la teinture; ils avaient des laboratoires pour préparer l'alun, le borax, le cinabre.

---

(1) Il y avait un proverbe, *la camicia preme assai più del giubbone;* la chemise avant le pourpoint.

(2) *Storia civile e politica del commercio de' Veneziani* di Carlo Ant. MARIN, tom. V, lib. 2, cap. 4.

Ce fut à Venise que parut en 1429, le premier recueil des procédés employés dans les teintures, sous le nom de *Mariagola dell' arte dei Tentori*. Il s'en fit en 1510, une seconde édition fort augmentée, un certain Giovan Ventura Rosetti, forma le projet de donner plus d'étendue et d'utilité à cette description, il voyagea dans les différentes parties de l'Italie et des pays voisins, où les arts avaient commencé à renaître, pour s'informer des procédés qu'on y suivait et il donna sous le nom de *Plictho* un recueil, qui, selon Bischoff, est le premier où l'on ait rapproché les différents procédés et qui doit être regardé comme le premier mobile de la perfection à laquelle a été porté depuis l'art de la teinture (1).

Les Vénitiens préparaient les cuirs, et savaient les dorer avec une perfection telle, que la vente de ces cuirs dorés leur procurait un bénéfice évalué à cent mille ducats par an. {Cuirs.}

J'ai parlé ailleurs de la réputation de leurs manufactures d'armes, tant offensives que défensives.

Les préparations pharmaceutiques étaient de- {Produits chimiques.}

---

(1) *Éléments de l'art de la Teinture*, par Monsieur BERTHOLLET.

venues pour eux la matière d'un grand commerce extérieur, et ils furent long-temps en possession d'approvisionner de thériaque, non-seulement tous les Levantins, mais encore une partie de l'Europe.

Ils fournissaient aussi du tartre à la Hollande, de la térébenthine à la France, et faisaient un grand commerce de ce sel connu sous le nom de borax, qui est d'un si grand usage dans la chimie, et sur-tout dans la métallurgie, parce qu'il a la propriété de faciliter la fonte des métaux. Cette substance que l'on tire de l'Égypte et de la Chine, a besoin d'une préparation dont les Vénitiens ont long-temps possédé seuls le secret.

Imprimerie. Immédiatement après que l'imprimerie eut été découverte, les presses vénitiennes devinrent célèbres dans tout le monde savant, et quoique d'autres nations aient ensuite perfectionné cet art, la librairie de Venise ne laissait pas de faire des envois considérables à Gênes, dans toute la Lombardie, dans la Romagne et dans la Toscane. On citait dans la ville de Bassano, une imprimerie qui occupait jusqu'à quinze cents et dix-huit cents ouvriers (1).

---

(1) Celle de Remondini, *Voyage de* Lalande.

C'est sur-tout par la qualité du papier, que les imprimeurs italiens, en général, ont eu constamment du désavantage dans leur concurrence avec les imprimeurs français; cependant les papeteries du Frioul, de Brescia, de Bergame, où il y en avait plus de trente, se sont maintenues jusqu'à ces derniers temps dans une heureuse activité.

Les autres objets sur lesquels s'exerçait l'industrie manufacturière des Vénitiens, étaient les dentelles, connues sous le nom de point de Venise et fort recherchées, le fil d'or, les bougies, dont ils étaient en possession d'approvisionner Rome (1) et toute l'Espagne, les liqueurs, la quincaillerie, le savon, et les raffineries de sucre, qui alimentaient toute l'Italie,

<small>Autres objets.</small>

---

(1) Un ambassadeur de Venise à Rome fit allusion à cette circonstance dans une cérémonie où le pape Jules II distribuait des *Agnus*. Cet ambassadeur s'avançant pour en recevoir fut heurté par un des assistants avec une telle violence qu'il faillit à en être renversé. Le pape réprimanda le maladroit; l'ambassadeur qui ne jugea pas la satisfaction suffisante, se retira fort courroucé sans vouloir prendre des *Agnus*, et en disant au saint-père lui-même qu'il n'avait que faire de sa cire, puisque c'était à Venise que Rome allait la chercher.

Cette anecdote est rapportée dans le Journal de Burchard, maître des cérémonies du pape.

et qui conservèrent toujours une grande supériorité sur celles qu'on éleva depuis à Trieste.

Glaces et verrerie. Enfin l'art de la verrerie, que les Vénitiens avaient apporté de l'Orient, fut bientôt une des branches les plus importantes de leur commerce. Cet art nouveau fit abandonner l'usage des miroirs de métal, qui étaient à-peu-près les seuls que l'Europe connût jusqu'au XVe siècle. Ce ne fut que dans le XVIIe que les autres nations s'avisèrent de se livrer à un genre d'industrie dont la matière première se trouve par-tout. L'historien du commerce de Venise (1), cite un manuscrit de la bibliothèque Nani, où étaient expliqués les procédés de l'art de polir le verre, de le dorer, et de le peindre à l'huile. Il ajoute que dans l'église des dominicains de Trévise, il y avait un crucifix peint sur verre, et qui portait la date de 1177 ; ce qui prouverait que cet art était connu des Vénitiens trois cents ans avant l'époque où les Allemands se vantent de l'avoir inventé (2). On

---

(1) Tom. III, lib. 3, cap. 5.

(2) Je tâche de m'énoncer avec assez de précision pour n'attribuer aux Vénitiens que ce qui leur appartient. Je ne dis pas qu'ils avaient inventé l'art de peindre sur verre; mais qu'ils le connaissaient 300 ans avant les Allemands. Tiraboschi dit que les premières peintures qui parurent sur les

juge quels bénéfices immenses les Vénitiens durent faire dans cet intervalle, sur un commerce où l'objet vendu tire toute sa valeur de la main d'œuvre, où la consommation s'accroît encore par la fragilité des objets, et où il est également facile de donner à une vile matière un prix de luxe, et de la convertir en ustensiles de première nécessité, dont le bas prix soit à la portée de l'indigent. Aussi la ville de Murano devint-elle en peu d'années, un brillant magasin de glaces, et de toutes sortes d'ouvrages de crystal, et depuis les plus grands rois, jusqu'à la pauvre négresse, tout fut tributaire de cette manufacture.

Pendant que le commerce des produits de toutes ces manufactures enrichissait la capitale, l'industrie des colonies s'exerçait péniblement sur des objets infructueux. A Perasto, dans la province de Cattaro, on faisait des cordes d'instruments de musique. Dans la petite île de Morter, sur les côtes de la Dalmatie, les habitants, faute de lin, étaient parvenus à rouir, filer et tisser le genêt. Ils en faisaient une toile grossière, qui attestait du moins leurs efforts.

---

vitres des églises furent du temps du pape Léon III, qui couronna Charlemagne en l'an 800.

Une preuve évidente que les sujets grecs et dalmates de la république n'étaient pas éloignés des occupations du commerce par leur paresse naturelle, mais par les lois jalouses de la métropole, c'est l'ardeur avec laquelle nous les avons vus s'y livrer, aussitôt que, dans ces derniers temps, ils eurent changé de maîtres. En moins d'un an, le nombre des bâtiments destinés à la pêche ou au cabotage, se trouva doublé.

XXIV. Stagnation de l'industrie. Mais un tort encore plus grave des Vénitiens fut que leur industrie s'arrêta pendant que celle de leurs rivaux faisait des progrès. A force de faire un mystère, un secret d'état de leurs procédés, ils se persuadèrent à eux-mêmes qu'ils avaient réellement un secret, et qu'il ne leur restait plus rien à apprendre : ils auraient fait pendre l'ouvrier qui aurait révélé les arcanes de sa manufacture; mais en interdisant à ces hommes toute excursion chez l'étranger, ils les privèrent du plus sûr moyen de se perfectionner. Aussi les produits de leurs fabriques ne conservèrent-ils quelque débit chez eux, qu'à la faveur des lois prohibitives, et à l'extérieur que chez les peuples encore grossiers, et à cause de la modicité de leur prix. Les lois prohibitives, toujours si vivement sollicitées par le fabricant, si elles écartent la concurrence, éteignent l'émulation, et sont peu propres à exciter l'essor et le développement de l'industrie manufacturière. Elles assurent tout au plus aux manufactures nationales le privilége de fournir à la consommation intérieure : une partie de la population paie le travail de l'autre, mais on ne suit pas les progrès de l'étranger. Pour rendre l'étranger tributaire, il faut fabriquer mieux que lui, ou plus économiquement que lui, se procurer les matières premières de la meilleure qualité, favoriser l'exportation par tous les moyens et employer sa puissance ou son adresse à faire recevoir ses marchandises au-dehors. C'est alors seulement qu'une partie de votre population vit aux dépens des autres nations.

Lorsqu'à la fin du dix-huitième siècle, la France se trouva momentanément maîtresse de Venise, on voulut profiter de cet intervalle, pour exporter les procédés qui pouvaient contribuer aux progrès de l'industrie nationale. Des observateurs furent envoyés, des hommes experts, des savants furent chargés de comparer les produits et les moyens des manufactures vénitiennes et françaises : il résulta de leur rapport, auquel le nom d'un homme célèbre (1) donne une grande autorité, que l'industrie des Vénitiens,

---

(1) M. Berthollet.

comme celle des Chinois, avait été précoce, mais était restée stationnaire.

La fabrication des draps avait atteint, chez les Vénitiens, un degré de perfection remarquable, lorsqu'ils se trouvèrent en concurrence, dans le Levant, avec les Français, qui y apportaient les draps provenant des fabriques du Languedoc, connus sous le nom de Londrins. Ils cherchèrent à les imiter, et ce ne fut pas sans quelque succès; c'est je crois la seule innovation qu'ils aient empruntée de l'étranger dans les temps modernes, encore ne s'en avisèrent-ils qu'au dix-huitième siècle. Le gouvernement, pour encourager cette émulation, accorda à ceux qui exporteraient de cette espèce de draps, une diminution des droits d'entrée sur les marchandises importées en retour. Mais un tel commerce est borné de sa nature, puisque ses produits dépendent de la quantité des matières premières qui sont à la disposition du fabricant. Or, dans tout le territoire vénitien, il n'y avait que le Padouan et la Polésine de Rovigo qui nourrissent des troupeaux, et ces deux provinces ne fournissaient des laines que pour la fabrication de trois mille pièces de draps, défalcation faite de ce qui en était employé pour d'autres usages. On en tirait bien de l'Espagne, mais ce n'était pas avec le même avantage que les fabriques françaises, le transport en étant plus cher, à cause de la plus grande distance. Le gouvernement vénitien avait d'ailleurs fait la faute de soumettre les laines d'Espagne à un droit d'entrée exorbitant, mesure impolitique, obtenue par le crédit des grands propriétaires de troupeaux, qui n'avaient pas besoin d'encouragement, puisque les laines indigènes ne suffisaient pas aux besoins de la population. Aussi Venise, tandis qu'elle vendait des draps rouges dans le Levant et des draps noirs à Milan, à Rome, à Naples, achetait-elle des étoffes de laine en Angleterre. On appliquait à l'industrie cette maxime de la république, que la conservation de l'état dépendait du soin de se refuser à toute espèce d'innovation : et on y persévéra tellement, que, lorsqu'en 1791, un membre du collége des sages, Battaja, proposa d'introduire quelques améliorations dans la fabrication des draps, cette proposition fut repoussée comme dangereuse.

Vers les derniers temps de l'existence de la république, les toiles étaient un objet beaucoup moins important dans la balance de son commerce. Les Vénitiens n'y réussissaient que médiocrement, et n'en exportaient que dans le Levant : encore n'était-ce pas une quantité notable; il n'y avait que la ville de Salo qui sût filer le lin avec assez de perfection pour en trouver un grand débit en Allemagne.

L'industrie des Vénitiens ne s'était point appliquée à perfectionner la filature du coton ni la fabrication des étoffes, quoiqu'ils fussent assez avantageusement placés pour tirer à peu de frais la matière première du Levant et du royaume de Naples.

Il n'en était pas de même des soieries. Cette espèce de manufactures occupait une grande quantité de bras. Considérée dans ses trois états de matière première, de fil et d'étoffe, la soie était une des principales branches du commerce des Vénitiens. On a déja vu tous les soins qu'ils s'étaient donnés pour naturaliser le mûrier dans leurs provinces. Quoique cette culture eût fort bien réussi, ses produits ne suffisaient pas pour entretenir l'activité des fabriques ; il fallait y suppléer par des extractions de la Turquie, de l'Italie, et même de l'Espagne. Il résultait de cette nécessité d'importer, que la sortie des soies brutes devait être prohibée. Au contraire, l'exportation des soies filées, et notamment des organsins, c'est-à-dire des fils à plusieurs brins, était encouragée. Venise en envoyait en Angleterre, en Hollande et même en France, mais en médiocre quantité ; car, sur environ quinze cents balles de soies-organsins, que Lyon tirait annuellement de l'Italie, il n'y en avait guère que cent provenant des moulins de Vérone, de Vicence, de Bassano, de Bergame et du Frioul; parce qu'on y filait moins bien qu'à Milan et à Turin. C'était principalement à Venise qu'on fabriquait les étoffes. Après avoir joui long-temps d'une grande réputation, elles avaient fini par ne pouvoir plus soutenir la concurrence, ni même la comparaison avec les produits des manufactures françaises, et ce qui le prouvait, c'était la grande quantité de ceux-ci, qui se vendaient à Venise même, quoiqu'ils y fussent sévèrement prohibés. Il y avait cependant une étoffe appelée damasquinette, que les étrangers n'ont jamais pu imiter parfaitement, et qui était à elle seule la matière d'un commerce immense, car elle formait la moitié des valeurs que les Vénitiens exportaient dans le Levant.

Leurs armes, qui se fabriquaient principalement à Brescia, avaient fini par perdre leur réputation, après avoir été long-temps fort estimées. Cela tenait à l'infériorité du fer que les Vénitiens avaient à leur disposition, et qui était moins bon que celui de France et de Suède. Cependant ils continuèrent de vendre à l'Europe leur acier, qui passait pour très-fin. Ce ne fut qu'en 1771 que la fabrication des boutons de métal fut introduite à Venise, encore y fut-elle apportée par un Polonais. Les dentelles d'Alençon avaient fait tomber la vogue du point de Venise. Les savonneries de Marseille avaient acquis une grande supériorité; et nos manufactures de glaces ne permettaient pas à celles de Murano la moindre concurrence.

Ici on est en droit de reprocher aux Vénitiens leur attachement aux anciennes méthodes. Tandis que les glaces françaises, coulées sur des tables de bronze, étaient portées à des dimensions long-temps inconnues par-tout ailleurs, les Vénitiens s'obstinèrent à fabriquer les leurs en manchon, c'est-à-dire en masses cylindriques, qu'il fallait ensuite dérouler, étendre, amollir par l'action du feu, et qui, dans cette seconde opération, ne pouvaient acquérir ni la pureté, ni le parfait niveau, ni les grandes proportions des nôtres.

Leurs instruments d'optique n'avaient quelque débit, que grace à la modicité de leur prix; ils n'étaient comparables ni à ceux de France, ni à ceux d'Angleterre. La fabrique de Murano attestait l'ancienneté de l'art, sans en montrer la perfection; aussi était-ce par ses ouvrages de moindre valeur qu'elle continuait d'être profitable. On y exécutait toutes sortes de verroteries, comme miroirs, glaces soufflées, perles fausses, fils de toutes couleurs, en un mot ce genre de bijouterie en verre, qui sert d'objet d'échange chez divers peuples grossiers. Comme produits de l'art, ces objets ne méritaient aucune attention; comme matière de commerce, ils n'étaient pas sans importance, car leur fabrication occupait deux mille cinq cents ouvriers, et procurait un million de ducats de bénéfice. Le bas prix de ces objets en assurait le débouché; mais comme les Vénitiens n'étaient pas en rapport direct avec les consommateurs, ils vendaient ces produits de leurs manufactures aux nations dont le commerce était plus étendu, principalement à la France, qui en approvisionnait ensuite l'Espagne : et il est assez remarquable que ces mêmes Vénitiens, qui faisaient un si grand mystère de leur art de fabriquer les perles fausses, en achetaient en France pour aller les vendre dans le Levant.

Voici comment ces diverses manufactures étaient réparties sur le territoire vénitien.

XXV. Répartition des manufactures sur le territoire.

Dans le Frioul, il y avait beaucoup de métiers à soie, des papeteries et des fabriques de laine.

A Bassano, on filait la soie et on faisait des draps.

Les montagnards de Salo faisaient des toiles et du fil.

L'industrie de la province de Bergame consistait à filer des organsins, à fabriquer du papier et des étoffes de laine légères. Il y avait aussi des forges, de même que dans la province de Brescia.

Celle-ci était le pays des armuriers; on y comptait aussi quelques tisserands, et on évaluait les produits des manufactures de cette province, en lin, à trois cent soixante mille livres de France, et en soie, à deux millions et demi.

Vérone, Vicence, Padoue, étaient remplies de moulins à soie et de métiers pour la fabrication des étoffes de soie et de laine. Padoue avait de plus une industrie particulière, c'était la fabrique des chapeaux. Murano jouissait du privilége de fabriquer exclusivement les glaces et tous les objets en verre.

Les soieries de toute espèce, les dentelles, les chapeaux, l'orfévrerie, les savonneries, les raffineries et la préparation des produits chimiques, occupaient la population manufacturière de la capitale.

On voit que les colonies étaient absolument exclues de toute participation à ces avantages.

XXVI. Importation et exportation. Nous allons maintenant considérer le commerce des Vénitiens, dans ses rapports avec les autres nations. Mais, ainsi que j'en ai prévenu le lecteur, ces notions ne s'appliquent point à une époque reculée, parce que les historiens du vieux temps ne croyaient pas ces détails dignes de l'histoire.

Au reste, on peut juger que la république de Venise n'ayant jamais possédé qu'un territoire médiocrement étendu, montagneux dans quelques parties, et couvert par-tout d'une population nombreuse; cette population devait consommer à-peu-près tous les produits du sol, et ne laisser au commerce qu'une matière d'exportation de peu d'importance. Les seuls objets que la nature fournît aux Vénitiens en assez grande quantité pour pouvoir en vendre habituellement à l'étranger, étaient l'huile, le sel, le poisson salé, les fruits secs, le cuivre, le fer et le mercure, et, par intervalles, des blés, et des bois de construction.

Le commerce des objets manufacturés est bien autrement lucratif; mais il est en même temps le moins certain de tous, parce que les nations peuvent se l'enlever l'une à l'autre. Les Vénitiens firent cette double épreuve. Enrichis, pendant plusieurs siècles, des tributs de l'Europe et de l'Orient, ils virent successivement les branches de ce commerce leur échapper; et ils eurent lieu de regretter, dans les temps modernes, que la nature de leur gouvernement fût peu favorable au développement de l'industrie.

Il fallut chercher un dédommagement dans un autre genre de commerce moins lucratif, mais fort important, parce qu'il occupe l'activité d'un grand nombre d'hommes; je veux dire dans le transport et la distribution des objets nécessaires à d'autres peuples, moins à portée d'aller les chercher à leur source, ou moins diligents.

Les marchés du Levant étaient ceux où Venise trafiquait avec le plus d'avantage. Elle y envoyait des draps, quelques toiles, beaucoup d'objets de verre et de quincaillerie, et sur-tout des étoffes de soie, qui formaient à elles seules plus de la moitié de la somme de l'exportation. Les objets qu'elle en retirait était la soie brute, le coton, la laine, le tabac, la cire, le café, les cuirs, les drogueries de toute espèce, et les vins de Chypre ou de l'Archipel. La valeur de ces objets s'élevait, année commune, à quatre ou cinq millions, qui donnaient un bénéfice d'à-peu-près un quart.

Venise vendait à l'Angleterre, à la Hollande, des huiles, des soies-organsins, et une grande quantité de raisins de Corinthe, produit très-abondant de l'île de Céphalonie, et sur-tout de celle de Zante (1). Elle achetait aux Anglais des

---

(1) Céphalonie recueille annuellement 10 à 12 mille barils d'huile et 4 ou 5 millions de livres pesant de raisins de Corinthe.

Zante, 25 à 30 mille barils d'huile et 7 à 8 millions de livres de raisins.

Corfou, 120 à 150 mille barils d'huile.

étoffes de laine grossière, de la morue, de l'étain, et aux Hollandais ces épiceries, ces tissus des Indes, qu'elle-même vendait autrefois à toute l'Europe.

Mais, ce qui était un grand désavantage pour elle, elle ne faisait pas ce commerce sur ses propres vaisseaux. Les navigateurs vénitiens avaient perdu l'habitude des courses lointaines. Ils ne se montraient que rarement dans l'océan, où leur république ne possédait aucune colonie, et où leurs vaisseaux n'avaient d'autre protection que le droit des gens.

Leur pavillon paraissait plus souvent sur les côtes de France, tandis qu'au contraire peu de vaisseaux français abordaient dans les ports vénitiens. J'ai vu dans les registres du consulat de Venise, un relevé des bâtiments français entrés dans ce port pendant quatorze ans : le nombre ne s'en élevait qu'à cent deux (1); c'était sept ou huit vaisseaux par an. Il n'y a jamais eu de traité de commerce entre la France et Venise. La navigation des vaisseaux français dans le golfe Adriatique, d'abord tolérée, fut assimilée, en 1686, à celle des nations les plus favorisées, no-

---

(1) *Mémoire sur le commerce de Venise*, sous la date de 1755. (Archives des aff. étr.)

tamment de l'Angleterre. C'était le moment où la république conquérait la Morée; les Vénitiens faisaient alors ce qu'ils appelaient la guerre miraculeuse, et Louis XIV était au faîte de sa gloire. Il ne paraît pas que la concession dont il s'agit ait été l'objet d'une convention entre les deux gouvernements : le sénat de Venise détermina, par un réglement, les priviléges du commerce français. La matière de ce commerce consistait, pour les Vénitiens, en soies-organsins, acier, térébenthine, thériaque, liqueurs et mercure. Les objets de retour étaient des étoffes, de l'indigo, des ouvrages de mode, du café d'Amérique, mais en très-petite quantité; car il était assujetti, en entrant à Venise, à un droit de quarante pour cent, tandis que le café venant d'Alexandrie ne payait que quinze pour cent. L'objet le plus considérable des envois de la France était le sucre terré, pour alimenter les raffineries vénitiennes. Pendant long-temps les sucres bruts venant de France avaient été assujettis, on ne voit pas pourquoi, à des droits beaucoup plus forts que ceux venant de Livourne ou du Portugal. Cette distinction onéreuse cessa en 1753. Ce fut une obligation que le commerce français eut à l'abbé de Bernis, alors ambassadeur.

En comparant la valeur des marchandises

que Venise achetait et vendait à la France, il paraissait certain que le commerce entre ces deux nations, était tout à l'avantage de la première. Cependant le change était presque constamment favorable à la seconde, et cela ne pouvait s'expliquer que par l'introduction en fraude d'une grande quantité d'objets de manufactures françaises, qui, graces à leur supériorité et au luxe, triomphaient de toutes les lois prohibitives.

Les produits de l'industrie vénitienne conservaient des débouchés chez les voisins, et même en Espagne; mais son bénefice principal consistait à leur vendre les marchandises de la Méditerranée et à être l'intermédiaire du commerce réciproque de l'Allemagne et de l'Italie.

Tel était l'état auquel était réduit, au XVIIIe siècle, ce commerce des Vénitiens, presque universel avant la découverte du cap de Bonne-Espérance. Indépendamment de cette grande révolution, plusieurs causes avaient contribué à sa décadence ;

L'ensablement des ports des lagunes :

L'affaiblissement de la marine militaire :

Les guerres avec les Turcs, qui avaient amené, pour les Vénitiens, la perte de leurs priviléges ; et, pour les Levantins, l'habitude de commercer avec d'autres nations :

Les progrès des manufactures françaises et allemandes:

L'importance qu'avaient acquise les ports de Trieste et d'Ancône:

Les avanies des Turcs, et les insultes des Barbaresques.

Les Vénitiens eurent à s'imputer d'avoir accéléré leur ruine par plusieurs fautes. La principale fut de ne pas profiter des inventions étrangères, et de ne pas savoir imiter ceux qui pendant long-temps les avaient reconnus pour leurs maîtres.

Mais il faut compter aussi, parmi ces causes fatales, l'avidité des nobles, qui, négociants, envahissaient les branches les plus lucratives du commerce; et, fermiers du fisc, maintenaient la législation des douanes dans toute sa rigueur.

Les détails dans lesquels je viens d'entrer, prouvent la décadence du commerce et des manufactures de Venise; cependant, lorsqu'en 1762 on fit le dénombrement des artisans de cette capitale, il s'y trouva cent douze sortes de métiers, qui occupaient trente-trois mille neuf cent trente-une personnes (1), dont quatre mille

---

(1) *Essai sur l'Histoire de Venise*, par l'abbé TENTORI, tom. II, pag. 241.

étaient employées à Murano dans les ateliers de glaces et de verrerie. Qu'on juge d'après cela de ce que ce commerce devait être à l'époque de sa plus grande prospérité.

Je termine cette digression par quelques mots sur la marine des Vénitiens.

XXVII. De la marine des Vénitiens.

La marine est une arme. Comme elle exige un long usage et comme il faut la réunion de beaucoup de circonstances pour avoir à sa disposition les matériaux, les ports et les hommes, c'est presque toujours une arme inégale. Aussi les peuples tellement situés qu'elle leur suffise pour leur défense, sont-ils ordinairement inexpugnables. Mais pour entretenir une marine militaire, il faut une marine commerçante. Les Vénitiens jouissaient de tous ces avantages. Ils avaient des ports excellents. Les côtes de l'Adriatique leur fournissaient des matériaux de construction. Leur capitale n'était accessible que par mer. Presque tous leurs sujets étaient nécessairement marins. Un commerce florissant les entretenait dans une activité continuelle. Enfin il n'y avait dans tout le contour de la Méditerranée, qu'un peuple qui pût leur en disputer l'empire; et ce peuple, qui leur était inférieur en forces, en richesses, était encore plus affaibli par les vices et l'instabilité de son gouvernement.

Les Génois situés au pied des Apennins, comme les Phéniciens l'étaient au pied du Mont-Liban, avaient, par leur position géographique, quelques avantages sur les Vénitiens. Le port de Gênes était mieux placé, pour communiquer avec la France, avec l'Espagne, avec l'Afrique ; on en pouvait sortir facilement. Le port de Venise au contraire était d'un accès dangereux; la mer qu'il fallait traverser pour y parvenir, était orageuse, semée d'écueils; pour la parcourir dans toute sa longueur, il fallait attendre certains vents, qui, s'ils étaient favorables à ceux qui voulaient sortir du golfe, étaient nécessairement contraires à ceux qui voulaient y entrer. C'étaient de grands inconvénients ; mais ces désavantages mêmes faisaient la sûreté de Venise : elle occupait tous les bons ports de cette mer, dont la navigation était si difficile et si périlleuse. Elle n'était pas, comme Gênes, accessible par terre. Au lieu d'être séparée de l'Italie par une chaîne de montagnes, elle se trouvait à l'embouchure de beaucoup de fleuves, qui offraient une communication facile avec l'intérieur. Enfin elle était plus à portée des matériaux de construction.

On a vu quel fut le résultat de la longue lutte entre Gênes et Venise. Huit ou neuf guerres n'éteignirent point la haine des deux nations.

Venise courut de grands dangers, mais elle finit par écraser sa rivale (1).

Je n'ai pas besoin de rappeler les combats qu'elles se livrèrent, je ne veux ici que donner une idée de la marine des Vénitiens, et de la puissance qu'elle supposait.

XXVIII. Progrès de leur puissance navale.

Nous les avons vus soumettre d'abord les pirates qui gênaient leur commerce. Cette guerre dura plus de cent cinquante ans. Ensuite ils attaquèrent tour-à-tour les diverses côtes qui sont au fond du golfe Adriatique. Dès le IXe siècle,

---

(1) Jacques DORIA, l'un des continuateurs des Annales génoises commencées par CAFFARI, fait, (liv. 10, tom. VI de la collection *Rerum italicarum scriptores*, pag. 608,) un tableau qui donne quelque idée du commerce des Génois au moment d'une de leurs guerres contre les Vénitiens, en 1293 :

« Cognoscat autem ventura posteritas, quòd his temporibus civitas januensis divitiis et honore maximè coruscabat, et terræ omnes et civitates et loca Riperiæ à Corvo usque Monacum (de Rapallo jusqu'à Monaco,) et etiam ultrà jugum eidem obediebant in omnibus tanquam majori et matri; ac in terrâ et mari præ aliis civitatibus Italiæ honore, potentiâ et divitiis coruscabat, quam dominus omnipotens in his et majoribus semper de cetero conservare dignetur ad suum sanctum servitium.

Nam quolibet anno à tempore guerræ citrà armabantur etiam in Januâ galeæ L. usque in LXX, per mercatores euntes in Sardiniam, Siciliam, Romaniam et Aquas morils livrèrent plusieurs batailles navales aux Sarrasins établis dans la Pouille. En 840 ils perdirent contre eux dans le golfe de Tarente, une flotte de soixante bâtiments, qui portait douze mille hommes. Ce désastre ne les empêcha pas de renouveler le combat dès l'année suivante.

Quand les Normands eurent chassé les Sarrasins du royaume de Naples, les guerres de la république contre ces nouveaux voisins, exigèrent les mêmes efforts. Une flotte de soixante-trois galères alla les attaquer, en 1084, sur la côte d'Albanie. En 1085, on équipa une autre

---

tuas pro Torsellis (Aigues-mortes pour y chercher des ballots d'étoffes de France. *Voyez* DUCANGE.) Atque ad alias mundi partes; et hoc durabat quasi continuè à medio februarii usque ad medietatem novembris et ultrà. Armabantur etiam in Januâ quolibet anno galeæ et galeoni in maximâ quantitate per homines Januæ pro lanâ, boldronis, (valises, balles,) et aliis mercibus deferendis apud Motronum, quæ singula scribere esset difficile. Colligebantur etiam à navigantibus euntibus et redeuntibus denarii IV per ballam, (balle, ballot,) qui in dicto anno fuerunt venditi pro uno anno tantum in publicâ callega, (*Collecta exactio tributorum et etiam coetus*, DUCANGE.) Libri XLIX millibus et plus. Reditus etiam communis et pedagia, (péages,) et aliæ callegæ venditæ fuerunt, dicto anno in publicâ callegâ dictis denariis IV computatis libr. CX millibus, sine eo quod per commune Januæ singulis annis percipitur de venditione salis, quod est librarum XXX millium et plus.

armée de quatorze galères, neuf bâtiments légers, et trente-six gros vaisseaux, portant treize mille hommes. Deux gros navires furent coulés bas : les Vénitiens perdirent deux mille cinq cents prisonniers et trois mille morts. Peu de mois après, ils mirent en mer une flotte encore plus formidable.

Dans leurs expéditions de Syrie, ils armèrent deux cents voiles en 1095, cent en 1111, quarante galères et cent quatre-vingt-dix bâtiments en 1117; et dans le même temps que des armements si dispendieux semblaient devoir épuiser leurs finances, ils prêtaient aux croisés, cent mille ducats d'or (1); qu'un historien moderne évalue à six cent mille sequins (2).

Sur les côtes de l'empire grec, ils se présentèrent en 1164, avec cent galères et vingt gros vaisseaux équipés en trois mois.

Dans leur guerre contre Emmanuel Comnène, ils armèrent cent galères, à deux rangs de rames, vingt légers voiliers et trente bâtiments de transport. L'équipement de cette flotte fut l'ouvrage de cent jours.

---

(1) *Chronique de* Dandolo, liv. 9, cap. 12, pag. 10, note 2.

(2) *Storia civile e politica del commercio de' Veneziani* di Carlo Ant. Marin, tom. III, lib. 3, cap. 3.

Lorsqu'ils devinrent les alliés de l'empereur de Constantinople, ils s'engagèrent à lui fournir, à sa requisition, cent galères de cent quarante rameurs chacune ; et on ajoute que ces cent galères devaient être armées par les sujets de la république établis dans l'empire grec; d'où il faudrait conclure que la population de cette colonie vénitienne s'élevait à soixante ou quatre-vingt mille ames. Et quand on considère que l'entretien d'une galère de moyenne grandeur, pendant un an, était évalué à quatre mille deux cents ducats d'or, et son approvisionnement de vivres à sept mille deux cents (1), quand on y ajoute ce que devaient coûter la construction ou la réparation du bâtiment, les armes, les munitions de guerre, on voit que l'armement d'une galère ne revenait pas à moins de vingt mille ducats, pendant une campagne, et que par conséquent la sortie d'une flotte de cent galères, était une dépense de trente et quelques millions de notre monnaie.

Lorsque les Vénitiens attaquèrent la capitale de l'empire d'Orient, en 1201, de concert avec les Français, ils couvrirent la Propontide de

---

(1) Voyez dans le recueil intitulé : *Gesta dei per Francos*, l'ouvrage de Marin Sanuto, *Secreta fidelium crucis* ; où il donne les détails de la dépense d'une flotte.

plusieurs centaines de vaisseaux, qui portaient les chevaux, les machines et près de quarante mille hommes de débarquement.

Pendant tout le XIIIe et le XIVe siècles, l'animosité des Génois ne fut vaincue que par d'incroyables efforts, et enfin (comme nous le verrons bientôt), après une guerre malheureuse contre les forces réunies de la France, de l'Empire, de l'Espagne et de l'Italie, Venise eut la gloire d'opposer une longue résistance à toute la puissance de l'empire ottoman. Aucun état n'aurait pu soutenir, dans une guerre de terre, une lutte si prolongée et quelquefois si inégale.

La supériorité de la marine vénitienne compensait cette inégalité. De très-bonne heure les Vénitiens surent construire de grands vaisseaux, qui, outre les rameurs et les hommes nécessaires à la manœuvre, portaient deux cents soldats. On dit que leurs grosses galères avaient jusqu'à cent soixante-quinze pieds de quille (1); la longueur des galères légères était de cent trente-cinq pieds; les premières, qui étaient destinées au transport, n'avaient que deux voiles : les secondes, destinées au combat, étaient gréées de manière à exécuter les évolutions avec plus

XXIX.
Constructions navales.

───────────

(1) Le pied de Venise est plus long de 10 lignes que la mesure connue en France sous le nom de pied-de-roi.

de promptitude et de facilité : elles avaient trois voiles, celle du milieu, celle d'artimon, et celle d'étai. Les bâtiments qui devaient naviguer dans la mer Noire en portaient quatre : mais les unes et les autres allaient aussi à la rame (1). Vers le milieu du quatorzième siècle (2), quelques navires sortis du port de Baïonne, se hasardèrent à faire le tour de l'Espagne et entrèrent dans la Méditerranée. Les Vénitiens reconnurent aussitôt que ces bâtiments, construits pour naviguer dans une autre mer, avaient une coupe différente et quelques qualités supérieures. Attentifs alors, plus qu'ils ne le furent dans la suite, à saisir tous les moyens de perfectionnement, ils s'empressèrent de construire des vaisseaux sur le modèle des Baïonnais. On voit, par le témoignage des historiens, que sur les galères vénitiennes il y avait cent quatre-vingts, deux cents, trois

---

(1) On trouve dans l'ouvrage de Marin Sanuto, *Secreta fidelium crucis*, liv. 2, 4e partie chap. 5, 6, 7, 8, 9, 10, 11, 12 et 13, des détails précieux sur la construction, l'armement et l'approvisionnement des vaisseaux destinés à porter une armée de croisés en Égypte. Ces détails donnent une idée assez précise de la marine des Vénitiens.

(2) En 1344, ce fait est rapporté par Jean Villani dans son *Histoire de Florence*.

cents hommes d'équipage. Ils parlent de galères à cent rames, ce qui suppose une chiourme encore plus nombreuse. Enfin ils assurent que les coques, ou gros vaisseaux de transport, contenaient jusqu'à sept cents, huit cents et mille hommes. Cela explique comment, dans le traité que la république fit avec saint Louis pour le passer en Afrique avec son armée, elle s'obligea à lui fournir quinze gros bâtiments pour le transport de quatre mille chevaux, et de dix mille fantassins. Aujourd'hui, quinze vaisseaux quelconques ne suffiraient pas à ce transport : ceux-ci avaient quatre-vingts, cent, cent dix pieds de quille (1). Les Véni-

---

(1) *Richerche storico-critiche*, etc., pag. 236, et *Saggio sulla nautica antica de' Veneziani* di Vincenzo FORMALEONI, Venezia 1783 in-8°, page 17, 18, 23 et 24. On peut aussi trouver des renseignements sur les dimensions de ces bâtiments dans l'*Histoire du commerce de Venise*, par MARIN, tom. V, liv. 2, ch. 3, et en général sur l'organisation de la marine vénitienne.

Voici ce qu'on trouve sur les galéasses dans un historien de la fin du XVIIe siècle : « Ce sont des bâtiments prodigieux : elles vont à rame comme les galères, et ont le devant à l'épreuve du canon ; elles portent 50 pièces de canon d'une prodigieuse grosseur, et 600 hommes de guerre y peuvent combattre à couvert. Il n'y a qu'eux qui aient de ces sortes de galéasses dans la Méditerranée.

(*Histoire de la république de Venise*, en abrégé.)

tiens avaient une si haute idée de leurs grands bâtiments de guerre ou galéasses, que ceux qui en prenaient le commandement étaient obligés de s'engager, par serment, à ne pas refuser le combat contre vingt-cinq galères ennemies. Les galères légères étaient armées à leur proue d'un rostre ou éperon de fer ; les plus grandes portaient suspendue à leur grand mât une grosse poutre, garnie aussi de fer des deux côtés, qu'on lançait sur le pont des navires ennemis, et qui quelquefois les entr'ouvrait. Sur le pont de ces gros navires, on élevait des tours, pour attaquer les remparts dont on pouvait approcher. Outre les armes de jet, comme l'arc, les javelots, et la fronde, les équipages combattaient avec la lance, le sabre et la hache ; ils étaient pourvus contre les traits de l'ennemi de casques, de cuirasses et de boucliers.

Je ne parlerai point ici du feu grégeois, parce que nous manquons totalement de connaissances positives sur cette matière. L'historien Nicétas, qui écrivait dans les premières années du XIIIe siècle, rapporte qu'à cette époque, ce moyen de destruction était depuis long-temps abandonné ; mais il n'est pas douteux que les Vénitiens n'en eussent connu et adopté l'usage ; car l'empereur Léon, antérieur à Nicétas de trois cents ans, dit, dans sa tactique, que, pour lancer cette matière, qui faisait explosion, leurs navires étaient armés de deux ou trois siphons à la poupe et à la proue. Un auteur sicilien qui a écrit la vie de Robert Guiscard, raconte que dans la bataille navale que le doge Dominique Silvio livra à ce prince devant Durazzo en 1084, les Vénitiens firent usage d'un feu qui brûlait dans l'eau et qui s'attachait aux navires, au-dessous de la flottaison (1); ainsi l'emploi de cette arme terrible continuait encore à la fin du XIe siècle, et avait cessé depuis longtemps au commencement du XIIIe.

Il y a des écrivains qui veulent que les Vénitiens aient fait usage de la poudre à canon avant les autres peuples de l'Europe; il faudrait pour cela qu'ils l'eussent appris des Sarrasins, et ceux-ci de quelques peuples de l'Asie. Mais si d'aussi anciennes traditions sont nécessairement fort incertaines, il n'est pas douteux que les Vénitiens employèrent l'ar-

---

(1) Illi artificiosi ignem, quem Græcum appellant, qui nec aquâ extinguitur, occultis fistularum meatibus sub undas perflantes quamdam navem de nostris, quam Cattum nominant, dolosè inter ipsas liquidi æquoris undas comburunt.

(Gaufredi Malaterræ *de gestis* Roberti et Rogerii, liber 3, cap. 26. Collection de Grévius et Burmann, *Thesaurus Siciliæ*, tom V.)

tillerie sur leurs vaisseaux, immédiatement après que cet art eut été découvert ou introduit en Europe, ce qui occasionna une révolution dans l'architecture navale elle-même, et amena la construction à ce que nous voyons aujourd'hui. Les galères vénitiennes de moyenne grandeur portaient, vers la fin du XVIe siècle, quinze pièces d'artillerie, savoir un canon de chasse de vingt-cinq livres de balle, deux de douze, six fauconneaux de deux et six autres petites pièces appelées *smerigli*. On voit les historiens turcs se plaindre de la supériorité que l'artillerie donnait à la marine vénitienne.

XXX. Personnel de la marine.

Ces flottes, que montaient vingt, trente mille hommes, et quelquefois davantage, étaient toujours commandées par des nationaux. Le système du gouvernement était de confier ses armées de terre à des généraux étrangers, et de n'en admettre aucun dans sa marine. La jeune noblesse, élevée de bonne heure pour cette dernière destination, y trouvait des encouragements, de l'instruction, et des occasions de servir la patrie.

Les trois principaux officiers de la marine vénitienne étaient : le généralissime de mer, chargé du commandement de l'armée navale, et revêtu d'une grande autorité sur toutes les colonies ; son pouvoir s'étendait jusqu'à condamner souverainement aux galères tous les individus non nobles, qui lui étaient subordonnés, et même à faire mettre un patricien à la chaîne, en attendant qu'il fût jugé : le provéditeur de la flotte, dont l'emploi était biennal; ses fonctions consistaient dans l'administration des dépenses et la punition des officiers qui manquaient à leur devoir; on pouvait le considérer aussi comme un surveillant que le gouvernement plaçait auprès de l'amiral : enfin le capitaine du golfe, c'est-à-dire le général de l'escadre, destinée spécialement à la garde et à la police de l'Adriatique.

Le commandement des vaisseaux était toujours donné à des patriciens, même dans les grades inférieurs; mais quand le perfectionnement de l'art de la navigation amena l'usage des vaisseaux de guerre, tels qu'on les construit aujourd'hui, le service des galères, devenu le moins utile, resta le plus favorisé, parce qu'il était le plus ancien.

Pour s'assurer les moyens d'armer une flotte avec diligence, un réglement existait, qui déterminait le contingent de chacune des provinces qui composaient le domaine de la république (1).

---

(1) Rapport du marquis de Bedemar au roi d'Espagne,

La capitale devait fournir des hommes pour l'armement de................50 galères (1).

 Les villes de la terre-ferme. 12.
 Capo d'Istria............. 2.
 L'île de Veglia.......... 2.
 L'île de Biazza.......... 2.
 Zara.................... 2.
 Lesina.................. 1.
 Spalato................. 1.
 Trau.................... 1.
 Cursola................. 1.
 Cattaro................. 1.
 L'île de Candie......... 10.

Ainsi une flotte de quatre-vingt-cinq galères, pouvait sortir en peu de temps des ports de la république, et dans les circonstances extraordinaires, on en armait souvent une plus grande quantité.

Il y avait outre cela un nombre déterminé de galères, dont la chiourme était composée de forçats. Il paraît que quelquefois le commandement des galères armées dans les colonies, était confié à des nobles du pays.

---

après son ambassade de Venise, dont le manuscrit se trouve à la Bibl.-du-Roi ; à Paris, n° 10130.

(1) Dès le XVIIe siècle.

Le matériel de la marine militaire de Venise était conservé et entretenu dans un arsenal, qui fut long-temps l'admiration des étrangers. A l'entrée, deux énormes lions de marbre, conquis jadis au Pirée, attestaient que Venise avait succédé à Athènes dans l'empire des mers. Une forte muraille en formait l'enceinte; trois bassins y recevaient les vaisseaux. L'administration de cet établissement était dirigée avec autant de soin que de magnificence. Des magistratures furent instituées pour y présider. La surveillance en fut confiée aux principaux fonctionnaires de la république; le doge lui-même et son conseil étaient obligés d'y faire des inspections périodiques.

La législation assurait avec la même prévoyance la conservation des bois de l'état, qui approvisionnaient cet établissement (1). Enfin

XXXI.
Arsenal de Venise.

---

(1) M. FORFAIT, dans son *Mémoire sur la marine des Vénitiens*, expose avec beaucoup de détails leur système d'administration forestière. Il consistait à la confier à l'autorité qui administrait la marine, c'est-à-dire qu'au lieu de considérer les bois sous le rapport de leur utilité pour le besoin de la population, ou comme une des branches du revenu de l'état, on avait subordonné tous ces intérêts à celui des constructions navales. Le savant que je cite, approuve fort un système dans lequel on considérait unique-

des réglements de police maintenaient une exacte discipline dans la classe très-nombreuse des ouvriers qui y étaient employés, leur accordaient des priviléges, et leur défendaient de

---

ment les forêts comme le magasin de la marine. Mais on sait que dans tout il y a de justes proportions à garder. Si les Vénitiens sacrifiaient tous les intérêts à un seul, c'est parce qu'ils ne pouvaient pas faire autrement. Leurs forêts n'étaient que d'une médiocre étendue ; on va en juger. « J'ai fait faire, dit l'auteur, un martelage dans les provinces de Trévise, du Frioul et de Carniole, j'y ai trouvé en somme les deux-tiers des bois nécessaires pour faire un vaisseau et environ de quoi faire deux frégates. Certes, c'était un grand état de pénurie. La totalité des forêts du territoire vénitien ne fournirait pas, si on les mettait en coupes réglées et sans anticipation, de quoi faire trois vaisseaux de 74 canons par an, avec l'entretien ordinaire de la marine. Il faudrait donc, suivant l'usage de Venise, ajoute-t-il, tenir la flotte en réserve sous des hangars si on voulait avoir une flotte. Il semblerait donc qu'il suffise aujourd'hui et qu'il doive suffire toujours, pour détruire toutes les ressources navales de l'empereur, de le forcer à tenir sans cesse sa marine en activité ; parce qu'en peu d'années elle serait anéantie par une trop grande consommation, ainsi que la totalité des forêts. Mais le voisinage de l'Albanie lui fournira d'autres moyens, et, ce qu'il y a de plus fâcheux, il les lui fournira aux dépens de notre port de Toulon, si nous ne parvenons à reprendre Corfou. » Ces réflexions que le patriotisme de l'auteur lui dictait il y a près de vingt ans, sont d'une bien autre importance aujourd'hui.

sortir de la capitale sans y être autorisés; mais on les gouvernait avec tant d'équité, on était si exact à les payer, on assurait avec tant de soin leur existence et celle de leurs enfants, que, dans tous les temps, le gouvernement compta les ouvriers de l'arsenal pour ses gardes les plus fidèles.

Ce fut dans cet immense atelier que la république donna au roi de France, Henri III, une fête digne d'elle; en moins de deux heures, on construisit devant lui une galère, ou, pour être plus exact, on en assembla les pièces et on la lança à la mer.

Cet arsenal était un vaste dépôt, où se tenaient en réserve plusieurs assortiments complets de toutes les pièces qui entrent dans la composition d'un vaisseau. On en fabriquait sur le lieu même toutes les parties. Des fonderies dirigées depuis plusieurs générations par la famille des Alberghetti, qui y avaient introduit la machine à forer; une corderie superbe où se faisaient les meilleurs câbles connus (1); des ateliers de

---

(1) L'administration ne faisait aucun approvisionnement de chanvre, quoique une des provinces de la république, le Padouan, en récoltât une grande quantité; mais elle obligeait tous les particuliers, qui faisaient le commerce de cette marchandise, à emmagasiner dans l'arsenal tous les

toute espèce, onze salles d'armes et des approvisionnements immenses de bois et d'autres matériaux, fournissaient au gouvernement les moyens d'armer une flotte avec une prodigieuse célérité (1). On avait vu cet arsenal dévoré par

chanvres qu'ils faisaient venir. Cette obligation n'ayait rien d'onéreux, car les emplacements étaient fournis gratuitement. De son côté, le gouvernement y trouvait le triple avantage de connaître toujours ses ressources, de pouvoir choisir les matières, de ne les acheter qu'à mesure qu'il en avait besoin, et de se trouver approvisionné sans avoir fait des avances de fonds, et sans s'exposer à des pertes. Une preuve de la bonté des cordages qui se fabriquaient à Venise, c'était l'usage pratiqué par l'administration vénitienne d'approvisionner en ce genre ses vaisseaux moins que les autres nations; ainsi, quand les Anglais, les Français, donnaient à un vaisseau six câbles de rechange, les Vénitiens n'en donnaient que quatre.

Les toiles à voile des Vénitiens ne méritaient pas les mêmes éloges, elles passaient pour très-inférieures à celles de France; aussi dans les derniers temps avait-on fait venir un Hollandais, pour indiquer les moyens de perfectionner cette manufacture.

(1) On a cité quelques exemples de la célérité avec laquelle la république de Venise armait ses escadres, notamment une flotte de cent galères en moins de cent jours; mais ce serait encore bien peu en comparaison de l'activité des Génois, s'il est vrai, comme ils s'en vantent, qu'ils aient équipé, en 1284, soixante-dix galères en trois jours, et dans une autre occasion soixante-six en une journée.

un incendie en 1569; l'année suivante, on en vit sortir cette flotte qui détruisit la marine des Turcs dans le golfe de Lépante.

Dès l'année 1491, les Vénitiens avaient institué une magistrature pour la surveillance et le perfectionnement de l'artillerie, et une école de bombardiers; celui qui remportait trois fois le prix dans une même année en était récompensé

Les historiens génois ne manquent pas de citer des armements considérables faits par leur république en peu de jours : en voici un autre exemple.

« A die 15 Julii usque ad 15 Augusti galeæ CC fuerunt armatæ cum magnâ gloriâ et triumpho. Placuit tamen D. admirato et sapientibus ut ad galeas CLXV reducerentur, quòd nulla galea foret quæ ad minùs CCXX armatos homines, ut communiter dicitur, non haberet, aliæ tamen CCL, aliæque verò CCC habuisse dicuntur. Quicumque autem nobilium probos viros de civitate vel riperiâ super suam galeam habere poterant, expensis et sumptibus non parcebant. In illo igitur stolo tam magnifico fuisse dicuntur XLV millia bellatorum; sed homines etiam in civitate et riperiâ remanserunt, qui, si opportuisset, galeas adhuc armare XL potuissent nobiliter, custodibus in civitate et riperiâ sufficientibus derelictis. »

(Jacobi a Varagine archiepiscopi januensis chronicon januense ab origine urbis ad annum 1297. *Rerum italicarum scriptores*, tom. IX , p. 17.)

par une pension de douze ducats qu'il recevait pendant toute sa vie (1).

Dans les dernières années de l'existence de la république, l'académie de Padoue fut consultée sur quelques changements proposés dans la fabrication des mortiers destinés au bombardement de Tunis, et spécialement dans la composition du métal. L'amiral Angelo-Emo, fut si satisfait du résultat qu'il en rendit les meilleurs témoignages au sénat, et en adressa des remerciements publics à Gasparoni l'inventeur de ce nouvel alliage (2).

Les vaisseaux vénitiens passaient pour durer deux fois plus que ceux des autres nations, soit parce que les matériaux en étaient meilleurs et employés à temps, soit parce qu'il y avait dans l'arsenal près de cent formes couvertes ou hangars, dans lesquels les bâtiments étaient à l'abri de la pluie et du soleil; et sur ce nombre il y en avait huit où ils pouvaient être tenus à flot. On reprochait à ces hangars d'être obscurs, étroits, contigus les uns aux autres. Faute de jour, les ouvriers étaient obligés d'allumer des

---

(1) *Idée du gouvernement et de la police de Venise*, par le chevalier Henin (manusc. des affaires étrang.)

(2) Mémoires de l'académie des sciences, lettres et arts de Padoue.

torches, et ne pouvaient faire de bon ouvrage; faute d'espace, ils se gênaient mutuellement, et les brâsiers pour chauffer les bois ou les matières résineuses, étaient établis sous les vaisseaux; de sorte que les chances d'accidents se multipliaient à l'infini.

Cet arsenal, dans les temps des grandes guerres maritimes de la république, occupait seize mille ouvriers; deux siècles après, on n'y en entretenait que quelques centaines.

Si la découverte de l'Amérique et celle du cap de Bonne-Espérance portèrent un coup fatal au commerce de Venise, les progrès de l'art des constructions navales, n'ont pas été moins funestes à la marine militaire de cette république. Ce n'est pas que les Vénitiens n'eussent pu imiter tout ce que les autres peuples avaient fait pour augmenter la force et les autres propriétés de leurs vaisseaux; mais la nature leur opposait des obstacles. La difficulté de naviguer par tous les vents dans le golfe étroit et long de l'Adriatique, les avait obligés de conserver l'usage des bâtiments à rames, abandonnés trop généralement, dit-on, par les autres nations, et ces bâtiments à rames n'osaient guères naviguer la nuit, à moins d'une circonstance extraordinaire; ce qu'il faut attribuer en partie à la sévérité des lois vénitiennes, contre

XXXII. Difficultés que la nature opposait aux Vénitiens pour la construction des grands vaisseaux.

les capitaines qui avaient le malheur de perdre le bâtiment qui leur avait été confié (1).

Les sables encombraient continuellement le bassin des lagunes ; de grands travaux furent entrepris pour vaincre la nature. La main des Vénitiens creusa un nouveau lit à la Piave, au Silé, à la Brenta, pour les forcer d'aller décharger leur limon hors du bassin ; (2) mais

---

(1) Il loro navigare è molto timido, e se navigano il giorno, la sera a buon ora sono in porto, e non navigano mai di notte, se non fosse alcuna gran cagione che gli costringesse, e tale che non navigano in tutto l'anno dieci notte. *Rapport du marquis de Bedemar au roi d'Espagne après son ambassade de Venise*, dont le manuscrit se trouve à la Biblioth.-du-Roi à Paris, n° 10130.

(2) L'histoire des travaux entrepris par les Vénitiens pour préserver de l'encombrement leurs lagunes et leurs ports, et pour défendre leurs digues naturelles contre la mer, a été le sujet d'un grand ouvrage de l'ingénieur Bernardin ZENDRINI, publié en 1811. On peut y voir, au sujet de la dérivation des rivières, que l'on passa plusieurs fois du système de détourner les eaux douces parce qu'elles apportaient des sables, à celui de les attirer dans les lagunes pour que leur courant creusât les ports et les canaux.

Il paraît que ce fut en 1391 que l'on se décida, pour la première fois, à détourner le cours de presque toutes les rivières qui avaient leur embouchure dans les lagunes ; mais bientôt on se plaignit de l'ensablement des ports, et on l'attribua à ce que les courants d'eau douce ne traversaient

les efforts de ce peuple, pour entretenir une profondeur convenable dans les passes qui communiquaient avec la haute mer, n'eurent pas le même succès. (1) Ces passes avaient été ob-

---

plus les lagunes. Le fameux doge François Foscari proposa et fit délibérer en 1425 d'y ramener la Brenta. On remarqua que : « Quoddam genus febrium ac quædam incognitæ infirmitates (ce sont les expressions du décret) in homines Venetiarum eveniant, quæ in paucis diebus eos occidunt, quia aquæ dulces cum salsis se conjungunt et aërem malesanum faciunt. » En conséquence il fut décrété, en 1438, que sous la responsabilité des conseillers, et sous peine de cent livres d'amende pour chacun, la Brenta serait dérivée ; et pour s'assurer la faculté de faire dans les lagunes tous les travaux qui seraient jugés nécessaires, le gouvernement s'empara de toutes les petites îles qui appartenaient à des particuliers. Mais après une multitude de projets discutés, essayés, abandonnés, repris pendant deux siècles, cette dérivation fut tracée et exécutée dans les premières années du XVIIe, et la Brenta, jetée vers les bouches de l'Adige, c'est-à-dire entre Chiozza et Brondolo.

(1) Voici une délibération du grand conseil, (en 1355) pour augmenter le volume des eaux du port du Lido. « Item consulerunt sapientes, (Petrus Pisani, Nicolaüs Nani et Petrus Soranzo), pro bono et utilitate portûs prædicti, ut aqua magis directum cursum habeat in mare extrà per portum, quòd pallata quæ facta fuit occasione catenæ ponendæ ad portum totaliter ammoveatur, et similiter omnia palla quæ ficta fuerunt super ipsam punctam et lapides qui ibidem sunt,

struées par les Vénitiens eux-mêmes, lorsqu'un péril extrême les avait forcés d'en interdire l'accès aux Génois victorieux. On y avait coulé des carcasses de gros bâtiments, on y avait jeté des pierres, pour former des bancs artificiels. Dans la suite, on n'avait pu parvenir à détruire complètement ces digues que le limon des fleuves venait tous les jours consolider. Les vagues de la haute mer travaillaient continuellement à bouleverser les passes, les caps aigus s'éboulaient. L'inconstance des vents et des courants favorisait alternativement le port de Malamocco et celui de Saint-Nicolas du Lido, creusait l'un, fermait l'autre. Pendant plus de deux cents ans on délibéra sur le projet de sacrifier la commodité qui résultait de ces divers passages, pour n'en conserver qu'un. (1) On se flattait qu'en

---

ut aqua magis directa facta possit cursum suum ex portu habere. (*Memorie storiche dello stato antico e moderno delle lagune* di Bernardino Zendrini, lib. 1, p. 36.)

(1) Décret du 18 décemb. 1410. « Quod cùm circa annos quindecim consideratâ atteratione portûs S. Nicolai cum periculo navigiorum intrantium et exeuntium, et insuper considerato quod caneda appropinquabantur civitati nostræ, provisum foret per nostra consilia de eligendo et mittendo viginti ex notabilioribus nobilibus consilii nostri ad providendum, etc., cùm libertate ut ibi, ducendo secum homines

ne laissant qu'une seule issue aux courants, ils y entretiendraient une profondeur suffisante.

---

praticos, etc., et providerent per majorem partem ipsorum ut fieret unus agger de Lizafusina usque Lamam, claudendo bucham Lizafusinæ et bucham de cha Marcello et alias buchas, et dimittendo apertam bucham Volpatici, credendo firmitèr quod duo sequerentur, videlicet quod caneda destruerentur et quod portus S. Nicolai efficeretur profundior, et ille de Mathemauco minor.-Et ab ipso tempore citrà viderimus per experientiam et videamus hodiernâ die oppositum intentionis nostræ secutum esse, quod portus Mathemauci effectus est profundior et latior, et ille de sancto Nicolao minor et plus amunitus, quod si procederet hoc modo, in brevi spatio temporis non possent intrare naves nostræ nisi cum manifesto periculo, etc.

Ecco dunque come avendosi chiuse le bocche delle acque dolci dietro l'argine riparato, onde ottenere il distruggimento dei canneti che si avvicinavano alla città, ed il buon fondo del porto di S. Niccolò con l'atterazione di quello di Malamocco, di cui allora alcun uso non si faceva, andando e venendo cariche le navi per quello del Lido, la di cui fuosa indirizzata al levante aveva avuto fino allora un congruo fondo per dar il passaggio a tutti i bastimenti, era avvenuto, dice la parte il contrario della pubblica aspettazione, essendosi pregiudicato il porto di S. Niccolò, e reso migliore quello di Malamocco; per lo che pareva non potersi dubitare che non fossero nati i disordini appunto col mezzo di quelle stesse operazioni, le quali eransi stimate profittevoli.

(*Memorie storiche dello stato antico e moderno delle lagune* di Bernardino ZENDRINI, lib. 2, pag. 76.)

Chaque tempête d'hiver venait démentir ces espérances, changer l'état de la question, décourager les partisans d'un projet, et faire naître un nouveau système.

Les îles qui forment les cinq passes, avaient été enveloppées de pieux, qui contenaient une digue de fascines et de pierres (1). Ce revêtement

---

(1) Avendo i lidi molto patito per le burrasche e volendosi dal governo sensa ritardo dar principio alla loro riparazione, furono fatte nel 1346 e 1347 variè spedizioni de' marani, che erano certa specie di vascelli allora in uso, noi diressimo trabaccoli, a carricar de' sassi nell' Istria del qual materiale eravene un particolar bisogno. Vedendosi, che per esser il Lido di Palestrina molto lontano e senza la necessaria assistenza, i lavoriori che ivi si facevano a riparo di quelle linee rilevavano maggiore spesa degli altri luoghi, fù presa parte che i detti lavoriori fossero fatti per quelli di chioggia con la sopra intendenza del podestà di quella città. Fù pure quest' anno prescritto il metodo e fissate le regole per i bastimenti destinati al carico de' sassi, acciochè i trasporti si facessero solliciti, e fossero castigati i trasgressori degli ordini prefissi, e perchè fosse provveduto nella miglior lorma al bisogno dei lidi, furono a tal il ispezione eletti, l'anno seguente 1349, trè savj Paolo Premarini, Marco Capello e Marco Dalmario.

(*Ibid.*, lib. 1, pag. 32.)

« Cùm sit omni viâ et modo quibus meliùs fieri potest, providendum pro reparatione et fortificatione littorum nos-

factice fut enlevé par les vagues, en 1661. Le gouvernement vénitien appela à son secours la population de la terre-ferme, pour réparer ce

---

trorum, et ut ipsa sint fortiora quod sunt, pro conservatione totius terræ habitâ colatione et consilio cum pluribus bonis viris in talibus instructis; vadit pars quod in Dei nomine et bonâ gratiâ ; si de cetero fiant palatæ novæ super littore Sancti Nicolai debeant fieri de palis qui sint unius pedis et et quartæ pro grossicie ac minùs et longitudinum novem pedum. Et sint dictæ palatæ plus bassæ eo quod sunt ad præsens, et plus latæ. Et sicut palatæ veteres habent solùm unam catenam, ita istæ novæ habere debeant duas, una videlicet de supra et altera de subter pro majori securitate, et in dictarum palatarum, etc. È antichissimo il riparo delle palificate, ricavandosi da questa parte, che anche molto prima erano in uso. Egli è ben vero, che facendosi allora con pali di giro di sole once 15, e non più lunghi di passi 9, dovevano riuscire assai deboli rispetto a quelle che attualmente si costruiscono, nelle quali la grossezza de' pali arriva alle once 24, e l'altezza anche sino a passi 14 : l'esservi stata nelle antiche una sola catena, doveva ridurle presto a molta debolezza, onde sin d'allora scoperto l'inconveniente fù stabilito di aggiungerne un' altra, come anche adesso si costuma; l'altezza parimente delle palificate d'allora era molto scarsa, mentre dovendo andar fitto un palo 4 in 5 piedi, se non ne avevano essi che 9, troppo poco dovevano sopravanzare al comune dell' acqua ; ora con miglior consiglio si lasciano le teste delle palificate un piede in circa più alte del comun del mare ; prendendosi i pali di varie

désastre, et construire dans l'intervalle d'un été des épis plus solides. Ils ne tinrent pas contre les tempêtes de l'année suivante. Il fallut recommencer ces immenses travaux. On revêtit les îles, à leur extrémité, d'un rempart de pierres et de briques; on prolongea des digues dans la mer, pour garantir ce rempart, en brisant les vagues. Ce fut encore en vain : toutes ces dépenses, toutes ces fatigues furent perdues. La mer, en 1708, renversa tout, et menaça d'envahir les lagunes. Les Vénitiens ne se découragèrent pas:

---

lunghezze a proporzione del fondo in cui devono esser piantati.

(*Ibid.*, p. 39.)

1372. « Delle grandi escrescenze e tempeste del mare avendo grandemente patito i lidi, furono visitati dai consiglieri e capi di XL ; onde uscì il decreto MCCCLXXII, 19 Agosto, che commandava la riparazione de' medesimi e frà le altre cose fù ordinato di farsi certi argini lungo essi, etc.

(*Ibid.* pag. 56.)

1408. « Li 13 marzo emanò una parte da cui rilevasi che gli officiali sopra i lidi aveano riferito alla signoria il cattivo stato in cui trovavasi il littorale, ch' era ripieno di rotte e senza palificate ,. per modo che non sapevasi dà qual parte comminciare e ripararlo.

(*Ibid.* lib. 2, pag. 75.)

En 1416, la république prit à son service un ingénieur bergamasque nommé Piccini, lequel « Prometteva di riparare i lidi in forma tale da resistere perpetuamente.

les revêtements furent recommencés ; et, dans la partie la plus exposée aux tempêtes, un mur, composé d'énormes blocs de marbre et fondé sur pilotis, s'éleva de dix pieds au-dessus de la haute mer, dans une longueur de huit cents toises. Ce grand ouvrage, que n'effacent point les monuments qui attestent la puissance et la constance des peuples de l'antiquité, a préservé jusqu'ici les lagunes d'une irruption qui les aurait bouleversées ; mais il n'a point empêché que toutes les passes au nord et au sud de Malamocco ne fussent à-peu-près encombrées, de manière à n'être navigables que pour les vaisseaux marchands d'une médiocre grandeur.

Le port de Malamocco resta donc le seul passage accessible aux bâtiments de guerre ; mais ce port ne communiquait avec Venise que par un canal étroit, sinueux, sans profondeur. On y avait coulé quatre gros bâtiments pendant la guerre de Chiozza. Ce ne fut qu'au commencement du XVIIe siècle que les Vénitiens entreprirent de rétablir cette communication, en tâchant de la rendre un peu moins incommode. Il leur en coûta dix ans de travail pour creuser un canal de quatorze à quinze pieds de profondeur, dans lequel les vaisseaux construits à l'arsenal de Venise étaient traînés plutôt qu'ils ne naviguaient, sillonnant sans cesse la vase, s'échouant à la moindre dérivation, et obligés d'attendre, pour se remettre à flot, une marée, qui n'élève jamais la surface de l'eau que de deux ou trois pieds. Veut-on se faire une idée de la difficulté de ce trajet? il suffit de dire qu'en 1783, un vaisseau de soixante-quatorze canons y périt, et qu'il faut jusqu'à quinze jours, jusqu'à trois semaines, pour franchir un intervalle de trois lieues.

Arrivés à Malamocco, les vaisseaux rencontrent un autre obstacle; un banc, qui ne laisse, dans la saison la plus favorable, que quinze ou seize pieds de profondeur, barre le port; et ce banc de sable, aussi mobile que les vagues, trompe chaque jour l'expérience du pilote, qui, en retirant sa sonde, ne trouve plus le même fond que la veille : les vaisseaux sont obligés de chercher une nouvelle issue, et quelquefois de s'arrêter pendant plusieurs mois.

Il était réservé à une administration tout autrement active, de vaincre ces obstacles, et de donner à la marine vénitienne les mêmes éléments de force qu'à celle des meilleurs ports de l'océan, à l'aide de ces puissantes machines, inventées par les Hollandais vers la fin du XVIIe siècle, qui soulèvent les plus grands vaisseaux, et les portent sur les bas-fonds; mais au-delà de ces périlleux passages, qu'un art nouveau permettait de franchir avec moins de danger, les bâtiments vénitiens ne trouvaient point de rade.

Conduits à quelques lieues de la côte, dans un mouillage sans abri, ils y restaient à la merci des vents et de l'ennemi, jusqu'à ce qu'ils eussent reçu leur chargement et leur artillerie ; aussi les envoyait-on quelquefois sur la côte de Dalmatie pour y compléter leur armement. Les embouchures des lagunes n'ayant pas la profondeur d'eau nécessaire pour porter de gros vaisseaux de guerre, il en était résulté qu'il avait fallu s'écarter des règles ordinaires de la construction, applatir le fond des bâtiments, et qu'à la mer ces vaisseaux se trouvaient moins propres à la marche, aux évolutions, au combat, que ceux à qui la profondeur de leur quille donne plus de stabilité. Lorsque la république fit construire des vaisseaux de cent canons, ce ne fut qu'une affaire de vanité.

De tout temps les peuples riverains de l'Adriatique ont joui de la réputation d'intrépides marins, et d'habiles constructeurs. Les anciens vantaient les vaisseaux liburniens; et lorsque, vingt siècles après, Pierre-le-Grand voulut créer une marine, ce fut par la main de quelques Vénitiens que furent construits les deux premiers vaisseaux qu'il lança sur la mer Noire. Ce fut à Venise qu'il envoya, en 1697, soixante jeunes officiers, qu'il destinait à être le noyau de sa marine militaire. Il voulait s'y rendre lui-même, après son séjour à Vienne; mais une révolte le rappela dans ses états.

On voit que la force des choses décida du sort de Venise : tant qu'elle eut à sa disposition une arme que les autres n'avaient pas, elle domina; dès que le désavantage des armes fut de son côté, elle perdit sa prépondérance : et il ne faut pas s'étonner que cette marine, en devenant un appareil d'ostentation, fût devenue aussi le patrimoine d'une administration déprédatrice. Le soupçon de malversation ne pouvait manquer d'atteindre des capitaines que la loi constituait entrepreneurs de la subsistance de leur équipage.

Les commandants des galères faisaient les avances des frais de recrutement et d'approvisionnement; on armait en quelque sorte une galère à ses dépens, et l'état ne la prenait à son compte que lorsqu'elle mettait à la voile. Cet usage s'introduisit parce que, dans les premiers temps, la république était intéressée à ce que les riches contribuassent avec zèle aux armements que ses fréquentes guerres nécessitaient; et lorsque cet usage fut devenu un abus, il se maintint, parce que c'était le moyen d'interdire le commandement aux nobles pauvres, et d'augmenter les richesses des maisons opulentes, en les laissant en possession d'une entreprise apparemment fort lucrative : ce ne fut qu'en 1774 qu'on changea de système, et que l'état se chargea de solder immédiatement les équipages des galères.

On s'est étonné que les Vénitiens, après s'être aperçus que l'infériorité de leur marine militaire tenait aux inconvénients de leur port, n'eussent pas, à l'époque de la révolution opérée dans l'art des constructions navales, transporté leurs forces maritimes et leurs chantiers sur la côte orientale de l'Adriatique, où ils avaient des ports excellents. Mais l'arsenal de Venise existait; il fallait sacrifier et transporter ailleurs un établissement renommé, qui avait coûté, pendant une longue suite de siècles, des sommes immenses; il fallait se résoudre à des dépenses qui excédaient de beaucoup les moyens de l'état: placer ces forces hors de l'enceinte inexpugnable que leur offrait Venise, c'était désarmer, dépeupler cette capitale, accroître imprudemment l'importance des colonies, et s'exposer à voir une puissance jalouse, comme les Turcs, les Autrichiens, les Anglais, les Français, anéantir en un instant, par un coup-de-main, toute la puissance de la république.

Les changements survenus dans l'art lui-même

XXXIII.
Enrôlement des marins.

rendirent inutile une institution dont il me reste à parler. Venise vit plusieurs fois l'ennemi à ses portes. Elle avait vu flotter le pavillon génois à Chiozza ; elle entendit le canon des Français, tirant sur le bord des lagunes. Ces évènements l'avertissaient que ses galères étaient son dernier rempart. Pendant la guerre qui eut lieu contre les Turcs, depuis l'an 1538 jusqu'en 1540, pour n'être point pris au dépourvu, pour être toujours en état d'armer une flotte, dont le matériel était soigneusement entretenu dans l'arsenal, on classa tous les artisans dont la capitale était remplie. Les divers corps de métiers désignaient, parmi leurs ouvriers, et par la voie du sort, quatre mille hommes, qu'on exerçait plusieurs fois par an à la manœuvre des galères (1). Cet exercice se nommait la régate ; et, comme le gouvernement, fidèle aux principes des anciens, ne manquait jamais de procurer des spectacles et des fêtes à ses peuples, on avait institué des jeux publics, où cette chiourme civique disputait les prix de l'adresse et de la vigueur. La

---

(1) Patientano esser sforzati a populare le galere di remiganti quelli che ne' tempi antichi havevano voto nel conseglio commune.

(*Il governo dello stato veneto* dal Cav. Soranzo, manusc. de la biblioth. de Monsieur, n° 54.)

jeune noblesse elle-même ne dédaignait pas de les encourager, et d'y prendre part (1). Tous les riverains des lagunes contribuèrent ensuite à former cette milice de mer, dont la force s'éleva jusqu'à dix mille hommes. On comprenait sur les contrôles depuis les jeunes gens de seize ans jusqu'aux hommes de cinquante. Cette inscription maritime de la population vénitienne était divisée en deux classes, celle des artisans et celle des pêcheurs et gondoliers. Chacune de ces deux classes devait fournir la chiourme de vingt-cinq galères : mais dans le fait celles qui étaient montées par les artisans, ne formaient qu'une escadre d'évolution; on les désignait même par la dénomination de galères d'école (2). Cette inscription maritime offrait à l'état une ressource importante, et il eut la sagesse de n'en user que dans les grands dangers. Pour les armements ordinaires on se procurait des hommes par l'enrôlement volontaire; c'était le moyen de ménager le zèle patriotique, et de pouvoir doubler les flottes au besoin. Il existait cependant un

---

(1) *La ville et la république de Venise*, par S. Didier, 3ᵉ partie.

(2) *Rapport du marquis de Bedemar au roi d'Espagne après son ambassade de Venise*, dont le manuscrit se trouve à la Bibliothèque-du-Roi à Paris, n° 10130.

usage, qui prouvait que ces matelots enrôlés volontairement étaient fort sujets à la désertion ; c'était celui de les tenir à la chaîne jusqu'au moment de l'embarquement.

On pouvait reprocher au gouvernement l'oubli, assez impolitique, des soins qui sont dus aux militaires vieillis ou estropiés au service. Aucune loi ne leur assurait des récompenses : seulement il y avait un méchant hôpital, où l'on admettait quelques invalides ; mais on ne leur fournissait que le coucher et quatre sous six deniers par jour, pour leur entretien.

Les forçats, envers qui on n'est point dispensé des soins que l'humanité réclame, étaient traités cruellement et même rançonnés. Il n'y avait point d'infirmerie pour eux : malades, il fallait guérir ou mourir sur les galères ; il fallait que sur une solde de trois livres quinze sous par mois, ils payassent le chirurgien et les remèdes. On imaginait toutes sortes de retenues pour les obliger à s'endetter ; quand ils approchaient du terme de leur détention, on leur faisait assez facilement quelques avances, afin qu'au moment où ils devaient être mis en liberté, ils se trouvassent débiteurs de l'état, et dans l'impossibilité de s'acquitter autrement qu'en contractant un engagement comme rameurs volontaires. Et il était presque impossible qu'un forçat ne demeurât pas long-temps redevable au gouvernement; car, à son arrivée aux galères, on le constituait débiteur de tout ce qu'avaient coûté son procès, sa détention et sa conduite (1).

La prestation de service qui, dans le principe, était pour tous les populaires une obligation personnelle, se convertit, au commencement du XVIIe siècle, en une charge pécuniaire (2). Dès-lors l'institution fut détruite; il ne resta plus qu'un impôt, et un impôt injuste, parce qu'il ne pesait pas sur tous. Au reste on conçoit que des citadins, des artisans, nés dans une ville assise au milieu de la mer, peuvent acquérir facilement et sans perdre beaucoup de temps l'habitude de manier la rame; mais il n'en était

---

(1) *Idée du gouvernement et de la police de Venise*, par le chevalier Hénin, manusc. des aff. étrang.

(2) Il più certo punto di questa commutazione da personale peso in reale, fù l'anno 1565.
   (*Storia civile Veneziana*, di Vittor Sandi, lib. 10, cap. 10, art 11.)

Le cavalier Soranzo, dans sa description du gouvernement de Venise, dit que les artisans achetaient les matelots au prix de 200 ducats par tête; et comme l'armement des cinquante galères, dont Venise devait fournir l'équipage, exigeait à-peu-près 7500 hommes, il en résultait que c'était un impôt de 1,500,000 ducats supporté exclusivement par le peuple.

pas de même pour la manœuvre des vaisseaux, tels que l'architecture navale les construit aujourd'hui : le métier de matelot veut une longue pratique, et une expérience commencée dès l'enfance. Toutes ces institutions des Vénitiens cessèrent donc d'être applicables au nouvel art de la marine. La république ne pouvait plus attendre des marins que de ses colonies; et quand elle eut perdu ses principales îles, il ne lui resta plus qu'une population médiocre, fournissant peu d'hommes propres au service de la mer, et des vaisseaux peu susceptibles de rendre de grands services dans les bas-fonds qui environnent la capitale. Cette révolution dut faire perdre à Venise le nom fastueux qu'elle avait pris de *la dominante*.

LIVRE XX.

Expédition de Charles VIII à Naples, 1494-1498 (1).

CHARLES VIII n'était pas encore parti pour l'Italie, que déja un des princes qui l'y avaient attiré, avait changé de parti. Le roi de Naples, Ferdinand, justement effrayé de l'orage prêt à fondre sur lui, avait tenté de faire partager ses craintes au pape, et y avait réussi. Pour se rapprocher de lui insensiblement, il avait accommodé d'abord quelques différends avec la cour de Rome. Ensuite il avait conclu le mariage de sa fille naturelle avec l'un des enfants illégitimes que le pape avait l'impudeur d'avouer. La réconciliation était consommée: il y avait même

I. Le pape, les Florentins, et les Vénitiens, éloignés de favoriser les projets du roi de France.

---

(1) Sur toute cette guerre, on peut consulter la longue histoire qu'en a écrite Marin Sanuto, et dont une copie se trouve parmi les manusc. de la Biblioth.-du-Roi, n° 689.

des promesses secrètes de se secourir mutuellement; mais il restait à détacher décidément Alexandre VI de l'alliance de la France. La mort surprit le roi de Naples avant qu'il eût accompli ce dessein. Son fils Alphonse en suivit l'exécution avec la résolution de n'épargner aucuns sacrifices pour se rendre le pape favorable. De riches établissements dans le royaume, de grandes charges à la cour, furent assurés à deux autres enfants d'Alexandre : à ce prix le pontife promit de donner l'investiture au nouveau roi, et de se déclarer son allié. Il tint même la première de ces promesses, et l'investiture fut donnée peu de temps après (1).

Ce traité venait d'être conclu, lorsque les ambassadeurs de France arrivèrent à Rome, pour solliciter ou réclamer l'investiture au nom de leur maître. La réponse du pape ne fut ni un refus, ni une promesse. Il allégua que ses prédécesseurs avaient accordé successivement l'investiture à trois princes de la maison d'Arragon; que le roi actuel, Alphonse, avait même été désigné nominativement dans l'investiture accordée à son père; qu'au reste les souverains pontifes n'avaient jamais prétendu nuire aux

---

(1) On peut en voir le récit dans le *Journal* de Burchard.

droits d'autrui, mais qu'il n'était pas juste qu'ils se dépouillassent des leurs; qu'on ne pouvait oublier que Naples relevait du saint-siége; qu'ainsi donc, si le roi de France avait quelques prétentions à faire valoir sur cet état, il devait les soumettre avec confiance à la décision du seigneur suzerain, au lieu de recourir aux armes, pour se mettre en possession d'un fief de l'église, ce qui était peu convenable au roi très-chrétien (1).

Les Florentins, quoiqu'ils eussent des ménagements à garder envers la France, se déclarèrent pour la maison d'Arragon, autant que le pouvait un état faible comme le leur.

Les Vénitiens, à qui le roi fit demander leurs conseils, afin d'avoir au moins leur aveu pour son entreprise, répondirent, en termes très-respectueux, qu'ils n'avaient pas la présomption d'éclairer de leurs avis un prince si sage, et entouré de si habiles conseillers; que le dévouement de la république à la France était connu, et qu'elle ferait toujours des vœux pour sa prospérité; mais qu'il lui était impossible de prendre part à cette guerre, à cause des Turcs qui pourraient saisir ce moment, où ses forces

---

(1) *Histoire des guerres d'Italie*, par GUICHARDIN, liv. 1.

seraient occupées ailleurs, pour attaquer ses possessions (1). Cette réponse ne promettait pas le secours qu'on avait espéré. Le roi essaya de tenter les Vénitiens par des offres positives, et leur envoya son chambellan Philippe de Commines, qui leur proposa de leur céder les villes de Brindes et d'Otrante, qu'on échangerait ensuite contre de meilleures possessions dans la Grèce, que le roi se proposait aussi de conquérir; mais, ajoute le négociateur dans ses mémoires (2), « Ils me tindrent les meilleures paroles du monde « du roi et de toutes les affaires, car ils ne « croyoient point qu'il allast guères loin. Quant « à l'offre que je leur fis, ils me firent dire qu'ils « estoient ses amis et serviteurs, et qu'ils ne « vouloient point qu'il achetast leur amour : « aussi le roi ne tenoit pas encore ces places. »

II.
Préparatifs de Charles VIII.

Ainsi Charles VIII allait entreprendre une conquête lointaine sur la foi très-décriée du duc de Milan, tandis que le pape et les Florentins s'étaient déja déclarés pour Alphonse, et que la neutralité des Vénitiens devait paraître très-suspecte. Il n'avait pas encore passé les monts, qu'il prenait les titres de roi des Deux-

---

(1) *Mémoires* de Commines, liv. 7, ch. 4.
(2) *Ibid*.

Siciles et de Jérusalem (1). La flotte qu'il fit armer à Gênes lui coûta trois cent mille livres qui étaient tout le trésor qu'il avait amassé pour cette guerre (2). Il fallut emprunter, avant l'ouverture de la campagne. Un banquier génois prêta cent mille livres, qui coûtèrent en trois mois quatorze mille livres d'intérêt; et un marchand de Milan fournit cinquante mille ducats au roi de France, en exigeant bonne caution (3). En passant à Turin, on emprunta les joyaux de la veuve du duc Charles de Savoie, et on les mit en gage pour douze mille ducats (4). Il en fut de même à Casal de l'écrin de la marquise de Montferrat. On ne saurait dénoncer trop hautement à l'indignation publique les ministres imprévoyants et corrompus, qui entraînaient un roi sans expérience dans une entreprise aussi témérairement conçue et aussi follement conduite. L'histoire en accuse Étienne de Vesc, d'abord valet-de-chambre du roi, puis sénéchal de Beaucaire, et le général des finances Briçonnet, depuis évêque de Saint-Malo et cardinal.

---

(1) GUICHARDIN, liv. 1.
(2) *Mémoires* de COMMINES, liv. 7, ch. 4.
(3) *Ibid.*
(4) *Ibid.*

III.
Mesures défensives du roi de Naples.
1494.

Le roi de Naples, homme ardent, voulut prévenir les ennemis, et envoyer son fils dans la Romagne avec son armée composée de cent escadrons de vingt hommes d'armes chacun, et qui devait être renforcée de toutes les troupes du pape. On était alors au mois de juillet 1494. C'était un dessein habilement conçu que de porter la guerre dans le nord de l'Italie, pour inquiéter le duc de Milan, et pour obliger l'armée française à passer l'hiver sur le territoire de son allié (1).

Mais les instances d'Alexandre VI déterminèrent Alphonse à retenir une partie de ses troupes sur ses frontières, pour être à portée de défendre l'état de l'église.

En même temps il tenta avec sa flotte de surprendre Gênes, où il y avait toujours un parti nombreux opposé à la France et au duc de Milan. Cette tentative n'eut aucun succès.

---

(1) Je sais que Machiavel, dans le discours où il examine s'il faut attendre l'ennemi chez soi, ou le prévenir (*Discours sur* TITE-LIVE, liv. 2, chap. 12), dit que cette conduite du roi de Naples fut regardée, par quelques-uns, comme une faute; mais lui-même n'en jugeait pas ainsi; car il décide que, dans un pays où toute la population n'est pas aguerrie et armée, on ne doit en attendre aucun effort, et qu'on ne saurait tenir l'ennemi trop éloigné.

Le prince héréditaire de Naples, arrivé dans la Romagne avec la moitié de l'armée de son père, ne put avancer que jusqu'à Imola. Il y trouva les premiers détachements de l'armée française.

Le pape, qui avait reçu les ambassadeurs de Charles, le 16 mai, avait tellement changé de système, qu'au mois de juillet il eut une conférence avec le roi Alphonse d'Arragon, sur les moyens de défendre les états de Naples contre le roi de France (1).

IV. Le pape défend au roi de France d'entrer en Italie, et appelle le secours des Turcs.

Aussi adressa-t-il à celui-ci un bref par lequel il lui défendait d'avancer davantage en Italie sous peine des censures ecclésiastiques. A quoi « Charles fist response gentiment, que dès long- « temps il avait fait un vœu (eh! quelle gentille « invention et feintise de vœu!) à monsieur « saint Pierre de Rome, et que nécessairement « il fallait qu'il l'accomplît au péril de sa vie (2). »

---

(1) Tractare de modis et viis defendendi regnum Neapolitanum contra regem Franciæ.

(*Journal* de Burchard, dans la Collection d'Eccard, des *Écrivains du moyen âge*, tom. II, p. 2047.)

Au reste, ce Journal ne donne pas la date précise de cette conférence ; car il fait partir le pape le 22 juillet 1494, et le fait revenir le 16. Cette faute, qui se trouve dans le manusc. 5160 de la Biblioth.-du-Roi, a été copiée par l'éditeur.

(2) Brantôme, *Éloge de Charles VIII*.

Alexandre, toujours violent, s'emporta jusqu'à vouloir appeler les Turcs en Italie, pour en chasser le fils aîné de l'église, que lui-même y avait attiré : et ce n'est point ici une accusation hasardée contre sa mémoire ; les vices de ce pontife ont dispensé ses ennemis de rien inventer. Nous avons encore les réponses de Bajazet aux lettres d'Alexandre, et les instructions que celui-ci avait données à l'agent chargé de cette négociation (1). Mais on a peine à comprendre quel moyen d'influence le pape pouvait avoir sur l'empereur ottoman ; le voici. Bajazet II avait un frère qui lui avait disputé le trône. Trompé dans son ambition, ce prince, qui se nommait Zizim, s'était refugié en Occident, et avait fini par tomber, en 1489, entre les mains du pape Innocent VIII, qui avait tiré parti de cette circonstance, pour se faire payer par le sultan une pension de quarante mille ducats (2).

Le prince ottoman dut être étonné de voir le chef de la chrétienté lui dénoncer le roi de

---

(1) Elles sont notamment dans les traités, contrats, testaments et autres actes et observations, servant de preuves et d'illustrations aux *Mémoires de* Phil. de Commines, p. 434 et suivantes.

(2) Guichardin, liv. 1.

France, comme voulant s'emparer de ce précieux ôtage (1). Cette plainte équivalait à une offre de le livrer, et Bajazet ne pouvait s'y méprendre, aux protestations d'amitié que le pape lui prodiguait. Il faut convenir que l'étourderie de Charles et de ses ministres, n'avait rien négligé pour donner des inquiétudes, ou au moins des sujets de plainte, aux Turcs. La politique ou la flatterie avaient répandu vingt prédictions qui lui promettaient cette conquête (2). Les ambassadeurs milanais lui avaient dit publiquement

---

(1) Rex Franciæ properat cum maximâ potentiâ veniens eripere è manibus nostris Gem sultan, fratrem celsitudinis suæ, et dicunt quod mittant dictum Gem sultan cum classe in Turquiam.

(2) Voyez un mémoire de M. de FONCEMAGNE sur ce sujet, dans le 17ᵉ vol. de la Collection de l'*Académie des inscriptions*. Il cite entre autres le *Vergier d'honneur*, la *Vision divine*, et la *Prophétie de maître Guilloche de Bordeaux*, où on lit :

  Il fera de si grant batailles
  Qu'il subjuguera les Ytailles,
  Ce fait d'ilec il s'en ira
  Et passera delà la mer.....
  Entrera puis dedans la Grèce
  Où, par sa vaillante prouesse,
  Sera nommé le roi des Grecs...... .
  En Jérusalem entrera
  Et mont Olivet montera, etc.

que Naples était sur le chemin de la Grèce, et que cette conquête était le meilleur moyen pour parvenir à reprendre *cet autrefois si grand empire Constantinopolitain*, dont le seigneur tremblait déja (1). Au moment de son départ, il avait fait faire des processions pour le succès de son expédition contre les infidèles (2). Il prenait le titre de roi de Jérusalem, ses ambassadeurs offraient aux Vénitiens des provinces de la Grèce, et ses courtisans parlaient de la conquête de la Terre-Sainte et de Constantinople, de manière à faire encore mieux juger de leur ignorance, que de leur valeur.

Le pape avertissait Bajazet de ces projets, à l'exécution desquels lui-même ne croyait pas. Il disait que Charles voulait se rendre maître de Zizim, pour lui fournir une flotte avec laquelle ce compétiteur passerait en Turquie, comme si le roi de France eût eu une flotte à donner. Il se plaignait au sultan de l'indifférence des Vénitiens, et le priait de leur envoyer un ambassadeur, avec ordre de les stimuler, et de ne pas quitter Venise qu'il n'eût déterminé la républi-

---

(1) Manusc. de la Collection de Dupuy, n° 745.

(2) Mémoire de M. de Foncemagne, dans le recueil de l'*Académie des inscriptions*, tom. XVII.

que à armer pour la défense du saint-siége. Enfin, il demandait sérieusement au sultan de lui faire payer, le plutôt possible, quarante mille ducats d'or, pour les annates de l'année courante (1). C'était le prix que le sultan avait mis à la détention de Zizim; et, pour s'assurer de la fidélité du pape dans cette odieuse commission, Bajazet lui avait envoyé le fer de la lance qui avait servi à la passion de Jésus-Christ. Il est vrai que cette relique, que le chef de la chrétienté recevait du chef de la loi musulmane, était d'une authenticité douteuse, car l'empereur et le roi de France croyaient avoir la véritable : l'une à Nuremberg, l'autre à Paris (2).

Bajazet répondit à Alexandre : « Votre nonce

V.
Lettre

---

(1) Cùm jam fecerimus, opusque sit facere maximas impensas, cogimur ad subsidium præfati sultan Bajazet recurrere, sperantes in amicitiâ bonâ quam ad invicem habemus, quòd in tali necessitate juvabit nos, quem rogabis et nomine nostro exhortaberis ac ex te persuadebis cum omni instantiâ, ut placeat sibi quàm citius mittere nobis ducatos quadraginta millia in auro venetòs, pro annatâ anni præsentis, quæ finiet ultimo die novembris.

(2) Raynaldus, an 1492, n° 15.

Bosius de cruce, lib. 1, ch. 11.

Sponde, an 1492, n° 8.

Histoire ecclésiastique, liv. 117.

du sultan Bajazet au pape.

« nous a rapporté comment le roi de France a
« formé le dessein de s'emparer de notre frère
« Zizim, qui est en votre possession. Cela serait
« contraire à notre volonté, et fatal à votre gran-
« deur, ainsi qu'à tous les chrétiens. Nous en
« avons conféré avec votre nonce, et nous avons
« pensé que, pour votre repos, pour votre uti-
« lité, pour votre honneur, comme pour notre
« satisfaction, il était bon que vous fissiez périr
« ledit Zizim notre frère, qui est sujet à la mort,
« et qui est entre les mains de votre grandeur.
« Sa mort serait utile à votre puissance, à votre
« tranquillité, et nous serait très-agréable (1).

---

(1) Je rapporte cette lettre mot-à-mot, d'après la traduction latine, dont l'authenticité est attestée par le notaire
apostolique.

Inter alia mihi retulit quomodo rex Franciæ animatus est
habere Gem fratrem nostrum, qui est in manibus vestræ
potentiæ, quod esset multum contrà voluntatem nostram,
et vestræ magnitudinis sequeretur maximum damnum, et
omnes Christiani paterentur detrimentum : idcirco unà cum
præfato Georgio cogitare cœpimus pro quiete, utilitate et
honore vestræ potentiæ, et adhuc pro meâ satisfactione,
bonum esset quòd dictum Gem meum fratrem, qui subjectus
est morti, et detentus in manibus vestræ magnitudinis, om-
nino mori faceretis : quòd, si vitâ careret, esset et vestræ
potentiæ utile et quieti commodissimum, mihique gratissi-
mum, et si in hoc magnitudo vestra contenta sit complacere

« Nous ne doutons point que votre grandeur ne
« soit jalouse de nous complaire ; en cela, nous
« nous en rapportons à sa prudence ; vous devez,

---

nobis, prout in suâ prudentiâ confidimus facere velle, debet
pro meliori suæ potentiæ et pro majori nostrâ satisfactione,
quantò citiùs poterit, cum illo meliori modo placebit vestræ
magnitudini, dictum Gem levare facere ex angustiis istius
mundi et transferri ejus animam in alterum sæculum, ubi
meliorem habebit quietem : et si hoc adimplere faciet vestra
potentia et mandabit nobis corpus suum in qualicumque
loco esse citrà mare, promittimus nos sultan Bajazet supradictus, in quocumque loco placuerit vestræ magnitudini, ducatorum trecenta millia, ad emenda filiis suis aliqua dominia ;
quæ ducatorum trecenta millia consignare faciemus illi cui
ordinabit vestra magnitudo, antequam sit nobis dictum corpus datum et per vestros meis consignatum. Adhuc promitto
vestræ potentiæ quod vitâ meâ comite et quamdiu vixero,
habebimus semper bonam et magnam amicitiam cum eâdem
vestrâ magnitudine, sine aliquâ deceptione et eidem faciemus omnes beneplacitas et gratias nobiles. Insuper promitto
vestræ potentiæ, pro meliori suâ satisfactione, quòd neque
per me aut per meos servos, neque etiam per aliquem ex
patriis meis erit datum aliquod impedimentum aut damnum
dominio Christianorum, cujuscumque qualitatis aut condi-
tionis fuerit, sive in terrâ, sive in mari, nisi essent aliqui
qui nobis aut subditis nostris damnum facere vellent, et pro
majori adhuc satisfactione vestræ magnitudinis, ut sit se-
cura, sine aliquâ dubitatione, de omnibus his quæ suprà
promitto, juravi et affirmavi omnia in præsentiâ præfati
Georgii, per verum Deum quem adoramus et super evangelia

Tome III.

« pour votre propre intérêt et pour notre plus
« grande satisfaction, prendre, le plutôt possible,
« les moyens que vous jugerez convenables, pour

vestra observare vestræ potentiæ omnia usque ad comple‑
mentum, nec in aliquâ re deficere, sine defectu, aut aliquâ
deceptione, et adhuc pro majori securitate vestræ magnitu‑
dinis, ne ejus animus in aliquâ dubitatione remaneat, imò
sit certissimus de novo, ego supradictus sultan Bajazet Cham
juro per Deum verum qui creavit cœlum et terram, et om‑
nia quæ in eis sunt, et in quem credimus et adoramus, quod
faciendo adimplere ea quæ suprà eidem requiro, promitto
per dictum juramentum servare omnia quæ suprà conti‑
nentur, et in aliquâ re nunquam contrà facere, neque con‑
travenire vestræ magnitudini. Scriptum Constantinopoli in
palatio nostro, secundùm adventum Christi, die 15^a septem‑
bris 1494.

Et ego Philippus de patriarchis clericus Foroliviensis,
apostolicâ et imperiali auctoritate notarius publicus infrà
scriptus, litteras ex originali, quod erat scriptum litteris la‑
tinis, in sermone italico, in chartâ oblongâ Turcarum quæ
habebat in capite signum magni Turcæ aureum, in calce
nigrum, transsumpsi fideliter de verbo ad verbum et manu
propriâ requisitus et rogatus scripsi et subscripsi, signum‑
que meum in fidem et testimonium consuetum apposui. Flo‑
rentiæ die 15^a novembris 1494, in conventu crucis ord.
minorum.

On voit bien que le traducteur a employé quelques for‑
mules qui ne sont pas celles des musulmans, notamment
pour la date; mais il n'a pas pris soin d'adoucir ce qu'avait
d'étrange le marché proposé par Bajazet. Cette lettre est rap‑
portée dans les preuves *de Commines*, pag. 443.

« tirer ledit Zizim des embûches et des peines de
« ce monde, et pour l'envoyer dans un autre
« jouir d'un plus parfait repos. Si vous accom-
« plissez cela, et si vous nous envoyez son corps
« en-deça de la mer, nous promettons de faire
« consigner, entre les mains de qui il vous plaira,
« et jusqu'à ce que le corps ait été remis à nos
« commissaires par les vôtres, la somme de trois
« cent mille ducats, pour en acheter des domai-
« nes à vos enfants. Nous promettons de plus à
« votre puissance que, tant que nous vivrons,
« nous conserverons pour elle une bonne et
« grande amitié, que nous lui prouverons par
« toutes sortes de bons offices. En outre, nous
« aurons soin qu'il ne soit causé, ni par nous,
« ni par nos sujets, ni par qui que ce soit de
« notre empire, aucun dommage aux chrétiens,
« de quelque condition qu'ils puissent être, soit
« sur terre, soit sur mer, bien entendu qu'ils
« n'apporteront aucun préjudice à nous ou à
« nos sujets. Et pour votre entière satisfaction,
« et afin que vous preniez une pleine confiance
« dans ces promesses, nous avons, en présence
« de votre nonce, promis et juré par le vrai Dieu
« que nous adorons, et par vos évangiles, d'ob-
« server toutes ces choses jusqu'à leur parfait
« accomplissement, sans faute ni restriction quel-
« conque; et pour que vous en soyez encore plus

« certain, nous, susdit sultan Bajazet Cham, nous
« vous le jurons par le vrai Dieu, qui a fait le
« ciel et la terre et tout ce qu'ils contiennent,
« que nous croyons et que nous adorons. Nous
« promettons d'observer fidèlement tout ce que
« nous vous avons annoncé ci-dessus, et de n'y
« contrevenir en rien, si, de votre côté, vous ac-
« complissez ce que nous requérons de vous. »

C'était sans doute une assez grande honte pour un pape de recevoir une pareille proposition; et, après cette lettre, on ne s'étonnera pas que le sultan lui demandât un chapeau de cardinal pour un évêque de ses protégés (1). Alexandre montra que ce prince ne l'avait pas mal jugé; car il s'engagea, disent plusieurs historiens (2), à faire périr son ôtage, s'il lui devenait impossible de le garder.

Cependant Bajazet, qui, dans toute cette affaire, ne voyait pour lui que le danger de laisser vivre son compétiteur, et qui d'ailleurs n'était pas un prince guerrier (3), ne parlait point de se liguer

---

(1) *Ibid.* pag. 442.

(2) Notamment GARNIER, *Histoire de France, règne de Charles VIII.*

(3) Encore un sultan pacifique comme celui-là, et on ne parlait plus du nouvel empire ottoman.

(MACHIAVEL, *Discours sur Tite-Live*, liv. 1, ch. 19.)

contre le roi de France, et ne prépara pas même un armement pour repousser l'invasion dont on le menaçait. Il fut sourd aux instances du pape et d'Alphonse; seulement il envoya des ambassadeurs à Rome pour demander la tête de Zizim, et aux Vénitiens pour presser ceux-ci de se déclarer contre le roi.

La petite-vérole, qui surprit Charles VIII après son passage des Alpes, le retint à Asti jusqu'au mois d'octobre. Pendant ce temps-là ses troupes avaient battu les Napolitains à Rapallo, sur la côte de Gênes, et arrêté l'armée combinée de Naples et de l'église dans la Romagne.

VI.
Marche de Charles VIII en Italie.
1494.

Cependant le défaut d'argent, les obstacles divers qui retardaient l'exécution de cette téméraire entreprise, avaient fait faire quelques réflexions aux courtisans et à Charles lui-même. Il montra plus d'une fois de l'hésitation, et il aurait peut-être renoncé à un projet si légèrement conçu, sans un cardinal génois nommé Julien de la Rovère, ardent ennemi d'Alexandre VI, et qui, connaissant trop bien ce pontife pour se fier à une réconciliation jurée, avait cherché un asyle à la cour de France. Ce cardinal ne cessait de presser le roi de poursuivre sa marche en Italie; il lui représentait que la conquête de Naples pouvait seule le dédommager et l'absoudre de l'abandon qu'il avait fait du Roussillon et de l'Artois (1). Louis Sforce vint contribuer, par sa présence, à faire cesser les irrésolutions du roi. Enfin Charles se mit en marche, avec seize cents hommes d'armes, qui menaient chacun deux archers et six chevaux, six mille Suisses et six mille hommes d'infanterie française, dont la moitié était composée de Gascons. Son artillerie, au nombre de cent cinquante pièces, était sur-tout remarquable par sa légèreté, qui permettait de la faire tirer par des chevaux, au lieu d'être obligé d'y atteler un grand nombre de bœufs. Les Français avaient substitué des boulets de fer coulé aux projectiles de pierre jusque alors en usage (2); cet art destructeur avait déja fait des progrès. Les hommes d'armes n'étaient point rassemblés au hasard, pour servir sous la bannière de chefs disposés à mettre leurs compa-

---

(1) Guichardin, liv. 1.

(2) Il y avait peu de temps que les boulets de fer avaient été inventés; car, dans la dernière guerre de Ferrare, les Vénitiens s'étaient plaints de ce qu'on en avait tiré sur eux.
    (*Hist. de Venise* de Thomas de Fougasses, 4ᵉ décad., liv. 1.)

Voyez aussi, sur la nouvelle artillerie et la gendarmerie française, un passage de l'*Histoire de Charles VIII*, 2ᵉ part.
    (Manuscrit de la Bibl.-du-Roi, n° 745, de la collection de Dupuy.)

gnies aux gages du souverain qui les payait le mieux; c'étaient tous des nationaux; les officiers étaient des gentilshommes; ils n'avaient pour maîtres que le roi. L'infanterie suisse et l'infanterie gasconne avaient adopté, pour se former et pour combattre, certaines méthodes, qui devaient bientôt faire connaître toute l'importance de cette arme et changer l'art de la guerre.

En passant à Pavie, le roi vit dans la citadelle le véritable duc de Milan, depuis quelque temps malade, et que Louis Sforce y retenait prisonnier. Charles ne lui témoigna que cette espèce d'intérêt que pouvaient permettre ses liaisons avec l'usurpateur. A peine était-il parti de Pavie, qu'il apprit la mort de ce prince. L'usurpation de Louis Sforce devait naturellement l'exposer au soupçon d'avoir abrégé les jours de son neveu (1). Il ne prit aucun soin de s'en laver; seulement il se fit prier pendant quelques moments, par le conseil de Milan, de prendre le titre de duc, au préjudice de l'héritier légitime, qui n'a-

---

(1) L'auteur de l'*Histoire manuscrite de Charles VIII*, citée ci-dessus, dit formellement que Galéas fut empoisonné par son oncle « et pour ce que cette coustume d'empoisonner, originaire et commune en Italie, n'estoit encore connue des François; ils eurent tous le nom de Loys en horreur. »

vait que cinq ans. C'était une vaine hypocrisie, puisqu'il s'était déja fait donner l'investiture du duché par l'empereur.

Les bruits qui se répandirent à cette occasion, n'étaient pas propres à inspirer au roi des sentimens de confiance pour Louis Sforce. Charles prenait même, pour sa sûreté, lorsqu'il se trouvait avec lui, des précautions injurieuses au duc. Celui-ci n'était pas en effet un allié sur la fidélité duquel on pût compter; le pape et le roi de Naples sollicitaient Sforce depuis long-temps de concourir à faire repasser les Alpes aux Français, en lui offrant toutes les garanties qu'il pouvait desirer pour la possession de Milan. Ce fut donc avec un allié dont la puissance était usurpée, et dont le crime lui faisait horreur, que Charles s'engagea à pénétrer au fond de l'Italie.

VII. Son entrée en Toscane, dont Pierre de Médicis lui livre les principales places.

L'armée française prit sa route à travers la Toscane. Les troupes napolitaines, qui étaient dans la Romagne, furent contraintes de se replier pour aller couvrir la frontière des provinces plus méridionales. « En ce voyage, dit « Philippe de Commines, tout estoit désordre et « pillerie. Les ennemis preschoient le peuple en « tous quartiers, nous chargeant de prendre « femmes à force, et l'argent et autres biens où « nous le pouvions trouver. Quant aux femmes,

« ils mentoient ; mais du demeurant, il en estoit
« quelque chose (1). »

Les Français, en s'avançant, égorgèrent la première garnison qui leur fit résistance, et même quelques habitants. Pierre de Medicis, effrayé, vint au quartier-général, mit le genou en terre devant le roi (2), se confondit en soumissions, lui livra les principales places de la Toscane, et promit de lui faire prêter deux cent mille ducats par les Florentins ; mais ceux-ci, indignés de la conduite d'un magistrat, qui, n'étant que le chef de la république, ne pouvait, de son autorité, disposer des villes et des finances de l'état, le déclarèrent rebelle, le chassèrent de leur ville à son retour, et confisquèrent ses biens. Il méritait davantage. Les Français auraient pu prendre quelques villes ; mais si leur armée avait eu à faire des siéges, elle était perdue, et n'aurait peut-être pas repassé les monts. Médicis se refugia à Venise.

Le roi se dirigea d'abord vers Pise, l'ennemie naturelle des Florentins : on lui avait élevé un arc de triomphe sur le pont de l'Arno, où il était représenté à cheval, foulant le lion de Flo-

---

(1) *Mémoires* de COMMINES, liv. 7, ch. 6.
(2) MACHIAVEL, *Fragments historiques de* 1494 *à* 1498.

rence et la couleuvre de Milan, et montrant de son épée la route de Naples. Les Pisans se précipitèrent au-devant de lui, et lui demandèrent à genoux de les affranchir du joug des Florentins. Charles leur promit la liberté, leur donna une garnison française, et, pour gouverneur, un de ses officiers, nommé d'Entragues, « homme « mal conditionné, dit Commines. »

Après avoir fait cette espèce d'alliance avec Pise, il marcha sur Florence, où il entra à la tête de son armée. Un accueil bien différent lui était préparé; tous les bourgeois avaient fait venir dans leurs maisons tous les paysans dont ils pouvaient disposer, et on n'attendait que le signal de la grosse cloche pour attaquer les Français. Ceux-ci voulurent dicter des conditions si dures, que, devant le roi même, un des magistrats, nommé Pierre Capponi, arracha le papier des mains du secrétaire qui en faisait la lecture, et le déchira en s'écriant : « Eh bien! « faites sonner de la trompette : nous, nous allons sonner les cloches ; voilà notre réponse à « de pareilles propositions (1). » Cette hardiesse détermina le roi à proposer des conditions plus

---

(1) Car comme Capponi eust ouy lire au secrétaire du roy les derniers articles, sans lesquels le roy n'entendoit accorder; après les avoir prins, les rompit devant tous, et dit tout

raisonnables; il se contenta de cent vingt mille ducats pour lui et dix mille pour ses conseillers, jura de restituer les places; et, quoique les dispositions des Florentins dussent l'engager à ne s'avancer qu'avec précaution, il se hâta de marcher sur Rome (1).

Les approches n'en furent point défendues (2); le prince de Naples s'y était bien jeté avec son armée; mais le pape, quoiqu'il eût violemment offensé le roi, redoutait moins sa colère que la haine du cardinal de la Rovère et de quelques autres prélats. Il sentit que, si les Français entraient en vainqueurs dans Rome, le parti de

VIII.
Il arrive à Rome; son traité avec le pape.
1495.

---

haut, puisque vous nous demandez choses si déraisonnables, vous sonnerez vos trompettes et nous nos cloches.

(*Histoire de Charles VIII*, 2ᵉ partie, manuscrit de la Bibl.-du-Roi, n° 745.)

(1) Sur cette expédition de Charles VIII, on peut trouver quelques détails et quelques pièces dans la 2ᵉ partie de l'*Historia di Venezia dall' anno* 1457 *al* 1500.

(Manuscrit de la Bibl.-du-Roi, n° 9960.)

(2) Ce n'est pas qu'Alexandre n'en eût envie; mais l'armée de Naples sortait de la ville au moment où il aurait fallu la défendre; et, pour opposer quelque résistance, le pape était obligé de recourir aux moyens que voici: il fit venir Burchard, son maître des cérémonies, et quelques autres Allemands. Après leur avoir représenté la violence de Charles VIII, qui s'avançait pour envahir les

ses ennemis aurait trop d'avantage, et que la haine pourrait aller jusqu'à lui ravir la tiare ; au lieu que, s'il négociait, Charles n'aurait plus de prétexte pour le déposer, après avoir traité avec lui, ni même d'intérêt à le faire.

Il fut confirmé dans cette disposition par les premières paroles qui lui vinrent de la part de Charles. Les négociateurs l'assurèrent que le roi n'en voulait ni à sa personne, ni à sa dignité ; qu'il exigeait seulement qu'on lui ouvrît le passage dans Rome, et qu'on fournît des vivres à son armée.

Par une suite de la violence et par conséquent de l'inconstance de son caractère, Alexandre fut plusieurs fois sur le point de rompre la négo-

---

terres de l'église, il leur dit qu'il avait une grande confiance en leur nation, et les pria de rassembler leurs compatriotes, de les animer à défendre l'église et Rome, en les engageant pour cela à s'armer et à se nommer des officiers. Burchard répondit au nom de tous qu'ils entraient dans le ressentiment du pape, qu'ils étaient prêts à exécuter ses ordres, et qu'ils allaient convoquer leurs compatriotes. L'assemblée se trouva composée d'aubergistes, de cordonniers, d'un marchand, d'un chirurgien, et de quelques autres personnes. Burchard les harangua de son mieux ; mais ils répondirent qu'appartenant aux différents quartiers de la ville, ils ne pouvaient agir qu'avec ces quartiers, et sous les ordres de leurs chefs.

(*Journal de* BURCHARD.)

ciation qu'il avait entamée. Il reçut et envoya des ambassadeurs ; ensuite il fit arrêter les plénipotentiaires français ; puis il fit relâcher ceux que gardaient les Napolitains, et retint cependant ceux qu'il avait fait arrêter lui-même. Il reprit, rompit, renoua la négociation ; enfin il s'avisa d'un expédient pour acquérir l'amitié du roi, à un prix également indigne de l'un et de l'autre.

Il se souvint du frère de Bajazet, qu'il s'était bien gardé de sacrifier, tant que le prisonnier pouvait lui être utile. Le pape, profitant de l'ambition follement avouée par Charles d'entreprendre la conquête de la Turquie, lui fit offrir de lui livrer Zizim, et de mettre ainsi à sa disposition un compétiteur qu'il pourrait opposer à Bajazet.

Cette offre et les séductions qu'Alexandre sut pratiquer dans le conseil même du roi (1), applanirent toutes les difficultés. L'armée française entra dans Rome par une porte le 31 décembre 1494, tandis que les troupes napolitaines en sortaient par une autre.

---

(1) Nel consiglio del rè più intimo potevano quelli, i quali Alessandro, con doni e con speranze, s'haveva fatti benevoli.
(GUICCIARDINO, lib. 10.)

Charles s'était mis à la tête de sa gendarmerie ; il marchait « la lance sur la cuisse, comme
« s'il eût voulu aller à la charge, dit Bran-
« tôme (1), ce qui était beau et à donner à en-
« tendre, s'il y a rien qui branle, me voici prêt
« avec mes armes et mes gens pour charger et
« foudroyer tout. A donc marchant en ce bel et
« furieux ordre de bataille, trompettes son-
« nantes et tambours battants, entre et loge par
« mains de ses fourriers là où il lui plaît, fait
« asseoir son corps-de-garde et pose ses senti-
« nelles par les places et quartiers de la noble
« ville, avec force rondes et patrouilles, planter
« les justices, potences et estrapades en cinq ou
« six endroits (2), ses bandons faits en son nom,
« ses édits et ordonnances publiés et criés à son
« de trompe comme dans Paris. Allez-moi trou-
« ver roi de France qui ait jamais fait de ces
« coups, fors que Charlemagne ; encore pensé-je

---

(1) *Éloge de Charles VIII.*

(2) Pierre Desrey, auteur de la grande *Chronique de Charles VIII*, ajoute : « et mesmement fit pendre, estrangler et décapiter aucuns larrons ; il feit semblablement, battre, fustiger, noyer et essoreiller autres délinquants, pour démontrer que, comme vrai fils de l'église, et roy très-chrestien, il avoit haute justice, moyenne et basse, dedans Rome comme dedans la ville de Paris. »

« qu'il n'y procéda d'une autorité si superbe et
« si impérieuse (1). »

N'en déplaise à Brantôme, il n'y avait que la

---

(1) Paul Jove (liv. 2) décrit la marche de cette armée. Je transcris ce passage, parce qu'il donne une idée assez juste de l'organisation militaire et des armes alors en usage. « Triduo post Carolus, armatis distinctisque peditum et equitum ordinibus, Flumentanâ portâ urbem invectus est. Præcesserant longa Helvetiorum Germanorumque agmina, justis passibus ad tympanorum pulsum, dignitate quâdam militari atque incredibili ordine sub signis incedentia. Veste omnes variâ ac brevi et singulos artus exprimente utebantur. Fortissimus quisque plumeis cristis pileo surgentibus insignis super cæteros eminebat. Arma eorum erant breves gladii, atque hastæ fraxineæ denum pedum, angusto præfixæ ferro. Quarta fermè eorum pars ingentibus securibus, quarum è summo quadrata cuspis prominebat, erat instructa, has cæsim punctimque feriendo ambabus manibus regebant, alabardæque eorum linguâ vocabantur. Singula autem peditum millia, sclopettariorum centuriam habebant, qui parvis tormentis plumbeas glandes in hostem emittunt. Milites in universum quùm densatis ordinibus conferti prælium ineant, thoracem, galeam, scutumque ita despiciunt, ut solis centurionibus atque his qui phalangis principia explere, et in primâ agminis fronte pugnare consueverint, galeæ et ferrea pectoralia conspiciantur. Hos quinque Vasconum millia sequebantur, balistarii fermè omnes, qui scorpionibus arcuferreis, puncto temporis tendendo sagittandoque peritè admodum utebantur: quod genus hominum cultu aspectuque admodum deforme Helvetiorum comparatione videbatur, quùm illi capitum

jeunesse de Charles VIII qui pût rendre excusable la vanité d'un prince qui, sans avoir encore vu une bataille, marchait en triomphateur

---

ornatu et armis splendidis ipsâque proceritate plurimùm eminerent. Peditum vestigiis equitatus institit, ex omni totius Galliæ nobilitate conscriptus. Is sagulis sericis, cristis, torquibusque aureis perornatus longè turmarum alarumque ordine procedebat. Erant cataphracti bis mille et quingenti: et bis totidem levis armaturæ equites. Illi crassiore striatâque hastâ, solido mucrone, clavâque ferreâ, uti nostri consuevêre, utebantur. Equi eorum robore ac magnitudine præstantes, jubis auribusque desectis, quòd ita decere Galli existiment, ferociores apparebant, verùm ex eo minùs erant conspicui quòd tegumentis recocto è corio confectis, uti nostris mos est, magnâ ex parte carebant. Singuli cataphracti ternos habebant equos, puerum armigerum et ministros duos, quos subsidiarios laterones appellabant. Levis eques ingenti ligneo arcu, Britannorum more, majores sagittas emittit, thorace galeâque contentus est. Aliqui eorum tragulas gestant, quibus stratos à cataphractis hostes in præliis impressâ cuspide humi configere consueverunt. His omnibus sagula erant, acu, bracteisque argenteis picta; in queis specioso opere ad notandam in prælio equitum virtutem vel ignaviam, propria ducum insignia prætextis imaginibus exprimebantur. Quadringenti hippotoxotæ, in quibus centum erant è Scotorum gente, virtute fideque præstantes, regi latera stipabant. Sed ante hos ducenti equites Galli a spectatâ virtute, nobilitateque delecti, clavas ferreas magnis securibus pares, in humeris gestantes; cultu insigni circà regem pedibus euntem versabantur, porrò, quum equitaret; cata-

au milieu des grands monuments dont cette ville était remplie. Il est fort difficile de passer, sans baisser les yeux, sous l'arc de triomphe élevé

---

phractorum more eximiis in equis, auro purpuràque spectabiles prodibant. Juxtà eum primo in loco comites aderant Ascanius ipse et Julianus : secundùm eos Columna atque Sabellus cardinales. Præterea Prosper atque Fabricius cæterique Itali duces Gallorum procerum turbæ immixti. Parata erat ad regem hospitio excipiendum Divi Marci templo conjuncta domus, Pauli secundi pontificis sumptu ex amphitheatri lapidibus structa. Civium quoque ædes Trajani foro proximæ proceribus patebant, ad quas multâ jam nocte luminibus accensis perventum est. Erant tot equitum peditumque agmina, non pompæ modo ad speciem decoremque ostentandum exornata, sed instructa bellico more omnibus armis, tanquam in ipsâ urbe foret dimicandum : ita ut omnium mentes eo spectaculo facilè terrerentur. Id quoque metum stupentibus addebat, quod viri, equi, vexilla, arma, tot passim funalibus inæquali splendore incertam præbentibus lucem, ampliora ac majora vero videbantur. Plurimum autem admirationis atque pavoris omnibus intulerunt tormenta curulia supra triginta sex, quæ equorum jugis per æqua pariter atque iniqua loca incredibili celeritate ducebantur : maximâ eorum longitudine octonum pedum, pondere verò sex millium librarum æris, cannones appellabantur; quæ æquali tubo humani capitis magnitudine ferream pilam emittebant. Secundùm cannones erant colubrinæ, sexquialtera longiores, angustiore tamen fistulâ, pilæque minoris. Sequebantur falcones adeo certâ proportione majores ac minores ut minimis tormentis, pilæ medico malo persimiles

pour un autre. Il est vrai que ces monuments ne pouvaient pas rappeler grand' chose à ce malheureux prince, dont l'éducation avait été tellement négligée qu'à quinze ans, et déja parvenu au trône, il ne savait pas encore lire.

Les fourbes ne se fient point aux traités; le pape, quoique déja réconcilié avec le roi, s'était jeté dans le château Saint-Ange. Il fallut pointer le canon pour l'obliger à en sortir; les cardinaux ennemis d'Alexandre, et surtout Julien de la Rovère, sollicitaient le roi de faire déposer ce pontife, également scandaleux par ses mœurs et odieux par sa tyrannie. « Mais le roi « était jeune et mal accompagné pour conduire « un si grand œuvre que réformer l'église (1). »

---

emitterentur. Ea omnia binis crassis asseribus superinductis fibulis erant inserta, suisque suspensa ansis, ad dirigendos ictus medio in axe librabantur. Minoribus rotæ binæ erant subjectæ, majoribus autem quaternæ; quarum posteriores ad cursum incitandum aut sistendum exemptiles erant. Tantâ autem celeritate eorum magistri atque aurigæ hujusmodi cursus circumagebant, ut suppositi equi, flagellis ac vocibus concitati, expeditorum equitum cursum æquioribus in locis adæquarent. »

Burchard dit dans son journal, page 2065 de l'édition d'Eccard, que cette armée de Charles VIII coûtait 3,000 écus par jour.

(1) *Mémoires* de Commines, liv. 7, ch. 12.

Son ministre, l'évêque de Saint-Malo, ne voulant pas faire prononcer la déposition d'un pape qui lui avait promis la pourpre romaine (1), détermina son maître à ratifier le traité conclu avec Alexandre, et celui-ci revint au Vatican. Ce traité portait que les places de Civita-Vecchia, de Terracine et de Spolette (2) seraient remises au roi, pour les garder jusque après la conquête de Naples; que le pape donnerait à Charles l'investiture de ce royaume, et qu'enfin il lui livrerait Zizim, frère de l'empereur Bajazet. Il le livra en effet, mais empoisonné : du moins la prompte mort de ce prince donna lieu à ce soupçon, et, comme dit Guichardin (3), la

---

(1) *Histoire ecclésiastique*, liv. 118. Il la lui donna en effet quelques jours après; et ce cardinal, qui avait été marié, obtint les évêchés de Meaux et de Lodève pour deux de ses fils, qui, lorsqu'il officiait pontificalement, lui servaient de diacre et de sous-diacre.

(2) Feria quintâ decimâ octavâ septembris in mane, gentes Fabricii Columnæ pertractatum cum quodam servitore Castellani arcis Ostiæ eamdem arcem armatâ manu, expulso Castellano ibidem per papam posito, arcem per cardinalem sancti Petri ad vincula tenere confessi sunt ac vexilla regis Franciæ et prædicti cardinalis ac Columnæ in eâ publicè reposuerunt. (*Journal de* Burchard, éd. d'Eccard, p. 2047.)

(3) La natura pessima del pontefice faceva credibile in lui qualunque iniquità. (Livre 2.) Le continuateur de

scélératesse d'Alexandre rend tout croyable. Lui seul avait intérêt à cette mort, elle l'acquittait également envers Bajazet et envers Charles. Il envoya le corps de Zizim au sultan et en reçut une grande récompense (1); ce qui pourrait être encore une preuve contre lui, c'est le soin qu'il prit de faire tomber le soupçon de ce crime sur les Vénitiens ; mais un historien ecclésiastique (2) fait à ce sujet cette réflexion : « Il serait injuste de faire tomber sur eux ce soup-

---

Fleury (*Histoire ecclésiastique*, liv. 118), dit que « l'opinion la plus commune était que le pape « avait livré Zizim tout empoisonné, et que sa sainteté avait, « pour cet effet, reçu de Bajazet une grande somme d'argent. » L'historien turc Saadud-din-Mehemed Hassan (manuscrit de la Bibl.-du-Roi, n° 10528), dit positivement que le pape envoya à Zizim un barbier, qui lui fit la barbe avec un rasoir empoisonné.

(1) Vigesimâ quintâ februarii, Gem, frater magni Turcæ, qui nuper regi Francorum per sanctissimum Dominum nostrum ex pacto et conventione consignatus, in civitate Neapolitanâ et castro Capuano ex escâ seu potu statui suo non convenienti vitâ est functus, cujus cadaver deinde ad instantiam magni Turcæ eidem cum totâ ejus familiâ missum est, qui proptereà magnam pecuniarum summam dicitur persolvisse.

(*Journal de* Burchard, édit. d'Eccard, pag. 2066.)

(2) L'abbé Laugier, *Hist. de Venise*, liv. 29.

« çon, tandis que Zizim était entre les mains
« d'un pape tel qu'Alexandre VI. »

Après avoir traité le pape si militairement et envahi sa capitale, le roi ne fit point difficulté de lui rendre hommage et de lui jurer obéissance comme au chef de l'église. Il se mit à genoux devant Alexandre, lui baisa les pieds et la main, prit place dans le consistoire au-dessous du doyen des cardinaux, et, lorsque le pape officia pontificalement, le roi de France, sans épée et sans gardes, lui donna à laver (1).

IX.
Le roi de Naples abdique en faveur de son fils, qui est obligé d'abandonner sa capitale.

Pendant que le roi séjournait à Rome, de grands changements s'opéraient dans le royaume de Naples. Le retour de l'armée avait découragé tout le monde, excepté les mécontents; des partis se formaient. Alphonse qui avait régné avec dureté, et qui n'en avait pas moins

---

(1) *Hist. ecclésiastique*, liv. 118. Voyez aussi le *Journal* de Jean Burchard, maître des cérémonies du pape Alexandre VI. On en a imprimé plusieurs fois des extraits ou des abrégés, mais fort incomplets. Voyez sur cet ouvrage un mémoire de M. de Foncemagne. (*Collection de l'académie des inscriptions*, tom. 17.), et les notices que M. de Brequigny a publiées dans le 1er vol. des *Manuscrits* de la Bibl.-du-Roi. Au reste, les copies manuscrites du journal de Burchard ne sont pas rares; il y en a cinq ou six à Paris et plusieurs à Rome, notamment une qui paraît plus volumineuse que les autres, dans la bibliothèque Chigi.

été célébré par tous les poëtes illustres de son temps, crut prévenir la dissolution de sa puissance, en l'abdiquant en faveur de son fils, et devint aussitôt l'objet des satires de tous ces beaux-esprits, non moins inconstants que la fortune.

Le nouveau roi Ferdinand II prit avec activité et résolution des mesures pour disputer aux Français l'entrée de ses états. Il munit ses places, il se porta lui-même dans une position bien choisie près de sa frontière ; mais une sédition, qui éclata dans sa capitale, l'obligea d'y revenir précipitamment. Après avoir rétabli l'ordre, il accourait vers son camp, il trouva ses soldats débandés, ses généraux infidèles ; Capoue qui, à l'approche des Français, venait d'arborer le drapeau blanc, refusa de lui ouvrir ses portes ; les gouverneurs de ses forteresses les rendirent lâchement ; la capitale, soulevée une seconde fois, envoyait des députés au vainqueur. Ferdinand se jeta dans l'île d'Ischia, et Charles entra dans Naples le 21 février 1495.

X.
Entrée de Charles dans Naples.
1495.

Ce beau royaume ne lui avait coûté qu'un siége de quelques heures, ce qui fit dire au pape, que le roi de France avait traversé l'Italie, non pas l'épée, mais la craie à la main.

L'inexpérience de ce jeune prince lui laissait ignorer qu'une invasion non disputée n'est pas une conquête, et qu'une conquête n'est pas un établissement. L'illusion dut s'accroître encore quand il entendit les cris de joie, d'enthousiasme, d'amour, qui l'accueillirent à son entrée chez le peuple le plus mobile et le plus démonstratif peut-être de l'univers. On remarquait dans son cortége deux ambassadeurs vénitiens accrédités auprès du prince que Charles venait détrôner (1).

Les rues de Naples étaient tapissées, les places couvertes d'une immense population, les fenêtres remplies de femmes magnifiquement parées, qui jetaient sous les pas du roi des rameaux, des fleurs, et répandaient des parfums devant lui (2). Au milieu de toutes ces acclamations le roi s'avançait, à cheval, la couronne sur la tête, le sceptre dans une main et le globe dans l'autre, distribuant l'ordre de chevalerie aux enfants que les dames lui présentaient, et se faisant proclamer empereur très-auguste.

Et si l'on veut savoir sur quel fondement ce jeune prince affectait de se revêtir des habits impériaux et de se faire saluer empereur, on

---

(1) Chronicon venetum anonymi coævi. *Rerum italicarum scriptores*, tom. XXIV, pag. 14.

(2) Il y a une pompeuse description de cette entrée dans le *Cérémonial français*, tom. I, pag. 982.

ne trouvera d'autre titre qu'un marché fait l'année d'auparavant avec un despote de Morée, chassé de sa province par les Turcs, depuis trente ans refugié en France, et qui, se prétendant issu des anciens empereurs de Constantinople, avait vendu à Charles ses droits sur l'empire d'Orient pour une pension de quatre mille trois cents ducats. Cette ambition puérile de se déclarer empereur de Constantinople, prouvait que Charles n'avait ni une connaissance exacte de ses forces, ni un juste sentiment de la dignité de sa couronne (1).

XI.
Son administration dans le royaume.

Pendant qu'il mettait sur sa tête la couronne impériale, l'acte d'investiture du royaume de Naples, tant promis par Alexandre VI, n'arrivait point. Les châteaux de Naples avaient différé de se rendre; on fut obligé d'en faire le siége, et il est juste de dire, à la gloire de Charles VIII, qu'il eut soin de s'y montrer de

---

(1) M. de FONCEMAGNE cite plusieurs auteurs contemporains, qui racontent que le pape avait reconnu Charles empereur de Constantinople. Cela est possible; mais comme le témoignage des historiens n'est pas unanime sur ce fait, ce savant paraît en douter. Quant à la cession du despote de Morée, elle est constante; le traité dont elle fut l'objet, est à Paris, à la Bibl.-du-Roi, et se trouve imprimé dans les *Mémoires de l'académie des inscriptions*, tom. XVII.

fort près aux ennemis. Ils finirent par capituler ; mais plusieurs villes du royaume, entre lesquelles Brindes, Otrante, Gallipoli, Reggio, étaient les plus considérables, n'avaient pas envoyé leur soumission, et tenaient encore pour la maison d'Arragon. La petite armée française, qui s'était trouvée suffisante pour traverser l'Italie, ne l'était plus pour occuper tous les points d'un état d'une médiocre étendue ; d'ailleurs, les soldats, les chefs, le roi lui-même, étaient occupés d'autres soins.

Toutes les ambitions étaient exaltées, et ne permettaient plus au roi de s'occuper d'autre chose que des intérêts privés. Son ancien valet-de-chambre, Etienne de Vesc, devenu son ministre, et qui, à la cérémonie du couronnement, avait rempli les fonctions de connétable du royaume, au grand scandale de toute la noblesse, se faisait constituer un duché : d'autres courtisans obtenaient des villes. De telles faveurs devaient mécontenter les grands du pays, et l'indignation en détermina quelques-uns à rétracter leur serment de soumission, et à se jeter dans le parti du roi d'Arragon. Presque toutes les charges du royaume furent conférées à des Français ; on aliéna en leur faveur beaucoup de domaines : enfin Charles, ne sachant plus que donner à ses courtisans, leur permettait de vendre à leur profit les approvisionnements des places conquises et même des châteaux de Naples (1).

C'est une vieille maxime que, dans les conquêtes où on veut s'établir, il faut exterminer, déporter ou gagner la population. Et comme les deux premiers moyens, toujours odieux, sont heureusement presque toujours impraticables, il s'ensuit que le troisième devient une règle générale. On ne peut établir dans un pays une autorité dispensée de la violence que de l'aveu de la population. La guerre d'invasion peut être faite seulement pour l'intérêt du conquérant ; mais un gouvernement, qui veut acquérir quelque stabilité, ne peut séparer son intérêt de celui des peuples.

Le nouveau gouvernement de Naples avait oublié totalement cette maxime. Sa conduite trompait les espérances des Napolitains, qui avaient embrassé le parti du roi. L'orgueil et l'avidité des conquérants excitaient l'indignation populaire. La soumission des châteaux de Naples avait été célébrée par des représentations dramatiques où les Français s'étaient fort moqués du pape, du roi des Romains, du roi d'Espagne et des Vénitiens (2).

---

(1) Guichardin, liv. 2 ; et Commines, liv. 7, ch. 14.
(2) Die decimâ quintâ martii, castrum Neapolitanum regi

Les tournois, les fêtes, les libéralités inconsidérées, la remise même de plusieurs impôts, ne compensaient point le mauvais effet d'une administration déprédatrice, et il y avait à peine deux mois que Charles était entré dans Naples que déjà on n'y comptait plus que des mécontents.

Cependant un orage se formait dans le lointain. Tous les princes italiens, sans en excepter le duc de Milan, avaient été alarmés de la présence d'une armée française dans la péninsule. Les communications, pour se faire part de leurs craintes et pour concerter les mesures que nécessitait leur sûreté, avaient commencé en même temps que la marche du roi, et chaque pas qu'il avait fait leur donnant à connaître de plus en plus son ambition et son imprudence, ils avaient tous conçu la nécessité de le punir de cette invasion.

Par une suite de cette circonspection, qui était un des caractères de leur politique, ils avaient d'abord voulu laisser à la fortune le

XII.
Ligue contre Charles conclue à Venise.
1495.

Franciæ se submisit; et factæ sunt coram ipso rege per suos tragœdiæ de papâ, Romanorum et Hispaniarum regibus ac Venetiarum et Mediolani ducibus, ligam et confederationem simul facientes collusoriè et, more Gallico, derisoriè.

(*Journal de* Burchard, édit. d'Eccard, pag. 2067.)

soin de les débarrasser de cet ennemi. Mais les Français avaient eu beau tenter son inconstance, elle leur avait été fidèle jusqu'à ce moment. Les Vénitiens, qui n'avaient eu garde de s'engager dans les intérêts du roi, le suivaient d'un œil attentif. Les ambassadeurs, qu'ils entretenaient à sa suite, rendaient un compte exact de toutes ses fautes. C'en était une de manifester de vains projets contre l'empire turc, lorsqu'on n'avait ni flotte, ni troupes, ni argent, pour faire une expédition d'outre-mer, et de nouer quelques intrigues en Albanie, pour y préparer des soulèvements, lorsqu'on était hors d'état de les protéger. Les Vénitiens, qui en furent instruits, saisirent cette occasion d'acquérir la bienveillance de Bajazet. La révélation qu'ils lui firent coûta, dit-on, la vie à quarante ou cinquante mille chrétiens.

Dans cette disposition, la seigneurie prêtait une oreille favorable aux plaintes des autres puissances d'Italie, et travaillait à se mettre d'accord avec le roi d'Espagne et l'empereur. Le roi d'Espagne, Ferdinand d'Arragon, outre qu'il ne pouvait voir sans regret la branche bâtarde de sa maison, chassée du trône de Naples, craignait, comme roi de Sicile, le voisinage d'un prince aussi puissant que Charles VIII. L'empereur, dès-long-temps jaloux de la France, en avait éprouvé récemment un double affront. Le roi venait de répudier et de lui renvoyer sa fille, et cela, pour lui enlever Anne de Bretagne sa fiancée.

Les ambassadeurs de toutes ces puissances, réunis à Venise sous différents prétextes, tenaient, dès le mois de février, c'est-à-dire au moment où Charles entrait dans Naples, des conférences, qui ne purent être tellement secrètes que l'ambassadeur de France, Philippe de Commines, ne parvînt à en pénétrer l'objet. Il en porta des plaintes à la seigneurie : on chercha à le rassurer; mais on lui avoua les inquiétudes que les prospérités du roi donnaient à la république : on lui dit qu'elle ne pouvait voir, sans en prendre de l'ombrage, les troupes françaises occuper les places fortes de l'état de l'église et de la Toscane (1); que, quant aux conférences dont il croyait avoir à se plaindre, il avait été induit en erreur : que la république avait principalement deux objets en vue; l'un de se maintenir dans la bienveillance et l'amitié du roi; l'autre de prémunir l'Italie contre les entreprises des Turcs : que, puisque le roi paraissait avoir aussi des desseins contre les ennemis de la chrétienté,

---

(1) *Histoire de Charles VIII*, 3ᵉ partie.

Manuscrit de la Bibl.-du-Roi, n° 745.

on le verrait avec joie entrer dans une ligue qui devait assurer la défense de l'Italie; que pour cela les Vénitiens s'empresseraient d'offrir leurs vaisseaux et d'avancer leur argent, à condition qu'on leur remettrait quelques ports du royaume de Naples, à titre de garantie; que, quant à ce royaume, la paix de l'Italie leur faisait desirer que le roi voulût bien se borner à en être le suzerain, à y tenir trois places, et à recevoir un tribut de Ferdinand; qu'ils se faisaient fort de déterminer le pape à agréer cet accommodement; mais que sur-tout ils ne pouvaient voir, sans inquiétude, le roi garder une chaîne de places depuis la frontière de Naples jusqu'au Piémont, après la déclaration solennelle qu'il avait faite que ses prétentions se bornaient à ce royaume.

Cette réponse, plus ou moins sincère, contenait des propositions d'accommodement que Philippe de Commines s'empressa de transmettre au roi, mais il en reçut *maigre réponse*, ce sont ses expressions (1).

Tout cela se passait avant qu'on eût reçu la nouvelle de l'entrée des troupes françaises à Naples; il y avait encore des chances pour qu'elles

---

(1) *Mémoires* de Commines, liv. 7, ch. 15.

en fussent repoussées. Venise était le point d'où l'on observait les évènements, et où on préparait les mesures pour écraser Charles dans le malheur, ou pour l'arrêter dans ses prospérités.

Quand le sénat eut appris la prise de Naples, l'ambassadeur fut invité à se rendre au lieu des séances de la seigneurie. Là, le doge lui dit cette nouvelle avec beaucoup de démonstrations de joie, que les sénateurs présents ne surent pas si bien imiter. Cependant ils eurent soin d'ajouter que les châteaux n'étaient pas encore rendus, et leur malveillance, que cette observation décelait, fut encore plus manifeste, par la permission qu'ils donnèrent à l'ambassadeur napolitain de lever dans leur ville quelques gendarmes, destinés à renforcer les garnisons des places qui tenaient pour Ferdinand.

Commines proteste qu'il ne cessait d'écrire aux gouverneurs français de se tenir sur leurs gardes, au lieutenant-général du royaume d'envoyer des renforts, et au roi de prendre le parti de s'accommoder.

La prise de Naples et la soumission de presque tout le royaume, en faisant perdre aux Vénitiens l'espérance que les armes françaises éprouveraient quelques revers, les tirèrent d'incertitude. La ligue, qu'on méditait depuis si long-temps, fut conclue le dernier jour de mars 1495, entre l'empereur, le roi d'Espagne, le pape, le duc de Milan et les Vénitiens (1).

L'objet avoué de cette ligue était la garantie réciproque que ces puissances se donnaient de leurs états; mais l'intervention de l'empereur, qui n'avait rien à démêler en Italie, décelait évidemment un autre objet. Les confédérés convinrent de rassembler une armée de trente-quatre mille chevaux, et de vingt mille hommes d'infanterie. Chacun des alliés devait fournir quatre mille fantassins. Quant à la cavalerie, le contingent du pape était de quatre mille; celui de l'empereur de six mille; celui du roi d'Espagne, du duc de Milan et de la république, de huit mille pour chacun (2).

XIII. Notification de cette ligue à l'ambassadeur de France, Philippe de Commines.

Le lendemain de la signature de ce traité, l'ambassadeur de France fut invité à se rendre au sénat, où plus de cent sénateurs, la tête haute et l'air riant, se trouvaient réunis. Là, le doge lui déclara que la république venait de conclure un traité pour la défense de la chrétienté contre les Turcs, et pour la sûreté de ses propres états et de toute l'Italie; ajoutant qu'on

---

(1) *Codex Italiæ diplomaticus.* Lunig. tom. I, pars 1, sectio 1 XXIV.

(2) *Hist. veneziana* da Gio. Nicolo Doglioni. liv. 9.

le priait d'en informer le roi, la seigneurie ayant jugé à propos de rappeler les ambassadeurs qu'elle avait auprès de lui. Commines, quoiqu'il fût troublé de cette nouvelle, ne voulut pas avoir l'air de l'apprendre dans l'instant, et répondit que dès la veille il l'avait mandée au roi.

Là-dessus le doge lui dit que les intentions des confédérés n'avaient rien dont le roi dût prendre de l'ombrage; mais que seulement ils avaient cru se devoir à eux-mêmes de rassurer l'Italie alarmée par l'occupation de tant de places que le roi retenait, quoiqu'il se fût engagé à les évacuer après la conquête de Naples : qu'au lieu de s'en tenir à cette conquête, comme il l'avait annoncé, il commandait en maître dans la Toscane, occupait le territoire de l'église, et paraissait menacer le duché de Milan. A ces reproches, Commines répliqua que les rois de France avaient toujours favorisé l'accroissement de la puissance du saint-siége, au lieu d'y porter atteinte; et qu'il prévoyait que la ligue, que la seigneurie venait de lui notifier, apporterait plutôt le trouble que la paix dans l'Italie. Après ces mots il se leva, mais on le pria de se rasseoir, en lui demandant s'il n'avait aucunes propositions à faire pour la paix; à quoi il répondit qu'il n'y était pas autorisé.

Commines n'en ajoute pas davantage dans son

récit; mais les autres historiens racontent qu'il s'écria, qu'à ce qu'il voyait, on voulait fermer le passage au roi pour l'empêcher de retourner dans ses états. « Il le pourra, reprit le doge, s'il « se conduit en ami, et à cette condition, il ne « recevra de nous que de bons offices (1). » L'ambassadeur se retira, mais si troublé qu'il ne se souvenait plus, au bas de l'escalier, des paroles du doge, et qu'il pria l'officier, qui le reconduisait, de les lui rappeler.

Il aurait été bien plus effrayé, s'il avait su que, par les articles secrets du traité, le roi d'Espagne devait fournir des troupes au roi de Naples, afin de le remettre en possession de ses états, et que les Vénitiens devaient attaquer par mer les places qui s'étaient soumises à Charles, tandis que le duc de Milan et l'empereur opéreraient une diversion, l'un en Piémont, l'autre sur les frontières de France.

XIV.
Le roi se décide à partir de Naples.

Il n'y avait pas un moment à perdre. Charles se détermina à quitter sa conquête. Cinq cents hommes d'armes, quelque infanterie française, et deux mille cinq cents Suisses furent tout ce qu'il laissa à Gilbert comte de Montpensier, prince du sang, pour défendre et contenir le

---

(1) *Hist. veneziana* da Giov. Nicolo Doglioni, liv. 9.

royaume. Ces faibles moyens n'auraient pas suffi à un homme de tête ; qu'en espérer dans les mains d'un prince brave, mais inappliqué, et qui ne se levait jamais qu'à midi ?

Le roi nomma pour toutes les places des gouverneurs qu'il combla de bienfaits ; mais cela ne suffisait pas pour s'assurer d'une bonne défense. Il aurait fallu leur donner de fortes garnisons et des places bien approvisionnées. De deux choses l'une : ou le roi, avec une armée réduite à douze ou quinze mille hommes, se croyait en état de soutenir la guerre en Italie, ou bien il ne jugeait pas pouvoir se dispenser de repasser les Alpes. Dans le premier cas, au lieu de perdre le temps à Naples en vaines cérémonies, il fallait en partir avec toutes ses forces, tomber sur la coalition, avant qu'elle n'eût réuni ses armées, et détacher de la ligue, par la terreur, le pape et le duc de Milan ; leur défaite lui répondait assez de la fidélité de Naples. Dans le second cas, il fallait abandonner tout-à-fait ce royaume, et marcher à grandes journées vers les Alpes. Il voulut faire les deux choses à-la-fois, ce qui prouve beaucoup moins l'étendue de ses vues et de son courage, que l'irrésolution d'un esprit, qui ne sait à quel projet s'arrêter. Il lui restait neuf cents hommes d'armes, y compris sa maison militaire, deux mille cinq cents Suisses, deux mille hommes d'infanterie française, et environ quinze cents hommes en état de porter les armes, qui étaient à la suite de l'armée. Cela formait un corps de neuf mille combattants tout au plus, avec lequel il s'agissait de traverser l'Italie.

Cette petite armée n'était pas encore partie de Naples, que déja Ferdinand avait opéré son débarquement dans la Calabre, à la tête de quelques troupes espagnoles. Charles se mit en marche le 20 mai, peu de jours après la cérémonie de son couronnement. Il arriva sans difficulté dans l'état de l'église, traversa Rome, d'où le pape s'était enfui, et se renforça des garnisons qui avaient occupé jusque alors les places intermédiaires. Chemin faisant, on saccagea la petite ville de Toscanella, qui avait refusé de loger les troupes.

Quand Charles fut arrivé en Toscane, il s'arrêta sept jours à Sienne et autant à Pise, sans nécessité, et demanda en riant à Commines, qui était venu l'attendre en Toscane, s'il croyait que les Vénitiens envoyassent au-devant de lui. Commines lui répondit par l'énumération des troupes de la ligue, et le pressa de continuer sa marche; mais il n'y eut pas moyen de le déterminer à abréger ces retards inutiles. On discutait sur les démêlés des Pisans et des Florentins; on délibérait si on rendrait les places appartenant à ceux-ci; ils offraient de l'argent, et un renfort de deux mille hommes, si le roi voulait évacuer les forteresses; rien n'était plus précieux que ces secours, rien n'était plus urgent que ce départ. On ne put obtenir du roi qu'il consentît à évacuer Pise ni quelques autres châteaux. La ville de Pontremoli avait ouvert ses portes; il y survint une rixe entre les Suisses et les bourgeois; ceux-ci furent passés au fil de l'épée. Dans ce tumulte, le feu prit à quelques maisons, et les magasins de subsistances, dont cette ville était remplie, et dont l'armée avait grand besoin, furent consumés.

Il restait à franchir l'Apennin et à donner la main au duc d'Orléans, qui tenait Asti, et qui s'était avancé jusqu'à Novarre avec trois cents lances et six mille hommes de pied; mais l'armée combinée de Venise et du duc de Milan, forte de plus de trente mille hommes, était postée au pied de la montagne. Tout cela n'empêcha point le roi d'affaiblir encore son armée, en envoyant un détachement faire une tentative inutile pour surprendre Gênes. Ce détachement vit de loin les réjouissances des Génois pour la défaite de la flotte française, qu'ils venaient de battre à Rapallo.

XV.
Passage de l'Apennin.

L'armée, qui allait s'opposer au passage du roi, était presque toute composée de troupes de Venise, parce que celles du duc de Milan faisaient face au corps du duc d'Orléans. Cette armée était commandée par François de Gonzague, marquis de Mantoue, pour les Vénitiens, et par le comte de Gajazzo, pour les Milanais. On y comptait deux mille cinq cents hommes d'armes, deux mille chevau-légers albanais, et huit mille fantassins.

En descendant l'Apennin, on vit ces troupes déployées dans la plaine, à trois milles en arrière de la ville de Fornoue. Les Français n'étaient guère plus de sept mille hommes; mais toutes leurs imprudences, leurs retards, la faute qu'ils avaient faite, en laissant des garnisons sur leur chemin, le détachement envoyé sur Gênes, le parti audacieux qu'ils avaient pris d'arriver par la route directe, quand il y avait des défilés plus sûrs, tout cela, joint au souvenir de leur impétuosité, et de la fermeté des Suisses, jeta les troupes italiennes dans un étonnement d'autant plus dangereux qu'il succédait à l'espoir d'une victoire facile.

Cependant le commandant de l'avant-garde française était arrivé trois jours avant le roi de l'autre côté de la montagne, afin de garder l'entrée du défilé. Les ennemis ne l'attaquèrent pas vivement, et il se maintint dans cette position, donnant au reste des troupes le temps de le joindre. La marche était retardée par la difficulté de faire passer l'artillerie par des sentiers escarpés. Quelques généraux avaient proposé de l'abandonner au pied de la montagne, mais Charles ne le voulut pas. Les Suisses s'offrirent à passer les pièces : ils se mirent deux cents sur chacune, et parvinrent à les faire arriver dans la plaine de l'autre côté de l'Apennin.

Depuis deux jours on parlementait avec les chefs de l'armée ennemie pour obtenir un libre passage. Après beaucoup d'allées et de venues, de conseils tenus dans les deux camps, de courriers envoyés à Milan par les généraux ennemis pour demander des ordres ; les alliés sentirent qu'il y avait de la honte à laisser échapper une poignée de Français qui avaient traversé l'Italie en conquérants, et ceux-ci comprirent que plus ils perdaient de temps, plus l'armée ennemie se renforçait.

La pénurie de l'armée royale était extrême. Ce n'était pas une situation convenable pour continuer des pourparlers qui traînaient en longueur. Les paysans des environs, attirés par l'appât du gain, apportèrent quelques vivres au camp ; mais on n'osait y toucher, car « on avait « grand soupçon, dit Commines (1), qu'ils eus-

---

(1) Liv. 8, ch. 5.

« sent laissé là les vivres pour empoisonner l'ost,
« et n'y toucha-t-on point de prime face; et se
« tuèrent deux Suisses, à force de boire, ou
« prindrent froid et moururent en une cave,
« qui mit les gens en plus grand soupçon; mais
« avant qu'il fût minuit, les chevaux commen-
« cèrent les premiers et puis les gens, et se tint-on
« bien aise. »

XVI. Composition de l'armée des alliés.

« La crainte, dit le même historien, commen-
« çait à venir aux plus sages. » Malgré l'esprit de
suffisance dont on pouvait justement accuser
beaucoup d'officiers français, tous devaient sentir que l'armée vénitienne n'était point à mépri-
ser. Elle était formée de trois éléments divers. Le
premier était la gendarmerie composée des compagnies d'ordonnance : la forte solde que donnait
la république, lui procurait l'avantage d'avoir les
meilleures. Le second était l'infanterie, composée
pour la plupart de nationaux; c'est-à-dire d'Italiens
et de Dalmates, et renforcée par des milices. Quant
à la troisième espèce de troupes, c'était une cavalerie légère dont les autres nations n'avaient
pas encore adopté l'usage. C'étaient des Stradiots ou Albanais, « vaillants hommes, dit Com-
« mines, qui fort travaillent un ost quand ils s'y
« mettent (1). » Aussi étaient-ils fort incommodes

---

(1) Voici ce que dit de cette cavalerie légère l'auteur du

à l'armée ennemie. Cette milice, qui couchait toujours en plein air, s'était formée dans les guerres que les Vénitiens avaient eu à soutenir contre les Turcs. Elle en avait adopté les usages, ne faisait point de quartier, et emportait les têtes des ennemis vaincus, qui lui étaient payées fidèlement par les provéditeurs à raison d'un ducat chacune, c'était le tarif.

Les hommes d'armes de l'armée vénitienne, presque tous étrangers et rassemblés au hasard, ne valaient certainement pas la gendarmerie française : l'infanterie n'avait ni la fermeté des Suisses, ni l'impétuosité des Gascons; l'artillerie vénitienne était moins perfectionnée que celle des Français; mais d'un autre côté la cavalerie légère était une arme encore inconnue chez ceux-ci. Le matériel des armées de la république était toujours soigné comme il devait l'être par un gouvernement opulent. L'abon-

---

Diarium Romanum, Jacques de Volterre (*Rerum italicarum scriptores*, tom. XXIII, p. 176), en parlant d'une descente des troupes vénitiennes sur les côtes de Naples : « Octingentos equites in eâ esse dicunt, quos linguâ Illyricâ seu Græcâ maternâ Stratiotos appellant. Ii velocitate mirâ equorum parvo tempore spatia longa percurrunt, ac quæque obvia tàm pecora quàm homines abigunt, fruges corrumpunt, villas et domos comburunt. »

dance régnait dans les camps, grace à la présence des provéditeurs, personnages d'un rang éminent, revêtus d'une grande autorité, qui avaient la charge de surveiller le général, et qui devaient prendre soin que les troupes ne manquassent de rien.

XVII.
Bataille de
Fornoue.
1495.

C'était en présence d'une armée de trente-quatre mille hommes ainsi organisée, que se trouvaient, le 6 juillet 1495, sept à huit mille (1) Français ou Suisses manquant de tout; ils n'avaient point de retraite, et il ne leur restait qu'une ressource, celle de passer sur le ventre des ennemis.

Le roi, à qui son inexpérience ne permettait pas de diriger lui-même le combat, faisait du moins fort bonne contenance; le témoignage que lui rend Commines, n'a point les caractères de la flatterie. « Je le trouvai, dit-il, armé de
« toutes pièces, et monté sur le plus beau che-
« val que j'aie vu de mon temps; et sembloit
« que ce jeune homme fût tout autre que sa na-
« ture ne portoit, ne sa taille, ne sa complexion;
« il étoit fort craintif à parler, et est encores
« aujourd'hui : aussi avoit-il été nourri en

---

(1) Au rapport de COMMINES, cette armée avait 6,000 chevaux, ânes ou mulets de bagage.

« grande crainte, et avec petites personnes, et
« le cheval le montroit grand, et avoit le visage
« bon et bonne couleur, et la parole audacieuse
« et sage (1). »

Il prouva en effet que, dans l'occasion, il savait parler aux soldats. Le défaut d'instruction, et la timidité de l'orateur, pourraient faire douter de l'authencité de ce discours; mais on vient de voir qu'il avait ce jour-là la parole audacieuse.

« Or d'autant que Jacques de Bergame, au
« supplément de ses chroniques, a mis par écrit
« la harangue que le roi fit ce jour-là à ceux
« de son armée avant de commencer la charge,
« et qu'elle me semble très-belle et gentille, j'ai
« avisé de la mettre ici. Elle est donc telle sans
« la changer (2).

« Certes, dit-il, très-forts et hardis chevaliers,
« jamais je n'eusse entrepris de si grandes choses
« comme ce voyage, n'eust été la fiance que
« j'ai toujours eue en votre vertu et prouesse,
« pareillement les sollicitations et promesses de
« Sforce, duc de Milan, lequel nous eust bien
« gardés d'estre en nécessité de combattre s'il

---

(1) Liv. 8, ch. 6.
(2) Brantôme, *Éloge de Charles VIII*, liv. 8, ch. 6.

« m'eust tenu sa foy. Mais, comme ainsi soit que
« la nature des traîtres se délecte plus en trahi-
« son qu'en foy et vertu, nous devons combattre,
« afin de vaincre mauvaistié ; et soyés certains
« qu'autant ou plus nous est facile de vaincre la
« bataille que de la commencer (1); car nos enne-
« mis sont soudoyés et mercenaires, qui com-
« battent plus par crainte, que par amour qu'ils
« ayent à leur prince, par quoi nous ne les de-
« vons pas redouter. Songés que nos ancêtres,
« en combattant vaillamment, ont passé par tout
« le monde, et de leurs ennemis ont emporté
« grandes dépouilles et triomphes, et à nous,
« qui sommes leurs successeurs, échappera cette
« troupe imbécille que n'en rapportions victoire?
« Regardés, pour l'honneur de Dieu, ce que c'est
« que fortune vous offre à présent, ô preux che-
« valiers : considérés que vous estes François,
« desquels la nature et propriété est de faire et
« souffrir force choses, comme les Gaulois, ayant
« toujours tenu estre plus glorieuse chose de
« mourir en bataille, que d'estre pris. Nos enne-
« mis se confient en leur multitude, et nous en
« notre force et vertu; si nous vainquons, tous

---

(1) BRANTÔME met ici en parenthèse, (gentille rodomontade de mot!)

« les Italiens sont à nous et nous obéissent, et
« si nous sommes vaincus, ne vous chaille;
« France nous recevra, qui défendra assés son
« pays : bref notre cas est seurement. Mais je
« vous avertis que, pour cette heure, n'ayés
« soin ni sollicitude de vos femmes et enfants, ne
« pensés qu'à vaillamment combattre : et si vous
« avés autre courage, et qu'aimiez mieux hon-
« teusement par fuite vous retirer, et voir votre
« roi et naturel seigneur dolent et captif ès mains
« de ses ennemis, déclarés-le de bonne heure. »
Voilà certes, dit Brantôme, de belles paroles
d'un brave et gentil roi pour n'avoir jamais
étudié.

Les deux armées campaient à une demi-lieue
l'une de l'autre, près du village de Fornoue,
dans la vallée du Taro, toutes deux sur la rive
droite de cette rivière, qui, dans ce moment,
était guéable par-tout, même pour les gens de
pied. Il s'agissait, pour les Français, de passer
sur la rive gauche, non pas en face, mais sous
les yeux de l'ennemi, de la suivre jusqu'à l'endroit où la vallée du Pô commence, et ensuite
de remonter cette vallée, ayant le Pô à droite et
les montagnes de Gênes à gauche, et par conséquent, en traversant toutes les rivières, qui, de
ce côté, descendent de l'Apennin dans le Pô,
c'est-à-dire le Strono, l'Ongina, la Larda, la

Chiavena, la Nura, la Trebbia, la Staffora, la Bormida, et enfin le Tanaro, pour arriver à Asti, où était le premier poste des Français stationnés en Piémont.

Le roi s'était attendu que les efforts des ennemis se porteraient principalement sur son avant-garde. Il avait en conséquence mis sous les ordres du maréchal de Gié, qui la commandait, l'élite et la plus grande partie de ses troupes. Le corps de bataille et l'arrière-garde étaient si faibles, qu'ils étaient obligés de se tenir fort près l'un de l'autre, pour être à portée de se secourir mutuellement ; on n'avait pas assez de troupes pour laisser une garde au camp et une escorte aux bagages.

Il arriva tout autre chose que ce qu'on avait prévu. Les ennemis n'attaquèrent point l'armée française pendant qu'elle traversait la rivière, ce qui leur aurait donné nécessairement quelque avantage. Ils passèrent immédiatement après elle. Au lieu de tenter d'arrêter l'avant-garde, ce fut l'arrière-garde qu'ils attaquèrent. Comme elle était incomparablement plus faible que le corps nombreux que le général en chef des Vénitiens menait contre elle, Charles, qui était au centre de la colonne, fut obligé de s'arrêter pour porter du secours à cette arrière-garde. Ce fut là qu'un combat fort vif s'engagea, pendant que la cavalerie légère albanaise pillait le camp, et s'emparait des tentes du roi. D'abord, la gendarmerie française fut sur le point d'être écrasée, mais, quand le corps de bataille et l'arrière-garde furent réunis, on tint ferme. Le roi, au milieu du danger, donna le meilleur exemple, et une charge faite à propos, culbuta les hommes d'armes italiens, qui ne furent secourus, ni par leur infanterie, dans laquelle le passage de la rivière avait mis quelque désordre, ni par leur cavalerie légère uniquement occupée du partage du butin. A la tête de la colonne, le combat fut beaucoup moins vivement engagé; les troupes du maréchal de Gié se présentèrent avec une telle résolution, que les ennemis s'arrêtèrent d'eux-mêmes dans la charge, et se retirèrent avec une perte assez médiocre. On peut juger de la vivacité du combat qui eut lieu à l'arrière-garde, par le nombre des morts. En moins d'une demi-heure, les Vénitiens eurent à-peu-près trois mille hommes hors de combat. La perte des Français fut infiniment moindre. Mais on n'osa poursuivre les Vénitiens, qui présentaient en avant de leur camp, de l'autre côté de la rivière, un énorme ligne rangée en bataille, derrière laquelle les troupes repoussées allaient se rallier.

Au lieu de continuer sa marche, l'armée royale s'arrêta tout le reste du jour, sur le terrain où elle avait combattu : elle y coucha sans tentes, et sans vivres. Le roi fut obligé d'emprunter un manteau, et l'on recommença le lendemain avec les chefs de l'armée ennemie d'inutiles pourparlers. Enfin on se remit en marche. On fut suivi, mais faiblement inquiété par les ennemis, et après avoir côtoyé Plaisance et traversé Vogherre, le roi rejoignit le duc d'Orléans à Asti, le huitième jour qui suivit la bataille de Fornoüe.

Les Vénitiens firent des réjouissances de cette bataille, comme si elle eût été pour eux une victoire. Ils se fondaient sur ce qu'ils avaient pris tous les bagages de l'armée royale : mais une telle circonstance ne prouve rien, sinon que l'ennemi n'a pas su garder ses équipages, ou n'a pas voulu s'en occuper. Peut-être même, le pillage du camp fut-il le salut de l'armée française, puisqu'il empêcha la cavalerie albanaise de combattre (1).

D'une autre part, l'armée royale, après avoir

---

(1) L'auteur de l'*Historia di Venetia, dall' anno 1457 al 1500* (Manuscrit de la Bibl.-du-Roi, n° 9960), rapporte, dans la 2ᵉ partie de cet ouvrage, plusieurs lettres contenant la relation de cette bataille. Une de ces lettres dit : *Se i Stradiotti e le fanterie attendevano a combattere, come hanno atteso alla preda, i Francesi i quali erano tutti in fuga, restavano del tutto vinti.*

repoussé l'ennemi, ne présentait pas l'attitude d'une armée victorieuse. « Nous n'étions point « tant en gloire, dit Commines, comme peu avant « la bataille, parce que nous voyons les enne- « mis près de nous (1). Les prisonniers détenus « par nous, étant bien aisés à penser, car il n'y « en avoit point, ce qui n'advint par aventure « jamais en bataille (2). » Le roi ne prit ni le parti de poursuivre les confédérés, ni celui de continuer sa marche. Il resta sur le champ de bataille, pendant vingt-quatre heures pour parlementer. L'armée décampa le lendemain, une heure avant le jour, sans que les trompettes sonnassent : « Et croi aussi, ajoute le témoin « oculaire que j'ai eu souvent occasion de ci- « ter (3), qu'il n'en étoit aucun besoin, et puis « nous tournions le dos à nos ennemis, et pre- « nions le chemin de sauveté, qui est chose bien « épouvantable pour un ost. » Ces réflexions naïves donnent une juste idée de l'état de l'armée française après ce combat. Cependant les alliés avaient trois ou quatre mille morts, les Français n'en avaient guère que deux cents, et, ce qui est décisif, ils achevèrent leur marche

---

(1) Liv. 8, ch. 6.
(2) Liv. 8, ch. 7.
(3) *Ibid.*

Tome III.

jusque vers Asti, sans être entamés. Le signe le plus caractéristique d'une bataille gagnée, c'est d'avoir atteint le but qu'on s'était proposé.

Cette journée couvrit de gloire l'armée française, et le roi en mérita une grande part. La bataille de Fornoue était gagnée; mais l'Italie était perdue.

XVIII. Suites de la bataille; perte du royaume de Naples.

Il en était de même dans le royaume de Naples. Les Français remportaient un avantage considérable sur les troupes espagnoles débarquées; mais la capitale se révoltait, la garnison française se retirait dans les forts, et le roi Ferdinand faisait son entrée dans la ville le lendemain de la bataille de Fornoue. Plusieurs places se déclarèrent pour lui. Les Vénitiens accourus sur les côtes avec trente vaisseaux, se présentèrent devant Monopoli. Cette ville qu'ils venaient conquérir pour le roi de Naples, lui fut rendue mais dépeuplée; on put à peine sauver la vie à une partie des femmes et des enfants refugiés au pied des autels (1). Pulignano, Mola, et quelques autres places maritimes, qui avaient encore garnison française, se rendirent successivement. Ferdinand achetait de la république un

---

(1) Vix templa in quæ feminæ puerique confugerant summo Grimani labore à militum libidine atque avaritiâ defenduntur. (Pauli Jovii, hist. lib. III.)

secours de trois mille chevaux, en lui remettant les villes de Trani, d'Otrante, et de Brindes, pour sûreté du remboursement des dépenses que l'entretien de cette troupe occasionnait. La garnison française qui tenait encore dans Tarente conçut le projet de livrer cette ville aux Vénitiens, c'est-à-dire apparemment de la leur vendre : l'ambitieux sénat affectant de bonnes intentions et un vif intérêt pour les Tarentins, craignant qu'ils ne se donnassent aux Turcs (1), voulant assurer le salut de l'Italie et de la chrétienté, ne se montra pas moins empressé de recevoir une ville du royaume, des mains des ennemis du roi que du roi lui-même. Il avait déja délibéré d'accepter la cession de celle-ci; mais tous les princes de la ligue en furent avertis et y mirent opposition, le royaume était perdu pour Charles VIII; les Vénitiens occupaient les côtes : les Espagnols, la révolte, et la défection, faisaient des progrès dans l'intérieur. Le peu de Français qui restaient se virent réduits à capi-

---

(1) Con grandissimo damno e pericolo, non solamente di quel regno, ma di tutta l'Italia, e della cristianità, si dariano al Turco, avendo la repubblica buona intenzione, per evitare maggiori mali e provvedere per bene del suo rè, alla disperazione de' Tarentini, deliberato di dare orecchie alla pratica, etc.
(*Storia veneziana di* Andrea NAVAGIERO.)

tuler, et à acheter la permission de se retirer par le sacrifice de toute leur artillerie (1).

Ceux qui tenaient encore quelques places dans le Piémont, étaient bloqués par l'armée combinée de Milan et de Venise. Le pape ordonnait au roi d'évacuer l'Italie, et défendait aux Vénitiens de se prêter à aucun accommodement. Le duc d'Orléans, assiégé dans Novarre, avait perdu la moitié de sa garnison, et était pressé par la famine; il n'y avait plus ni moyen de se défendre, ni espoir d'être secouru. La reddition de cette ville fut l'occasion d'un traité. Novarre fut remise au duc de Milan, qui fit sa paix avec le roi, sans s'occuper des intérêts des Vénitiens, et même sans observer, à leur égard, tous les ménagements que leur devait un voisin et un allié.

Le mécontentement de ceux-ci éclata au point que l'un de leurs officiers, Bernardin Conta-

---

(1) Composition de la rendition du royaume de Naples, par M. de MONPENSIER, chapitres faicts entre don Fernand soy-disant roy de Sicile, d'une part, et Gilibert de Bourbon, vicaire et lieutenant-général du très-chrestien roy de France, soy-disant roy de Sicile et de Jehrusalem, 4 octobre 1495.

(Manuscrit de la Bibl.-du-Roi, provenant de la bibl. de BRIENNE, n.° 14.

rini (1), chef de la cavalerie albanaise, dit qu'il savait un moyen de n'avoir plus à redouter les infidélités du duc; et, lorsqu'on lui demanda de s'expliquer, il offrit de fendre la tête à Louis Sforce dans la première conférence. C'était une proposition digne du chef d'une horde barbare. Le gouvernement vénitien, à qui les provéditeurs envoyèrent demander des ordres sur cette proposition, ne jugea pas que les maximes d'état s'étendissent jusqu'à permettre un crime commis ouvertement.

Cette brouillerie, qui commençait entre le duc de Milan et la république, détermina la seigneurie à former d'autres liaisons. Elle appuya les Pisans qui voulaient échapper à la domination des Florentins, en leur fournissant de l'argent, des munitions et des troupes. Pendant trois ans, les Vénitiens soutinrent cette ville, moins par intérêt pour elle que par inimitié pour Florence, sa rivale. Il leur en coûta 800,000 ducats (2). Pise, désespérant de sa liberté, offrit de se donner à Saint-Marc; mais la république ne crut pas pouvoir faire une acquisition non contiguë

---

(1) *Historia veneziana* di Gio. Nicolo Doglioni, lib. 9.

(2) Chronicon venetum. *Rerum italicarum scriptores*, tom. XXIV, pag. 71.

à ses états, fort difficile à conserver, et qui aurait mis son ambition trop à découvert. Elle se borna à prendre Pise sous sa protection. Quelque temps après, les circonstances appelèrent ailleurs l'attention du sénat. Le sort des Pisans fut mis en arbitrage, et, abandonnés de leurs protecteurs, ils se virent condamnés à rentrer sous la domination des Florentins.

Cependant Charles VIII, au moment où il quittait l'Italie, avait reçu des renforts suffisants pour s'y maintenir, et annonçait le projet de recommencer la conquête de Naples. Tout était croyable de la part d'une cour qui montrait une si grande légèreté dans la conduite des affaires. Le duc de Milan et les Vénitiens alarmés offrirent un subside à l'empereur, pour l'engager à venir au secours de l'Italie. Maximilien, à qui le mauvais état de ses finances ne permit jamais de refuser une proposition d'argent, prit l'engagement qu'on sollicitait, en acceptant un à-compte sur le subside. La république empruntait d'une main pour prêter de l'autre. Son crédit s'en ressentait : les effets publics étaient tombés à 66 pour o/o (1).

Pendant qu'on était dans les appréhensions de

---

(1) Chronicon venetum. *Rerum italicarum scriptores*, tom. XXIV, pag. 40.

cette nouvelle invasion, un seigneur du Frioul, nommé Tristan, comte de Savorgnano, offrit, dit-on (1), au conseil des Dix de se charger d'empoisonner le roi de France. Il faut dire encore à la gloire du gouvernement vénitien, qu'il rejeta hautement cette odieuse proposition, et cet exemple mérite d'autant plus d'être remarqué, que, dans ce siècle, plusieurs princes, et notamment le chef de l'église, s'étaient montrés fort au-dessus de pareils scrupules. Quelque temps après, la mort de Charles VIII, qui fut incontestablement la suite d'un accident, délivra les Vénitiens de toutes les inquiétudes que l'ambition de ce prince leur avait inspirées.

Ils ne devaient pas s'attendre à en éprouver de bien plus vives sous Louis XII, son successeur.

---

(1) *Historia veneziana* di Gio. Nicolo Doglioni, lib. 9.

LIVRE XXI.

Guerre contre les Turcs. — Conquête de l'île de Céphalonie. — Alliance de la république avec Louis XII; elle acquiert le pays de Crémone. — Louis Sforce chassé du trône, 1499 - 1501. — Expédition des Français à Naples, sous Louis XII; conquête, partage et perte de ce royaume. — Efforts du cardinal d'Amboise pour parvenir au pontificat. — Sujets de mécontentement du roi de France contre les Vénitiens, 1501 - 1504. — Occupation de la Romagne par les Vénitiens. — Traité de Blois, entre Louis XII et l'empereur. — Guerre de la république contre l'Autriche, 1504 - 1508.

Guerre de la république contre les Turcs. 1499.

La protection donnée par Venise aux Pisans contre les Florentins, avait prolongé pendant quatre ans la guerre en Italie. Malgré le soin que les Vénitiens avaient pris de sauver les apparences, on soupçonnait cette protection de n'être pas désintéressée, et, pour les empêcher d'établir leur domination au sein de la Toscane, on chercha à leur susciter ailleurs des affaires qui les empêchassent de suivre celle-ci.

Les Florentins, le duc de Milan et le pape excitèrent contre la république le ressentiment des Turcs, à qui les relations de commerce et de voisinage fournissaient de fréquentes occasions de se brouiller avec les Vénitiens. Quoique le pape fût un des chefs de cette intrigue, qui avait pour objet d'appeler les Turcs, il n'en publia pas moins une croisade contre ces infidèles; c'était une manière de lever un impôt sur les peuples. Il fit distribuer les indulgences avec une telle profusion, que, dans les états de Venise seulement, il s'en vendit pour seize cents marcs d'or. Un incident, comme il en arrive souvent à la mer, vint offrir un prétexte à la rupture qu'on provoquait. Un vaisseau marchand ottoman, qui appartenait à un pacha, avait refusé le salut à une escadre de la république, et même, dit-on, lâché sa bordée contre la galère détachée pour le semoncer. Les Vénitiens l'avaient coulé bas. Bajazet arma sur-le-champ : les Vénitiens se hâtèrent de lui offrir des explications : il dissimula ses projets de vengeance, protesta de sa résolution de rester en paix avec la république, et renouvela même ses anciens traités avec elle.

Toutes ces démonstrations n'inspirèrent point de sécurité au sénat : il fit de son côté des préparatifs de défense. En effet, en 1499, Bajazet, après une tentative infructueuse sur Corfou, que des traîtres avaient promis de lui livrer, s'avança avec son armée pour attaquer toutes les possessions vénitiennes dans la Morée, et envoya des corps détachés, pour opérer des diversions sur les côtes de la Dalmatie et dans le Frioul (1). Une flotte turque, de trois cents voiles, secondait ces opérations. La république ne pouvait présenter un développement de forces proportionné à cet armement. Réduite à la défensive sur presque tous les points, elle n'avait, pour porter des coups à son ennemi, qu'une flotte inférieure à celle de Bajazet, et commandée malheureusement par un général sans résolution, citoyen zélé d'ailleurs, car il avait contribué de vingt mille ducats aux frais de cet armement. Il y avait cependant alors dans la marine vénitienne un homme de mer qui jouissait d'une grande réputation, c'était André Loredan; mais sa présence sur la flotte, où il ne commandait point en chef, fut plus nuisible qu'utile. Antoine Grimani, l'amiral, était jaloux de la gloire de son lieutenant.

---

(1) Cette Guerre est racontée dans l'*Histoire turque* de Saadud-din-Mehemed Hassan, règne de Bajazet II, traduite par Galland.

(Manuscrit de la Bibl.-du-Roi, n° 10528.)

Il arriva qu'un jour que la flotte turque était en vue, on aperçut un de ses plus gros bâtiments à une assez grande distance des autres, pour ne pouvoir pas en être secouru. Aussitôt une galère vénitienne se détacha pour l'assaillir, et Loredan courut avec la sienne pour seconder cette attaque. Le capitaine turc, se voyant pressé de tous côtés, mit le feu aux deux vaisseaux qui l'abordaient (1); tous trois sautèrent, et presque tous les équipages périrent sans que l'amiral vénitien eût fait aucun mouvement pour les sauver, ni mis une chaloupe à la mer pour recueillir les malheureux qui, après l'explosion, se soutenaient encore sur les vagues. Il suivit, mais avec timidité, la flotte ottomane, et laissa prendre la ville de Lépante, presque sous ses

<small>Ils prennent Lépante.</small>

---

(1) L'historien turc, dans le récit de cette guerre, dit que les Vénitiens avaient, dans les combats de mer, un grand avantage, parce qu'ils avaient armé leurs vaisseaux de canons, dont jusque-là on n'avait su faire usage que sur terre. Cela semblerait indiquer bien positivement que les bâtiments ottomans n'avaient point d'artillerie; cependant, un instant après, l'écrivain ajoute que le capitaine turc, dont il s'agit ici, venait de couler bas une galéasse et un vaisseau vénitien. Comment cela lui aurait-il été possible, s'il n'eût point eu d'artillerie ? Il y a des historiens qui disent que ce vaisseau turc était du port de 4000 tonneaux. Cela n'est pas croyable; car un vaisseau de 120 canons ne jauge que 1500 tonneaux.

yeux. Cette conduite excita une indignation générale. Grimani fut rappelé. Comme il approchait de Venise, ses fils, qui étaient allés au-devant de lui, et parmi lesquels il y en avait un cardinal et patriarche d'Aquilée, le joignirent pour l'avertir qu'on avait déja délibéré de le jeter en prison, au moment de son arrivée. L'amiral se fit mettre les fers aux pieds, et dans cet état, se fit débarquer sur la place Saint-Marc, après avoir envoyé dire à la seigneurie qu'il attendait ses ordres. Des gardes vinrent le prendre et le portèrent sur leurs épaules jusques dans la prison, accompagné de ses enfants et des cris de la populace (1). Sept mois après, un jugement du grand conseil le dépouilla de ses dignités, et le relégua dans l'île de Cherzo. Il en sortit ensuite, soit qu'on eût adouci son exil, soit qu'on voulût bien fermer les yeux sur son évasion, et se retira à Rome chez le cardinal son fils, dont la piété s'était manifestée en partageant la captivité de son père, pendant qu'il était dans les prisons du conseil des Dix. On lui donna pour successeur, dans le commandement, Melchior Trevisani.

<small>Et de Modone.</small> Les Turcs, maîtres de Lépante, s'étaient por-

---

(1) *Chronicon venetum. Rerum Italicarum scriptores*, tom. XXIV, p. 124.

tés devant Modone qu'ils assiégeaient par terre et bloquaient par mer. Leurs premiers assauts avaient été repoussés. Trevisani s'approcha pour secourir la place. Il détacha quatre vaisseaux qui traversèrent à pleines voiles toute l'escadre ennemie. Arrivés à l'entrée du port, ils la trouvèrent fermée par une chaîne. Aussitôt les gens de la ville accoururent pour ouvrir un passage à ces navires, qui leur apportaient du renfort; mais les Turcs prirent ce moment pour livrer un nouvel assaut. Tous les soldats ne se trouvaient pas à leur poste, la place fut emportée, et un massacre horrible la dépeupla de la moitié de ses habitants. Cet exemple effraya tellement les garnisons de Coron et de Zonchio qu'elles capitulèrent. Trevisani en mourut de chagrin.

Les progrès des Turcs alarmèrent le pape. Il assembla, sur les instances que lui en fit la république, les ambassadeurs du roi des Romains, de France, d'Angleterre, d'Espagne, de Naples, de Venise, de Savoie et de Florence, pour leur exposer les périls de la chrétienté ; mais la plupart de ces ministres lui répondirent qu'avant de songer à former une ligue contre les Turcs, il fallait rétablir l'harmonie parmi les chrétiens (1).

---

(1) *Journal de* Burchard, 11 *mars* 1500, page 2114 de l'édition d'Eccard.

Alexandre n'en publia pas moins une bulle pour ordonner le rassemblement d'une flotte, et la levée d'un décime sur les revenus du clergé, et du vingtième sur ceux des Juifs, pendant trois ans. Le sacré collége y était taxé à 343,000 ducats par an (1).

Conquête de Céphalonie par les Vénitiens.

Après Trevisani, Benoît Pesaro ayant pris le commandement, suivit la flotte turque à sa rentrée dans les Dardanelles, lui enleva une vingtaine de galères, saccagea les îles de Metelin et de Ténédos, fit la conquête de Samos et de Céphalonie, surprit et enleva onze galères ottomanes dans le golfe de Patras. Dans le cours de cette brillante campagne, il avait chassé les Turcs de Zonchio, mais à son retour il apprit que cette place venait d'être perdue une seconde fois, par l'impéritie ou la lâcheté du commandant; il le fit décapiter.

Secours fournis à la république.

Ce retour de la fortune ranima les espérances des puissances qui étaient plus particulièrement

---

(1) Cette bulle se trouve dans le manuscrit du *Journal* de Burchard, n° 5162 de la Bibl.-du-Roi. L'état des sommes auxquelles sont taxés les cardinaux et les divers officiers de la cour de Rome, a été inséré par Eccard, dans l'édition qu'il a publiée de ce journal, p. 2118. La plupart des cardinaux sont taxés à 10,000 ducats; le cardinal Ascagne l'est à 30,000; et le cardinal vénitien Cornaro ne l'est pas du tout.

intéressées à arrêter les progrès des Ottomans. Déja les chevaliers de Rhodes avaient fourni un renfort de trois galères à la flotte vénitienne. Le roi d'Espagne, Ferdinand, y avait joint une escadre que commandait le fameux Gonsalve de Courdoue, et pendant les campagnes de 1499 et de 1500, on vit à côté du lion de Saint-Marc flotter le pavillon de France sur vingt-deux bâtimens, faible commencement de la marine française. Louis XII avait fourni ce secours aux Vénitiens, dont il était devenu l'allié, comme on le verra ci-après.

Les rois de Pologne et de Hongrie consentirent à concourir, par une utile diversion, à la guerre que la république soutenait contre les Turcs. Le roi de Perse saisit ce moment pour faire une attaque sur les frontières orientales de l'empire ottoman.

Bajazet, attaqué de plusieurs côtés, faisait face par-tout. Ses troupes surprirent la place de Durazzo, en Albanie; mais la ville d'Alessio se révolta et se donna à la république. Pesaro enleva l'île de Sainte-Maure après un combat meurtrier, et parcourut en vainqueur l'Archipel, où il ruinait le commerce des ennemis. Mais cette guerre ne pouvait promettre des avantages solides. Les Vénitiens, qui avaient en Italie des affaires d'un intérêt plus pressant, profitèrent *Durazzo prise par les Turcs.* *Alessio et Ste-Maure occupées par les Vénitiens.* *Négociation.*

de ce moment, où la fortune leur était favorable, pour proposer la paix. Ils chargèrent de cette négociation un de leurs patriciens, qui, se trouvant à Constantinople, pour les affaires de son commerce, au moment où la guerre avait éclaté, y avait été jeté dans les fers avec tous ses compatriotes. Ce négociateur était André Gritti, que nous verrons rendre d'éminents services à sa patrie dans la guerre, dans la captivité, et sur le trône. La paix fut signée en 1501. Bajazet céda aux Vénitiens l'île de Céphalonie, reprit Sainte-Maure, et garda toutes ses autres conquêtes (1).

Paix. 1501.

II. Politique

Les établissements de commerce, les conquêtes au-delà de la mer, n'étaient plus que

---

(1) Ce n'est pas ainsi que les historiens vénitiens, et l'abbé LAUGIER, rapportent ce traité : ils disent que la république ne céda que Sainte-Maure; mais je dois ajouter que, suivant GUICHARDIN, ce traité fut beaucoup moins favorable, car il dit (liv. 6) qu'elle ne garda que Céphalonie, tandis que Bajazet recouvra Sainte-Maure, et retint toutes les places qu'il avait conquises. Pierre GIUSTINIANI (liv. 10) ne parle que de Céphalonie et de Sainte-Maure. VERDIZZOTTI (liv. 32) ne fait mention aussi que de la cession de Sainte-Maure; mais l'orateur qu'il suppose avoir harangué dans le sénat à l'occasion de ce traité, s'exprime en termes si lamentables, qu'on voit bien que les conditions devaient en être douloureuses pour les Vénitiens.

l'objet secondaire de l'ambition des Vénitiens. Depuis qu'ils étaient devenus puissance territoriale, en Italie, ils dirigeaient toutes leurs pensées, toute leur politique, sur les moyens de s'agrandir. La ruine de leurs voisins était l'objet qu'ils avaient le plus constamment suivi; leurs intrigues et leurs armes avaient fait disparaître la famille de la Scala qui régnait à Vérone, puis les Carrare, seigneurs de Padoue. Les princes de Ravenne et de Ferrare s'étaient vu dépouiller d'une partie de leurs états. Le patriarche d'Aquilée avait perdu avec le Frioul toute sa puissance temporelle, et la maison de Visconti avait été chassée du duché de Milan, après en avoir cédé la moitié à la république. Les Sforce, qui avaient succédé aux Visconti, étaient devenus l'objet de son inimitié actuelle. C'était contre les Sforce qu'on invectivait dans les conseils, et qu'on intriguait auprès des gouvernements étrangers.

<small>des Vénitiens depuis leurs conquêtes en Italie.</small>

On avait à reprocher à Louis Sforce, qui dans ce moment était en possession du trône, d'avoir attiré sur l'Italie le fleau d'une armée française; et, quoiqu'il eût contribué à l'en chasser, on ne lui pardonnait pas d'avoir accoutumé le plus puissant roi de l'Europe à s'entremêler dans les affaires de la péninsule. Mais le mal était fait, les Français avaient appris le chemin de l'Italie:

ils avaient conçu une haute idée de leur supériorité. Leurs revers, qu'ils attribuaient avec raison à l'imprévoyance de leur gouvernement, étaient pour eux un motif d'y revenir, et il était facile de prévoir que désormais là où on ne voudrait pas les avoir pour ennemis, il faudrait les accepter pour arbitres.

Les Vénitiens avaient pris trop de soin de donner de justes inquiétudes à Louis Sforce, pour pouvoir douter de son empressement à réclamer contre eux l'appui de la France. De là la nécessité de le prévenir dans cette alliance, tant il est vrai que les leçons de l'expérience sont presque toujours perdues, parce que les hommes consultent leurs passions plutôt que leurs intérêts.

Ce qui frappe le plus dans les évènements que nous allons avoir à retracer, ce n'est pas la mobilité de la fortune, c'est celle des hommes : c'est de voir des politiques habiles, sages même, s'écarter des conseils d'une prudence ordinaire, embrasser des partis extrêmes dont ils ne pouvaient se dissimuler le danger, changer d'amis, d'ennemis et de vues, comme si cette versatilité n'eût été que de la dextérité, et au milieu des soins les plus vigilants, oublier leurs plus grands intérêts ou les commettre au hasard. Mais en général notre esprit est bien moins responsable de nos fautes que notre caractère. Presque toujours c'est aux passions des hommes qu'il faut avoir recours pour trouver l'explication de leurs erreurs.

Louis XII, qui venait de monter sur le trône de France, ne s'était pas montré, sous les deux règnes précédents, sujet soumis et prince désintéressé. Il se trouve presque toujours à la suite des princes mécontents quelques conseillers qui les encouragent, et les poussent fort loin, surtout quand ils parviennent à les dominer. Un évêque, attaché à celui-ci, trama, de l'aveu du prince, une conspiration pour se rendre maître de la personne de Charles VIII, encore mineur (1). La découverte de ce projet avait coûté la liberté à ce prélat, et le prince s'était réfugié à la cour du duc de Bretagne. Là, tandis qu'il se ménageait les moyens de se faire craindre de

III. Avènement de Louis XII au trône de France.

Anne de Bretagne

---

(1) Il causait avec lui, en lui faisant réciter, ou plutôt sous prétexte de lui faire réciter ses prières. Le jeune monarque lui témoigna quelque desir de secouer le joug de sa sœur aînée. L'évêque en avertit le duc d'Orléans; et la fuite du roi, et par conséquent la disgrace de Madame de Beaujeu étaient résolues, lorsqu'elle en fut avertie.

(*Loisirs d'un ministre d'état*, par le marquis de Paulmy.)

Au reste, ce fait est rapporté par tous les historiens, même par Garnier.

la cour de Charles, il avait conçu, disent les historiens (1), pour l'héritière de Bretagne une passion qui paraissait payée de retour; mais ses

---

(1) Je suis loin de contester que Louis XII ait conçu une passion violente pour la duchesse de Bretagne; mais je ne puis la faire remonter aussi haut que le veulent BRANTÔME, GARNIER, GAILLARD, et tous les écrivains qui ont fait de cette passion le sujet d'un roman.

Suivant GAILLARD, la passion de Louis XII et d'Anne s'était irritée par les obstacles; et, en acceptant la main de Charles VIII, la princesse s'était immolée aux intérêts de son amant et de son pays.

Suivant GARNIER, l'héritière de Bretagne avait été promise à l'archiduc Maximilien. Alain d'Albret, surnommé le Grand, avait demandé que la main de la princesse fut la récompense du guerrier qui saurait le mieux la défendre. Enfin, le duc d'Orléans s'étant mis sur les rangs, avait éclipsé tous ses rivaux. Premier prince du sang, héritier du trône, cousin-germain du duc, il possédait de plus l'heureux don de plaire, et il captiva bientôt le cœur de sa maîtresse.

Tout cela, n'en déplaise aux deux historiens, sent un peu le roman.

Héritière d'une principauté considérable, Anne avait dû être vivement recherchée, avant d'avoir atteint l'âge où l'on peut faire un choix. Elle avait été demandée par le fils du vicomte de Rohan et par le comte de Richemont, derniers débris de la maison de Lancastre. Elle avait été successivement promise au prince de Galles, fils d'Édouard IV, au sir d'Albret et au roi des Romains. Quant à la part que l'amour put avoir dans toutes les poursuites dont Anne fut

armes ne furent pas heureuses : poursuivi devant le parlement comme rebelle, prisonnier à la bataille de Saint-Aubin, il expia, par une détention

---

l'objet, il suffit, pour s'en faire une idée, de rapprocher quelques dates. Toutes ces promesses et le premier voyage de Louis XII en Bretagne, sont antérieurs à l'année 1484. Or, Anne était née le 16 janvier 1476 : elle n'avait donc, en 1484, que 8 ans. Quant au duc d'Orléans, il en avait alors 22, étant né en 1462. De plus, il était marié depuis l'année même de la naissance d'Anne de Bretagne, et il ne pouvait pas penser à rompre ce mariage, puisque sa femme était la fille du dernier roi et la sœur du roi régnant. Il serait difficile de croire à une passion réciproque entre un prince déjà marié et une princesse non encore nubile. C'est cependant ce que racontent tous les historiens, tant Bretons que Français.

Si on veut placer la naissance de cette passion à une époque postérieure, il faut choisir entre l'année 1485, qui fut celle du second voyage que le duc d'Orléans fit en Bretagne, ou l'année de la guerre qui se termina par la bataille de St.-Aubin, en 1488, ou enfin l'époque du mariage de Charles VIII avec Anne, en 1491.

Mais à la première de ces époques, les obstacles physiques éteient à-peu-près les mêmes, puisque la princesse n'avait que 9 ans. A la seconde, la princesse avait déjà 12 ans, mais le prince était marié depuis douze. Enfin, lorsqu'elle se maria avec Charles VIII, le duc d'Orléans n'avait pu devenir amoureux d'Anne, puisqu'il ne l'avait pas vue depuis la bataille de St.-Aubin, à moins que sa tête ne se fût exaltée pendant sa prison.

dans une cage de fer (1), les troubles qu'il avait excités dans le royaume.

Les désordres de la Bretagne n'étaient pas

On s'explique très-bien la répugnance d'Anne, princesse jeune, belle, sachant le grec et le latin, à épouser Charles VIII, prince difforme, d'un esprit inculte, et dont les armées ravageaient les états de la duchesse et la tenaient elle-même assiégée. C'est apparemment pour rendre cette répugnance plus intéressante, qu'on a voulu opposer à un mariage forcé un amour malheureux. GAILLARD s'est tellement attaché à cette idée, qu'en analysant une clause du contrat de mariage, qui obligeait la reine devenue veuve sans enfants à épouser l'héritier de la couronne, il ajoute : « Cet article ne « put déplaire à la princesse ; il lui laissait l'espérance, quoi- « que éloignée et incertaine, d'épouser le duc d'Orléans. » Voilà encore une réflexion qui appartient au roman plus qu'à l'histoire. Anne, âgée de 14 ans, épousait Charles VIII qui n'en avait que 21. Assurément il était probable qu'ils auraient des enfants ; et en effet ils eurent trois fils, qui moururent en bas âge, et il n'était nullement vraisemblable que le duc d'Orléans, alors âgé de 29 ans, survécût au roi, ni qu'il pût épouser sa veuve, étant déja marié lui-même depuis 14 ans.

Tout cela démontre, ce me semble, que la passion de Louis XII et d'Anne de Bretagne n'a pu remonter à une époque aussi ancienne ; mais il n'en résulte pas que cette passion n'ait pris naissance plus tard, et il serait difficile de ne pas le reconnaître dans la conduite du prince.

(1) VOLTAIRE se moque (*Essai sur les mœurs*) des cages de fer de Bajazet et de Louis Sforce, mais il est certain que,

moindres; la princesse avait été, tour-à-tour, promise au fils du roi d'Angleterre, au sire d'Albret, au prince de Galles et épousée au nom de Maximilien, roi des Romains. Après la cérémonie on avait couché la princesse, et l'ambassadeur, en présence de toute la cour, avait introduit sa jambe, nue jusqu'au genou, dans le lit de la nouvelle épouse. Mais ni tant de mariages commencés ni cette espèce de prise de possession n'avaient pu fixer sa destinée. Les progrès des armes du roi dans le duché de Bretagne furent si rapides, qu'on jugea qu'il n'y avait qu'un moyen de l'arrêter, c'était de lui offrir à-la-fois la province et la duchesse. Cette négociation présentait de grandes difficultés.

D'une part la duchesse était mariée par procureur avec Maximilien, d'un autre côté le jeune Charles VIII l'était aussi avec une petite-fille de ce même Maximilien, amenée depuis long-temps en France, mais non encore nubile. On négocia avec du canon. Les troupes françaises péné-

---

vers la fin du XVe siècle, on en fit plusieurs fois usage. On peut en croire Philippe de Commines, qui, suivant son expression, en *avait tasté huit mois*. Quant au duc d'Orléans, Louis XII, il était en prison dans la tour de Bourges, et le soir, par précaution, on l'enfermait dans une cage de fer.

trèrent en Bretagne de toutes parts. La duchesse sentit qu'elle allait perdre ses états. Elle se détermina à accepter la main de Charles; celui-ci renvoya la jeune princesse d'Autriche et épousa Anne de Bretagne (1). La liberté du duc d'Orléans fut une des concessions qui amenèrent cet arrangement.

Charles VIII avait avoué l'ambition d'envahir la Bretagne pour en garder la possession. Il tirait son droit de ce que le dernier duc n'avait point d'enfants mâles. On avait nommé des commissaires, et Anne dans cette négociation avait été réduite à s'abstenir de prendre le titre de duchesse. Le mariage eut pour objet de faire cesser toutes ces prétentions. La princesse en considération de l'honneur que lui faisait le roi en l'épousant, lui cédait et transportait, pour lui et les rois de France ses successeurs, à jamais, irrévocablement, soit comme héritage, soit à titre de donation irrévocable faite en raison du mariage, tous ses droits sur le duché, dans le cas où elle mourrait avant le roi, sans qu'il

---

(1) L'expédition de la dispense qu'on demanda pour ce mariage au pape Innocent VIII, ne fut pas sans difficulté. On en peut juger par les expressions du maître des cérémonies Jean BURCHARD, qui, en rendant compte de ce mariage dans son journal, dit : « Adulterium notabile regis Franciæ. »

y eût des enfants de leur mariage, le constituant dès-à-présent son procureur fondé.

De son côté et dans le cas de prédécès sans enfants issus du mariage, le roi se désistait en faveur de la reine, sa veuve survivante, de toutes ses prétentions sur la Bretagne ; mais à condition que, dans la vue d'éviter les guerres, elle ne se remarierait qu'avec le roi futur, ou, en cas d'impossibilité, avec l'héritier présomptif de la couronne, qui, dans ce cas, serait tenu de faire hommage de la Bretagne au roi, et ne pourrait aliéner cette principauté en d'autres mains.

On voit par ce contrat qu'Anne ne pouvait se dispenser d'épouser le successeur de Charles VIII sous peine de se voir expropriée de son duché. Cette clause liait donc la duchesse très-étroitement et assurait irrévocablement la réunion de la Bretagne à la France.

Il n'y est pas dit un mot des enfants, ni de la manière dont ils succéderont à la couronne de Bretagne (1).

―――――――――――――――――

(1) Comme il faut être exact dans ses citations, lorsqu'on raisonne sur des pièces de cette importance, je dois prévenir que, dans les historiens Bertrand d'Argentré, dom Lobineau, Belleforêt, dans les *Preuves* de Commines, dans la collection des *Traités* de Léonard ; et dans plusieurs autres

De tout cela, on est autorisé à conclure que Charles VIII, dans son contrat de mariage avec Anne de Bretagne, rappelait tous les droits ou toutes les prétentions de la France sur ce duché, et leur donnait même une nouvelle force, en stipulant que la France n'y renoncerait, n'en

---

recueils, ce contrat se trouve avec un article ainsi conçu : « Au cas qu'il y auroit des enfants procréés desdits seigneur « et dame, et ladite dame survivroit ledit seigneur, icelle « dame jouira et possédera entièrement lesdits pays et duché « de Bretagne, comme à elle appartenants. » Il existe au trésor des Chartes une copie du même contrat, certifiée *Lelong, maître des comptes*. Cette expédition est en français; on ne dit pas sur quelle pièce elle a été prise; elle est tout-à-fait moderne; l'article que je viens de citer s'y trouve. On se croirait bien en sûreté en produisant une pièce authentique, qui émane d'un dépôt public; mais l'article ne se trouvant pas dans d'autres copies, j'ai voulu recourir à l'instrument original. L'acte signé de la main du roi et de la reine fut reçu par deux notaires, dont l'un, le notaire apostolique, le rédigea en latin, et l'autre, le notaire royal, le rédigea en français. Deux expéditions originales, en parchemin, revêtues du nom et du sceau de ces officiers publics, existent au trésor des Chartes; on ne trouve ni dans l'une, ni dans l'autre l'article dont il s'agit. On ne saurait opposer des copies informes, diverses entre elles, ou des expéditions faites long-temps après l'évènement, à des instruments originaux, signés de la main même de ceux qui les ont faits et expédiés le jour même. Il en résulte que l'article a été évidemment ajouté.

suspendrait la poursuite que tant que la duchesse serait femme du roi ou de son successeur. Veuve sans enfants, elle était tenue de se remarier à l'héritier présomptif, sous peine de se voir dépouillée de son duché; veuve avec des enfants, elle conservait sa souveraineté; mais que devenait cette souveraineté après elle? L'acte ne l'explique nullement. On ne peut pas supposer que ce soit un oubli, au lieu qu'on peut très-bien admettre que les ministres de Charles VIII évitèrent les explications à cet égard. S'il naissait un fils de ce mariage, la réunion de la Bretagne à la France devenait légalement irrévocable; si Charles VIII ne laissait que des filles, ces princesses ne pouvaient avoir aucun moyen de soutenir leurs droits contre le roi de France, successeur de leur père.

A la mort de Charles, l'ancien amant de la duchesse devint roi; mais il n'était pas libre. Sa femme, Jeanne, fille de Louis XI, était une princesse à qui on ne pouvait reprocher que la difformité du corps.

La passion de Louis XII se réveilla dès qu'il entrevit la possibilité de la satisfaire. La conservation de la Bretagne lui parut une raison d'état suffisante pour excuser aux yeux du public ce que pouvait avoir d'odieux la rupture des liens qui l'unissaient avec Jeanne. Mais on ne pouvait

Divorce de Louis XII.

faire casser ce premier mariage sans recourir à l'autorité du saint-siége. Il ne s'agissait pas de vaincre les scrupules d'un pontife tel que Borgia, le difficile était de satisfaire son avidité dans une occasion où l'on avait besoin de lui.

Son traité avec les Borgia.   On sait quel pape était Alexandre VI. Parmi ses nombreux enfants, le second, César Borgia, déja archevêque de Valence et cardinal, était un homme plus vicieux encore que son père; on lui reprochait d'avoir fait assassiner son frère aîné, dont il était jaloux. Ennuyé de l'état ecclésiastique, quoique assurément il ne crût devoir s'imposer aucune retenue, il ne trouvait pas dans les honneurs de l'église de quoi satisfaire son ambition. Sa passion était d'être prince souverain. Déja son père, dont la faiblesse pour un tel fils était suffisamment expliquée par la conformité de leurs vices, s'était adressé à plusieurs princes, pour former à César Borgia un établissement tel que celui-ci le desirait. Il avait demandé au roi de Naples, une de ses filles et la principauté de Tarente; mais le roi n'avait osé accepter pour gendre un homme si dangereux. Le ressentiment du pape (1), l'ambition

---

(1) « Il voulait beaucoup de mal à Frédéric, roi de Naples, parce qu'il avait refusé sa fille à César Borgia, fils naturel de sa sainteté. »

(*Histoire ecclésiastique*, liv. 119.)

de son fils, et la passion de Louis XII, furent une source de malheurs pour l'Italie.

Le conseil du roi, à la tête duquel se trouvait Georges d'Amboise, ce même prélat qui avait partagé ses disgraces et obtenu toute sa confiance, le conseil du roi, dis-je, profita de l'avidité de César Borgia, pour obtenir du pape la dissolution du mariage de Louis XII.

On donna à César une pension de vingt mille francs, une compagnie de cent lances, le duché de Valentinois en Dauphiné, et on lui promit de l'aider à conquérir la Romagne.

Ce n'était pas à beaucoup près de quoi satisfaire un scélérat, qui avait pris pour devise, *aut Cæsar, aut nihil*; mais ce politique habile vit, dans l'avantage d'unir ses intérêts à ceux d'un roi de France, une perspective illimitée d'agrandissement.

Il ne fut pas difficile d'exciter dans l'esprit du roi le desir de reproduire toutes les prétentions qu'il pouvait avoir en Italie. Il succédait à celles de Charles VIII. sur le royaume de Naples, et de son chef il avait des droits sur le duché de Milan, par Valentine Visconti sa grand'mère, à qui la reversibilité de cette principauté avait été promise, à défaut d'enfants mâles. La ligne masculine des Visconti était éteinte, et par conséquent il y avait lieu à réclamer cette reversibilité.

Il est vrai qu'il y avait trois opposants à cette prétention. L'empereur soutenait que ce duché était un fief mâle de l'empire ; le roi de Naples le réclamait, à titre d'héritier institué par Philippe-Marie Visconti, et enfin la maison de Sforce s'en était mise en possession.

Tout cela n'empêcha pas Louis XII de prendre, à la cérémonie de son sacre, les titres de roi de France, de Jérusalem, de Naples, de Sicile, et de duc de Milan ; mais ces titres ne sont le plus souvent qu'une protestation, et il y avait loin de là à l'intention arrêtée de soutenir toutes ces prétentions par les armes.

Plus le roi avait d'affaires en Italie, plus l'alliance du pape lui devenait nécessaire, plus celui-ci pouvait espérer que son fils s'agrandirait sous la protection d'un prince si puissant.

On vantait fort la modération et le désintéressement du premier ministre ; mais un homme, qui était évêque depuis l'âge de quatorze ans, ne pouvait guère se croire parvenu au terme de sa fortune ecclésiastique. Louis XII ne crut pas avoir suffisamment récompensé la fidélité de Georges d'Amboise en lui donnant l'archevêché de Rouen, et en le plaçant à la tête de ses conseils ; il demanda pour ce ministre la pourpre romaine qu'Alexandre VI s'empressa d'accorder, comme si elle eût été le prix de l'élévation de César Borgia.

Une commission de trois évêques fut nommée par le pape, pour juger les moyens sur lesquels on fondait la nullité du mariage du roi. Ces moyens étaient 1° la parenté, parce qu'en effet le mari et la femme descendaient de Charles V; Louis XI et son gendre étaient cousins issus de germains : 2° l'affinité spirituelle, c'est-à-dire que Louis XII avait été tenu sur les fonds baptismaux par son beau-père; mais l'un et l'autre empêchement avaient été levés, lors du mariage, par une dispense du légat du pape : 3° La violence qui avait été faite au roi pour contracter cette union : il est bien certain qu'il ne l'avait pas contractée sans répugnance; mais le fait de la violence n'était nullement établi : 4° La difformité de la princesse, qui la rendait inhabile au mariage.

Cassation du mariage du roi.

Les commissaires firent une information juridique. Ils ordonnèrent une visite de matrones, à laquelle la reine indignée se refusa fermement. Ils lui firent subir un interrogatoire; ils interrogèrent même le roi; et si la reine, comme épouse outragée, eut à rougir de cette procédure, Louis XII ne dut pas comparaître avec moins de honte devant trois évêques, qui exigeaient de lui le serment de dire la vérité (1).

---

(1) On peut voir au trésor des Chartes cette singulière

Le jugement de ces commissaires n'était pas encore prononcé que Louis avait sollicité et obtenu les dispenses du pape pour son second mariage. Enfin cette odieuse procédure se termina par une sentence dans laquelle les trois évêques déclaraient, *ayant Dieu devant les yeux*, que le mariage du roi était et avait toujours été nul, et on y ajouta cette clause dérisoire, que quant aux dommages et intérêts la reine en demeurait déchargée.

Si la raison d'état avait exigé réellement le second mariage de Louis XII, on devait au moins éviter le scandale public, la honte du roi, l'humiliation d'une femme irréprochable.

Ce fut le sentiment que manifesta sur cette affaire le peuple, qui s'est toujours montré le plus délicat sur les convenances. On en murmura, et des orateurs populaires firent retentir la chaire évangélique de leurs déclamations (1).

---

procédure, pour dissoudre un mariage formé depuis vingt-deux ans. Le procureur du roi y déclare « que le roi Louis « XI avait, par terreur, même par contrainte, forcé Louis « non pubère de faire ce mariage, le menaçant de mort et de « le noyer, que ledit roi en usait ainsi envers ses sujets, qui « ne faisaient pas ce qu'il voulait. »

(Tom. VIII de l'*inventaire*, *miscellanea*, f° 447.)

(1) L'historien du chevalier Bayard, Jean Nicolas, se

Louis XII était impatient; la reine Anne qui, comme on l'a vu, avait laissé sacrifier les intérêts de son duché dans son premier contrat, se montra cette fois plus avisée. « Ce fut chose impossible « à dire et croire combien cette bonne princesse « print de desplaisir de la mort du roi. Car elle « se vestit de noir, combien que les roynes « portent le deuil en blanc, et fust deux jours, « sans rien prendre ni manger ni dormir une « seule heure, ne respondant aultre chose à « ceux qui parloient à elle, sinon qu'elle avoit « résolu de prendre le chemin de son mari (1). »

Le chemin qu'elle prit fut celui de la Bretagne où elle se hâta de publier des édits, de frapper des monnaies, d'assembler les ordres de la province.

Louis XII, qui avait été fort inquiet de sa douleur, fut encore plus alarmé de son départ. On dit que dès sa première entrevue avec elle, après la mort de Charles VIII, il lui avait rappelé ces sentiments dont il l'avait autrefois entretenue. A en croire Brantôme, elle n'avait pas

---

contente de dire : « Si ce feut bien ou mal faict, Dieu est tout seul qui le cognoist. » Ch. 12.

(1) Bertrand d'ARGENTRÉ, *Hist. de Bretagne*.

attendu cette déclaration pour y penser et sentant bien qu'il n'y avait que Louis XII qui pût la replacer sur le trône de France, elle n'avait rien négligé pour *fomenter encore un peu ses anciens sentiments dans sa poitrine échauffée.* Cependant elle n'en partit pas moins pour son duché et se garda bien de laisser apercevoir l'intention de revenir. Les messages se succédèrent; la princesse montra d'abord de grands scrupules, et en effet, on pouvait en avoir à moins. Cependant les messagers mirent une telle activité dans leurs négociations qu'en peu de jours, Anne eut accepté la proposition de se remarier au successeur du feu roi. Mais il fallait que ce prince obtînt préalablement la cassation de son premier mariage. La duchesse exigea en attendant qu'il lui rendît les places fortes qu'il tenait en Bretagne (1). La longueur

---

(1) Je trouve à ce sujet dans les Mémoires de Henri-Charles de la Trémouille, prince de Tarente, un passage assez singulier que voici : « Cette princesse, qui n'aimait pas M. de la Trémouille depuis la guerre qu'il avait faite au feu duc son père, lui avait fait signer un acte par lequel il s'engageait à lui remettre les villes de Nantes et de Fougères, dont il avait le gouvernement, au cas que le roi Louis XII ne l'épousât pas dans l'espace d'un an, ou qu'il vînt à

de la procédure ne s'accordant pas avec l'impatience de Louis, il n'attendit pas que la sentence des évêques fût prononcée pour solliciter les dispenses du pape. La cupidité des Borgia mit son amour à de nouvelles épreuves. Averti que César différait de produire les dispenses dont il était porteur, dans l'espérance de se les faire payer plus cher, le roi prit le parti de s'en passer (1), de telle sorte que la sentence de sépa-

---

mourir avant ce terme. » Cet acte singulier, qui se trouve imprimé parmi les preuves de la nouvelle histoire de Bretagne, est daté du 19 avril 1498, et, par conséquent, du 12e jour après la mort de Charles VIII; ce qui prouve que cette reine n'était pas tellement occupée du regret de l'avoir perdu, qu'elle ne pensât, dès les premiers jours de son veuvage, à épouser un autre roi. »

(1) « Borgia apporta la dispense avec lui; mais s'imaginant que Louis, impatient de la tenir, lui accorderait tout ce qu'il demanderait, il jugea à propos de la tenir cachée, jusqu'à ce que ce prince eût fait conclure son mariage (de Borgia) avec Charlotte, infante de Naples. Dans cette vue, il dit qu'il n'avait point la dispense, mais qu'il l'attendait tous les jours de Rome ; ce qui était non-seulement contraire aux promesses du pape et à ses lettres, mais à ce que l'évêque de Setta, nonce à Paris, savait, qui dit au roi, que quoi qu'en dît Borgia, il était sûr qu'il avait apporté la dispense avec lui. »

« Louis assembla ses théologiens, et leur demanda s'il ne

ration fut prononcée à Amboise le 12 décembre, la dispense expédiée à Rome le 6, et le mariage conclu à Nantes le 7 janvier suivant.

Et il était si vrai que Louis était entraîné par une autre passion que celle de la politique, que, dans son contrat de mariage, il oublia totalement les intérêts de la France. Il y fut stipulé que la reine, pendant sa vie, conserverait la jouissance pleine et entière de son duché; que si elle avait plusieurs enfants, le duché passe-

---

pouvait pas, en bonne conscience, terminer son mariage, quoiqu'il n'eût pas vu la bulle, étant bien assuré qu'elle avait été donnée, quand bien même elle ne serait pas présentée par la faute d'autrui. Les théologiens décidèrent unanimement en faveur du roi, et l'assurèrent qu'il pouvait consommer son mariage quand il lui plairait. Sur quoi le mariage avec Anne de Bretagne fut terminé. Elle fut déclarée reine de France, et le mariage du roi avec Jeanne nul. »

« Borgia, voyant ses artifices découverts, fut fort mortifié et obligé enfin de présenter de mauvaise grace la bulle de dispense au roi, qui ne jugea pas à propos d'entrer en discussion et laissa là cette affaire. Mais Borgia n'en fit pas de même; car voyant ses espérances trompées, il résolut de s'en venger sur celui qui l'avait décelé. Il fit donner au nonce une dose de poison, moyen ordinaire qu'il employait pour se défaire de ceux qu'il haïssait, et en fort peu de temps l'évêque mourut misérablement. »

(*Dictionnaire de* CHAUFFEPIÉ, au mot *Borgia.*)

rait, après elle, au second de ses fils, et même, à défaut de mâles, à l'aînée des filles : que si elle n'avait qu'un fils, la Bretagne appartiendrait après lui au puîné des enfants de celui-ci ; et qu'enfin si la reine mourait sans enfants, le roi, en lui survivant, n'aurait que la jouissance viagère du duché, qui reviendrait ensuite au plus proche parent de la reine.

De sorte que le second mariage de la duchesse Anne détruisait l'effet du premier, c'est-à-dire la réunion de la Bretagne à la France.

Ainsi un roi, digne des bénédictions du peuple par plusieurs qualités respectables, mais entraîné par une passion que tant d'obstacles avaient irritée, se trouvait avoir besoin de l'autorisation d'un prêtre dissolu, pour répudier une épouse légitime et vertueuse, se livrait, sur la foi de deux scélérats, aux rêves de l'ambition, entrait en communauté d'intérêts avec un César Borgia, et promettait de l'aider à devenir souverain.

Un ministre recommandable par la sagesse de son caractère et de son administration, ne put se défendre de l'illusion commune à tous les courtisans qui ont partagé la mauvaise fortune de leur maître. Il oublia sa modération au point de porter ses vues jusqu'à la tiare. Les Borgia eurent l'adresse de lui faire entrevoir combien la présence d'une armée française serait utile pour appuyer ses prétentions au moment où le saint-siége viendrait à vaquer, et dès-lors le conseil du roi jugea presque unanimement qu'il n'y avait rien de si convenable aux intérêts de la France, que de tenter la conquête de Milan et même celle de Naples.

IV.
Ambition du cardinal d'Amboise, premier ministre.

Louis XII n'était pas, comme Charles VIII, un prince parvenu, sans savoir encore lire, à l'âge de gouverner, et réduit à être un instrument aveugle dans la main de deux ministres corrompus. Le nouveau roi avait à-peu-près quarante ans. Rien ne lui manquait, ni l'habitude des hommes et des affaires, ni l'expérience de la guerre, ni même les leçons de l'adversité. A ces avantages il joignait beaucoup de vertus et le bonheur de posséder un ministre habile. La bonté, la modération, l'économie, ont mérité à ce prince le surnom de Père-du-Peuple. Ce titre est si auguste, et l'on a tant de plaisir à admirer en tout ceux qu'on doit respecter, qu'il en coûte à notre propre vanité de faire l'aveu de leurs erreurs.

Celles de Louis XII paraissent avoir eu pour principe sa passion pour Anne de Bretagne, et sa confiance trop aveugle dans le cardinal d'Amboise. Le desir de rompre son premier mariage le mit dans la dépendance du pape, et lui fit contracter une alliance avec deux infâmes scélérats. Dans son second mariage, il se laissa dicter, par la duchesse, des conditions qui détruisaient le seul bien qu'eût fait le conseil de Charles VIII. « Le premier contrat d'Anne de « Bretagne, dit l'historiographe de France (1), « fut celui d'un souverain avec sa vassale ; le se- « cond, celui d'une reine, qui consent à donner « sa main à son amant. »

Quant à sa confiance pour Georges d'Amboise, elle était méritée à beaucoup d'égards (2) ; mais

---

(1) Garnier, Louis XII.

(2) Le marquis de Paulmy a jugé ce ministre bien plus sévèrement. Le cardinal d'Amboise, selon lui, n'eut d'autres vertus que celles de son maître ; il avait de l'esprit, de l'habileté, de l'adresse ; il s'en est principalement servi pour faire sa fortune, et ce n'est pas sa faute s'il ne l'a pas poussée encore plus loin. Mais je pense, ajoute-t-il, que tout ce qui s'est fait de beau sous le règne de Louis XII appartient au monarque, et que le blâme de tout ce qui s'est fait de mal doit tomber sur le premier ministre. Louis XII était bon et doux, mais il se méfiait de lui-même, il consultait, et je soupçonne que d'Amboise mettait plus d'adresse et de politique dans ses conseils, que de candeur et de zèle pour les véritables intérêts de son prince et de la France.

(*Loisirs d'un ministre d'état.*)

Ce jugement du ministre d'état philosophe sent un peu le

elle devint de la faiblesse. Ce cardinal était archevêque et premier ministre. On vantait sa modération et son désintéressement, parce qu'on le jugeait par comparaison avec Briçonnet ; mais il n'avait pu se défendre de l'ambition commune à tous les hommes de son état, et celle d'un cardinal, premier ministre, ne pouvait avoir que la tiare pour objet. On peut ajouter qu'il

---

courtisan. Louis XII eut de grandes vertus, mais il eut de grands torts. Sa cruauté envers sa première femme, sa passion pour Anne de Bretagne, qui lui fit sacrifier les intérêts de la France dans son contrat de mariage, l'insensibilité qu'il montra après la perte de cette seconde épouse, quelques actes de barbarie dont il se souilla à la guerre, sont des torts graves que l'équitable histoire ne peut imputer au cardinal d'Amboise, et dont le blâme doit retomber tout entier sur le monarque.

Quant à la vente des offices, à l'alliance honteuse avec les Borgia, aux guerres imprudentes d'Italie, aux traités si onéreux faits avec l'empereur Maximilien et rompus par la mauvaise foi, ce sont des fautes dont le prince et le ministre sont solidaires.

On a aussi reproché à Louis XII son avarice, mais on est tenté de la lui pardonner, quand on se rappelle ce mot charmant : « J'aime mieux qu'ils rient de mon avarice que de les « voir pleurer de ma prodigalité. » Le marquis de Paulmy fait remarquer assez malignement que le roi était quelquefois libéral, mais jamais que pour le cardinal.

en était digne, et que son tort fut, non pas d'y prétendre, mais d'employer, pour y parvenir, les moyens que son maître lui avait confiés. Il avait partagé la disgrace du roi pendant le règne précédent. Jamais l'ambition des courtisans n'est plus effrénée que lorsqu'elle peut s'attacher à un pareil prétexte. La mitre, la pourpre, le bâton, l'amirauté, le ministère, de riches bénéfices, dix-sept évêchés, quatre chapeaux, seize gouvernements, trois grandes charges de la couronne, la pairie, la grande maîtrise de Rhodes, toutes sortes de dignités ecclésiastiques, militaires et civiles accumulées sur ses huit frères (1), sur ses huit sœurs et sur leurs maris,

---

(1) FRÈRES. L'aîné, Charles d'Amboise, chevalier de l'ordre du roi, gouverneur de Champagne, de Bourgogne et enfin de l'île de France. Il est vrai que celui-ci était mort avant le règne de Louis XII.

Le 2e, Jean, abbé de St.-Jean-d'Angely et de Bonnecombe, évêque de Maillezais, puis de Langres, pair, lieutenant-général en Bourgogne.

Le 3e, Aymeri, grand-prieur de France et ensuite grand maître de Rhodes.

Le 4e, Louis, évêque d'Alby, lieutenant du roi, dans les provinces de Languedoc, de Guienne, et de Roussillon, ministre et général d'armée.

Le 5e, Jean, lieutenant-général en Normandie.

sur ses neveux, rien ne pouvait payer le dévouement du cardinal, et acquitter à ses yeux Louis XII.

Le 6ᵉ, Pierre, abbé de Lire et de St.-Jouin, évêque de Poitiers.

Le 7ᵉ, Jacques, abbé de Jumiéges et de Cluny, enfin évêque de Clermont.

Le 8ᵉ, Hugues, capitaine de deux cents gentilshommes de la maison du roi, sénéchal de Roussillon, lieutenant-général en Languedoc.

Sœurs. 1. Anne, mariée à Jacques, seigneur de Chazeron.

2. Marie, femme de Jean de Hangest, seigneur de Genlis.

3. Catherine, femme de Pierre Tristan de Castelnau, seigneur de Clermont-Lodève.

4. Louise, femme de Guillaume Gouffier, seigneur de Boisi, premier chambellan du roi, sénéchal de Xaintonge, gouverneur de Languedoc et de Touraine.

5. Magdelaine, abbesse de Sainte Ménéhould.

6. Marguerite, mariée d'abord à Jean Crespin, baron du Bec Crespin et de Manni, et ensuite à Jean de Rochechouart, seigneur de Mortemar.

7. Charlotte, prieure de Poissy.

8. Françoise, religieuse à Fontevrault.

Neveux. *Enfants de Charles d'Amboise.*

François, prieur de S. Lazare.

Charles, Chevalier de l'ordre du roi, grand-maître, maréchal et amiral de France, gouverneur de Paris, de Normandie, de Gênes et de Milan.

Lorsqu'il eut conçu l'idée de devenir pape, il se fit illusion jusqu'à croire qu'il etait juste que la France tout entière concourût à ce des-

---

Louis, évêque d'Alby et cardinal.
Marie, femme de Robert de Sarrebruck, et ensuite de Jean de Créqui.
Catherine, mariée à Christophe de Tournon, ensuite à Philibert de Beaujeu; enfin, à Louis de Clèves.
Gui, capitaine de 200 gentilshommes de la maison du roi.

Enfants de Jean d'Amboise.

Jacques, seigneur de Bussy.
Jean, évêque duc de Langres.
Georges, cardinal et archevêque de Rouen, apres son oncle.
Geoffroy, abbé de Cluny.
Charles, colonel-général de l'infanterie.
Jacques, seigneur de Vaurai.
Bernard,
Robert, } Morts jeunes.
Louis,
Renée, femme de Louis Clermont Gallerande.
Françoise, mariée d'abord à Grise Gonnelle Frottier, baron de Preuilli, et ensuite à François de Volvire, baron de Ruffec.
Charlotte, femme de Pierre de Beauffremont.
Marie, abbesse de la Trinité à Poitiers.
Anne, abbesse de Sainte-Ménéhoult.
Marguerite,
Magdelaine, } Religieuses.

sein. Cet homme respectable ne vit pas que, de toutes les prévarications, dont un dépositaire du pouvoir puisse se rendre coupable, la plus

---

Enfants de Hugues d'Amboise.

Jacques, capitaine d'une compagnie d'ordonnance.
Georges, \
Hugues, / morts jeunes.
Barbe, mariée à Jean, comte de la Chambre, vicomte de Maurienne.
Magdelaine, femme de Guillaume de Lévis, baron de Quélus.
Jeanne, prieure de Prouille en Languedoc.

Enfants de Marie d'Amboise et de Jean de Hangest.

Jacques, seigneur de Genlis, conseiller et chambellan du roi, ambassadeur en Autriche.
Charles, évêque de Noyon.
Adrien, grand-échanson de France.
Louis, grand-écuyer de la reine.
Marie, femme de François Delannoi.
Jeanne, mariée à Jean d'Humières.

Enfants de Catherine d'Amboise et de Pierre Tristan de Castelnau.

Pierre de Castelnau.
François Guillaume, successivement évêque d'Agde et de Valence, archevêque de Narbonne et d'Auch, cardinal et ambassadeur à Rome.

funeste c'est de le faire servir à son ambition personnelle, quelque noble que puisse en être l'objet. Il s'était persuadé facilement que l'intérêt de l'église était le même que le sien, et dès-lors les richesses et le sang de la France ne lui parurent pas d'un trop grand prix pour assurer cet intérêt. Tous les prétextes, pour porter des troupes françaises en Italie, devinrent raisonnables : point de sacrifices qui parussent trop durs pour pouvoir le faire de l'aveu des puissances qui auraient pu être tentées de s'y opposer.

On s'obligea à payer un subside aux Suisses; on donna trente mille ducats au pape; on assura un établissement à son fils, et ce premier établissement fut formé aux dépens de la France.

Sacrifices de la France.

Enfants de Marguerite d'Amboise, et de Jean de Rochechouart.

Jean, archidiacre d'Aunis.
Aymeri, sénéchal de Xaintonge.
Charles, bailli de Rouen.
Pierre, évêque de Xaintes.
Louis, abbé de Moustier-neuf.
Jean, archidiacre de Xaintes.
Anne, mariée à Guillaume de Vergi.
Magdelaine, mariée à Pons de Gontaut Biron.
Jeanne, femme de Jean de Châtillon.

Le roi reçut à sa cour le nouveau duc de Valentinois, qui fit une entrée solennelle, dans laquelle il déploya un faste insultant, à force d'être ridicule (1). Il fallut que Louis XII se chargeât lui-même de solliciter la fille du roi de Naples d'épouser cet ex-archevêque, bâtard du

---

(1) Il y a dans un historien presque contemporain, un récit naïf de l'entrée de César Borgia. « Après avoir décrit « l'équipage, les vingt-quatre mulets chargés de bahuts, « coffres et valises, couverts de tapis aux armes du duc, « vingt-quatre autres qui portaient la livrée du roi, les « chevaux couverts de drap d'or, etc., il ajoute : après cela « venaient dix-huit pages, chacun sur un beau coursier, « dont seize étaient vêtus de velours cramoisi et les deux « autres de drap d'or frisé. Pensés que c'étoient, disoit le « monde, ses deux mignons, pour être ainsi plus braves « que les autres ; et après venoient deux mulets portant « coffres, et tout couverts de drap d'or; pensés, disoit le « monde, que ces deux-là portaient quelque chose de plus « exquis que les autres, ou de ses belles et riches pierreries « pour sa maîtresse et pour d'autres, ou quelques bulles et « belles indulgences de Rome, ou quelques saintes reliques, « disoit ainsi le monde, etc., etc. » C'est bien pis lorsque l'historien peint César Borgia « brillant de pierreries, sur « un cheval couvert de bonne orfévrerie, avec force perles, « et ferré d'or. » Au reste cette description donne une idée de ce qu'était le luxe de l'Italie à une époque où Louis XII défendait en France, par ses lois somptuaires, l'orfévrerie et la soie.

pape, et qu'après le refus de cette princesse, il lui donnât la sœur du roi de Navarre, dont la France paya la dot. Enfin, il fallut trouver bon que Borgia crût s'acquitter de la reconnaissance qu'il devait au roi, en prenant le titre de *César-de-France*.

Ce fut à ce prix que le roi put entreprendre, sans contradiction, la conquête du Milanais, dont on fut obligé d'abandonner une partie à la république de Venise.

Pour subvenir aux dépenses de cette guerre, on n'établit point de nouveaux impôts; mais le ministre proposa de vendre les offices, et fit adopter cette mesure, malgré la répugnance du roi qui s'y refusait.

V. Alarmes des Vénitiens en apprenant l'alliance de Louis XII avec le pape.

Dès que les Italiens purent soupçonner cette espèce de ligue, ils en furent vivement alarmés, le duc de Milan sur-tout. Il se hâta de négocier auprès du roi, pour obtenir d'être reconnu de lui, comme il l'avait été par Louis XI et par Charles VIII; en même temps il ne négligea pas d'exciter le ressentiment de l'empereur Maximilien et de son fils l'archiduc d'Autriche. Celui-ci réclamait les villes d'Aire, de Béthune et d'Hesdin, que le roi devait lui restituer. Louis XII, pour être tranquille de ce côté, remit ces trois places, abandonnant, comme Charles VIII, ce qui était dans ses mains et à sa convenance, pour courir après des conquêtes incertaines et éloignées.

Ils font un traité avec le roi pour partager les états du duc de Milan.
1499.

Les Vénitiens furent plus alarmés peut-être de la possibilité d'une réconciliation entre Louis XII et le duc de Milan, que de l'idée de voir revenir les Français en Italie. Ils se hâtèrent d'envoyer des ambassadeurs au roi, sous prétexte de le féliciter sur son avènement; ils le trouvèrent très-disposé à se lier avec eux, pourvu qu'ils prêtassent les mains à ses projets sur les états de Milan et de Naples. Des plénipotentiaires français vinrent bientôt à Venise faire des propositions séduisantes à la seigneurie : ils offraient, si la république voulait concourir à la conquête du Milanais, de partager avec elle les dépouilles des Sforce et de lui abandonner, outre ce qu'elle possédait déja, la province de Crémone et tout le pays situé entre l'Adda, l'Oglio et le Pô.

Quelle que fût l'ambition de ce gouvernement, quelle que fût sa haine contre un voisin dangereux, il devait craindre d'en attirer un plus dangereux encore; mais la question n'était pas de savoir si on empêcherait l'entrée des Français en Italie. Louis XII ne demandait pas aux Vénitiens leur agrément, mais leur concours. Les Vénitiens n'étaient pas assez puissants pour s'opposer seuls et ouvertement à ce que le roi de France avait résolu. Déja il avait traité avec le duc de Savoie, qui lui livrait passage dans ses états. Il avait conclu avec les Suisses une alliance offensive et défensive. Par conséquent il ne s'agissait plus, pour les Vénitiens, que de décider s'ils accepteraient Louis XII pour ami ou pour ennemi, ou bien s'ils tâcheraient de garder une neutralité nécessairement suspecte. Aider le roi de France à conquérir le Milanais, c'était reconnaître la justice de ses prétentions, et faciliter à un prince, déja trop puissant, les moyens de s'établir sur les frontières de la république; c'était enfin donner un maître à l'Italie. Rester spectateurs de cette conquête, c'était manquer une belle occasion de s'agrandir, et laisser à ce redoutable voisin des pays qui ajouteraient encore à ses forces.

Lorsqu'on agita cette affaire dans le conseil, Antoine Grimani, celui qui, quelques mois après, eut, si malheureusement pour lui, le commandement de la flotte contre les Turcs, fut l'orateur de ceux qui voulaient que la république se liguât avec le roi de France pour se partager les états du duc de Milan (1).

Délibération sur cet objet.

---

(1) Il y a quelques historiens qui ont rapporté les harangues qui furent prononcées à cette occasion; notamment VERDIZZOTTI, liv. 30, et GUICHARDIN, liv. 4. Celle de Guichardin est beaucoup meilleure, d'où il faut conclure que

Il s'adressa aux passions, réveilla toute la haine qu'on avait contre Louis Sforce, peignit les dangers que la politique de ce voisin perfide faisait courir à la république, fit valoir l'importance des acquisitions qui étaient offertes, une augmentation de revenu de cent mille ducats, la possession de Crémone, l'avantage d'avoir l'Adda et le Pô pour limites; et, comme il fallait bien parler aussi du danger qu'il y avait à appeler un roi de France en Italie, l'orateur s'attacha à rassurer l'assemblée par la considération de l'inconstance des Français, de leur peu d'habileté à conserver leurs conquêtes, et de la jalousie que celles-ci ne manqueraient pas d'exciter.

Melchior Trevisani s'éleva contre cette proposition. Il n'était pas difficile d'établir qu'un roi de France était un voisin plus dangereux que le duc de Milan; mais il fallait prouver que la neutralité seule de la république empêcherait Louis XII de persister dans ses projets de conquête. Or, c'est ce qui n'était nullement probable. D'un autre côté, l'union des Vénitiens

---

ni l'une ni l'autre ne sont authentiques. On sait d'ailleurs que Guichardin aimait à donner à l'histoire la parure de l'éloquence.

avec la France ne pouvait manquer d'exciter le ressentiment de l'empereur et des princes italiens, et ce ressentiment pourrait éclater dans un moment où la France ne serait plus disposée à secourir la république. Ainsi on allait se faire des ennemis pour se donner un allié dangereux. Cette raison était la meilleure de toutes; mais la passion de se venger de Louis Sforce, l'ambition de s'agrandir (1) et l'espoir d'intimider l'empereur ottoman, alors en guerre avec la république, par une alliance avec le plus puissant roi de l'Europe, déterminèrent le conseil à accepter les propositions du roi. Machiavel a jugé cette faute : « On ne doit jamais, à moins « d'y être forcé, dit-il, prendre parti pour un « voisin plus puissant que soi, sous peine de se « voir à sa discrétion s'il est vainqueur. Les Vé- « nitiens se perdirent pour s'être alliés, sans « nécessité, à la France contre le duc de Milan (2). »

Ce traité fut signé à Blois le 15 avril 1499 (3).

---

(1) È ancora nel senato un poco d'ambizione d'accrescere il dominio loro.

(*Hist. de Venise* de P. Justiniani, liv. 10.)

(2) Le Prince, ch. 21.

(3) On peut le voir en latin dans un manuscrit de la Bibliothèque-du-Roi, provenant de la bibliothèque de Brienne, n° 14, et dans un autre manuscrit, n° 9690. L'original est

Le duc de Milan n'avait d'alliés que le roi de Naples, qui était obligé de réserver toutes ses forces pour la défense de ses propres états.

VI.
Invasion du Milanais.
1499.

L'armée française, composée de seize cents lances, huit mille hommes d'infanterie française et cinq mille Suisses, commença les hostilités au mois d'août. Louis Sforce lui opposa le même nombre d'hommes d'armes, quinze cents chevau-légers, dix mille hommes d'infanterie italienne, et cinq cents allemands. On voit que les deux armées étaient à-peu-près égales. Voltaire fait remarquer, avec raison, « qu'il doit « paraître étrange que le duc de Milan eût une « armée tout aussi considérable que le roi de « France (1). »

Malgré cette égalité du nombre, le Milanais fut envahi en quelques jours. On a beaucoup exalté la rapidité de cette conquête. On en a fait honneur à cette impétuosité que les Italiens appelaient la *furia francese*. Il est vrai que l'armée du roi prit coup-sur-coup Arrazzo, Anon, Valence, Bassignano, Vogherra, Castel-Nuovo,

---

au trésor des Chartes, tom. 8 de l'*inventaire*, *miscellanea*. Ce traité est imprimé par-tout, notamment dans la collection de Lunig, *Codex Italiæ diplomaticus*, tom. II, pars 2, sect. 6, xxvi, et dans celle de Léonard, tom. I, pag. 419.

(1) *Essai sur les mœurs*, ch. 110.

Ponte-Corona, Tortone; mais si les deux premières de ces places furent emportées d'assaut, Valence fut livrée par la trahison, Tortone évacuée par lâcheté, les autres places enlevées sans résistance. Alexandrie succomba par la mésintelligence des généraux milanais, et Pavie capitula après un investissement de quelques jours.

Pendant ce temps-là, les troupes vénitiennes avaient attaqué la frontière orientale du duché et pris, avec non moins de facilité, toutes les places entre l'Oglio et l'Adda, c'est-à-dire Soncino, Caravaggio, Castiglione; il ne restait à conquérir que Crémone et Milan. *La république conquiert le pays entre l'Oglio et l'Adda.*

Dès que le duc vit toutes ses espérances détruites et le danger s'approcher, il fit comme tous les princes qui ne comptent pas sur l'amour de leurs sujets, il prodigua les protestations de dévouement à leurs intérêts; il les excita à des efforts dont il garantissait la réussite, promit de mourir à leur tête, et se sauva le lendemain avec le peu de troupes qui lui restaient fidèles, emmenant avec lui son trésor réduit à deux cent mille ducats, reste de quinze cents mille, qu'il avait peu de temps auparavant (1). *Fuite du duc de Milan. Les Français entrent dans cette capitale.*

---

(1) Ainsi parla Sforce, comme espris de somme litargieux, enclins le chief vers la terre, et sans un seul mot dire, ainsy

Ce prince, au moment de quitter sa capitale, dit aux ambassadeurs vénitiens un mot prophétique qui condamnait la politique de leur gouvernement : « Vous m'avez amené le roi de « France à dîner, je vous prédis qu'il ira souper « chez vous (1) ».

Aussitôt qu'il fut parti, la capitale envoya des députés, pour se soumettre au roi, et solliciter l'exemption du pillage. Le gouverneur du château de Milan vendit cette forteresse, qui passait pour imprenable. Gênes affecta de se soumettre avec joie : c'était la quatrième ou cinquième fois qu'elle passait sous le joug des Français.

Crémone remise aux Vénitiens. Quant à Crémone, la reddition de cette place ne fut différée de quelques jours que parce que les habitants avaient en horreur le gouvernement vénitien. Ils se bornaient à solliciter le roi

---

pensif moult long-temps demoura. Toutes fois ne fut de dueil tant perturbé, que ce jour ne fist trousser son bagage, charger son charroy, bien ferrer ses chevaux, encoffrer ses ducatz, dont il avait plus de trente muletz chargés, et en somme son train apprester, pour le lendemain au plus matin desloger.

(*Hist. de la conquête du duché de Milan*, faite l'an 1499. Man. de la Bibl.-du-Roi, n° 122, de la collect. de Dupuy.)

(1) Diarium J. Burchardi.

de les recevoir sous son obéissance, mais Louis voulut tenir les engagements qu'il avait pris avec la république. Il exigea que Crémone se soumît (1). Le gouverneur du château n'attendit pas même, pour se rendre, qu'on lui fît l'honneur de l'attaquer, et sa trahison fut constatée par le don que lui fit la république de propriétés considérables, et par l'inscription de son nom sur le livre d'or. Ce nom était Pierre Antoine Bretoléa (2).

Louis XII s'était avancé jusqu'à Lyon pendant que son armée faisait la conquête, ou plutôt l'invasion de la Lombardie. Dès qu'il eut appris les succès de ses armes, il vint prendre possession de ce duché, et se prépara à porter ses forces dans le royaume de Naples, dont il méditait la conquête pour l'année suivante. Afin d'entretenir le pape dans de favorables dispositions, il lui prêta quatre mille Suisses, avec lesquels César Borgia se mit à envahir Faenza,

VII. César Borgia occupe la Romagne.

―――――

(1) On trouve dans la 2ᵉ partie de l'*Historia di Venetia dall' anno* 1457 *all' anno* 1500, la copie des priviléges que la république concéda aux habitants de Crémone.

(Manuscrit de la Bibl.-du-Roi, n° 9960.)

(2) On peut voir les détails du marché dans la *Chronique de Venise*, vol. XXIV de la collection *Rerum italicarum scriptores*. pag. 111.

Forli, Imola, Rimini, et quelques autres villes de la Romagne, qui appartenaient à divers seigneurs, vassaux ou vicaires de l'église. Ce n'était pas pour accroître le domaine du saint-siége, que le pape entreprenait cette conquête; c'était dans la vue de former une principauté pour son insatiable fils.

Les Vénitiens tenaient Ravenne et Cervia dans la Romagne. Leurs droits sur ces deux places n'étaient rien moins que légitimes, ni même anciens. Ils sentaient bien que si les prétentions de César Borgia ne s'étendaient pas encore jusque-là, c'était uniquement parce qu'il était forcé de garder des ménagements avec la république; mais il pouvait devenir un voisin dangereux, et, à tous égards, il convenait bien mieux aux Vénitiens de voir les places de la Romagne dans la main de plusieurs seigneurs faibles, jaloux l'un de l'autre, inquiets de l'ambition du pape, et, par conséquent, toujours disposés à se mettre sous la protection de la république.

La seigneurie était donc intéressée à s'opposer à l'entreprise de César Borgia; mais ses forces se trouvaient occupées ailleurs. L'armée de terre prenait possession de Crémone et de la partie du Milanais cédée à la république par le traité de Blois. Toutes les autres troupes avaient à défendre les places de la Morée, car on était alors dans le fort de la guerre contre les Turcs. Il fallut donc que les Vénitiens se résignassent à demeurer spectateurs des conquêtes qu'allait faire le fils du pape. Je n'ai garde d'entreprendre le récit de la guerre par laquelle César Borgia soumit la Romagne. Ce monstre a trouvé un historien qui a pris soin d'exalter beaucoup son habileté (1), mais qui rapporte quelquefois des horreurs avec cette froide indifférence aux yeux de laquelle il n'y aurait d'odieux que les crimes qui ne réussissent pas.

Le roi, après avoir fait ses dispositions pour la campagne prochaine, retourna en France, laissant le gouvernement de son nouveau duché à Jean Jacques Trivulce, général milanais, qui, quelques années auparavant, avait passé du service de Naples à celui de France. C'était un homme de guerre d'une grande réputation; mais ce fut une faute de lui confier l'autorité dans son propre pays. Il l'exerça avec passion, et excita bientôt un mécontentement si général que Louis Sforce fut regretté. Ce prince, averti par ses partisans de la disposition des esprits, passa rapidement les Alpes, avec huit mille Suisses et

VIII.
Les Français perdent la Lombardie.

───────────

(1) MACHIAVEL.

cinq cents gendarmes, qu'il était parvenu à réunir, surprit la ville de Côme, et s'avança vers Milan. Trivulce, se jugeant trop faible pour lui résister et pour contenir à-la-fois une population prête à se révolter, se retira sur Novarre. Il fut, dans sa retraite, poursuivi par le peuple jusqu'au Tésin. Parme, Pavie, Tortone, rentrèrent sous l'obéissance du duc. Il n'avait fallu que trois semaines aux Français pour conquérir la Lombardie, il ne leur en fallut pas davantage pour la perdre. Quelques villes éloignées, comme Alexandrie, furent les seules qu'ils purent conserver.

Quant aux Vénitiens, ils se maintinrent en possession de celles dont ils s'étaient rendus maîtres, et même de Plaisance et de Lodi, où ils avaient jeté garnison à l'approche du duc. Louis Sforce leur envoya demander la paix, en les priant d'en dicter les conditions; mais ils ne voulurent point s'écarter du traité qui les liait avec la France. On peut cependant présumer que, maîtres de la partie du duché qui leur avait été promise, ils auraient pu voir sans regret les Français perdre l'autre; aussi les accusat-on de n'avoir secouru Trivulce que lentement. On remarqua même que, sous prétexte de garder le passage de l'Adda, ils se jetèrent dans Pizzighitone, dont ils se hâtèrent de démolir les fortifications, pour ne la rendre que démantelée quand ils seraient obligés de s'en dessaisir.

A la nouvelle de ces évènements, le roi renforça son armée d'Italie de quinze cents gendarmes et de seize mille hommes d'infanterie, parmi lesquels il y avait dix mille Suisses. Le duc avait emporté Novarre, et s'y était jeté avec les huit mille hommes de la même nation qu'il avait à sa solde. Il y fut bientôt investi. Séduits par l'argent des Français, ces mercenaires le trahirent ou au moins l'abandonnèrent. Ils refusèrent d'abord de combattre, parce qu'il y avait de leurs compatriotes dans l'armée ennemie ; ensuite, sous prétexte que le paiement de leur solde était différé d'un jour, ils voulurent sortir de Novarre, pour s'en retourner chez eux ; tout ce que Louis Sforce put en obtenir, ce fut de sortir avec eux, à pied, mêlé dans leurs rangs, déguisé en soldat, d'autres disent en moine. Mais il est rare que, dans une telle situation, les princes ne conservent que des serviteurs fidèles. En défilant devant les Français, il fut reconnu, arrêté, et envoyé en France, où il passa dix ans dans une prison de quelques pieds de large, pour mourir de joie, le jour qu'on lui rendit sa liberté. C'était ce même prince de qui, peu de temps auparavant, ses courtisans disaient, qu'il avait les

IX.
Le duc de Milan est pris.

Vénitiens pour trésoriers, le roi de France pour général, et pour courrier l'empereur (1).

Son frère, le cardinal Ascanio, tomba entre les mains des Vénitiens. Le roi, qui était mécontent de la conduite équivoque de ses alliés, le réclama avec beaucoup de hauteur; la république fut forcée de livrer son prisonnier. Elle poussa même la déférence, jusqu'à rendre l'épée et la tente de Charles VIII, trophées de la bataille de Fornoue, et jusqu'à livrer quelques fugitifs de Milan, à qui elle avait accordé un asyle. On attribua la demande que le roi avait faite du prisonnier, à l'importance qu'il attachait à avoir en sa puissance le frère du duc de Milan; mais on vit bientôt le premier ministre de Louis XII visiter le cardinal dans sa prison, adoucir sa captivité, et profiter de cette occasion pour se faire un mérite auprès du sacré collége, en procurant la liberté à un de ses membres (2).

Louis XII, maître de son compétiteur, envoya

---

(1) MACHIAVEL, *Fragments historiques*, de 1494 à 1498.

(2) GUICHARDIN dit positivement (liv. 6) que le cardinal d'Amboise avait rendu la liberté au cardinal Ascanio, dans la vue de se servir de son crédit au conclave. Le marquis de PAULMY ajoute que tout le monde fut convaincu qu'en cela ce ministre avait fait une grande faute, celle de rendre un chef au parti contraire à la France.

le cardinal d'Amboise prendre possession de Milan. Les habitants le reçurent à genoux : il ne répondit à leurs larmes que par un regard sévère, et au lieu d'aller habiter le palais, comme on l'en suppliait, il se rendit au château, fit braquer le canon sur la ville, et ordonna que tel jour le peuple s'assemblât pour entendre sa sentence. Ce fut le vendredi-saint, que, du haut d'un trône, le cardinal annonça leur pardon à tous les habitants prosternés devant lui (1). Après cette cérémonie fastueuse, d'Amboise honora son administration, par la modération avec laquelle il traita ces peuples, dont la seconde soumission n'était pas plus sincère que la première.

Ceci se passait au mois d'avril de l'an 1500.

La république était en possession de ses nouvelles conquêtes dans le Milanais. Elle terminait par des sacrifices, et non sans quelque gloire, la guerre dans laquelle elle avait été engagée contre les Turcs; mais les Français étaient maîtres de Gênes, et de la Lombardie.

Ce fut dans ces circonstances que mourut le doge Augustin Barbarigo. Son règne avait été

Léonard Lorédan, doge. 1500.

---

(1) Le procès-verbal de cette cérémonie et la harangue qui fut adressée au cardinal au nom des Milanais, se trouvent dans la collection des *Traités* de Léonard, tom. I, pag. 430.

marqué par des évènements importants, et la fermeté de son caractère lui avait procuré une autorité plus grande que celle dont ses prédécesseurs avaient joui, depuis que la jalousie du sénat avait dépouillé cette dignité de ses anciennes prérogatives. Le successeur d'Augustin Barbarigo fut Léonard Lorédan.

On a vu avec quelle facilité Louis XII avait fait, perdu et recouvré sa conquête. A peine était-il maître de Milan, pour la seconde fois, que le moment arriva de remplir les engagements qu'il avait pris envers le pape, c'est-à-dire de fournir des troupes à César Borgia, pour le mettre en état de dépouiller les seigneurs de la Romagne.

L'historiographe de France Garnier fait ici une singulière réflexion. Après avoir discuté fort au long l'origine de la puissance temporelle des papes, et montré qu'il était fort impolitique de servir l'ambition d'Alexandre VI, il ajoute : « On « ne peut excuser la faute que Louis commit « en cette occasion, qu'en disant que, dans l'ar- « rangement qu'il prit alors avec le pape, il « n'était point question des intérêts du saint- « siége, mais uniquement de ceux de César « Borgia. » Comme si quelques raisons d'équité, de politique ou de morale eussent pu faire préférer celui-ci aux princes qu'on allait dépouiller pour lui former une souveraineté arrosée de sang français; le roi mit un prix à cette complaisance, et ce prix fut un accroissement de dignité pour son premier ministre. Le cardinal d'Amboise fut revêtu du titre de légat *à latere*, dans le royaume, et reçut, en traversant la France, les honneurs réservés aux souverains.

Cette faiblesse du ministre explique la faute du roi; et ce n'était pas que Georges d'Amboise n'en fût bien averti, car Machiavel raconte (1), qu'ayant été envoyé à la cour de Louis XII par sa république, le cardinal lui dit un jour que les Italiens n'entendaient rien à la guerre; à quoi le secrétaire de Florence répondit : « Comme les « Français aux affaires d'état, depuis qu'ils tra- « vaillent à l'agrandissement du pape. »

Les troupes françaises occupaient Gênes, le Milanais; il y en avait dans la Romagne. Il importait aux desseins du cardinal d'Amboise de les porter encore plus près de Rome. Dans cette vue, il envoya un corps d'armée aux Florentins, pour les aider à soumettre la ville de Pise; cette expédition n'eut aucun succès.

Mais on ne manquait pas de prétextes pour répandre des troupes sur la surface de l'Italie. Il y avait encore un royaume à conquérir.

---

(1) Le Prince, ch. 3.

X.
Traité de partage du royaume de Naples entre Louis XII et Ferdinand d'Arragon.
1502.

Pour pouvoir entreprendre cette conquête avec sécurité, il fallait se mettre d'accord avec l'empereur, et avec le roi de Sicile, qui était en même temps roi d'Arragon, et mari d'Isabelle reine de Castille.

On était avec l'empereur dans un état de paix fort équivoque. Ce prince n'était pas très-puissant, comme chef de l'empire; mais il possédait l'Autriche, et il avait acquis à sa maison, par son mariage, les états de la maison de Bourgogne, dont son fils était déja en possession. Heureusement pour le roi de France, cet empereur était d'un caractère peu entreprenant. Le prêtre Luc, un de ses ministres, disait de ce prince, qu'il ne savait prendre ni parti, ni conseil. Ses finances étaient tellement dérangées que les Italiens l'appelaient Maximilien le nécessiteux (1). Il avait reçu quarante mille ducats du roi de Naples, pour le secourir par une diversion dans le Milanais. On employa le même moyen pour le détacher de cette alliance (2).

Quant à Ferdinand, roi d'Arragon et de Sicile, ce fut par un traité de partage qu'on l'amena à

---

(1) Massimiliano pochi danari.

(2) On lui donna cinquante mille écus, par un article secret du traité conclu au mois de mai 1501.

consentir à la spoliation du roi de Naples, son parent. Ce traité (1) fut négocié par un frère du cardinal d'Amboise. On régla que Ferdinand, comme héritier de la branche légitime de la maison d'Arragon, et Louis XII, comme succédant aux droits de la maison d'Anjou, s'uniraient pour conquérir les états de Frédéric. Ce royaume était divisé en quatre provinces : la Pouille et la Calabre, qui étaient à la convenance de Ferdinand, à cause de la proximité de la Sicile, lui furent assignées avec le titre de duché; les deux autres, c'est-à-dire l'Abruzze et la terre de Labour devaient former le royaume de Naples, et le partage du roi Louis. On se rappelle que les Vénitiens tenaient quatre places maritimes sur cette côte, à titre de nantissement. Ces places devaient revenir à Ferdinand, lorsqu'il rembourserait la somme pour laquelle elles avaient été engagées.

Il est inutile de faire remarquer combien ce partage avec un prince puissant et perfide était impolitique. On ne peut pas comprendre comment Louis XII, à qui le roi de Naples avait fait

---

(1) Traité fait entre le roy Louis XIIe de ce nom, et le roy d'Arragon, touchant le royaume de Naples. Mai 1502.
(*Manuscrit de la Biblioth.-du-Roi, provenant de la biblioth. de Brienne*, n° 14.)

faire toutes sortes de soumissions, et avait offert un hommage, un tribut, des places, put s'obstiner à vouloir conquérir un royaume qu'on lui soumettait, et cela pour le partager avec un allié très-dangereux.

Les intérêts et l'indépendance de l'Italie étaient évidemment menacés par ce traité; aussi le tint-on fort secret. Le roi d'Arragon avait envoyé une armée à Frédéric, pour l'aider à défendre ses états; mais à l'approche de l'armée française, les troupes espagnoles se joignirent à elle, et le roi de Naples n'eut plus que le choix de se mettre à la discrétion d'un parent qui l'avait trahi, ou du roi de France; il n'hésita pas, il fit demander un sauf-conduit à Louis XII, et alla en France recevoir une modique pension.

Fuite du roi de Naples.

L'invasion du royaume de Naples n'eut de remarquable que l'enlèvement de Capoue, pendant qu'on négociait sa capitulation, le massacre des habitants, le partage et la vente des femmes, entre lesquelles le duc de Valentinois en eut quarante des plus belles pour sa part (1). On croit lire l'histoire des mahométans et non celle des chrétiens. Un autre fait, également indigne de la chrétienté et de toutes les nations, ce fut

---

(1) Guichardin, liv. 6, et Verdizzotti, liv. 32.

le parjure de Gonzalve de Cordoue, qui, après avoir promis, la main étendue sur l'hostie consacrée, d'observer la capitulation de Manfredonia, qui assurait au fils aîné de Frédéric la faculté de se retirer librement, retint ce prince prisonnier. Le père, en sortant de Naples, s'était jeté dans l'île d'Ischia, où Guichardin (1) fait remarquer que la fortune avait rassemblé trois têtes dépouillées de leurs couronnes; savoir : le roi de Naples, Béatrix, femme répudiée d'Uladislas, roi de Bohême et de Hongrie, et la veuve du dernier duc de Milan.

Une conquête si injuste, faite par des moyens si odieux, n'avait rien qui pût scandaliser un pape tel qu'Alexandre VI. Il ne fut question que de marchander sur le prix de l'investiture. Le roi attachait aussi beaucoup d'importance à obtenir de l'empereur Maximilien l'investiture du Milanais. Il était mécontent des Vénitiens, qui sans doute avaient mal dissimulé leurs regrets de voir les Français répandus dans toute l'Italie. Il se repentait de leur avoir laissé prendre possession de Crémone, et se proposait de faire valoir toutes les prétentions qu'un duc de Milan pouvait avoir sur diverses provinces de la répu-

XI.
Traité entre Louis XII et l'empereur Maximilien Ier.

---

(1) Liv. 5.

blique; ainsi, non-seulement il méditait de leur reprendre Crémone et la rive gauche de l'Adda, qu'il leur avait abandonnées par le traité de partage; mais encore Crème, Bergame et Brescia, dont ils étaient en possession depuis long-temps (1). Mais telle est l'inconséquence des hommes, ou plutôt telles étaient les vues détournées du premier ministre, que la première chose dont on demeura d'accord, dans les conférences qui eurent lieu à Trente, avec l'empereur, fut d'abandonner ce même duché de Milan, que le roi venait de reconquérir, et dont il se préparait à réclamer les provinces détachées.

Le roi n'avait qu'une fille encore en bas âge. L'empereur avait un petit-fils, à peine âgé de quinze mois. Cet enfant devait hériter des états de la maison d'Autriche, qui appartenaient à son père et à son grand-père; des états de la maison de Bourgogne, par sa grand'mère Marie de Bourgogne, femme de Maximilien; de l'Espagne, de la Sicile et de la moitié du royaume de Naples, par Jeanne, sa mère, fille de Ferdinand d'Arragon et d'Isabelle de Castille. Cet enfant, qu'on appelait alors le comte de Luxembourg, fut depuis l'empereur Charles-Quint.

---

(1) GUICHARDIN, liv. 5.

Le cardinal d'Amboise proposa de marier l'héritier de tant de couronnes, avec la fille de Louis XII, à qui on assurait pour dot le duché de Milan. C'était sans doute une faute de préparer d'avance l'agrandissement d'un prince qui devait être si redoutable. Maximilien accueillit avec empressement une proposition qui procurait à sa maison un trône de plus en Italie. Il ne pouvait faire aucune difficulté de consentir à laisser dépouiller les Vénitiens de tout ce qu'ils avaient acquis dans le Milanais; mais il disputa tellement sur les termes de l'investiture sollicitée par Louis XII, et il se refusa si opiniâtrément à consentir à ce que le duché de Milan passât aux enfants du roi, dans le cas où le mariage du prince d'Autriche et de la princesse de France serait stérile, que, malgré toute l'impatience et toutes les concessions du négociateur, qui était le cardinal d'Amboise, le traité ne put être conclu pour cette fois.

L'impatience du cardinal provenait de ce qu'il y avait, dans ce projet de traité, une clause qui rapprochait le terme où tendait son ambition. L'empereur, qui n'en ignorait pas l'objet, lui avait proposé la convocation d'un concile général, pour réformer l'église, dont le chef était, depuis long-temps, un sujet de scandale et un objet d'horreur. Ce concile devait prononcer la déchéance d'Alexandre VI; et, quoique ce pontife fût déja septuagénaire, l'ardeur de Georges d'Amboise ne lui permettait pas d'attendre la mort du pape pour ceindre la tiare.

XII.
Brouillerie entre Louis XII et Ferdinand d'Arragon.

Les Français et les Espagnols étaient à peine en possession des provinces qu'ils s'étaient distribuées dans l'Italie méridionale, que des contestations s'élevèrent pour la fixation des limites, et chacune des deux puissances déployant l'appareil des armes pour soutenir ses droits, on ne tarda pas à commettre des hostilités.

Brouillerie avec les Suisses.

Pendant que cet orage se formait dans le midi, les affaires se compliquaient dans le nord de l'Italie. Les Suisses, qu'on avait congédiés, après la conquête du Milanais, avaient réclamé inutilement un supplément de paye, qu'on prétendait ne leur être pas dû. En retournant dans leurs montagnes, ils passèrent à Belinzona, ville dépendante du duché de Milan, et s'en emparèrent, à titre de nantissement de la somme qu'ils exigeaient. Quelque temps après, ils revinrent au nombre de quinze mille, et attaquèrent la frontière du duché. On parvint cependant à les arrêter, mais on leur céda Belinzona, et on remarqua, dans cette circonstance, que les troupes vénitiennes, dont on avait réclamé le concours, en vertu du traité d'alliance subsistant entre la France et la république, avaient eu soin d'arriver assez lentement pour ne prendre aucune part à cette guere.

César Borgia n'était pas satisfait d'avoir ajouté le titre de duc de Romagne à celui de duc de Valentinois. Beaucoup de courage, d'habileté et de scélératesse lui avaient acquis, en peu de temps, un état déja considérable. Il se jetait sur tout ce qui était à sa convenance. Bologne, Sienne, Florence, l'avaient vu à leurs portes. Il s'était emparé du duché d'Urbin par une perfidie. Le roi, pour qui c'était déja une honte d'avoir reçu César Borgia dans son alliance, ne put consentir à se déshonorer, en lui permettant de continuer ses brigandages. Il témoigna une vive indignation contre le père et le fils. Aussitôt tous les princes, et toutes les villes d'Italie, se hâtèrent de profiter de cette disposition, pour former une ligue, à la tête de laquelle on suppliait le roi de se placer. Mais la politique du cardinal d'Amboise ne permit pas à Louis XII de réaliser ses menaces. Ce ministre, quelque impatient qu'il fût de supplanter le pape, sentait qu'il n'avançait point ses propres affaires en le renversant à main armée; il voulait être maintenu dans sa mission de légat *à latere;* il voulait se faire des créatures dans le sacré collége, en faisant nommer quelques cardinaux dévoués à ses intérêts.

XIII.
Le roi favorise l'ambition de César Borgia.

et en se constituant le protecteur du saint-siége (1). En conséquence, lorsque César Borgia arriva à Milan, pour s'excuser auprès du roi des usurpations qu'on lui reprochait, Louis le reçut avec des démonstrations de joie et lui fit rendre des honneurs extraordinaires; « ce qui lui attira, « dit Mézerai, la haine de toute l'Italie; et peut-« être la malédiction de Dieu, avec lequel on ne « peut être bien, quand on est en société avec « les méchants. »

On avait été étonné de cette réconciliation, on fut indigné quand on apprit que le roi venait de de conclure avec Borgia un traité, par lequel il approuvait que cet ambitieux s'emparât de Bologne. Cette résolution fut notifiée aux Bolonais eux-mêmes de la part du roi, mais il est bon d'ajouter, que ce fut contre l'avis de tout son conseil, et uniquement par l'influence du premier ministre, à qui le duc de Valentinois avait persuadé qu'il pouvait le servir très-utilement, et lui procurer le pontificat, après la mort d'Alexandre VI.

Ce fut à la faveur du titre d'alliés de Louis XII, que Borgia et son père purent impunément continuer leurs rapines, attirer leurs ennemis dans

---

(1) GUICHARDIN, liv. 5, et le continuateur de l'*Histoire ecclésiastique* de FLEURY, liv. 119.

un piége, et se délivrer de presque tous, par le poignard ou le poison.

Les Vénitiens crurent devoir adresser au roi quelques représentations, motivées uniquement sur l'intérêt qu'ils prenaient à sa gloire, contre la protection trop éclatante qu'il accordait au duc de Valentinois. Ces représentations demeurèrent sans effet. Le roi leur fit une réponse menaçante, où il descendait jusqu'à entreprendre la justification de son indigne allié. Ses ministres, pour faire leur cour à César Borgia, lui envoyèrent copie de cette réponse, et celui-ci ne manqua pas d'en faire trophée. Il la montra à Machiavel, qui en rendit compte à la seigneurie de Florence, dans une de ses dépêches (1). Louis XII était déja, comme on voit, assez froidement avec la république. Il eut une nouvelle occasion de s'en plaindre dans sa guerre de Naples.

XIV. Les Vénitiens donnent des sujets de mécontentements à Louis XII

Pendant que ses troupes assiégeaient par terre Barletta, où Gonsalve de Cordoue s'était jeté, avec peu de vivres et de munitions, les Vénitiens ravitaillèrent la place par mer, et lorsque le roi fit porter des plaintes de ce secours donné à ses ennemis, le sénat répondit que la chose

---

(1) Légation auprès du duc de Valentinois, lettre 13.

s'était faite à son insu, que Venise était une république de commerçants, que des particuliers avaient bien pu vendre des vivres aux Espagnols, avec qui on était en paix, sans qu'on fût autorisé à en conclure que la république avait manqué à ses engagements envers la France. On ne pouvait guère prendre moins de soin de dissimuler la connivence et la partialité du gouvernement.

Mais Louis XII, ayant une armée occupée à Naples, obligé d'en rassembler une autre sur les frontières de la province de Languedoc menacée d'une invasion, et inquiet du côté du Milanais, ne voulut pas s'attirer de nouveaux ennemis, et feignit de trouver suffisantes les explications que le sénat voulait bien lui donner.

Quelque temps après, quatre galères françaises, chassées par une escadre espagnole supérieure, se présentèrent devant le port d'Otrante qu'occupaient les Vénitiens. Cette fois, ceux-ci alléguèrent leur neutralité pour refuser un asyle à l'escadre française à laquelle le commandant fut obligé de mettre le feu pour qu'elle ne tombât pas entre les mains de l'ennemi.

XV. Guerre dans le royaume de Naples.

Cependant l'armée du roi, dans le royaume de Naples, avait eu d'abord de grands succès. Gonsalve de Cordoue s'était vu réduit à ne pouvoir tenir la campagne. Cette prospérité ne dura pas long-temps; il n'entre pas dans mon sujet de rapporter les détails de cette guerre, ni les exploits du duc de Nemours, de Daubigny Stuart, de la Palisse, et du chevalier Bayard. Je ne dois m'attacher qu'aux résultats; ils étaient dans le commencement, comme je l'ai dit, peu favorables aux armes espagnoles. Aussi le roi d'Arragon adressait-il de vives sollicitations aux Vénitiens, pour qu'ils l'aidassent à chasser les Français de l'Italie; il offrait de leur céder, pour prix de leur alliance, une province de Naples, et de leur laisser prendre une partie ou même tout le reste du duché de Milan. Quelque séduisantes que fussent ces offres, le gouvernement vénitien n'osa pas se déclarer; mais, comme on l'a vu, il laissa percer sa partialité, de manière à ne pas permettre aux Français le moindre doute sur ses véritables dispositions.

L'armée de Louis XII avait une supériorité marquée sur celle de Ferdinand. Le général espagnol, malgré son habileté, qui lui mérita le surnom de grand capitaine, était réduit à la défensive, perdait tous les jours du terrain, et aurait fini par être obligé d'évacuer entièrement l'Italie, si le roi de France eût fourni à ses généraux les moyens de faire un effort décisif. Au lieu de cela, il quitta tout-à-coup Milan, pour retourner en France, et se contenta d'ordonner quelques armements dans les ports de Gênes et de Marseille.

XVI.
Ferdinand d'Arragon trompe Louis XII par un traité.

Il arrivait bien, de temps en temps, quelques renforts d'Espagne en Sicile, qui de Sicile passaient ensuite dans le royaume de Naples; mais ces secours ne rétablissaient point l'égalité des forces. Ferdinand sentit que, pour obtenir la supériorité, il lui fallait gagner du temps, et sur-tout ralentir les préparatifs de l'ennemi. Dans cette vue, il engagea l'archiduc d'Autriche, son gendre, qui était allé en Espagne prendre possession de la couronne de Castille; il l'engagea, dis-je, à se rendre l'intermédiaire de son accommodement avec le roi Louis XII. L'archiduc, qui avait à traverser la France, pour retourner dans les Pays-Bas, se rendit auprès du roi, à Lyon. Là, il négocia la paix entre son beau-père et la France, et proposa que les deux rois, qui se disputaient les provinces de Naples, confondissent leurs intérêts, en cédant l'un et l'autre ce qui devait leur appartenir aux deux enfants, dont le mariage avait été arrêté l'année précédente.

En conséquence, il fut convenu qu'en considération du futur mariage de Charles, fils de l'archiduc et petit-fils de Ferdinand, avec Claude, fille de Louis XII, Ferdinand céderait à son petit-fils les deux provinces de Naples qui lui étaient échues, qu'il en retirerait son armée, et que, jusqu'à la majorité de Charles, ces provinces seraient administrées par l'archiduc, et gardées par ses troupes; que de son côté Louis XII céderait également ses provinces à sa fille, mais en conserverait la garde et l'administration. On voit que, par ce traité, le roi ajoutait le royaume de Naples à la dot de sa fille, à qui il avait déja promis le duché de Milan. Ce n'était pas un léger inconvénient de préparer la grandeur future du jeune héritier des deux maisons rivales de la France; cependant, pour le moment actuel, cet arrangement, qui fut signé le 5 avril 1503, terminait d'une manière assez favorable les différends qui s'étaient élevés dans le pays de Naples.

Les Espagnols venaient de s'obliger à l'évacuer; les Français au contraire y restaient. Les provinces qui formaient la part du roi d'Arragon étaient confiées au souverain des Pays-Bas, qui ne se trouvait pas placé avantageusement pour inquiéter les Français au fond de l'Italie.

Ces négociations avaient fait différer le départ des armements. Les commissaires français qu'on envoya à Naples pour y procéder à l'exécution du traité, commencèrent par contremander, sur leur passage, toutes les troupes qui étaient prêtes pour cette destination. Ils firent désarmer les vaisseaux préparés à Marseille et à Gênes.

Il ne l'exécute pas. Mais lorsqu'ils arrivèrent à Naples et qu'ils exhibèrent le traité au général espagnol, Gonsalve de Cordoue répondit que, malgré tout son respect pour l'archiduc qui l'avait signé, il ne pouvait recevoir des ordres que de ses maîtres et que, n'en ayant point reçu, il n'évacuerait point le royaume. En effet, au lieu de voir arriver les ordres pour cette évacuation, on vit paraître, d'un côté une flotte qui amenait des troupes d'Espagne, et de l'autre un corps de deux mille Allemands, levés, de l'aveu de Maximilien, dans le territoire de l'empire, qui s'étaient embarqués à Trieste, et qui n'avaient pu traverser le golfe Adriatique sans que les Vénitiens y eussent consenti.

Cet appareil de forces arrivant tout-à-coup, changeait la face des affaires. Les Espagnols se trouvaient supérieurs en nombre, et les Français n'avaient plus de renforts à attendre.

Il n'en coûta à Ferdinand, pour colorer cette perfidie, que de désavouer son gendre, qui fit à Louis XII de grandes protestations de sa bonne foi, et qui donna lieu d'en douter en s'évadant du territoire de France.

Dès-lors la fortune des Français déclina rapi-

LIVRE XXI. 351

dement dans le royaume de Naples. Ils perdirent deux batailles (1), et bientôt après la capitale. Quelques points fortifiés qui leur restaient furent attaqués avec un art nouveau, invention communément attribuée à Pierre Navarre ou Navarro, biscaïen, qui de l'état de palefrenier d'un cardinal, s'était élevé par son courage, au grade de capitaine dans l'armée espagnole (2). On essaya pour la première fois de faire jouer des mines sous les remparts des châteaux de Naples. L'explosion renversa une partie des murs, et, comme il arrive presque toujours dans les occasions, où un accident, qu'on n'a pu prévoir, vient frapper l'imagination, l'étonnement ébranlant le courage à l'aspect d'un danger qu'on ne savait ni mesurer ni détourner, les assiégés se hâtèrent de parlementer pour la reddition des châteaux. Il y eut cependant une petite garnison qui fit assez de résistance pour être passée au fil de l'épée (3).

XVII. Les Français perdent le royaume de Naples.

---

(1) A Seminata et à Cerignole.

(2) Paul Jove.

(3) Tale fù lo stupore e l'entusiasmo prodotto da simile avvenimento, che gli furono cognate medaglie, sulle quali veniva egli chiamato inventore delle mine, quantunque ognun sà, che sedici anni innanzi erano state poste in opera

Envoi d'une seconde armée française en Italie.

Le royaume de Naples était perdu. Une nouvelle armée de huit cents hommes d'armes et de cinq mille Gascons, se mit en marche, sous le commandement de Louis de la Trémouille, pour traverser l'Italie, et aller recueillir les débris des troupes françaises. Le seul point dans lequel elles tinssent encore était Gaëte, qu'une escadre avait heureusement ravitaillée; mais on pouvait à bon droit se méfier de la fidélité du pape et de César Borgia, qui devenaient cependant dans ces fâcheuses circonstances des alliés à ménager. Ils avaient poussé leurs usurpations même sur les villes et les princes que le roi protégeait. Il fallut dissimuler cette injure.

La petite armée du roi devait recevoir un renfort de huit mille Suisses, qui se réduisit à deux.

Elle se recruta, en traversant l'Italie, de cinq

---

da un ingegnere genovese nell' assedio del castello di Sarazanella difeso da' Fiorentini.

MARINI, *Dissertazioni sù i sistemi di de Marchi*. D'autres racontent que la mine, dont les Génois firent alors le premier essai contre Sarazanella, n'eut point de succès, et que Navarre, présent à ce siége, remarqua le défaut du procédé et le corrigea, pour le mettre ensuite en pratique au siége des châteaux de Naples. Tiraboschi attribue cette invention à un architecte de Frédéric duc d'Urbin, nommé Georges de Sienne et la fait remonter à l'an 1482.

cents lances, que lui fournirent les Florentins, la ville de Bologne, le duc de Ferrare et le marquis de Mantoue. La Trémouille, à la tête d'à-peu-près dix-huit mille hommes, s'avançait vers Rome, qu'il ne pouvait laisser derrière lui sans s'être assuré, autant qu'il était possible, de la fidélité des Borgia. On savait qu'ils entretenaient des correspondances avec Gonsalve de Cordoue, et on ne pouvait pas douter qu'ils ne fussent prêts à trahir la France, à laquelle César devait sa grandeur, dès qu'ils y verraient leur sûreté.

La Trémouille était à Parme et en marchant négociait avec le Pape, lorsque la mort subite d'Alexandre VI vint changer la face des affaires.

C'est une opinion généralement établie que ce pape et son fils s'empoisonnèrent par mégarde, le 17 août 1503, avec du vin qu'ils avaient préparé pour faire mourir quatre cardinaux. Il y a quelques historiens qui révoquent ce fait en doute (1).

XVIII. Mort d'Alexandre VI. 1503.

---

(1) L'Histoire ne doit prêter des crimes à personne, même à un Borgia; or, il y a quelques raisons de douter de celui-ci. Je me borne à rapporter les divers témoignages.

Les auteurs contemporains qui accusent le pape et le duc de Valentinois d'avoir voulu empoisonner quatre cardinaux, sont :

Quoi qu'il en soit, cette mort mit tout en combustion dans Rome. Ceux que César Borgia avait subjugués se déclarèrent aussitôt contre

---

Daniel Maffey de Volterre, liv. 22, dans la seconde partie de ses commentaires intitulée *Anthropologie*, parce qu'elle est consacrée aux hommes illustres. Cet ouvrage est dédié au pape Jules II, grand ennemi d'Alexandre VI, mais qui, pour l'honneur du pontificat, n'aurait pas dû accréditer des bruits si injurieux à la mémoire de son prédécesseur.

Onuphre Patavini de Vérone, continuateur des Vies des papes, commencées par Platina. Le pape Pie V agréa la dédicace de cette continuation;

Le cardinal Bembo, liv. 6;

Paul Jove, liv. 8, et Vie de Gonsalve;

Mariana, liv. 28;

Guichardin, liv. 6;

Philippe de Commines, *preuves*, liv. 7.

Ainsi voilà un cardinal et un évêque italiens, un jésuite espagnol, un général des troupes de l'église et un ambassadeur de France qui racontent un crime abominable confirmé par deux auteurs italiens, dont deux papes semblent avoir approuvé les récits en agréant leurs dédicaces.

Ces diverses narrations ne diffèrent que dans la manière d'expliquer la méprise par laquelle le poison fut versé à ceux qui l'avaient préparé.

Beaucoup d'auteurs graves ont admis ce fait, entre autres:

Arnoul du Ferron, conseiller au parlement de Bordeaux et continuateur de Paul Emile;

Le chartreux Laurent Surino qui écrivit des mémoires sur l'histoire de son temps et qui mourut en 1578;

lui. Les chefs des factions puissantes, les Colonnes, les Ursins rassemblèrent des troupes, et on craignit de voir Gonsalve de Cordoue en-

---

Thomas Thomasi, (page 456), Mezeray, le père D'aniel, Bayle, Chaufepié, Moréri, Félibien dans ses *Entretiens sur la Vie des Peintres*; Duchesne, dans son *Histoire des papes*; Gregorio Leti, *Vie du cardinal Borgia*; les auteurs de la grande *Histoire universelle*; le continuateur de l'abbé Fleury.

Il y a une variante importante dans la version que rapporte un autre auteur, Pierre Martyr, surnommé d'Angleria, (Lettre 264). Celui-ci n'attribue ce projet d'empoisonnement qu'au duc de Valentinois, et croit que le pape n'en était pas complice.

Toutes ces versions, sauf la dernière, s'accordent en ceci que César Borgia ayant besoin d'argent pour lever des troupes, et son père n'ayant pu lui en donner, ils imaginèrent de se défaire du cardinal Cornetto et de quelques autres, le pape étant en possession de s'emparer de la dépouille des cardinaux. Une invitation leur fut adressée pour dîner à la campagne ; des bouteilles de vin avaient été préparées et envoyées d'avance. Le pape et le duc arrivèrent les premiers. Il faisait fort chaud ; ils demandèrent à boire, et on leur servit par mégarde le vin empoisonné. Alexandre en mourut le lendemain ; César Borgia en fut très-malade. On le mit, dit-on, dans le ventre d'une mule encore vivante. Ses cheveux et ses ongles tombèrent ; sa peau se détacha de son corps, et il ne recouvra qu'au bout de dix mois une santé chancelante. Gordon remarque que cette relation se

trer dans Rome, à la tête de l'armée espagnole.

Si l'armée française, traversant rapidement l'État de l'Église, où elle ne pouvait plus trouver

---

trouve confirmée par tous les auteurs qu'il a pu consulter.

Quelques jésuites dont l'ordre, comme on sait, fut toujours dévoué à la cour de Rome, ont tâché de voiler le crime imputé à Alexandre VI, sans pouvoir dissimuler cependant que sa mort avait été occasionnée par le poison.

Voltaire, qu'on ne peut pas assurément soupçonner de la même partialité, reproche (*Essai sur les Mœurs*) à cette anecdote le défaut de vraisemblance. Le pape ne devait pas manquer d'argent, puisque après sa mort on trouva cent mille ducats d'or dans son coffre. Quand on prépare du poison, on prend ses précautions pour éviter les méprises. Ceux qui racontent ce crime, ne rapportent les aveux d'aucun complice. Ce projet demeura impuni. Je voudrais bien savoir, ajoute-t-il, de quel venin le ventre d'une mule est l'antidote? et comment ce Borgia moribond serait-il allé au Vatican prendre cent mille écus d'or? Etait-il enfermé dans sa mule, quand il enleva ce trésor?

On peut atténuer ces objections par les observations suivantes;

L'invraisemblance du crime n'est pas telle qu'on puisse refuser d'y croire, si d'ailleurs il est d'accord avec le caractère des personnages; et ici on n'en saurait douter.

L'accident de la méprise aurait dû être prévenu si les scélérats prenaient toujours toutes leurs précautions. Mais un oubli, une distraction ne sont pas des faits extraordinaires.

Le pape ne manquait pas d'argent; à la bonne heure;

aucun obstacle, se fût portée vers les frontières de Naples, où les troupes renfermées dans Gaëte, et une flotte formidable l'attendaient, il eût été

---

mais il en fallait beaucoup à César Borgia; et l'un comme l'autre, ils étaient insatiables.

On ne cite les aveux d'aucun complice ; il n'y en avait peut-être pas.

On ne punit aucun coupable. Et qui punir ? Le pape était mort, le duc de Valentinois mourant. D'ailleurs, de ce qu'après la mort d'Alexandre, on ne constata aucun de ses crimes par une procédure, s'ensuit-il que son règne n'avait pas été rempli par des empoisonnements et des assassinats ?

On ne met pas un homme empoisonné dans le ventre d'une mule. On peut l'y avoir mis dans un temps où l'on avait encore plus de préjugés qu'aujourd'hui.

Enfin, comment César Borgia mourant serait-il allé au Vatican pour s'emparer du trésor de son père ? Aussi n'y alla-t-il pas. Il y envoya un de ses affidés, nommé Micheletto, qui, le poignard sur la gorge, força le cardinal Casa Nova à lui remettre les clefs de ce trésor.

Ce que Voltaire ajoute, est plus concluant. Le journal de la maison de Borgia, dit-il, porte que le pape âgé de 72 ans, fut attaqué d'une fièvre tierce, qui, bientôt, devint continue et mortelle. Ce n'est pas là l'effet du poison.

Il s'agit de savoir quel est ce journal de la maison de Borgia que Voltaire nous cite. D'abord un pareil titre suffirait pour rendre l'ouvrage un peu suspect et pour permettre d'y soupçonner quelques réticences. Il faudrait ensuite s'assurer de l'existence de ce journal, et enfin connaître l'auteur pour pouvoir apprécier son témoignage.

possible à un général habile, comme l'était la Trémouille, de rétablir les affaires. Mais ce n'était plus du royaume de Naples qu'il s'agissait.

Il y a lieu de croire que Voltaire a fait cette citation de mémoire ; mais au fond elle est exacte, quoique l'ouvrage auquel il nous renvoie, n'existe peut-être pas.

Je vais tâcher d'y suppléer.

Le continuateur des Annales de Baronius, Oderic Raynaldi de l'Oratoire, soit qu'il ait eu dessein de justifier Alexandre VI du dernier crime qu'on lui imputait, soit pour rendre hommage à la vérité, dit que ce pape fut calomnié après sa mort ; et en effet la manière dont il raconte sa dernière maladie, tendrait à écarter le soupçon de poison. Le samedi 10 août, dit-il, Alexandre VI se trouva mal dès le matin. La fièvre se déclara vers midi ; le 15 il fut saigné, et la fièvre devint tierce. Le lendemain le pape prit médecine et se confessa. On célébra la messe dans sa chambre, et il communia en présence de cinq cardinaux. Son mal augmentant, on lui donna l'extrême-onction et il expira.

D'après ce récit, la maladie du pape aurait duré depuis le 10 août jusqu'au 16.

Cet auteur écrivait un siècle et demi après l'évènement. Ainsi on ne peut guère suspecter son impartialité. Cependant il faut connaître les sources où il a puisé. Il ne manque pas de nous dire qu'il écrit sur la foi de plusieurs bons manuscrits. Mais cela ne suffit pas ; car Félibien, qui raconte la chose tout différemment, s'autorise aussi d'un excellent manuscrit qu'il dit avoir vu dans la bibliothèque Barberini.

Il n'est pas difficile de connaître les manuscrits où Raynaldi a puisé, parce que sa narration est exactement conforme

Aussitôt qu'on eut appris la mort d'Alexandre, l'armée s'avança jusqu'à Sienne. La flotte française, qui était à Gaëte, reçut ordre de venir à

L'armée française s'arrête près de Rome.

à celle du journal tenu par Jean Burcard, maître des cérémonies de la chapelle sous les pontificats de Sixte IV, d'Innocent VIII, d'Alexandre VI, de Pie III, et de Jules II.

Seulement, suivant Burcard, la fièvre se déclara le 12, et le pape mourut le 18. Du reste les circonstances de la maladie sont les mêmes dans les deux récits.

Il est certain que la fièvre tierce, la saignée, la purgation, ne donnent guère lieu de croire que le malade fût empoisonné.

Chaufepié n'a pas aperçu ou n'a pas voulu apercevoir cette espèce de contradiction.

M. de Bréquigny de l'académie des inscriptions, dans une notice qu'il a publiée sur le journal de Burcard (Extraits des manuscrits de la Biblioth.-du-Roi, tom. Ier), paraît incliner pour l'opinion de Voltaire.

On pourrait faire remarquer que le maître des cérémonies, qui ne manque jamais de se mettre en scène toutes les fois qu'il en trouve l'occasion, ne dit point qu'il ait été dans la chambre du pape pendant sa maladie, ni au moment où il expira. Voici au reste comment il raconte les circonstances qui suivirent cette mort:

« Lorsque Alexandre rendit le dernier soupir, il n'y avait dans sa chambre que l'évêque de Rieti, le dataire et quelques palefreniers. Cette chambre fut aussitôt pillée. La face du cadavre devint noire; la langue s'enfla au point qu'elle remplissait la bouche qui resta ouverte. La bière dans laquelle il fallait mettre le corps se trouva trop petite; on l'y

l'embouchure du Tibre, et d'amener même toutes les troupes qui ne seraient pas absolument indispensables pour la conservation de cette place. Elle se présenta en effet devant Ostie, et y débarqua un corps de quatre mille hommes.

César Borgia s'adressa à l'ambassadeur de France, Villeneuve de Trans, pour lui offrir tout le crédit qu'il se vantait d'avoir sur le sacré collége, afin de procurer la tiare au cardinal d'Amboise. L'ambassadeur, qui n'avait rien plus à cœur que de rendre un pareil service au premier ministre, accepta avec joie ce secours, comme s'il eût eu quelque chose de réel. Un traité fut conclu, le 1er septembre, avec le duc de Valentinois, par lequel le roi lui garantissait ses états, et de son côté le duc promettait de joindre ses troupes à celles de France pour la guerre de Naples, et de faire tous ses efforts pour élever Georges d'Amboise au pontificat. On stipula même que le nouveau pape lui conserverait la dignité de gonfalonier de l'église.

---

enfonça à coup de poings. Les restes du pape insultés par ses domestiques furent portés dans l'église de St.-Pierre, sans être accompagnés de prêtres ni de torches, et on les plaça en-dedans de la grille du chœur pour les dérober aux outrages de la populace.

LIVRE XXI.

Le cardinal d'Amboise accourait à Rome, pour assister au conclave, menant avec lui deux cardinaux Italiens, sur la voix desquels il croyait pouvoir compter. Tous les cardinaux français avaient reçu ordre de se rendre à Rome. A son passage dans les quartiers de l'armée française, il donna ordre à la Trémouille de s'avancer jusqu'aux portes de cette capitale. On sent bien qu'il n'était plus question de hâter la marche vers Naples, puisqu'on faisait même venir des troupes de Gaëte à Ostie.

Arrivée du cardinal d'Amboise à Rome.

Le cardinal touchait au terme de ses vœux. Une armée, qui était à ses ordres, occupait les avenues de Rome du côté du nord, et, du côté de la mer, une flotte française mouillait à l'embouchure du Tibre. Les troupes du duc de Valentinois, retranchées dans le Vatican, faisaient cause commune avec celles du roi : les trésors de la France étaient à la disposition du candidat ambitieux : il comptait plusieurs de ses créatures dans le sacré collége, et l'ambassadeur de France était allé jusqu'à demander, à la vérité sans succès, que le château Saint-Ange fût remis aux troupes du roi.

Les deux cardinaux que Georges d'Amboise amenait avec lui étaient le cardinal Ascanio, frère de ce même Louis Sforce, que le roi de France avait détrôné, et Julien de la Rovère, génois, par conséquent actuellement sujet du roi, et que nous avons vu l'ardent promoteur des guerres d'Italie sous Charles VIII.

<small>XIX.
Il manque le pontificat.</small>
Plusieurs prétextes avaient retardé l'ouverture du conclave; d'abord les troubles de Rome et la nécessité d'assurer la tranquillité de cette capitale pendant l'élection; ensuite les obsèques du pape; enfin la difficulté que faisaient la plupart des cardinaux d'entrer dans le conclave, tant que les troupes de César Borgia, des Colonne, des Ursins, seraient dans Rome et celles de France à ses portes.

Ce fut le sujet d'une longue négociation avec César Borgia; mais, comme elle n'avançait point, le cardinal de la Rovère alla trouver Georges d'Amboise, et après l'avoir salué comme celui qui devait être infailliblement souverain pontife, il lui représenta qu'il importait à la gloire de son élection et à la tranquillité de son règne qu'on ne pût pas attaquer la validité de sa nomination; que la présence des troupes fournirait un prétexte pour alléguer que les suffrages n'avaient pas été libres; que dans un temps où la France et l'Espagne se disputaient une partie de l'Italie, l'exaltation d'un pape français, si elle n'était évidemment libre et régulière, occasionnerait vraisemblablement un schisme dans l'église; qu'une nouvelle preuve de sa sagesse et de sa modération ne pouvait que lui concilier encore un plus grand nombre de suffrages; qu'il était digne de lui de monter dans la chaire de saint Pierre, non comme le ministre d'un roi puissant, mais comme un prélat qui avait honoré l'église par ses vertus, et un homme d'état qui l'avait défendue par son génie ; qu'enfin il était de sa gloire, de son intérêt, d'éloigner les troupes françaises des portes de Rome, et d'exiger de César Borgia qu'il en fît sortir les siennes.

Le cardinal d'Amboise se laissa persuader par ces discours, malgré les conseils de César Borgia. Toutes les troupes sortirent, le conclave s'ouvrit, et là, le cardinal de la Rovère, le cardinal Ascanio, firent aisément sentir au sacré collége, que ce serait, dans les circonstances présentes, attirer le fléau de la guerre sur Rome que de nommer un pape français ou espagnol. En conséquence on se décida à choisir un Italien. L'ambassadeur de Venise, qui lisait dans ses instructions la recommandation formelle de s'opposer de tout son pouvoir à l'élection du cardinal d'Amboise, s'était empressé d'offrir les troupes de sa république pour la garde du sacré collége; on ne les accepta point, mais on profita de ses dispositions et il contribua puissamment à faire exclure du pontificat le premier ministre de France.

Élection de Pie III. Julien de la Rovère apparemment n'était pas prêt à s'assurer de tous les suffrages pour lui-même : il fit tomber l'élection sur le cardinal Piccolomini, qui réunit trente-sept voix sur trente-huit. Digne de la tiare par ses vertus, il ne la dut qu'à ses infirmités.

Ce n'était pas assez pour l'humiliation du cardinal d'Amboise de voir s'évanouir ses espérances, entretenues depuis si long-temps et si publiquement avouées, la fortune lui réservait une seconde épreuve.

Pie III, ou Piccolomini, ne vécut que quelques jours; mais dans un règne si court il eut le temps de se déclarer, et de faire déclarer Rome contre la France. Le cardinal d'Amboise, comme ministre du roi, et comme prétendant au pontificat, avait un grand intérêt à gagner la faction des Ursins, alors très-puissante. Il se croyait sur le point d'y réussir, lorsqu'on vit arriver à Rome le comte de Petigliano, général de l'armée des Vénitiens, qui était de cette maison, et qui fit rompre la négociation entamée. Les Ursins se jetèrent dans le parti des Espagnols, et le cardinal d'Amboise accusa les Vénitiens de connivence avec l'Espagne : du moins paraît-il certain que leur ambassadeur avait fourni à Gonsalve de Cordoue, la somme qui fut stipulée dans le traité que les Ursins conclurent avec lui (1).

Aussitôt que le pape eut fermé les yeux, le cardinal de la Rovère fit connaître aux cardinaux espagnols, qu'il était dans les mêmes dispositions politiques que le pape défunt; il gagna le cardinal Ascanio en lui promettant d'employer sa puissance pour rétablir Louis Sforce, son frère, sur le trône de Milan. Beaucoup de voix furent achetées; on se lia dans toute cette intrigue par des sermens solennels, les uns engageant leur voix, l'autre ses bienfaits.

Election de Jules II.

Il restait à s'assurer de la coopération du duc de Valentinois, qui ne laissait pas d'avoir encore quelque influence sur plusieurs membres du sacré collége, principalement sur ceux de la faction d'Espagne. L'ambitieux cardinal s'avisa, dit-on, d'un mensonge, qui n'aurait pas dû être un titre à la tiare. Des affidés allèrent dire au duc, que sa mère avait eu des liaisons avec Jules de la Rovère, et que lui, César Borgia, était le fruit de cette union, au lieu d'être le fils d'Alexandre VI, comme il l'avait cru jusque alors. Ce pape, ajoutait-on, en avait eu quelque soupçon

---

(1) Guichardin, liv. 6.

et sa jalousie était le motif secret des persécutions dont il avait si long-temps poursuivi le cardinal. Ce récit pouvait manquer de vraisemblance, César Borgia n'était pas homme à céder aux mouvements de la piété filiale; mais il ne vit que l'avantage d'être deux fois de suite le fils du pontife régnant, et il entra dans la brigue de son prétendu père : von erra comment celui-ci l'en récompensa.

Le conclave cette fois s'assembla sans différer. L'élection de la Rovère fut terminée le jour même. Le cardinal d'Amboise était entré au conclave sans aucune espérance; et il eut la douleur de baiser les pieds de celui qui lui avait arraché la tiare, dont lui-même se croyait sûr un mois auparavant.

Tel fut le fruit amer des longs travaux et de toutes les sollicitudes de ce ministre. Il aurait mérité une gloire plus pure, si son ambition eût pu se borner à faire le bonheur de la France.

Capitulation de l'armée française dans le royaume de Naples.

L'armée française, que toutes ces intrigues, pour l'élection d'un pape, avaient retenue deux mois dans les environs de Rome, se mit en route pour les frontières de Naples, où elle arriva vers la fin d'octobre; mais il n'était plus temps, les Espagnols s'y étaient fortifiés au point d'y être inexpugnables. On fit contre eux une campagne d'hiver désastreuse, et après avoir essuyé une fatale déroute à Garillan, il fallut se replier sur Gaëte, où les faibles restes de deux armées françaises capitulèrent, abandonnant cette place et le royaume, pour obtenir la faculté de se retirer dans le Milanais.

Le nouveau pape, qui avait pris le nom de Jules II, était nécessairement devenu l'ennemi irréconciliable du cardinal d'Amboise ; aussi le cardinal ne cessait-il de se féliciter hautement de ce que la Providence venait de placer sur le trône pontifical un ami de la France, et le pape redoublait-il ses protestations de reconnaissance pour le roi, et de dévouement à ses intérêts.

XX. Projet conçu par Jules II d'expulser tous les étrangers de l'Italie.

Il avait eu soin de prodiguer des promesses semblables aux cardinaux de la faction d'Espagne, et quoiqu'il ne les eût pas tenues, on ne pouvait douter qu'il ne vît avec joie les succès des Espagnols dans le royaume de Naples, et l'expulsion des Français. Maintenant son plus ardent desir était de chasser de l'Italie ce qu'il appelait les barbares.

Il oubliait qu'étant cardinal il n'avait pas mis moins d'ardeur à les y attirer. Mais ces contradictions dans un homme violent et impérieux n'ont rien dont on puisse s'étonner.

Ce desir de délivrer la péninsule de la présence et de l'influence de l'étranger, était certainement un vœu légitime et une idée belle et sage. Mais il n'était pas dans le caractère de

Jules II, de traiter les affaires avec cette droiture qui permet de juger les vues de celui qui les entreprend. Comme il avait plusieurs projets à-la-fois, ses intérêts étaient souvent contradictoires, ses desseins compliqués, et sa politique s'en ressentait. Elle avait quelquefois l'air d'être inconséquente et tortueuse, toujours elle était hautaine et violente. Il avait passé une vie déja longue au milieu des orages politiques. Son grand courage cherchait les périls, et il n'en était d'aucun genre qu'il ne sût braver. Comme prêtre, tous les éloges qu'on faisait de lui se réduisaient à dire qu'il était moins scandaleux qu'Alexandre VI. Comme homme, les Italiens vantaient beaucoup sa franchise, et c'était peut-être pour mériter cet éloge, qu'il se laissait accuser d'intempérance. Comme prince, il voulait illustrer son pontificat par l'expulsion des étrangers et par l'agrandissement de la puissance de l'église. L'un ne pouvait s'obtenir que par la réunion des Italiens; l'autre supposait la prépondérance du pape en Italie et il ne pouvait l'y acquérir que par le secours des étrangers. Ce fut de ces deux intérêts différents que résultèrent toutes les contradictions que l'on a remarquées dans la conduite de ce pontife.

Dans le récit des évènements que je viens de rapporter, je me suis permis quelques détails qui n'appartiennent pas précisément à l'histoire de Venise; mais ils m'ont paru nécessaires pour expliquer les évènements subséquents, en faisant connaître le jeu des passions qui agitaient alors l'Europe, et sur-tout l'Italie.

Le roi de France avait entrepris une conquête en choisissant le pape et les Vénitiens pour ses alliés. L'objet véritable de cette guerre était d'élever Georges d'Amboise au pontificat. La guerre avait été malheureuse. Le séjour des troupes autour de Rome avait fait manquer la seconde expédition de Naples, sans procurer la tiare au cardinal. Le roi et le ministre étaient également mécontents, il fallait bien que ce fût la faute de leurs alliés. Alexandre VI était mort, César Borgia venait d'être renversé. Les Vénitiens portaient seuls tout le poids du ressentiment de la France.

XXI. Ressentiment du roi contre les Vénitiens.

Les Florentins, effrayés de la position où les plaçaient les revers de l'armée française dans le royaume de Naples, les succès des Espagnols, l'exaltation d'un pontife entreprenant, et les progrès des Vénitiens dans la Romagne, envoyèrent en France un homme d'état célèbre, Nicolas Machiavel, avec la mission de déterminer le roi à leur fournir des secours, en lui faisant concevoir des craintes pour ses propres états d'Italie. « Tu t'appliqueras, disent les instructions

Négociation des Florentins avec Louis XII. 1503.

données au secrétaire de Florence (1), à lui faire sentir la nécessité d'arracher Rome à l'influence des Espagnols, et le danger que l'ambition des Vénitiens fait courir à ses provinces de Lombardie. »

Le premier soin du négociateur, en passant à Milan, fut de parler des Vénitiens au gouverneur de ce duché, dans les termes qui lui étaient dictés par ses instructions. Chaumont lui répondit qu'il espérait qu'on les réduirait à s'occuper de la pêche (2).

Arrivé à Lyon, où était la cour, Machiavel eut plusieurs conférences avec le cardinal d'Amboise, qui n'était que trop disposé à accueillir tout ce qu'on pourrait lui dire contre les Vénitiens : « Le roi, répondit ce ministre, sait qu'il n'a d'alliés fidèles en Italie que les Florentins, et le duc de Ferrare (3). » Il parla des Vénitiens, de manière à annoncer des projets sinistres (4). Les paroles du roi furent encore plus positives.

---

(1) Seconde légation de Machiavel à la cour de France, instruction du 14 janvier 1503.

(2) *Lettre* de MACHIAVEL à la seigneurie, du 22 janvier 1503.

(3) *Lettre* de VALORI, ambassadeur de Florence, à Paris, du 29 janvier.

(4) *Ibid.*

Il dit que les ducs de Mantoue et de Ferrare le sollicitaient d'attaquer Venise, et qu'il ne manquerait pas de leur fournir des hommes d'armes pour cela (1); qu'on pouvait être tranquille, que jamais il ne ferait de traité avec la république; que les Milanais étaient prêts à lui fournir cent mille ducats; que de manière ou d'autre, il s'arrangerait avec l'empereur, pour faire ensemble la guerre à Venise, et à l'Espagne, si celle-ci ne consentait pas à la paix; qu'il n'abandonnerait personne, et qu'il ne voulait rien pardonner. « Je vous assure, ajoutait-il, que l'empereur est « indisposé contre les Vénitiens. Je sais que vous « ne les aimez pas, et moi je suis outré de leurs « procédés. » Ces discours étaient accompagnés de la recommandation d'un profond secret et de juremens, qui prouvaient qu'ils étaient prononcés avec abandon. Le roi avait dit à l'envoyé de Ferrare qu'il espérait que, par amitié pour lui, le duc endosserait encore la cuirasse, et qu'avant un mois, il en serait récompensé par la restitution de la Polésine (2). Les ambassadeurs de l'empereur, qui se trouvaient alors à

---

(1) *Dépêche* du même, du 30 janvier.

(2) *Dépêche* du même, du 31 janvier.

la cour ne paraissaient pas moins animés pour la perte de la république (1).

On voit que la négociation de l'envoyé florentin n'était pas difficile. Pendant qu'il tâchait d'exciter contre cette puissance, objet d'envie plus encore que d'inimitié, tous les ministres réunis alors à Lyon, Venise était désolée par deux grandes calamités.

<small>Calamités naturelles à Venise.</small> Un incendie, occasionné par l'explosion d'un magasin à poudre, venait de dévorer son superbe arsenal, et un tremblement de terre, qui avait duré, disait-on, plusieurs heures, avait rempli cette capitale de consternation. A Venise il n'y a pas moyen de fuir dans la campagne, pour éviter d'être écrasé par la chûte des édifices. Toute la population, le sénat lui-même, qui se trouvait en séance au moment où l'on avait ressenti les premières secousses, s'étaient jetés dans des barques, et attendaient, au milieu des vagues en fureur, le sort de leur ville prête à s'abymer dans les flots.

<small>XXII. Occupation de la Romagne par les Vénitiens.</small> Aussitôt que la mort d'Alexandre VI avait fait prévoir la chûte de César Borgia, les seigneurs, que cet usurpateur avait détrônés, s'étaient empressés de se ressaisir de leurs domaines. Les

---

(1) *Lettres* de Valori, ambassadeur de Florence, à Paris.

Vénitiens ne furent pas des derniers à accourir, pour assister au partage de ses dépouilles. Ils n'y avaient certainement aucun droit; mais ils se présentaient comme les protecteurs des faibles contre l'injustice et la tyrannie. Ils envoyèrent à cet effet quelques troupes à Ravenne. Cependant les villes de la Romagne, que Borgia avait administrées avec beaucoup d'habileté, et même avec assez de douceur, ne regrettaient nullement leurs anciens maîtres. Ceux-ci, faibles et inquiets, étaient sans cesse en guerre avec leurs voisins. De leur temps le pays était tour-à-tour pressuré, et ravagé (1) : sous le duc de Va-

---

(1) Avant que le pape Alexandre VI eût délivré la Romagne des seigneurs auxquels elle obéissait, cette contrée était le repaire de tous les crimes. Les causes les plus légères y produisaient des meurtres et des pillages effroyables. Ces désordres naissaient de la méchanceté des princes et non, comme ceux-ci le disaient, du mauvais naturel de ces peuples. Ces princes étaient pauvres, et voulant vivre avec le faste de l'opulence, étaient obligés d'avoir recours à tous les genres de rapines, etc.

(MACHIAVEL, *Discours sur* TITE-LIVE, liv. 3, chap. 29.)

Le même auteur revient sur ce sujet dans un autre endroit: « Quand César Borgia eut pris la Romagne, considérant qu'elle avait eu des seigneurs avares, qui avaient dépouillé leurs sujets, au lieu de les policer, il réprima le brigandage,

lentinois, au contraire, ces villes avaient recouvré la tranquillité, et vu renaître l'abondance; aussi ne faisaient-elles aucun mouvement pour se soulever.

Pandolfe Malatesta, l'un de ces seigneurs dépossédés, surprit la ville de Rimini. Les gens de Borgia l'en chassèrent; il parvint à y rentrer, mais les habitants ne le voyaient pas de bon œil; il se trouvait trop faible pour assiéger le château, et trop pauvre pour payer au gouverneur la somme au prix de laquelle celui-ci aurait consenti à se déshonorer (1). Dans cet embarras, les Vénitiens lui offrirent leur secours, et traitèrent avec lui de la cession de ses droits.

Une fois armés de cette cession, ils se mirent en possession, non-seulement des états de Malatesta, mais de plusieurs autres villes qu'ils considéraient comme des biens à l'abandon.

---

les factions, les meurtres. Pour la rendre paisible et obéissante, il lui donna un gouverneur actif, vigilant, mais cruel, qui y rétablit l'ordre, et un beau jour, pour donner satisfaction aux peuples des actes de sévérité de celui-ci, Borgia le fit couper en quatre et fit exposer ses membres sur la place de Césène. »

(*Le Prince*, ch. 7.)

(1) *Hist. veneziana*, da Gio. Nicolo Doclioni, lib. 10.

Pendant qu'ils faisaient ces acquisitions, ou ces usurpations, César Borgia était encore à Rome, traitant de son accommodement avec le cardinal de la Rovère; qui, n'étant pas encore pape, ne faisait pas difficulté de lui promettre la conservation de ses possessions, et de ses dignités. Les Vénitiens se doutaient bien que de telles promesses étaient de ces engagements que les princes, une fois parvenus à leur but, ne se croient pas toujours obligés de tenir. L'ambassadeur de la république alla trouver Julien de la Rovère, et lui offrit de contribuer de tous ses moyens à son exaltation. Ensuite il amena, comme sans dessein, la conversation sur les affaires de la Romagne. Le cardinal, qui venait de recevoir dans le moment un bon office de la république, ne put se dispenser de témoigner qu'il voyait avec joie les Vénitiens maîtres d'une partie des propriétés de César Borgia (1). C'était prendre l'engagement de reconnaître, quand il serait pape, la légitimité de ces conquêtes. En conséquence, les Vénitiens, dont l'ambition n'avait pas besoin d'être encouragée, étendirent leurs acquisitions. Ils s'emparèrent du

---

(1) *Fatti veneti* di Fr. Verdizzotti, lib. 32, et *Hist. veneziana* di Gio. Nicolo Doglioni, lib. 10.

château de Forlimpopolo, d'une douzaine de petites villes (1), et essayèrent de surprendre Césène, dont les habitants leur fermèrent les portes. Ils pressaient vivement le siége de Faenza, lorsqu'ils virent arriver un nonce du pape, qui leur ordonna de cesser ces usurpations, de restituer Rimini, de lever le siége de Faenza et d'en évacuer la citadelle, qui leur avait déja été livrée. Toutes les places de la Romagne appartenaient, disait-il, au patrimoine de saint Pierre; le duc de Valentinois venait de le reconnaître par la remise qu'il en avait faite au saint-siége. En effet le pape avait fait arrêter César Borgia, et avait obtenu de lui, moitié par caresses, moitié par menaces, la cession de tout ce qui lui restait; ce fut la rançon de ce singulier personnage, qui, fils illégitime, archevêque, duc en France, prince en Italie, puis prisonnier à Rome et en Espagne, alla mourir les armes à la main, en combattant pour le roi de Navarre.

Imola venait de reconnaître la souveraineté du pape. Ludovic Ordelafe, qui était rentré dans Forli, et qui ne se sentait pas en état de résister

XXIII.
Elle les brouille avec le pape.

---

(1) Montefiore, San-Arcangelo, Verrucchio, Gattera, Savignano, Meldola, Porto-Cesenatico, dans la Romagne, Tossignano, Solarnolo et Monte-Battaglia dans la province d'Imola.

à Jules II, voulait vendre cette place aux Vénitiens; mais ils n'osèrent dans les circonstances conclure le marché. La notification qu'ils venaient de recevoir des prétentions du saint-siége les arrêtait, sans les déterminer cependant à se dessaisir de ce qui était déja entre leurs mains. Cette querelle, dans laquelle personne n'avait raison, comme il arrive souvent, fut l'origine d'affreuses calamités pour l'Italie.

On répondit à la sommation en termes très-respectueux, que les villes de Faenza et de Rimini (1), quoique relevant du saint-siége avaient été gouvernées pendant plusieurs siècles par divers princes, dont la possession n'aurait été ni interrompue, ni contestée, sans l'injuste usurpation de César Borgia; que la mort du pape Alexandre VI ayant amené la chûte de cet usurpateur, les choses avaient dû rentrer dans leur premier état; mais que la ville de Rimini s'étant soulevée contre les Malatesta, ses anciens maîtres, et ayant réclamé la protection de la république, celle-ci avait eu la générosité d'acquérir les droits de la maison Malatesta, en lui assurant une juste indemnité. Quant à Faenza, le château et le territoire de cette ville s'étaient

---

(1) *Fatti veneti*, di F. Verdizzotti, vol. 2, lib. 1.

donnés à la république. Les Vénitiens s'étaient crus autorisés à chasser de la place les troupes florentines, qui l'occupaient sans en avoir le droit; la descendance légitime des seigneurs de Faenza étant éteinte, il n'y avait pas lieu de stipuler une indemnité en faveur des anciens possesseurs, sur-tout cette place ayant appartenu depuis à César Borgia. On déclarait en terminant, que la république, toujours empressée de mériter la bienveillance du saint-père, par une déférence respectueuse, tant que sa propre dignité ne s'y opposait pas, offrait de tenir ces villes comme les précédents seigneurs, c'est-à-dire à titre de vicariats du saint-siége, et en payant le tribut accoutumé.

Lorsque cette note fut présentée au pape par l'ambassadeur de Venise, Jules II répondit avec emportement, qu'il persistait à exiger la prompte restitution des deux places réclamées, et que, si les forces de l'église n'étaient pas suffisantes pour y contraindre les Vénitiens, il appellerait le secours des princes qui s'étaient toujours montrés les fidèles défenseurs des droits du saint-siége. L'ambassadeur eut beau lui exposer, qu'on ne se rappelait pas que Faenza ni Rimini eussent jamais appartenu à l'église; que par conséquent le saint-siége ne pouvait y prétendre d'autres droits, que ceux dont il jouissait avant l'occupation de César Borgia; que la république, de son côté, ne prétendait pas les posséder autrement que comme des vicariats de l'église; qu'elle avait succédé aux droits des anciens possesseurs; qu'elle était appelée par le vœu des peuples; qu'il était digne du père commun de la chrétienté, de laisser un pays, qu'il affectionnait, sous l'autorité d'un gouvernement en qui tous les sujets reconnaissaient une administration éclairée, et trouvaient une protection efficace; que lui-même, avant d'être élevé au pontificat, avait paru reconnaître ces avantages, et voir avec plaisir les acquisitions que la république faisait dans la Romagne; qu'il avait même daigné l'y encourager. Toutes ces raisons, qui au fond n'étaient guères plus solides que celles sur lesquelles le pape établissait ses prétentions, ne purent ébranler le prince le plus opiniâtre qui fut jamais.

Il adressa ses plaintes au roi de France et à l'empereur, déja aigris l'un et l'autre contre les Vénitiens; celui-ci, parce qu'ils s'étaient alliés avec le roi pour la conquête du Milanais; celui-là, parce qu'il n'avait pas trouvé en eux des alliés à l'épreuve de la mauvaise fortune.

Louis XII et Maximilien traitaient à cette époque, pour la troisième fois, du mariage de Charles d'Autriche avec Claude de France. Cette union

XXIV.
Traité de Blois, contre les Vénitiens.
1504.

des deux maisons était devenue une formule de réconciliation entre les deux puissances. Rien ne prouve mieux combien on comptait peu sur ce mariage que la facilité avec laquelle on y revenait si souvent. Il n'y a pas de promesses moins sûres, que les promesses réitérées. En effet, il y avait tant de chances, soit dans les accidents de la nature, soit dans l'instabilité des volontés humaines, pour empêcher que deux enfants, dont le plus âgé n'avait pas cinq ans, fussent jamais unis l'un à l'autre, qu'on croyait ne rien promettre en prenant des engagements fondés sur la réalisation de ce mariage.

Il n'y a que cette manière d'expliquer l'incroyable traité de Blois, que l'histoire, à l'exemple des états-généraux, a reproché à Louis XII et à son ministre. La première fois qu'on avait arrêté l'union de ces deux enfants royaux, le roi de France avait assigné pour dot à sa fille le duché de Milan, accru de tout ce qu'il se proposait de conquérir sur les Vénitiens. Ensuite il y ajouta le royaume de Naples. Maintenant il promettait la Bourgogne, la Bretagne, le comté de Blois, le comté d'Asti, Gênes, et le duché de Milan. Ainsi la célébration de ce mariage aurait occasionné le démembrement de la France, en faveur du plus redoutable ennemi que la France pût avoir. Pour prix de tous ces sacrifices, l'empereur, moyennant deux cent mille écus, promettait à Louis XII l'investiture de ce duché de Milan, qui allait bientôt passer à la maison d'Autriche.

A ce traité on en avait joint un autre, dont les dispositions restèrent quelque temps secrètes. Celui-ci expliquait un peu ce que le premier avait d'incompréhensible. Louis XII, après avoir perdu non-seulement les provinces de Naples, mais son armée, craignait que les Espagnols ne se portassent dans l'Italie, et ne fissent la conquête du duché de Milan. Ils l'auraient pu; la France, dans les premiers moments qui suivirent ses revers, n'avait rien à leur opposer. On prévoyait avec raison que l'empereur Maximilien s'allierait avec les Espagnols, pour partager le Milanais, comme le roi s'était allié aux Vénitiens pour en faire la conquête. Ce soupçon avait pris un caractère de vraisemblance, depuis qu'on avait vu l'empereur embrasser hautement la cause du pape, dans sa querelle avec la république, au sujet des villes de la Romagne, et annoncer le dessein de faire passer une armée en Italie, pour y soutenir les droits du saint-siége. Louis XII croyait que le Milanais était encore plus sérieusement menacé que les états vénitiens. Il voulut détourner l'orage sur ceux-ci, et assurer en même temps ses possessions et sa vengeance.

Ce fut dans cette vue qu'il proposa à l'empereur et au pape une ligue offensive contre Venise, et cette ligue était le sujet du traité secret dont je viens de parler, qui fut signé à Blois le 22 septembre 1504 (1). On s'y partageait d'avance les provinces que la république possédait en Italie. Brescia, Bergame, Crémone, Crème, et le pays compris entre l'Oglio et l'Adda, devaient rester au roi, pour être réunis au duché de Milan : le pape se réservait toute la Romagne : le Frioul, Trévise, Vicence, Vérone et Padoue, devaient former la part de l'empereur. Pour dépouiller les Vénitiens encore plus complètement, on se proposait d'inviter tous les voisins de la république à entrer dans cette ligue ; savoir : les Florentins, le marquis de Mantoue, le duc de Ferrare, qui avait à réclamer la Polésine de Rovigo, et enfin le roi de Hongrie, qui ne refuserait pas de reproduire ses prétentions sur la Dalmatie. C'était faire rentrer la république de Venise dans ses anciennes limites, la réduire à ses lagunes.

Si on se rappelle que, deux ans auparavant, dans les conférences tenues à Trente, entre Maximilien et le cardinal d'Amboise, il avait été

---

(1) *Codex Italiæ diplomaticus.* Lunig., tom. I, pars 1, sect. 1, XXVI.

convenu que l'empereur et le roi s'uniraient pour reprendre aux Vénitiens les provinces qui avaient appartenu au duché de Milan, on ne s'étonnera pas de voir ces deux princes revenir à cet ancien projet. Le premier ne cherchait que les conquêtes faciles, et les provinces vénitiennes étaient au moins autant à sa convenance que le Milanais, puisqu'elles étaient contiguës à ses états héréditaires. Le second, affaibli par ses revers, et menacé par un voisin puissant, ne se faisait pas scrupule d'en dépouiller un autre. Le pape, en intervenant dans cette affaire, ne pouvait que s'y porter avec une extrême chaleur, parce qu'il était en ce moment en querelle ouverte avec les Vénitiens, et sa passion était d'autant plus vive, que ses prétentions étaient plus injustes. Quant à l'archiduc d'Autriche, qui était aussi l'un des signataires de cette ligue, il n'y avait qu'un intérêt indirect, éloigné, celui d'agrandir le duché de Milan, qui devait un jour appartenir à son fils.

Sans doute si l'empereur et le roi de France eussent considéré cette affaire avec moins de passion, ils auraient senti que la république était un voisin moins dangereux que celui qu'ils voulaient se donner. Aussi la première idée que l'empereur avait conçue, était-elle de chasser les Français du duché de Milan. Cette idée était beaucoup plus conforme aux véritables intérêts de sa politique; mais il préféra une acquisition certaine à une entreprise hasardeuse. Le roi, comme je l'ai dit, avait à detourner un danger. Le cardinal d'Amboise éprouvait l'embarras qui attend les ministres dont les propositions imprudentes n'ont pas eu de succès. Il avait promis au roi des conquêtes en Italie; il fallait bien lui en procurer aux dépens de qui que ce fût. Jules II devait, plus que tout autre, sentir que cette ligue, à laquelle il venait de prendre part, allait directement contre le plan qu'il s'était tracé, d'expulser tous les étrangers de l'Italie. Mais avant de songer à délivrer la péninsule, il avait un objet plus pressant, celui d'agrandir le domaine du saint-siége. C'est ainsi que, dans la politique comme dans les affaires privées, les intérêts et les passions du moment font souvent négliger les intérêts de l'avenir.

Les Vénitiens voyaient avec étonnement les sacrifices par lesquels le roi de France payait l'avantage de s'allier à la maison d'Autriche. Il aurait été difficile de deviner que le roi sacrifiât la Bretagne et la Bourgogne pour obtenir la permission de conquérir Bergame et Brescia. Cependant ils n'étaient pas sans inquiétude, surtout lorsqu'ils apprirent qu'il existait un traité secret, et que le pape, de qui ils n'étaient pas en droit d'attendre un bon office, y était intervenu. Leurs ambassadeurs à la cour de France faisaient tous leurs efforts pour pénétrer le mystère de ce traité; mais le cardinal d'Amboise n'épargnait ni les protestations, ni les serments pour les rassurer, leur répétant sans cesse que le roi tenait plus que jamais à conserver son alliance avec la république.

Dans la vue de la tromper plus sûrement, l'empereur et le roi la firent exhorter par leurs ministres à donner satisfaction au pape, sur l'objet de ses réclamations : mais la république, toujours respectueuse dans ses formes, resta inébranlable dans ses refus.

Maximilien, que son inconstance naturelle jetait dans tous les projets, sans lui permettre d'en suivre aucun, ne se hâtait point de faire une conquête qu'il ambitionnait; il différait de donner à Louis XII l'investiture du duché de Milan, quoiqu'il l'eût formellement promise, et que la cour de France lui en eût avancé le prix. Enfin, après avoir laissé expirer les délais fixés, il se détermina à recevoir l'hommage que le cardinal d'Amboise vint lui faire, au nom du roi, qui se reconnaissait son vassal, pour Milan et pour Gênes.

XXV. Le traité de Blois est rompu.

Mais pendant que ce ministre était encore à la cour de l'empereur, le roi tomba dangereusement malade, et cette circonstance arrêta encore Maximilien dans l'exécution de ses premiers projets.

Tous ces délais avaient donné aux Vénitiens le temps de pénétrer le mystère du traité de Blois. Effrayés du danger qu'ils venaient de découvrir, ils n'eurent plus qu'une pensée, celle de désunir la ligue par des séductions ou des soumissions. Le pape, qui était le plus ardent promoteur de la guerre dont ils se voyaient menacés, exigeait toujours la restitution de tout ce qu'ils avaient acquis dans la Romagne, à la faveur de la dernière révolution. Lorsqu'on lui offrait une restitution partielle, il parlait de réclamer Ravenne et Cervia, qui n'avaient jamais été occupées par le duc de Valentinois, et quoique la république possédât la première de ces villes depuis plus de soixante ans, et la seconde depuis deux siècles.

Le pape convoitait sur-tout Bologne, qui était sous la domination de Jean Bentivoglio. Les Vénitiens offrirent de chasser ce prince de ses états, de conquérir Bologne pour le saint-siége, espérant qu'à ce prix Jules consentirait à leur laisser Faenza et Rimini. Cette offre fut rejetée.

Cependant les lenteurs de Maximilien firent craindre au pape de manquer une occasion favorable. Les circonstances pouvaient changer, les Vénitiens pouvaient revenir de leur frayeur. Jules consentit à se relâcher un peu de ses prétentions, et à leur laisser le territoire de Faenza et de Rimini; les autres places contestées lui furent remises. Ce pontife ambitieux ne s'en tint pas à ces importantes cessions : il entreprit des conquêtes, leva des troupes, se mit à leur tête, et s'empara de Pérouse et de Bologne, aidé, dans cette expédition, par quelques troupes du roi, qui étaient dans le Milanais. Ce secours était le prix de la pourpre romaine, que Jules avait promise à deux neveux du cardinal d'Amboise (1).

La France tremblait pour la vie du roi, et la reine faisait charger sur la Loire des bateaux qui emportaient toutes ses richesses en Bretagne. Dans ces instants, qu'il croyait les derniers de sa vie, Louis XII considérait avec amertume l'état où il laissait son royaume, et le démembrement prochain de tant de provinces. La nation allait avoir à regretter la Bretagne, la Bourgogne, une partie de la Flandre, le comté de Blois, et les possessions au-delà des monts. Elle allait se trouver plus faible qu'avant Louis XI. Les chagrins du roi augmentaient l'ardeur de la fièvre qui le dévorait, et, dans ce moment suprême, il n'avait

Maladie du roi. Il rétracte ses engagements.

---

(1) *Histoire ecclésiastique* du continuateur de Fleury. liv. 120.

à choisir qu'entre les reproches éternels de la France et la honte d'un parjure.

Le cardinal d'Amboise arriva d'Allemagne, apportant cette investiture qui coûtait si cher. Le premier aspect de la cour lui apprit la part qu'il avait à la consternation générale. Près du lit du roi, il ne trouva ni la reine, qu'on en avait écartée, ni l'héritier de la couronne, le jeune comte d'Angoulême, qu'on tenait encore loin de la cour. C'était devant Dunois, la Trémouille, le secrétaire-d'état Robertet, et le grand-aumônier, les seuls qui fussent admis dans la chambre royale, que Louis versait des larmes cuisantes, lorsque son mal lui laissait assez de raison pour retomber dans ses chagrins.

Georges d'Amboise sentit sa faute, et, pour la réparer, le courtisan eut recours à son double caractère d'homme d'état et de prélat. Il se hâta de dire au roi qu'il n'y avait pas à balancer, qu'il fallait rompre le mariage conclu au prix de tant de sacrifices, et marier à l'héritier de la couronne la princesse promise au fils de l'archiduc. Selon ce ministre, tous les engagements pris avec la maison d'Autriche étaient nuls, et il fondait cette opinion sur cette maxime du droit public français, qu'il avait souvent oubliée, que le roi n'avait pas le droit de disposer d'une portion du royaume, sans le consentement de la nation. Il restait à lever les scrupules du mourant, sur la violation des traités : mais la plénitude des pouvoirs attachée à la qualité de légat du saint-siége, lui rendait cet obstacle très-facile à applanir. Le cardinal délia Louis de ses sermens. Rien n'humilie davantage la raison humaine que ce spectacle : on comprend qu'un homme d'état juge du poids d'une promesse; mais conçoit-on qu'un prêtre l'abolisse?

La rupture du mariage, l'infraction des traités, venaient d'être résolues, avec le plus profond secret, autour du lit du roi. On compte déjà pour ennemi celui qu'on a le projet de tromper : par conséquent le roi devait être bien éloigné de presser l'empereur de faire des conquêtes en Italie, et lui-même, s'attendant à avoir bientôt la guerre avec Maximilien, ne pouvait pas choisir ce moment pour attaquer la république de Venise. Le système des alliances de la France changea tout-à-coup; Louis XII, rétabli de sa maladie, s'allia avec le roi d'Arragon, qui, bien que ses états dussent revenir à la maison d'Autriche, n'était pas en bonne harmonie avec l'archiduc, son gendre. On entama une querelle avec celui-ci et avec l'empereur, au sujet de leurs procédés violents envers des princes allemands, protégés de la France, mais que par le traité de Blois elle avait abandonnés. Les états-généraux du royaume furent assemblés; et, dans la première adresse qu'ils présentèrent au roi, ils lui dirent, après l'avoir salué du titre de père du peuple : « Mais, sire, votre amour pour la France « doit-il finir avec votre vie? N'avez-vous fait « bénir vos lois à vos provinces que pour ren- « dre plus sensible le malheur de celles que vous « allez livrer à l'étranger? Ce démembrement de « la France doit-il être le prix des travaux et du « sang de vos fidèles sujets? » A ces mots, l'orateur et les députés se jetèrent à genoux. Le roi assembla un conseil de princes, de ministres, de prélats, de magistrats : on eut l'air de délibérer, et le 20 mai 1506, on célébra les fiançailles de la fille de Louis XII, avec le jeune comte d'Angoulême, qui fut depuis François Ier.

XXVI. Rupture entre Louis XII et l'empereur.
Ainsi fut rompue cette ligue, formée à Blois entre le pape, l'empereur, l'archiduc d'Autriche et le roi de France, contre la république de Venise.

Une révolte de Gênes, à laquelle le pape n'était pas étranger, attira Louis XII au-delà des monts. Il se présenta à la tête de cinquante mille hommes. Lorsqu'il eut fait rentrer cette ville sous son obéissance, les Vénitiens lui envoyèrent à Milan une ambassade de félicitation.

Ils étaient très-alarmés de la présence du roi. Le pape, qui ne l'était pas moins, et qui voyait avec dépit le mauvais succès de ses intrigues à Gênes, excitait l'empereur contre les Français, pour les empêcher de devenir encore une fois les maîtres de l'Italie : d'une autre part, Louis XII négociait avec son nouvel allié Ferdinand d'Arragon.

La république de Venise était devenue un état trop puissant, pour ne pas faire ombrage à tous ceux qui voulaient dominer en Italie. Aussi, tandis que Maximilien et Jules II se liguaient contre Louis XII, et faisaient entrer dans leur plan la conquête des états vénitiens, les rois de France et d'Arragon arrêtaient de faire la guerre à la république.

De tous côtés elle n'avait que des ennemis. Elle ne pouvait espérer que l'alliance du plus faible, et elle devait craindre d'avoir à fournir les indemnités lorsqu'ils se réconcilieraient.

Maximilien annonçait qu'il voulait traverser l'Italie, pour aller recevoir la couronne impériale à Rome. Il demandait le passage à travers les états de Venise, mais il se présentait avec une suite, qui avait moins l'air d'une escorte, que d'une armée. Les Vénitiens voulurent, en refusant le passage, s'en faire au moins un mérite aux yeux du roi de France.

Il les encouragea fort à persister dans leur refus, et leur promit son appui, tandis que, dans ce moment, il se liguait contre eux avec le roi Ferdinand; mais cet appui ne pouvait inspirer une grande confiance, quand on voyait Louis XII, par une inconséquence qu'il est impossible d'expliquer, licencier son armée, repasser les Alpes, au moment où l'empereur allait entrer en Italie.

Cependant, cette imprudence servit à démentir toutes les imputations que Maximilien ne cessait de répandre sur l'ambition du roi : « Elle s'accroît encore, disait-il, de l'ambition de son premier ministre, qui a ensanglanté la péninsule, pour se frayer un chemin au pontificat. Si l'un parvient à s'asseoir dans la chaire de saint Pierre, si l'autre usurpe les droits de l'empire, il n'y a plus de liberté, de sûreté pour les autres puissances (1). Ces accusations n'étaient pas dénuées de fondement : Georges d'Amboise, loin de renoncer à la tiare, qui lui avait échappé deux fois, méditait alors le projet de faire déposer Jules II, pour se substituer à sa place. Enfin, s'il échouait une troisième fois, son ambition lui avait même fait concevoir un plan encore plus hardi, celui de séparer la France de l'obéissance de Rome, et de s'y déclarer patriarche.

---

1) Guichardin, liv. 7.

LIVRE XXI.

Les princes qui redoutaient le plus la France n'osaient se fier à Maximilien; ils voyaient que pour protéger il commençait par envahir, et les vœux de l'Italie ne furent pas pour lui.

Le corps germanique, qui avait promis de le seconder, se ralentit dès qu'il n'en vit plus la nécessité.

Cependant l'armée de l'empire s'élevait à trente mille hommes, et ces troupes, jointes à l'armée autrichienne, suffisaient bien pour inspirer un juste effroi.

Les ambassadeurs de Maximilien et de Louis XII étaient à Venise, demandant les uns et les autres que la république se déclarât : c'était une chose fort difficile que le choix d'un ennemi, entre un empereur et un roi de France.

XXVII. Ils proposent tous deux leur alliance à la république.

Ce fut une grave matière à discuter dans le conseil de Venise, que la réponse définitive qu'attendaient les ambassadeurs de Maximilien. On avait épuisé tous les moyens de temporisation. Le sénat, après en avoir délibéré plusieurs fois, s'arrêta pour prendre un parti décisif (1).

« Nous ne pouvons, dit Nicolas Foscarini, « maintenir la paix, ni conserver la neutralité.

Discours de Nicolas Foscarini,

---

(1) Voyez l'*Histoire des guerres d'Italie* de GUICHARDIN, liv. 7, et l'*Histoire de la ligue de Cambray*, d'André MONCENIGO, liv. 1.

pour l'alliance avec l'empereur.

« Refuser le passage à l'empereur, c'est lui dé-
« clarer la guerre ; le lui accorder, c'est intro-
« duire un ennemi au sein de l'Italie. La guerre
« est donc inévitable ; quant à la neutralité, elle
« est impossible. L'un aura à se venger de notre
« refus, l'autre nous reprochera notre conni-
« vence ; et tous deux touchent à nos frontières.

« S'il ne s'agissait que de choisir entre l'un ou
« l'autre de ces ennemis, je n'hésiterais pas à vous
« proposer de rester unis au roi de France. Il y
« a sans doute plus de gloire à persister dans
« notre système de confédération qu'à changer
« d'alliés. L'Italie nous saurait plus de gré de
« fermer sa barrière que de l'ouvrir à un autre
« étranger. Je conviens même que les forces du
« roi, jointes aux nôtres, peuvent être suffisantes
« pour arrêter et pour repousser l'empereur. Mais
« savez-vous ce que je redoute ? ce n'est pas de
« les avoir à combattre, l'un avec le secours de
« l'autre, c'est de les voir réunis contre nous.

« Or, pour me décider dans cette affaire, je
« me fais à moi-même cette question : Qu'arri-
« vera-t-il si nous refusons le passage à Maximi-
« lien ? Nous attaquera-t-il pour aller ensuite atta-
« quer le Milanais ? ce n'est pas là ce qui m'alar-
« merait davantage. Mais au lieu de s'en prendre
« au roi de France, ne lui proposera-t-il pas d'unir
« leurs forces pour notre ruine ? Voilà ce que je

« prévois, ce qui m'épouvante et ce qui me dé-
« termine.

« Je ne prétends pas tracer ici l'histoire de
« l'avenir, qui dépend des circonstances et de la
« mobile volonté des hommes.

« Mais voici les considérations qui me font
« juger cet événement possible et même proba-
« ble. L'empereur a depuis long-temps le desir de
« faire une invasion en Italie, cependant il n'y est
« pas encore entré : pourquoi? c'est parce que,
« tout puissant qu'il est, comparativement à nous,
« sa puissance n'est pas constituée de manière à
« lui donner les moyens de soutenir une guerre
« prolongée. Il a une armée à lui; celle de l'em-
« pire a été mise à sa disposition; mais le corps
« germanique n'a fait les fonds que pour la sou-
« doyer pendant six mois, et l'empereur n'a au-
« cun moyen d'y suppléer. Nécessiteux comme il
« l'est, il a besoin d'un allié. Il sent qu'il ne peut
« entreprendre une guerre d'Italie, sans être
« assuré du concours du roi de France ou de
« notre république; dans ce moment, c'est le
« nôtre qu'il réclame; si nous le lui refusons, il
« se réconciliera avec la France; il changera son
« plan de campagne, il changera d'alliés et d'en-
« nemis, mais il n'en persistera pas moins dans
« ses projets d'invasion. Nos provinces sont en-
« core plus à sa convenance que le Milanais. Si

« vous reconnaissez qu'il a une extrême passion
« de pénétrer en Italie, pouvez-vous douter qu'il
« ne recoure à ce moyen, quand nous lui en au-
« rons fait une nécessité?

« On cherche à se rassurer par l'inimitié de
« ces deux princes, et par l'intérêt bien évident
« qu'ils ont tous les deux de ne pas favoriser
« mutuellement leurs progrès, sur-tout dans
« le voisinage l'un de l'autre. Cela est incontes-
« table; cependant le passé doit nous apprendre
« à ne pas compter sur cette garantie. Ils ont
« signé deux fois un traité d'alliance pour nous
« dépouiller, et notre république n'a échappé
« jusqu'à-présent à ce danger que par des cir-
« constances fortuites. Mais il me semble que ce
« danger existe encore.

« L'empereur doit être irrité contre Louis XII,
« à cause de la violation du traité de Blois, je le
« sais, et je me fierais à son ressentiment, si je
« ne lui connaissais une extrême inconstance
« dans le caractère, une grande impatience de
« s'établir au-delà des Alpes, et la nécessité ab-
« solue de trouver un allié avant d'entreprendre
« cette conquête. Par conséquent il le cherchera,
« et il n'y en a que deux, le roi de France et
« nous. Sur notre refus, il ne verra plus dans le
« roi un souverain qui l'a offensé, mais un prince
« dont le secours lui est nécessaire. »

« Les raisons qui pourraient éloigner Louis XII
« d'une alliance avec Maximilien sont peut-être
« encore plus puissantes. Elles ne m'inspirent
« pourtant aucune sécurité. D'abord le roi crain-
« dra que nous ne finissions par nous liguer
« avec l'empereur contre lui, et il voudra nous
« prévenir : en second lieu, il n'a rien à gagner
« à faire la guerre à l'empereur, puisque celui-
« ci ne possède encore rien en Italie ; au con-
« traire le partage de nos belles provinces doit
« le tenter. Il ne cessera d'être sollicité contre
« nous, par les Milanais, qui ne sont pas en-
« core consolés du démembrement de leur
« état; par les Florentins, qui ont tant de cré-
« dit sur lui; par le duc de Ferrare, par le mar-
« quis de Mantoue, nos voisins; par le roi de
« Naples, avec qui il vient de se réconcilier,
« et qui est impatient de ressaisir les places
« que nous occupons sur ses côtes; enfin par
« le pape, qui nous voit à regret posséder en-
« core deux ou trois villes dans la Romagne.
« A ces sollicitations du dehors se joindront
« des instigations domestiques plus pressantes
« encore. Personne de vous n'ignore l'ambition
« avouée du principal ministre du roi : cette
« ambition est un poids qui fait trouver suffi-
« santes toutes les raisons pour envoyer une
« armée française en Italie, et légers tous les sa-

« crifices pour l'y maintenir. Pouvez-vous pen-
« ser qu'il se laissera arrêter par les inconvénients
« d'une guerre dispendieuse, quand vous l'avez
« vu acheter la tolérance de Maximilien par la
« cession de tant de provinces ?

« S'il redoute Maximilien, il cherchera à se
« réconcilier avec lui à nos dépens ; s'il ne croit
« pas devoir le craindre, il ne croira pas com-
« promettre la sûreté de ses états, en laissant
« pénétrer ce prince en Italie.

« Ainsi l'empereur a besoin d'un allié pour
« faire son invasion ; il nous recherche : le re-
« fuser c'est l'obliger de le chercher ailleurs.

« L'empereur nous préfère pour alliés, le roi
« doit nous préférer pour ennemis : il n'y a de
« part ni d'autre aucun obstacle invincible à leur
« union ; j'en conclus que cette union est mal-
« heureusement probable.

« Maintenant voyons quelle est notre posi-
« tion relativement à l'un et à l'autre de ces
« deux princes. Maximilien n'a rien à nous re-
« procher, que notre alliance avec Louis XII
« dans la guerre de Milan. Il a besoin de nous
« parce qu'il est obéré ; ce sera donc un allié
« qui restera dans notre dépendance. Le roi
« nous reproche d'avoir contrarié ses vues dans
« la guerre de Pise, d'avoir favorisé sous-main
« ses ennemis dans le royaume de Naples, de

« posséder Crémone, qu'il regrette de nous
« avoir cédée. Il sait que nous n'ignorons pas
« qu'il a proposé deux fois à l'empereur le par-
« tage de nos états. Il ne nous pardonnera
« point ses torts envers nous, parce qu'il ne
« pourra nous croire des alliés sincères. Enfin
« il n'a pas besoin de notre alliance; donc, après
« l'avoir signée, nous ne pourrons pas compter
« sur lui.

« On s'épuise en raisonnements pour prouver
« que cette ligue serait contraire aux véritables
« intérêts de la France, et l'on en conclut que
« Louis XII ne la formera pas : comme si déja
« il ne l'avait pas formée à Trente et à Blois;
« comme si les princes ne se déterminaient ja-
« mais que par les intérêts bien entendus de leur
« peuple; comme si celui-ci les avait toujours
« consultés.

« Nous donnerions, comme lui, une opinion
« peu favorable de notre prudence, si, dans la
« nécessité où nous nous trouvons de faire la
« guerre, nous lui laissions l'avantage d'avoir un
« allié, si nous mettions à sa disposition l'auxi-
« liaire qui s'offre à nous. En dernière analyse,
« refuser passage à Maximilien, c'est nous sou-
« mettre à faire seuls une guerre défensive. Lui
« ouvrir le chemin, c'est entreprendre une guerre
« offensive avec le concours du corps germa-

« nique et de l'empereur. Comme le choix entre
« ces deux positions ne peut pas être douteux,
« je me décide pour celle qui offre le plus de
« sûreté, et je propose l'alliance avec Maximi-
« lien. »

Cette harangue fut appuyée par les sénateurs Dominique Morosini et André Vénier.

<small>Discours d'André Gritti, pour l'alliance avec la France.</small> André Gritti, homme grave, à qui sa prudence donnait une grande autorité dans le conseil, se leva pour combattre cette opinion.

« Je reconnais, dit-il, la difficulté d'établir
« des faits assez constants, pour décider la ques-
« tion qui nous occupe. Mais c'est parce que
« l'avenir est hors de notre puissance et de notre
« prévoyance, que je m'attacherais à des consi-
« dérations plus simples, à l'intérêt du moment.
« Il me semble que, dans l'opinion qu'on vient
« d'exposer, on a poussé le raisonnement jusqu'à
« la subtilité.

« Sans nous jeter dans les ténèbres de l'avenir,
« examinons bien quelle est notre position ac-
« tuelle. Louis XII est en Italie de notre aveu,
« puisque nous l'avons aidé à conquérir le duché
« de Milan : nous avons peut-être eu tort, mais
« cela est fait. Aujourd'hui nous ne pouvons pré-
« tendre qu'il en possède injustement une partie,
« sans avouer que nous ne sommes pas déten-
« teurs légitimes de l'autre. Il y a même plus : il

« s'est fait donner par l'empereur l'investiture de
« la part qui lui est échue; il a vu les Milanais
« aller au-devant de son joug. Nous, nous avons
« vu Crémone nous fermer ses portes, et l'em-
« pereur n'a point reconnu notre droit de pos-
« session. Nous ne pouvons donc espérer d'être
« maintenus dans cette acquisition, que par celui
« qui a fait avec nous ce partage.

« Nous sommes, depuis plusieurs années, les
« alliés du roi de France, et cette alliance est si
« réellement fondée sur des intérêts communs,
« qu'elle n'a pas laissé de subsister, malgré les
« nuages qui se sont élevés plusieurs fois entre
« le roi et nous. Si cette alliance est naturelle,
« solide, nécessaire, ce serait une imprudence
« de la rompre, pour prévenir des dangers,
« qu'une politique subtile veut donner comme
« probables, mais dont elle parvient à peine à
« établir la possibilité. L'Italie nous reproche
« d'avoir attiré les Français au-delà des monts,
« sans considérer qu'alors nous ne pouvions
« guère faire autrement. Mais son animadver-
« sion sera bien plus vive, si nous lui donnons
« aussi le droit de nous attribuer l'invasion des
« Autrichiens.

« Je pense donc que notre intérêt, comme
« notre dignité, nous conseille de rester dans
« l'alliance du roi, et que nous ne pouvons livrer

« le passage à l'empereur, sans nous attirer l'ini-
« mitié de tous nos voisins.

« Sans doute que c'est un malheur de voir les
« Français dans la Lombardie, mais le plus
« grand de tous serait d'y voir aussi les Alle-
« mands, car l'empereur et le roi, s'ils s'unis-
« saient, nous opprimeraient; s'ils se faisaient la
« guerre, ils ravageraient notre patrie et fini-
« raient par s'accorder à nos dépens.

« Puisqu'il faut avoir la guerre, tâchons au
« moins de la faire au-delà de notre territoire,
« ou sur nos frontières éloignées, plutôt que de
« l'appeler au centre de nos états. Ouvrir le pas-
« sage aux Autrichiens, c'est nous soumettre à
« fournir le champ de bataille.

« Quand il faut choisir entre deux alliés, il
« est naturel de se décider pour celui dont l'al-
« liance est plus utile et la fidélité moins suspecte.
« Louis XII est incontestablement plus puissant
« que l'empereur; c'est un prince économe; je
« ne lui connais point de raisons de nous haïr,
« quoique j'avoue qu'il peut convoiter quelques-
« unes de nos provinces, et que nous lui avons
« donné des sujets de mécontentement; mais il
« n'est pas tellement affermi dans ses conquêtes
« qu'il puisse vouloir de sitôt en essayer de nou-
« velles. Milan lui a échappé immédiatement
« après sa première soumission. Gênes était en

« état de révolte, il y a peu de mois. Il a eu des
« différends avec les Suisses pour Belinzona. Il
« n'ignore point que le pape a encouragé les Gé-
« nois dans leur insurrection. Il sait que l'em-
« pereur peut se servir des enfants de Louis
« Sforce pour exciter des troubles dans le Mila-
« nais. Ces considérations sont autant de liens
« qui attachent le roi à notre république, ou qui
« du moins doivent lui faire éviter une rupture
« avec elle.

« Maximilien ne pourrait pas entreprendre
« une guerre avec le roi de France, s'il ne dis-
« posait des forces du corps germanique. Mais
« quelles sont ces forces? on avait d'abord an-
« noncé quatre-vingt-dix mille hommes; ensuite
« ils se sont réduits à trente, et il est possible
« que ce nombre soit encore exagéré de moitié.
« Malgré la réduction de cette armée, la diète
« ne s'est engagée à la soudoyer que pendant six
« mois; et en effet elle n'a pas un grand intérêt
« à faciliter à l'empereur des conquêtes, qui ne
« tourneraient qu'à l'avantage personnel de ce
« prince. Le pape a refusé à Maximilien l'autori-
« sation de disposer, pour cette expédition, de
« cent mille ducats, qui avaient été levés en Al-
« lemagne, pour la croisade contre les Turcs.
« L'empereur demande des subsides aux Floren-
« tins, aux Siennois, à tous les petits princes

« d'Italie; mais c'est un mauvais moyen d'en ob-
« tenir que de faire entrevoir, pour prix d'un
« pareil sacrifice, la perspective du ravage et en-
« suite de l'oppression. Ainsi Maximilien, qu'on
« surnomme le nécessiteux à si juste titre, se
« verra bientôt dénué des moyens pécuniaires,
« indispensables pour soutenir une guerre sé-
« rieuse. Une fois engagés dans cette guerre
« comme ses alliés, ce sera à nous d'y pourvoir, et
« comme il faudra toujours payer ses troupes
« avant les nôtres, il conservera une armée,
« quand nous n'en aurons plus. Nous nous trou-
« verons à sa discrétion.

« Voilà quelle sera notre condition dans ce
« système d'alliance; nous fournirons le territoire
« et l'argent. Mais du moins cette alliance offre-
« t-elle quelque stabilité? je ne le vois pas. L'em-
« pereur, qui passe pour un habile homme de
« guerre, n'a pas moins la réputation d'un prince
« inconstant. Indépendamment de cette mobi-
« lité de caractère, sa politique peut lui con-
« seiller de faire une paix séparée. Remarquez
« qu'il n'a point d'états en Italie; que, quand il
« voudra, il pourra en retirer ses armées; et que
« les Français, au lieu de le poursuivre, se jette-
« ront sur nous pour nous accabler.

« Je vois donc plus d'utilité, et de sûreté pour
« nous, dans l'alliance du roi de France que dans
« celle de l'empereur.

« Maintenant examinons ce qui doit naturelle-
« ment nous arriver avec l'un ou l'autre allié,
« dans la double hypothèse de la bonne et de la
« mauvaise fortune.

« Je suppose que nous persistions dans notre
« alliance avec le roi. Si la guerre est heureuse
« pour nous, les Allemands ne pénétreront pas
« dans notre territoire; c'est déjà un grand
« avantage. Le roi ne sera autorisé à nous rien
« demander. Nous aurons le droit d'intervenir
« dans les conditions de la paix. Il n'est pas pro-
« bable que nous nous agrandissions; mais nous
« aurons accru notre considération et notre in-
« fluence. L'Italie nous devra de l'avoir préser-
« vée, et il n'y aura point de raisons pour que
« le roi se détache de notre alliance, au milieu
« de nos succès communs.

« Si la guerre est malheureuse au contraire,
« le roi n'en sentira que plus fortement la né-
« cessité de notre alliance. Il aura, comme nous,
« son territoire à défendre; il s'en occupera sans
« doute plus spécialement que du nôtre; mais
« il appellera les ressources immenses qu'offre
« son royaume. Il pourra obliger les autres puis-
« sances de l'Italie à faire cause commune avec
« nous, et, dans tous les cas, il sera en état de
« résister pendant plusieurs campagnes à la mau-
« vaise fortune.

« Voyons maintenant ce qui nous attend dans
« l'alliance de l'empereur. Heureux, il ne voudra
« point faire de paix qu'il n'ait entièrement
« chassé les Français de l'Italie. C'est une grande
« entreprise, qui veut du temps et dont nous
« avancerons les frais. Quand il y aura réussi, il
« se dira notre libérateur ; il voudra être notre
« arbitre, et nous fera encore payer sa protec-
« tion. Peut-être nous demandera-t-il les pro-
« vinces qui ont été détachées du duché de Milan.
« La plus grande faveur qu'il nous puisse faire,
« c'est de nous traiter comme ses vassaux, et en
« supposant que nous conservions toutes nos pos-
« sessions, et toute notre indépendance, nos pro-
« vinces resteront pressées entre l'Autriche et
« le Milanais, qui appartiendront alors au même
« souverain et à un prince plus puissant que
« nous.

« Si ses armes n'obtiennent pas des succès dé-
« cisifs, il ne portera pas ses prétentions jusqu'à
« expulser entièrement les Français au-delà des
« monts ; mais il s'établira lui-même en Italie,
« et nous serons probablement obligés de lui
« fournir une partie de son nouveau territoire.
« Ainsi nous nous trouverons affaiblis, et nous
« aurons en Italie deux redoutables étrangers au
« lieu d'un. Ce sera bien pis si la guerre est
« malheureuse. Les ressources de Maximilien se

« trouveront épuisées au bout de quelques mois,
« et comme il n'a point d'intérêt réel en-deçà
« des Alpes, il se retirera dans ses états ou fera
« sa paix séparée.

« L'alliance de l'empereur a donc des incon-
« vénients et des dangers que ne présente pas
« celle du roi de France.

« Mais les orateurs qui m'ont précédé ont dé-
« placé la question. Ils ont omis toutes les consi-
« dérations que je viens de développer, pour
« s'attacher à une supposition unique, à l'alliance
« de ces deux princes contre nous. Sans doute
« ce serait un grand danger. Ce danger ne serait
« pas nouveau, vous l'avez couru deux fois, et
« vous avez vu, par cette expérience, combien
« il était difficile qu'une union peu sincère
« désavouée par la politique, contrariée par tant
« de jalousies et d'inimitiés, eût aucun résul-
« tat.

« Je ne veux pas cependant qu'une sécurité
« imprudente nous fasse fermer les yeux sur un
« danger très-réel. Ce danger n'est pas impossi-
« ble puisqu'il a existé. Je demande seulement si
« son retour est plus probable quand nous res-
« terons les alliés du roi, que lorsque nous se-
« rons unis à l'empereur.

« Il paraît qu'à Trente et à Blois la proposi-
« tion de former une ligue pour notre perte est

« venue des ministres français. Était-ce un piége
« tendu à l'empereur pour l'empêcher de s'oppo-
« ser aux progrès du roi en Italie ? était-ce un
« dessein véritable de partager nos provinces
« avec lui ? je n'examine pas cette question ; mais
« à l'époque où ces propositions ont été faites
« nous étions les alliés du roi : par conséquent
« la même idée peut lui venir une troisième fois,
« sans que nous ayons rompu notre alliance.

« Et ne lui viendra-t-elle pas bien plus natu-
« rellement si nous nous en séparons.

« Remarquez que plusieurs des raisonnements
« sur lesquels on appuie l'opinion contraire,
« sont susceptibles d'être rétorqués. Si le roi,
« vous dit-on, redoute l'empereur, il cherchera à
« se réconcilier avec lui ; s'il ne le craint pas, il
« consentira à partager nos provinces avec lui.
« On peut dire tout aussi-bien : Si le roi redoute
« Maximilien, il se gardera bien de l'attirer
« dans son voisinage, en lui proposant le par-
« tage de nos provinces : s'il ne le craint pas, il
« ne cherchera point à se réconcilier avec lui. Ce
« sont là de part et d'autre de vaines subtilités,
« reconnaissons que tout cela est possible ; mais
« avouons que cette possibilité n'en existera
« pas moins, quand nous aurons abandonné
« l'alliance du roi pour celle de l'empereur.

« Appliquons-nous à détourner tout ce qui

« pourrait ramener ces deux princes à une ligue
« contre notre république, et pour cela, atta-
« chons-nous au plus fort, au moins inconstant,
« à celui qui a le plus grand intérêt de mettre
« obstacle à la grandeur future de l'autre, ou
« de sa postérité. Vous voyez que Maximilien a
« un petit-fils, qui doit réunir sur sa tête les
« couronnes d'Autriche, des Pays-Bas, d'Arra-
« gon, de Castille, de Naples, et probablement
« aussi la couronne impériale ; voilà un gage cer-
« tain que le roi de France ne consentira jamais
« sincèrement à l'agrandissement de cette mai-
« son ».

Ce discours entraîna la majorité des suffrages. *Le sénat se décide pour ce dernier parti.*
L'alliance avec le roi fut maintenue, et on fit
répondre à Maximilien que les engagements de
la république avec les autres états, ne lui permettaient point de laisser une armée étrangère
pénétrer dans l'Italie, qui était en pleine paix :
que, s'il y venait seulement avec le dessein de
se faire couronner empereur, et avec la suite
convenable à un si grand prince, tous les passages par les états de la république lui seraient
ouverts, et qu'il y trouverait par-tout les témoignages de dévouement et de respect qui lui
étaient dus. On ajoutait que la république ne
croyait point s'écarter de ses devoirs envers lui,

en exécutant ponctuellement les engagements qu'elle avait pris avec la France, et en fournissant au roi le secours auquel elle s'était obligée, en cas que le Milanais fût attaqué; mais qu'elle ne négligerait rien, pour éviter tout ce qui pourrait être considéré comme une agression de sa part.

<small>XXVIII.
Guerre contre l'empereur.
1508.</small>

Ce refus excita la colère de Maximilien. Il renvoya l'ambassadeur de Venise; il fit marcher ses troupes sur les frontières du Frioul; mais elles y trouvèrent celles de la république, appuyées d'un corps français de cinq cents gendarmes, et de cinq mille hommes d'infanterie.

Un détachement de mille Autrichiens pénétra d'abord, par les défilés des montagnes, jusqu'à Crémone : le gouverneur de Milan l'obligea à faire une prompte retraite. Peu de temps après, quatre mille chevaux se présentèrent pour entrer à Vérone, où on leur refusa le passage avec fermeté. Au mois de février 1508, l'empereur lui-même arriva sur les hauteurs qui dominent Vicence, tandis qu'un autre corps traversait le Frioul, et surprenait la petite place de Cadore. Il dirigea ensuite la marche de toutes ses troupes sur Trévise; mais déja l'argent lui manquait. Les Suisses, qu'il avait pris à sa solde, le quittèrent pour passer au service du roi de France, et il reprit en personne le chemin du Tyrol, réduit à aller vendre ses pierreries à Inspruck (1).

Pendant son absence, les Vénitiens enveloppèrent, prirent ou taillèrent en pièces le corps allemand qui s'était avancé dans le Frioul. Ils firent, dans cette action, trois mille prisonniers, recouvrèrent ensuite Cadore, mirent le siége devant Gorice, l'emportèrent en quatre jours, achetèrent la reddition de la citadelle pour quatre mille ducats, et leur armée, que commandait Alviane, se présenta devant Trieste, en même temps qu'une flotte arrivait de Venise, pour attaquer cette place par mer. Il y avait près de cent trente ans, que cette ville leur avait été enlevée par l'amiral génois Maruffo. Après avoir été possédée momentanément par le patriarche d'Aquilée, elle avait été réunie aux domaines de la maison d'Autriche. Louis XII fit engager les Vénitiens à ne pas pousser plus loin leurs avantages; mais il n'eurent garde de se rendre à ses exhortations. Trieste capitula, et la flotte alla saccager quelques petites villes de l'empereur, situées sur l'Adriatique.

Cette guerre défensive était, comme on voit, assez vigoureuse. Les succès des Vénitiens n'é-

---

(1) Guichardin, liv. 7.

taient pas aussi brillants dans la vallée de l'Adige; les deux armées avançaient, reculaient tour-à-tour entre Trente et Rovérédo. La défection des soldats de Maximilien vint mettre fin à la campagne. Presque tous les Allemands se débandèrent, et les Vénitiens auraient pu pousser plus loin leurs succès, sans rencontrer aucun obstacle, si le roi ne fût encore intervenu pour les arrêter. Pendant les désastres de son armée, l'empereur était à parcourir toute l'Allemagne pour obtenir des secours d'argent. Il fit proposer une trève aux Vénitiens; mais ils répondirent qu'ils ne pouvaient traiter sans leur allié. Des plénipotentiaires des trois puissances s'assemblèrent. Ceux de l'empereur consentirent à ce que chacune des parties restât en possession de ce qu'elle occupait alors; mais les Français exigèrent que cette trève fût commune à tous leurs alliés, notamment au duc de Gueldre, que Maximilien avait dépouillé d'une partie de ses états. Les Allemands s'y refusèrent avec obstination, et les Vénitiens n'ayant pu concilier les parties, jugèrent avec raison que leurs engagements envers le roi de France n'allaient pas jusqu'à soutenir les droits de ses alliés sur le bas Rhin, et finirent par conclure séparément une trève de trois ans avec l'empereur, le 20 avril 1508.

Les Vénitiens concluent séparément une trève. 1508.

Le roi en fut très-irrité, ce qui était d'autant plus injuste qu'il avait exigé qu'ils ralentissent la rapidité de leurs conquêtes : il fallait bien qu'il leur laissât faire la guerre ou la paix.

LIVRE XXII.

Ligue de Cambray, 1509.— Guerre de la ligue de Cambray. — Campagne de 1509. — Bataille d'Agnadel. — Les Vénitiens perdent toutes leurs provinces de terre-ferme. — Leur ambassade à l'empereur. — Ils surprennent Padoue et Vicence. — Siége de Padoue. — Ils se réconcilient avec le pape.

I.
Situation de la république relativement aux autres puissances.

La fortune avait secondé les Vénitiens au-delà de leurs espérances. Ils avaient dissipé, dès le premier choc, les troupes d'un ennemi à qui son indigence ne permettait pas de renouveler le combat. Ils pouvaient se dire les vainqueurs de l'empereur et de l'empire. Jamais leur puissance ne s'était élevée si haut que dans ce mo-

Avec le roi de France.

ment. Mais la trêve les brouilla avec Louis XII, sans les raccommoder avec Maximilien. Il faut en convenir, la conduite du roi était fort difficile à prévoir, car elle est encore aujourd'hui impossible à expliquer. Il venait d'entamer une nouvelle discussion avec Maximilien, pour l'administration des Pays-Bas, qui revenaient au jeune Charles d'Autriche, par la mort de l'archiduc son père. Malgré tant de différends avec l'empereur, il exigea des Vénitiens qu'ils ménageassent un ennemi vaincu, et quand il fut question de la trêve, les prétentions de la France, qui n'avait pris qu'une très-faible part à la guerre, allèrent jusqu'à vouloir y faire comprendre le duc de Gueldre, avec lequel les Vénitiens n'avaient pris aucun engagement. Il n'était pas raisonnable que, pour l'avantage d'un prince à qui ils ne devaient aucun intérêt, ils laissassent échapper une occasion favorable d'avoir une trêve de trois ans, qui les mettait en possession de leurs conquêtes. Louis XII leur en fit un crime. Il avait tort, il devait à la république la sûreté actuelle du Milanais, et bientôt après, il éprouva encore, de sa part, un bon procédé, qu'il ne sut pas assez reconnaître, et qu'il aurait dû imiter.

Maximilien était assuré du côté des Vénitiens, puisqu'il venait de conclure avec eux une trêve, qu'il n'était pas de leur intérêt de rompre. Mais il demeurait en état de guerre avec le roi; et, ne se sentant ni assez fort, ni assez riche pour la faire avec avantage, il fit proposer à la république de convertir la trêve qui venait d'être

<small>Avec l'empereur.</small>

signée, en traité de paix définitif, et même en alliance offensive, c'est-à-dire de se liguer avec lui, pour attaquer le roi et se partager ses états d'Italie. Le seul usage que les Vénitiens firent de l'empressement que l'empereur avait mis à les rechercher, fut d'en donner avis au roi. C'était aller fort au-delà de ce qu'exigeaient les maximes de cette république : le roi ne fut point touché de cette ostentation de loyauté, et Maximilien eut le droit d'être fort choqué de cette indiscrétion.

Il pouvait l'être aussi de quelques excès qui avaient signalé la joie des Vénitiens après leur victoire. C'était un soin que leur gouvernement ne négligeait pas, d'amuser le peuple par des fêtes, et d'augmenter l'éclat de sa capitale, par des solennités, qui y attiraient toujours un grand concours d'étrangers. On prépara au général victorieux une réception qui fut un pompeux spectacle.

Dans ces réjouissances, l'esprit railleur et satirique des Vénitiens n'épargna pas l'ennemi qu'ils venaient d'humilier. La peinture, la gravure qui était alors un art nouveau, le théâtre, exposèrent Maximilien et ses Allemands à la risée publique, et les gondoliers de Venise se vengèrent, par des chansons populaires, de l'effroi que l'empereur leur avait causé.

On en fit un grand crime au gouvernement ; on ne sentit pas qu'il est indispensable, dans les républiques, d'entretenir l'esprit de dénigrement contre les rois. Les rois eux-mêmes ne prennent pas beaucoup de soin de ménager l'amour-propre des républiques : et, dans les moments qui avaient précédé cette dernière guerre, Maximilien, piqué du refus que le gouvernement vénitien avait fait de lui accorder le passage sur son territoire, n'avait-il pas cité le doge et le sénat à comparaître devant lui, et ne les avait-il pas fait mettre au ban de l'empire, comme des vassaux rebelles (1)? On n'avait pas le droit de s'étonner que ces prétendus vassaux se permissent quelques insolences, pour constater leur indépendance.

Mais Maximilien, plus sensible, comme tous les princes, aux affronts personnels qu'aux outrages faits à sa couronne, ne put pardonner aux Vénitiens ni leur triomphe, ni leurs chansons satiriques, ni la communication qu'ils avaient donnée au roi de sa dernière proposition. On devait donc s'attendre qu'il chercherait à susciter des ennemis à la république. Cependant l'état actuel de l'Europe paraissait

---

(1) *Essai sur les mœurs et l'esprit des nations*, ch. 113.

devoir rassurer Venise sur la possibilité d'une ligue des princes contre elle.

Le roi de France n'avait rien à lui reprocher. Elle venait de lui rendre un important service. Il s'était brouillé avec l'empereur par la violation du traité de Blois. Il était alors en querelle ouverte avec lui, pour la Gueldre et les Pays-Bas. Il ne pouvait vouloir favoriser l'agrandissement de la maison d'Autriche.

Le roi d'Arragon.

La Castille était entre les mains d'un enfant. Le roi d'Arragon, depuis la mort de sa femme Isabelle de Castille, avait vu les Autrichiens lui disputer l'administration de ce royaume. Il trouvait en eux des rivaux plutôt que des parents. Il avait enlevé au roi de France la seconde moitié du royaume de Naples, il l'avait trompé plusieurs fois; ainsi il ne pouvait pas s'allier sincèrement avec lui.

Le pape.

Le pape était, en grande partie, redevable aux Vénitiens de son élection. Il avait fait un accommodement avec eux pour les villes de la Romagne, il en avait recouvré quelques-unes, et beaucoup plus qu'il ne devait prétendre.

Il ne pouvait favoriser Ferdinand d'Arragon, depuis que ce prince s'était emparé de Naples. Il ne pouvait desirer que l'empereur pénétrât en Italie, à cause des prétentions obscures, caduques, mais illimitées, de la chancellerie allemande, sur presque tous les pays situés au midi des Alpes et notamment sur le domaine de l'église. Il était alors brouillé avec le roi de France, pour quelques évêchés conférés sans son aveu. Il haïssait mortellement le cardinal d'Amboise, et il savait qu'il n'était pas moins odieux à ce compétiteur, qu'il avait joué et humilié dans le conclave. Enfin il méditait, il publiait le projet de délivrer l'Italie de toute domination étrangère.

Mais ce pontife était un vieillard impérieux, ardent, intempérant, intrépide, et la violence de son caractère rendait possibles toutes les inconséquences. Les Vénitiens n'avaient pas craint de lui déplaire, en accordant un asyle aux Bentivoglio, seigneurs de Bologne, que Jules II avait dépouillés de cet état, et en cela ils s'étaient montrés plus généreux que Louis XII, qui, à la première sommation du pape, avait chassé ces princes du Milanais, où ils s'étaient d'abord réfugiés.

Un petit évènement dont il y avait déja beaucoup d'exemples, vint exposer la république à l'animadversion du chef de l'église. L'évêché de Vicence étant devenu vacant, le pape s'empressa de le conférer à un de ses neveux. C'était violer doublement les maximes de la république, qui ne permettaient pas que sur son territoire les bénéfices fussent possédés par des étrangers, ni même par des nationaux qui n'étaient pas de son choix. Le gouvernement, toujours inébranlable dans son système de repousser les prétentions de la cour de Rome, nomma à ce siége un Vénitien, qui prit le titre d'évêque de Vicence par la grace de l'excellentissime conseil. Il n'en fallut pas davantage pour porter le dépit de Jules II jusqu'à la fureur.

11.
Jules II propose à Louis XII une ligue contre la république.

Dans son emportement, il fit proposer au roi de former une ligue, pour conquérir et partager toutes les possessions de la république. On a déja vu toutes les raisons que Louis XII pouvait avoir pour ne pas donner les mains à un semblable projet. Mais on se rappelle que les Vénitiens avaient contribué puissamment à faire exclure Georges d'Amboise du pontificat. La colère de Jules II trouva à la cour de France une haine qui ne demandait qu'à s'associer à la sienne. Étrange résultat des combinaisons des circonstances! Les passions des deux compétiteurs se réunirent pour accabler le gouvernement qui avait favorisé l'un et desservi l'autre. Le cardinal d'Amboise se livra à l'espoir d'une vengeance, que la politique ne conseillait pas, et cette vengeance fut pour la France, comme pour Venise, une source de malheurs. Il n'y eut dans le conseil du roi, que l'évêque de Paris,

Étienne Poncher, qui, sans complaisance pour la passion du premier ministre, osa représenter que l'alliance des Vénitiens était conforme aux vrais intérêts de la France, et que ces intérêts s'opposaient évidemment à tous les partis qui pouvaient procurer à l'empereur une occasion facile de s'établir en Italie. On a dit que les rois pouvaient être bien servis par des ministres revêtus de la pourpre, jamais par ceux qui y aspiraient. On voit que la pourpre même ne suffit pas pour rassurer contre l'ambition ou le ressentiment des hommes de cet état, qui ne croient pas prévariquer, en sacrifiant les intérêts de toute une nation, pour donner à l'église un chef qu'ils jugent le meilleur de tous.

La cour de France fit communiquer cette proposition à l'empereur, qui ne pouvait que l'embrasser avec joie, et au roi d'Arragon, qui répondit avec sa circonspection accoutumée, mais de manière à laisser espérer son accession, si on lui présentait des avantages qui dussent le déterminer.

Le cardinal d'Amboise pressait chacune des parties, qui devaient intervenir dans le traité, d'envoyer des pleins pouvoirs pour le conclure. L'empereur ne fit pas attendre les siens; il en chargea sa fille Marguerite d'Autriche, duchesse douairière de Savoie, espérant que le choix d'une telle négociatrice rendrait la négociation moins suspecte, et son objet plus difficile à pénétrer. Le pape et le roi d'Arragon différaient d'envoyer les leurs : l'un parce qu'il hésitait déja, prévoyant toutes les conséquences de son imprudente démarche ; l'autre parce qu'il était dans ses habitudes de ne se décider que le dernier, et de rester toujours maître de sa parole, quoiqu'il ne se piquât pas assurément d'y être fidèle.

<small>Les plénipotentiaires se rendent à Cambrai.</small> L'empereur et Georges d'Amboise, voyant l'irrésolution de Jules et de Ferdinand, se décidèrent à brusquer l'affaire pour les engager. Le cardinal se rendit à Cambrai, où l'attendait Marguerite d'Autriche. L'accommodement des différends relatifs au duché de Gueldre fut le prétexte de cette réunion. Le nonce du pape et l'ambassadeur d'Arragon près la cour de France, ne purent refuser au premier ministre de l'accompagner dans ce voyage, tout en protestant qu'ils n'avaient point reçu de pleins pouvoirs pour l'affaire qu'on allait y traiter.

Elle ne pouvait présenter aucune difficulté ni entraîner aucune longueur, aussi est-il peu d'exemples d'une négociation aussi importante terminée en aussi peu de jours; et ce n'est probablement pas de cette ligue, que la princesse Marguerite voulait parler, lorsqu'en racontant ses conférences avec Georges d'Amboise, elle disait : « Nous nous sommes cuidés prendre au « poil, M. le cardinal et moi. »

L'impatience du cardinal et de la princesse pour signer la ligue était telle, qu'ils pallièrent plutôt qu'ils ne terminèrent les différends qui existaient entre la France, le duc de Gueldre et l'Autriche, pour ne s'occuper que du véritable objet de la conférence; et que, le nonce du pape ayant refusé d'intervenir dans le traité faute d'y être autorisé, le cardinal d'Amboise ne se fit point un scrupule de stipuler pour la cour de Rome, prétendant que sa qualité de légat *à latere* lui en donnait assez le droit; assertion que la princesse ne fit pas la moindre difficulté d'admettre. Elle reçut avec la même légèreté la signature de l'ambassadeur d'Arragon, qui, tout en assurant qu'il n'avait pas les pleins pouvoirs de son maître, accéda pour lui à une ligue, dont les conditions lui paraissaient apparemment conformes à ses instructions secrètes (1).

III.
Ligue de Crambrai.
10 décembre 1508.

---

(1) Traité pour la restitution des terres usurpées par les Vénitiens, entre le pape Jules, Maximilien empereur, Charles prince des Espagnes, et le roi Louis XII, où sont inscrits les pouvoirs, faict à Cambrai le 10 décembre 1508, ratifié par l'empereur à Malines, le 26 du même mois. (*Ma-*

Le 10 décembre 1508, on signa le traité relatif aux affaires de la Gueldre et des Pays-Bas, et pour lui donner une solennité proportionnée à l'importance des négociateurs, on en jura l'exécution avec un grand appareil, dans la cathédrale de Cambrai.

L'ambassadeur de Venise trompé par le cardinal d'Amboise.

L'ambassadeur de Venise avait suivi le premier ministre de France dans cette ville, et faisait tous ses efforts pour découvrir si, dans ce congrès, il ne se traitait point d'autres affaires que celles qu'on avouait publiquement. Mais tout le monde était intéressé à ne pas lui en laisser pénétrer le mystère, et le cardinal prodiguait, pour le rassurer, les témoignages d'affection, les confidences et les serments. Il y réussit au point que cet ambassadeur ne cessait d'écrire à Venise, que la république pouvait compter plus que jamais sur l'alliance du roi.

Cependant le traité avait été signé, par lequel le pape, l'empereur, le roi de France, et le roi d'Arragon et de Naples, s'unissaient pour reprendre à la république tout ce qu'elle avait, disait-on, usurpé.

---

nuscrit de la Biblioth.-du-Roi, provenant de la biblioth. de Brienne, n° 14.)

Codex italiæ diplomaticus. Lunig. tom. I, pars 1, sectio 1, XXVIII et XXIX.

Voici quel en fut le partage : Partage des états de la république stipulé dans le traité.

Le pape devait recouvrer, c'est-à-dire acquérir Faenza, Rimini, Cervia, Ravenne, et quelques parties des territoires de Césène et d'Imola, encore occupées par les Vénitiens.

Maximilien avait deux sortes de prétentions à former. Comme chef de la maison d'Autriche, il reprenait la marche Trévisane, l'Istrie, le Frioul, et tout ce qui avait appartenu au patriarche d'Aquilée. Comme empereur, on lui abandonnait le Padouan, le Véronais, le Vicentin, et Rovérédo, point important dans la haute vallée de l'Adige, pour la communication du Trentin avec l'Italie.

Le roi de France retenait pour sa part les provinces de Bergame, de Brescia, de Crème, qui avaient été conquises sur les anciens ducs de Milan, Crémone et les pays compris entre l'Adda, l'Oglio et le Pô, cédé par lui-même à la république en 1499.

Enfin le roi d'Arragon et de Naples, pour prix de son accession à la ligue, devait rentrer dans les cinq ports que les Vénitiens occupaient sur ses côtes, c'est-à-dire Trani, Brindes, Otrante, Pulignano, et Gallipoli, sans rembourser les deux cent mille écus d'or pour lesquels ces places avaient été engagées.

Ce traité de spoliation était précédé d'un préambule, dans lequel les puissances copartageantes énonçaient l'intention d'unir leurs forces pour faire la guerre aux infidèles; et, reprochant aux Vénitiens les obstacles qu'ils avaient apportés à cette pieuse entreprise, en retenant les domaines du saint-siége, elles ne se déterminaient, disaient-elles, à les contraindre de rendre ce qu'ils avaient usurpé, que dans la vue de le faire servir à la gloire et à la délivrance de la chrétienté.

Ce fut là le seul prétexte que l'on trouva pour colorer une si manifeste usurpation.

Au moment où ils signaient ce traité, le roi de France était l'allié de la république, le roi de Naples était son débiteur, l'empereur venait de conclure une trêve avec elle, et le pape avait transigé sur l'affaire de la Romagne.

Mesures du pape pour légitimer le parjure de l'empereur. Parmi toutes ces violations de la foi donnée, le parjure de Maximilien fut le seul dont on conçut quelque scrupule. Mais le pape qui en donnait l'exemple ne pouvait manquer d'en offrir le remède. On convint que les rois de France et d'Arragon, ainsi que le pape, commenceraient les hostilités le 1er avril, et qu'en même temps Jules II fulminerait contre les Vénitiens une bulle, qui leur enjoindrait de restituer toutes leurs usurpations dans quarante jours, sous peine d'interdit; au moyen de quoi, ce terme expiré, Maximilien se trouverait dégagé de l'obligation d'observer la trêve, et même tenu de marcher, à la requisition du pape, contre un peuple qui aurait encouru les censures ecclésiastiques.

A ces conventions principales on ajouta quelques autres clauses, savoir; que, pendant la durée de la ligue et six mois après, la maison d'Autriche s'abstiendrait de toute prétention à l'administration du royaume de Castille, ce qui était un objet d'une grande importance pour Ferdinand d'Arragon; que l'empereur, moyennant cent mille écus d'or, donnerait à Louis XII, pour lui, pour le comte d'Angoulème, héritier présomptif de la couronne, et pour leurs descendants mâles, une nouvelle investiture du duché de Milan; qu'aucune des parties contractantes ne pourrait faire ni paix ni trêve avec les Vénitiens, sans le consentement des autres; qu'enfin on inviterait à entrer dans cette ligue le roi d'Angleterre, et tous les princes qui avaient quelque réclamation à former contre les Vénitiens, comme le roi de Hongrie, qui avait d'anciennes prétentions sur la Dalmatie; le duc de Savoie, qui conservait les siennes au royaume de Chypre, quoiqu'il n'en eût jamais joui; le duc de Ferrare, qu'ils avaient forcé de leur céder la Polésine de Rovigo, et le marquis

Autres conditions du traité.

de Mantoue, à qui ils avaient enlevé Peschiera, Lunato et Asola. Successivement tous ces princes, à l'exception des rois d'Angleterre (1) et de Hongrie, accédèrent à ce traité. Pour y faire entrer les Florentins, dont les secours pécuniaires étaient jugés nécessaires, on leur abandonna les Pisans (2), à la grande honte des princes, qui s'étaient déclarés les protecteurs de ceux-ci. Le pape, quoiqu'il fût le promoteur de la ligue, fut celui des confédérés qui la ratifia le dernier.

<small>Opinion de Machiavel sur cette ligue.</small> Ainsi se forma contre la république de Venise, cette conspiration de rois qui n'avait point eu de modèle dans l'histoire. Un politique du temps (3) blâme fort Louis XII d'avoir coopéré à la ruine des Vénitiens. Il compte jusqu'à cinq fautes dans la conduite de ce prince. Selon lui, le roi arrivé en Italie et maître du Milanais, n'avait, pour s'y maintenir, qu'à se faire le protecteur de tous les petits princes menacés par l'ambition du pape ou de la république. Au

---

(1) GIUSTINIANI dit que le roi d'Angleterre accéda à la ligue, ainsi que le roi de Hongrie; mais il paraît que c'est une erreur.

(2) MARIANA, liv. 29, GUICHARDIN, liv. 8. Celui-ci rapporte qu'il fut stipulé, que les Florentins payeraient vingt-cinq mille ducats aux ministres des rois de France et d'Arragon.

(3) MACHIAVEL, *Le Prince*, ch. 3.

lieu de cela, il commença par fournir des secours à Alexandre VI, pour lui faciliter l'envahissement de la Romagne et la destruction des seigneurs qui possédaient ce pays : c'était s'affaiblir soi-même pour agrandir un rival. Il fit la folie de partager le royaume de Naples avec le roi d'Espagne : de deux choses l'une : ou il pouvait conquérir ce royaume avec ses propres forces, ou il ne le pouvait pas : dans le premier cas, il fallait faire cette conquête seul et pour lui seul; dans le second, il fallait se contenter des soumissions du roi de Naples; dans aucun cas, il ne fallait attirer en Italie un étranger redoutable. Ainsi il ruina ceux qui ne demandaient qu'à être ses protégés; il agrandit le pape déjà puissant; il appela les Espagnols en Italie; il ne fit rien pour s'assurer même des Milanais; il se ligua avec l'empereur, le roi d'Espagne et le pape, pour dépouiller les Vénitiens; tandis que ceux-ci étaient certainement des voisins moins dangereux que les autres.

IV.
Les Vénitiens découvrent l'existence de la ligue.

Cette ligue présentait une réunion d'éléments si naturellement incompatibles, qu'elle a été considérée comme un évènement presque miraculeux : il me semble cependant que, pour ceux qui observent la marche et le développement des passions, elle rentre dans l'ordre des évènements préparés long-temps à l'avance, et amenés par des causes qui n'échappent point à un œil attentif.

Mais ce n'est pas une raison pour accuser d'imprévoyance ou d'aveuglement le gouvernement qui ne l'avait pas devinée. On a vu que les Vénitiens, dont le défaut ne fut jamais de se livrer à une imprudente sécurité, ne regardaient pas une ligue de leurs ennemis comme impossible; seulement ils ne la jugeaient ni probable ni prochaine, et en cela il faut convenir que les calculs de la sagesse humaine ne pouvaient guère aller plus loin. D'ailleurs, quand ils auraient pu prévoir cet évènement, on ne trouve pas ce qu'ils auraient pu faire pour l'empêcher.

Quoi qu'il en soit, la ligue était déja ratifiée par la plupart des puissances, qu'ils étaient encore loin de la soupçonner. Il paraît, d'après le récit du cardinal Bembo, leur historien (1), que le premier avis qu'ils en eurent, ils le durent au hasard. Il échappa un jour à un Piémontais de dire à Milan, devant le résident de la république : « J'aurai donc le plaisir de voir « punir le crime de ceux qui ont fait périr le

---

(1) *Rerum venetarum historiæ*, lib. 8. Cette anecdote a été adoptée par Sandi, liv. 9, ch. 10, art. 1er.

« plus illustre de mes compatriotes. » Ce Piémontais était de Carmagnole ; il était donc évident qu'il voulait parler de la mort du général de ce nom, que les Vénitiens avaient envoyé au supplice : il espérait voir cette mort vengée ; il avait donc connaissance de quelque péril qui menaçait la république : il était fort avant dans la confiance du gouverneur de Milan ; d'où il était naturel de conclure qu'il s'était entretenu avec lui, de quelque projet qui se tramait contre Venise : si ce projet avait été révélé par ce gouverneur, la France y avait part : elle avait conclu récemment avec l'empereur un traité, dont on n'avait pu percer le mystère ; ce traité devait contenir quelques dispositions hostiles. Conduit par cette suite de raisonnements jusqu'à toucher la vérité, sans pouvoir la discerner encore bien distinctement, le gouvernement vénitien n'eut plus de repos, jusqu'à ce qu'il eût connu toute l'étendue de son danger.

Quelque temps après, le pape, dans un entretien particulier avec l'ambassadeur de Venise, lui dit : « Pourquoi votre gouvernement ne me
« proposerait-il pas quelques-uns de ses nobles,
« pour être seigneurs de Faenza et de Rimini ?
« Cet expédient mettrait fin à nos démêlés. Je
« leur conférerais le titre de vicaires de l'église,
« et ils paieraient le tribut à la chambre aposto-

« lique » (1). Le ministre, qui ne sentit pas toute l'importance de cette ouverture, représenta au saint père, qu'il n'était pas dans les principes de la république d'élever ses citoyens en les plaçant hors de sa juridiction. Les historiens ajoutent qu'il négligea de rendre compte au sénat de cette conversation. Cette omission aurait été tellement impardonnable, qu'elle est hors de toute vraisemblance; mais il serait fort possible que le sénat eût ignoré cette proposition, sans qu'il y eût de la faute de l'ambassadeur. Les historiens qui l'accusent ne savaient peut-être pas qu'il y avait, dans les statuts de l'inquisition d'état, un article (2) portant : « Toutes les fois que le sénat aura nommé un « ambassadeur, pour aller résider dans une cour « étrangère, le tribunal le mandera pour lui or- « donner de le tenir soigneusement informé de « toutes ses découvertes; et, quand elles seront « importantes, de n'en faire aucune mention « dans les dépêches adressées au gouvernement, « le tribunal se réservant de donner des ordres « suivant les occurrences. »

Ce réglement explique l'ignorance du sénat.

---

(1) *Hist. veneziana*, Petr. Giustiniani, lib. 11.
(2) L'art. 13.

On ne s'étonnera point que les inquisiteurs aient enseveli dans le plus profond secret une proposition qui tendait à élever quelques patriciens à de petites souverainetés; mais ils n'aperçurent point toutes les conséquences qu'il y avait à tirer de cette ouverture, et l'excès de leur inquiète vigilance retarda le moment où la république allait être avertie d'un grand danger.

Enfin Jules, plus effrayé chaque jour de l'irruption prochaine de tant d'étrangers en Italie, et qui aurait bien voulu acquérir toute la Romagne, sans recourir à un moyen si dangereux, profita d'une promenade sur mer, pour faire placer l'ambassadeur dans sa felouque ; là, il ramena la conversation sur les villes qu'il réclamait, et, ne recevant que des réponses évasives, il se détermina à lui révéler tout le secret de la ligue formée contre la république. Il ajouta qu'il ne l'avait point ratifiée, et promit, non-seulement de ne point la ratifier, si, par la cession de Faenza et de Rimini, on lui offrait un prétexte pour se dédire; mais même de travailler à dissoudre la confédération (1).

---

(1) D'autres racontent que le pape fit avertir l'ambassadeur de l'existence de la ligue, par un Grec nommé Cou-

Quand la dépêche de l'ambassadeur, où était dévoilé ce terrible mystère, fut lue dans le sénat, ces patriciens éprouvèrent peut-être autant de regret de voir leur prévoyance en défaut, que d'effroi de voir leur existence menacée.

Ce n'était pas qu'on se fît illusion sur les dangers; mais l'orgueil aristocratique était flatté d'attirer la haine de tant de rois. Il était beau, en effet, d'avoir élevé un édifice digne de cette jalousie. Les citoyens de tous les rangs comprirent qu'une patrie si enviée méritait d'être défendue; et le gouvernement déploya un appareil de forces qui n'était pas indigne des ennemis qu'il allait avoir à combattre, ni de la cause sacrée qu'il avait à soutenir.

V. Délibération pour détacher le pape de la ligue.

Dans les premiers moments, il montra même une assurance qui allait trop loin. C'est ce qui arrive quelquefois dans les grands dangers contre lesquels on appelle tout son courage. Lorsqu'on délibéra, dans le conseil, sur la proposition du souverain pontife, Louis Molino fut d'avis de répondre de manière à amener une négociation, en faisant entrevoir que la répu-

---

stantin Caminato. Voyez *Storia civile* di Vettor SANDI, lib. IX, cap. 10, art. 1.

blique ne se refuserait pas à un accommodement; mais le procurateur Dominique Trévisani opina en ces termes (1) : « Est-ce donc une chose si « importante, pour la sûreté de la république, « de compter le pape de plus ou de moins dans « la ligue de ses ennemis, qu'elle doive sacrifier « ses possessions et sa dignité, pour le détacher « de cette ligue? ne savons-nous pas qu'il n'y « a été admis que pour colorer l'avidité des con- « fédérés du prétexte des intérêts de l'église ? « n'auraient-ils pas formé cette conjuration sans « lui, comme avec son concours? quand il se « séparerait d'eux, en seraient-ils moins ardents « à poursuivre leur dessein? est-ce de ses armes « qu'ils ont besoin? Il est vrai qu'il en a de « deux sortes; mais ses milices sont un objet de « mépris; nos villes de la Romagne sauront bien « les repousser, même sans que nous envoyions « à leur secours; et l'avantage de n'avoir pas « ces troupes à combattre, ne vaut pas le sacri- « fice de ces places. Quant aux armes spirituelles, « pourquoi craindrions-nous qu'elles nous fus-

Discours de Dominique Trévisani, contre le pape.

---

(1) GUICHARDIN, liv. 8, VERDIZZOTTI, liv. 1er du tom. II. Le discours rapporté par le premier de ces auteurs est fort beau. Le second, beaucoup moins fort de raisonnement, offre des passages ridicules.

« sent plus fatales, dans cette guerre, que dans
« tant d'autres, où, malgré le pape, nous avons
« triomphé de l'Italie conjurée? Quelle appa-
« rence que Dieu fasse dépendre sa colère où
« sa miséricorde, ses châtiments ou ses bienfaits,
« des caprices d'un prêtre ambitieux, superbe,
« adonné au vin et à tant d'autres vices hon-
« teux? N'est-ce pas outrager le ciel que de
« penser qu'il puisse favoriser la cupidité d'un
« tel prince, aux dépens de la justice et de l'in-
« térêt de la chrétienté? Je demande si, sous ce
« pontificat, on peut prendre plus de confiance
« dans la foi sacerdotale, que sous tous les au-
« tres (1). Qui nous répond qu'après que nous
« lui aurons remis Faenza et Rimini, Jules ne se
« réunira pas aux confédérés, pour avoir aussi
« Cervia et Ravenne? avez-vous oublié que,
« pour autoriser leurs injustices, les papes ont
« établi cette maxime, que les traités, les ser-
« ments, la prescription, ne les engagent nulle-
« ment, quand il s'agit du bien de l'église? Je
« pense donc que nous ne trouvons aucune sû-
« reté ni aucun avantage à détacher le pape de

---

(1) Già se in questo pontificato non era più costante la fede sacerdotale, che fosse stata quasi simpre negli altri.

(*Hist. d'Italia* di Guicciardino, lib. 8.)

« la ligue, par la cession de Faenza et de Ri-
« mini.

« Je vais m'occuper d'un objet plus impor-
« tant, des autres confédérés. Ce serait une er-
« reur de croire que tous fussent entrés dans
« cette conjuration, avec la même ardeur que
« le roi de France et l'empereur. Vous voyez
« déja que le pape hésite. Le roi d'Arragon y a
« été plutôt entraîné que porté de lui-même.
« J'espère qu'il en sera de cette ligue comme de
« celles de Trente et de Blois. L'exécution d'un
« pareil projet trouvera toujours les mêmes ob-
« stacles, parce qu'ils sont dans la nature des
« choses. Notre premier soin doit être de cher-
« cher, par tous les moyens, à détacher de cette
« ligue Maximilien, que son inconstance, sa pé-
« nurie habituelle et sa jalousie contre Louis XII,
« doivent rendre facile à changer. Après sa dé-
« fection, la guerre n'est plus dangereuse, elle
« reste à peine possible. Le roi n'osera pas plus
« nous attaquer seul qu'il ne l'a osé précédem-
« ment.

« Dans les guerres contre une confédération,
« le plus important est de résister au premier
« choc, pour donner le temps à la confédéra-
« tion de se dissoudre. Comme des confédérés
« n'ont jamais pour objet que d'acquérir des
« avantages à peu de frais, il ne faut jamais les

« encourager par des sacrifices. Il faut, au con-
« traire, leur apprendre que les avantages sont
« incertains, et qu'ils peuvent coûter cher. Une
« coalition, qui ne triomphe pas dès le premier
« choc, ne triomphe plus.

« Dans les affaires d'état, le premier pas est
« toujours décisif; parce qu'on ne peut rétro-
« grader sans péril et sans déshonneur. Vous
« êtes chargés des intérêts d'une république,
« qui s'est constamment appliquée à étendre son
« empire, au mépris des regrets, des jalousies,
« des haines, qu'elle pouvait exciter. Si, aujour-
« d'hui, pour éviter un péril du moment, vous
« la faites rétrograder; si, démentant ses éter-
« nelles maximes, elle cède une partie de ses
« possessions, cette preuve de timidité enhardira
« ses ennemis. Vous verrez le roi de France
« vous demander ce qu'il n'a jamais possédé, ce
« qu'il vous a cédé lui-même; l'empereur récla-
« mer ce que ses ancêtres vous ont vendu; le
« roi de Naples, ce que son prédécesseur vous
« a engagé. C'est une opinion reçue dans toute
« l'Italie, que le sénat vénitien ne se départ
« point de ce qu'il a une fois arrêté, et ne se
« dessaisit jamais de ce qu'il possède. Si vous
« laissez apercevoir le moindre indice de fai-
« blesse, on vous croira parvenus à l'excès du
« découragement, et vous aurez plus de peine

« à conserver la partie de vos biens que vous
« aurez voulu sauver aux dépens de l'autre,
« qu'à les défendre tous à-la-fois. Vous avez
« donc à choisir entre la résolution de repousser
« la première demande qui vous est faite, ou la
« nécessité de vous soumettre à beaucoup d'au-
« tres, quand vous aurez cédé à celle-ci; et il
« faut vous attendre à voir cet état, déchu de
« sa splendeur, perdre sa considération et sa li-
« berté.

« Mais est-ce donc la première fois que la ré-
« publique a eu à soutenir des guerres contre
« plusieurs princes ligués? N'a-t-elle pas triom-
« phé de plusieurs coalitions, du temps de nos
« pères, et même de nos jours? Et comment en
« a-t-elle triomphé? Par sa constance. Aujour-
« d'hui la coalition est peut-être plus menaçante,
« mais aussi nous sommes plus puissants que
« jamais. Espérons tout de notre courage, des
« accidents qui doivent nécessairement refroidir
« et diviser nos ennemis, de la justice de notre
« cause, de Dieu enfin, qui ne voudra pas
« abandonner à des princes ambitieux et per-
« fides une république, l'asyle de la liberté,
« l'ornement de l'Europe, et le boulevard de la
« chrétienté. »

Ce discours entraîna le conseil. On fit au
pape une réponse laconique, qui ne lui per-

La république refuse un

accommodement avec Jules II.

mettait de rien espérer de la faiblesse des Vénitiens; et la république, pendant qu'elle faisait ses préparatifs de guerre, avec sa diligence accoutumée, profita du peu de moments qui lui restaient, pour tâcher de dissoudre la ligue, ou pour trouver des alliés.

VI.
Négociations infructueuses. Préparatifs et alarmes de la république.

L'empereur fut inébranlable et incorruptible, contre sa coutume; parce que les Vénitiens n'avaient que de l'argent à lui offrir, et qu'alors il en recevait d'ailleurs. Il refusa même de recevoir leur envoyé, et mit le doge au ban de l'empire, comme injuste détenteur de plusieurs provinces (1).

Le roi d'Arragon feignit d'ignorer l'existence de la ligue, et fit des offres de médiation, des protestations de bienveillance, qu'il était impossible de croire sincères.

La république sollicita le roi d'Angleterre d'attaquer la France, pendant que cette puissance aurait toutes ses forces en Italie (2). Le roi

---

(1) *Codex Italiæ diplomaticus*, Lunig, tom. II, pars 2, sectio 6, xxvii.

(2) Coram potentissimum regem Britannorum agebatur, ut Gallias irrumperet latèque palabundus inflicta cum pernicie divagaretur, Aureliensemque multiplici bello fatigatum distringeret, ut, qui commoda pacis rejecisset, belli sentiret incommoda. (Bernardi Arluni *de bello veneto*, lib. 2.)

d'Angleterre, qui avait refusé d'entrer dans la coalition, refusa également de s'allier avec les Vénitiens. Menacés ou repoussés par tous les princes de l'Europe, ils s'adressèrent aux Turcs : c'est André Moncenigo (1), l'un de leurs historiens, et écrivain presque contemporain, qui en rend témoignage ; mais ils ne trouvèrent de ce côté, comme de tous les autres, qu'un intérêt stérile, et ils se virent obligés de chercher en eux-mêmes les moyens de résister à presque toute l'Europe.

Plusieurs accidents fortuits, qui paraissaient autant de présages sinistres, vinrent frapper les imaginations, dans ce moment d'inquiétude générale. Le tonnerre tomba sur la citadelle de Brescia : une barque chargée d'argent, qu'on envoyait à Ravenne, fit naufrage : le bâtiment où étaient les archives de la république s'écroula, et le feu dévora ces archives : un nouvel incendie éclata dans l'arsenal, et y consuma douze galères.

Alors ceux qui n'avaient attendu le péril avec fermeté, que parce qu'ils le voyaient de moins près, furent ébranlés. On trouva de l'imprudence dans la réponse négative, qui avait été faite aux propositions de Jules II ; on tenta de

---

(1) Liv. 1er.

renouer la négociation avec lui; on lui offrit ce qu'on venait de lui refuser; mais il n'était plus temps; le pape avait ratifié l'acte de confédération, et plusieurs seigneurs romains, que la république avait pris à sa solde avec leurs troupes, furent retenus par les défenses du pape. Il peut être utile de s'arrêter un moment ici, pour entendre l'opinion d'un profond politique. Machiavel (1) pense qu'un prince menacé par une coalition, doit en triompher, pourvu qu'il ne manque pas de talents, et de moyens militaires pour soutenir le premier choc; mais qu'à défaut de ces moyens, il doit s'accommoder avec ses ennemis; et il ajoute que les Vénitiens, dans l'impossibilité de résister à tant de puissances, devaient se déterminer à des sacrifices, pour sauver leur existence. Mais, dit-il, peu de gens voyaient le péril, et encore moins le remède. Leurs succès contre la ligue d'Italie, en 1484, les avaient aveuglés.

En faisant le calcul des forces de leurs ennemis, ils jugèrent que l'empereur, toujours nécessiteux et prodigue, retenu d'ailleurs par d'autres affaires dans les Pays-Bas, ne pourrait pas être prêt, de quelque temps, à entrer en

---

(1) *Discours sur* Tite-Live, liv. III, ch. 11.

campagne; que les troupes du pape n'étaient ni nombreuses, ni redoutables; que le roi d'Arragon n'avait encore fait aucuns préparatifs, qui annonçassent l'intention d'assiéger de sitôt les places que les Vénitiens occupaient dans ses états. Il n'y avait donc que le roi de France, dont l'attaque fût, dans ce moment, imminente et sérieuse.

On savait qu'il s'avançait vers les Alpes, et on évaluait les forces qu'il pourrait réunir sur l'Adda à deux mille gendarmes, ce qui faisait à-peu-près douze mille chevaux, et à vingt mille hommes d'infanterie, parmi lesquels on comptait six mille Suisses.

La république avait rassemblé toutes ses forces. Elles consistaient en trois mille gendarmes, qu'elle avait pris à sa solde; quatre mille hommes de cavalerie légère, dont deux mille stradiots; dix-huit mille hommes d'infanterie italienne, deux mille archers de Candie ou de la Morée, enfin beaucoup de milices. C'était une armée de trente mille hommes de pied et de quinze à dix-huit mille chevaux. Elle était pourvue de tout l'attirail nécessaire; car Venise fut toujours très-diligente et très-soigneuse à cet égard, ce qui lui donna souvent un grand avantage sur des ennemis, moins riches qu'elle ou plus négligents. Elle avait armé en outre une grande quantité de bâtiments, pour garder ses côtes, attaquer celles de l'ennemi, et seconder les opérations de son armée sur le bord des rivières. Une flottille fut envoyée dans le lac de Garde. Il fallut détacher une partie de cette armée pour garder les ports de la Pouille, les places de la Romagne, et les passages du Frioul. Le reste se prépara à défendre les frontières de la république, du côté du Milanais. Cette armée avait pour général le comte Petigliano, de la maison des Ursins, qui commandait en chef, et sous lui, Alviane, déjà honoré du triomphe pour les succès que, dans les guerres précédentes, il avait remportés sur les Allemands. Les patriciens, qui remplissaient auprès de cette armée les fonctions de provéditeurs, étaient George Cornaro et ce même André Gritti, qui, l'année d'auparavant, avait déterminé la république à préférer l'alliance de la France à celle de l'empereur.

On était prêt de part et d'autre au mois d'avril 1509. Louis XII avait promis d'attaquer le premier de ce mois. Il ne se mit cependant en mouvement que le quinze.

Déclaration de guerre. Le jour même que les hostilités allaient commencer, on vit arriver à Venise un héraut d'armes de France, pour déclarer officiellement la guerre, suivant l'usage qui s'observait encore

alors. Je m'abstiens de rapporter la formule de cette notification, dans laquelle le roi exposait ses griefs contre la république, ils se réduisaient à la trève conclue séparément avec l'empereur et à l'occupation de la Romagne. La réponse du doge disculpait la république de ces deux griefs; et se terminait ainsi : « Nous n'aurions jamais
« cru qu'un si grand prince eût prêté l'oreille
« aux discours empoisonnés d'un pape qu'il de-
« vrait mieux connaître, et aux insinuations
« d'un autre prêtre que nous nous abstenons de
« nommer. Pour leur complaire, il se déclare
« l'ennemi d'une république qui lui a rendu de
« si grands services. Nous tâcherons de nous
« défendre, et de lui prouver qu'il nous a man-
« qué de foi. Dieu jugera entre nous. Père hé-
« raut, et vous trompette, vous avez entendu
« ce que nous avions à vous dire. Rapportez-le
« à votre maître; sortez (1). »

Le même jour le pape fulmina sa bulle contre les Vénitiens, il leur ordonnait de restituer, dans un délai de vingt-quatre jours,

Bulle du pape contre les Vénitiens.

---

(1) Il y a à la Biblioth.-du-Roi, *Recueil des pièces hist.* provenant de la bibl. de Dupuy, n° 45, une copie de la relation de ce héraut, et dans un autre manuscrit, provenant de la biblioth. de Brienne, n° 14, une copie de la sommation et de la réponse du doge.

tous les domaines qu'ils avaient usurpés et les fruits qu'ils en avaient perçus, sous peine de voir leur territoire mis en interdit, leurs biens livrés au premier occupant, et leurs personnes réduites en servitude, comme coupables de lèse-majesté divine et humaine (1).

Toutes ces menaces n'étaient que de vaines formules, objet de mépris, même pour le clergé. Cependant le sénat ne dédaigna point d'appeler de la bulle du pape au futur concile, ce qui mit le comble à l'emportement de Jules II.

VII.
Système de défense adopté par les Vénitiens. Leur territoire est envahi.
1509.

Le général en second de l'armée vénitienne avait proposé de prendre l'offensive, et de se jeter dans le Milanais avant l'arrivée des troupes françaises. Ce projet hardi offrait deux avantages, l'un de profiter du moment où les ennemis n'étaient pas encore réunis, pour les attaquer, l'autre d'établir le théâtre de la guerre sur leur territoire.

Mais aussi quand on se porte ainsi de soi-même dans le pays ennemi, on n'a point de positions fortifiées autour de soi, on n'occupe pas les places, on est obligé de tenir la campagne, et on n'est pas le maître de refuser une bataille.

---

(1) Cette bulle est dans le recueil intitulé, *Varie scritture di Venezia*, man. de la Biblioth.-du-Roi, n° 1009 $\frac{H}{261}$.

Ces inconvénients furent opposés au projet d'Alviane par le comte Petigliano, commandant en chef. Il représenta qu'infailliblement les Français, quelques jours après que le Milanais aurait été envahi, se présenteraient en masse, pour livrer bataille; qu'il ne serait peut-être pas possible de se retirer sans combattre, que cette retraite, opérée au commencement de la campagne, passerait pour un échec, et que, si on éprouvait une défaite, tout le territoire de la république allait se trouver sans défense. Il ne s'agissait pas, selon lui, de faire des conquêtes, mais de couvrir le pays vénitien, de ménager l'armée et de faire traîner la guerre en longueur, pour tromper la coalition dans ses espérances. En conséquence, il proposait de prendre une position inattaquable sur l'Oglio.

Cet avis fut jugé plus prudent par le gouvernement, mais un peu timide. On trouva que la position de l'armée sur l'Oglio était trop reculée; cette rivière n'était que la seconde ligne de défense de la république; il parut plus naturel de se porter d'abord sur l'Adda, pour en disputer le passage aux Français, tout en évitant de commettre le sort du pays au hasard d'une bataille. Voilà à quoi se réduisent ordinairement les instructions des gouvernements timides : ils veulent qu'on les défende.

mais sans rien hasarder, comme s'il dépendait toujours d'un général d'éviter une bataille ; comme si, lui interdire l'offensive, ce n'était pas laisser un avantage évident à l'ennemi, en le rendant maître d'attaquer quand il voudra, et sur le point qui lui conviendra le mieux. Machiavel remarque (1) que les républiques ont sur les monarchies cet avantage, de voir tour-à-tour des hommes de caractères différents s'emparer de l'influence et proposer les partis les mieux adaptés aux circonstances actuelles. Il cite Fabius, qui sauva Rome par sa circonspection, et Scipion, qui, contre l'avis de ce même Fabius, détruisit la puissance de Carthage, en transportant la guerre en Afrique. Voilà la circonspection et l'audace que le succès justifie tour-à-tour. Au commencement de cette guerre, Scipion aurait peut-être compromis la république : à la fin, si Fabius en eût été cru, elle n'aurait pas été délivrée de son ennemi.

Remarquons qu'à Venise on n'avait pas cet avantage, que Machiavel attribue au gouverne-

---

(1) *Discours sur* Tite-Live, liv. 3, ch. 9 ; et liv. 11, ch. 33. Il compare à la méfiance des Vénitiens, la latitude que les Romains laissaient à leurs généraux, et il ajoute : « Cette méthode est digne de celles qui ont conduit cette république au point d'abaissement où nous la voyons. »

ment républicain; parce que les hommes, pris individuellement, y avaient trop peu d'influence. Venise fut inébranlable dans ses maximes; elle n'en changea point avec le temps, et elle périt par son attachement à un système intempestif.

L'armée vénitienne n'avait pas encore pris la position qui venait de lui être assignée, que les ennemis attaquèrent les frontières sur six points à-la-fois. Au nord, des détachements s'avancèrent jusqu'aux portes de Bergame. Un corps de dix à douze mille hommes passa l'Adda, et emporta le poste de Trévi, où il prit douze cents Vénitiens. Des troupes sorties de Plaisance et de Lodi firent des courses dans le Crémonais; et le marquis de Mantoue se jeta sur Casal-Maggiore, tandis que la petite armée du pape s'avançait dans la Romagne, attirait dans une embuscade le corps chargé de la garde de cette province, le battait, et faisait capituler les petites places de Bregesilla, de Rullio, et même Faenza.

On voit que la campagne débutait vivement d'une part, et assez malheureusement de l'autre. Petigliano s'empressa de réparer ces premiers revers, en reprenant la place de Trévi. La capitulation de cette ville n'empêcha pas les vainqueurs d'y commettre des excès, qui devinrent le prétexte de beaucoup d'autres. On en voulait aux habitants pour s'être rendus lâchement, et le sénat les punit en faisant démolir leurs remparts. C'était dans ce temps-là un privilége considérable pour les villes d'être à l'abri du brigandage qu'exerçaient les gens de guerre.

<small>VIII.
Bataille d'Agnadel.
14 mai 1509.</small>

Louis passa l'Adda à Cassano, sans éprouver aucune résistance, ce qui fut certainement une faute de la part du général vénitien. Celui-ci était principalement occupé de ne pas se laisser forcer à une action décisive. Les Français lui présentèrent la bataille pendant quatre jours, sans qu'il fit le moindre mouvement pour aller à eux. Ils attaquèrent une petite place à la vue de son camp, sans pouvoir le déterminer à en sortir. Fatigués de son immobilité, ils marchèrent sur Pandino pour couper ses communications avec Crème et avec Crémone. D'une part, Petigliano ne voulait pas laisser l'ennemi s'établir entre son camp et les places d'où il tirait ses approvisionnements; de l'autre, l'impatient Alviane demandait à grands cris la bataille. Ce général, que son brillant courage avait élevé des derniers rangs de la milice aux premiers honneurs, savait apprécier une autre gloire que celle des armes. Au milieu du tumulte des camps, il avait cultivé les lettres, et honoré ceux qui y excellaient. La ville de Pordenone, qu'il avait conquise et que la république lui avait donnée, était devenue l'asyle des sciences. Il y avait formé une académie, qui devint célèbre, et dans cette campagne, il marchait entouré de trois hommes que leur réputation plaçait au premier rang parmi les littérateurs : c'étaient André Navagier, Jean Cotta et Jérôme Fracastor ; mais la douceur de leurs entretiens ne lui faisait rien perdre de son ardeur martiale.

L'armée de la république quitta sa position, et se mit en marche pour arriver à Pandino avant les ennemis qu'elle côtoyait, n'en étant séparée que par un marécage, et se canonnant avec eux chemin faisant. Le général vénitien, sans faire attention à cette canonnade, hâtait sa marche pour arriver le premier, et sa colonne avait déja pris assez d'avance pour que son arrière-garde, qu'Alviane commandait, se trouvât à la hauteur de l'avant-garde française.

Celle-ci voyant que l'ennemi allait lui échapper, fit un mouvement pour franchir le marais et l'attaquer. Alviane se prépara à lui en disputer le passage, fit avertir Petigliano, et en reçut, pour toute réponse, l'ordre de ne pas perdre son temps à escarmoucher avec les Français, et de hâter sa marche, pour arriver dans la position que l'armée allait prendre, et où elle serait en sûreté.

Mais, soit que ce message eût occasionné une perte de temps, soit qu'Alviane cédât imprudemment à son ardeur, l'affaire se trouva engagée. Dans le commencement de l'action, les Vénitiens culbutèrent tout ce qui se présenta pour franchir le marais. Louis XII arriva, avec le gros de ses troupes, au secours de son avant-garde. Le corps de bataille de l'armée vénitienne fut obligé de rétrograder, pour venir dégager Alviane (1). L'action devint générale. Les Suisses et même la gendarmerie, qui voulurent s'emparer de la digue qui les séparait des Vénitiens, furent fort maltraités par l'artillerie de ceux-ci. Les Gascons, qui recommençaient l'attaque, ne s'y portaient pas avec cette vivacité qui annonce la confiance et promet le succès; mais Louis XII y accourut en personne; la Trémouille cria aux Gascons, « Enfants, le roi vous voit; » la digue fut emportée, le passage fut ouvert à la cavalerie française. Celle des Vénitiens lui résista faiblement; leur armée fut culbutée, et Petigliano eut la douleur de ne pouvoir réparer un désastre qu'il n'avait que trop justement

---

(1) Il y a des historiens vénitiens qui prétendent que l'arrière-garde de Petigliano, prit seule part au combat; mais c'est une inexactitude officieuse pour ménager l'amour-propre national.

prévu. Il ne parvint que très-difficilement à rallier ses troupes débandées sous la protection de son avant-garde, devenue son corps de réserve. Vingt pièces de canon, tous ses bagages et six mille morts restèrent sur le champ de bataille. D'autres disent huit mille; mais une si grande perte est peu vraisemblable, après une bataille qui n'avait duré que trois heures. Alviane, blessé au visage, tomba entre les mains du vainqueur, qui fit élever une petite chapelle, dédiée à Notre-Dame-de-la-Victoire, sur ce même terrain où, deux siècles après, le duc de Vendôme devait battre l'armée de l'empereur.

Cette bataille fut donnée le 14 mai 1509, près du village d'Agnadel, d'où elle a pris son nom. Les Italiens l'appellent la bataille de Vaila ou de la Ghiera d'Adda.

Cette journée décidait du sort de la guerre. Petigliano, avec une armée désorganisée et que la désertion affaiblissait tous les jours, se retira successivement sur Caravaggio, sur Brescia, sur Peschiera, toujours poursuivi par l'ennemi. Caravaggio, Bergame, se rendirent le lendemain et le sur-lendemain de la bataille; les bourgeois de Brescia se saisirent des portes de leur ville pour les livrer aux Français; Pizzighittone, Crémone, capitulèrent. André de Riva,

IX. Suite de la bataille. Les Vénitiens perdent toutes leurs provinces en Italie.

gouverneur de la citadelle de Peschiera, fut le seul qui se rappela que les devoirs d'un commandant de place sont d'autant plus sacrés que sa patrie est plus malheureuse. Mais sa résistance fut vaine, il fut emporté d'assaut; et Louis XII, par une barbarie qui n'était point dans son caractère, fit passer la garnison au fil de l'épée, et pendre ce brave gouverneur, avec son fils, aux créneaux de la citadelle (1). L'empressement des villes pour se rendre était tel, qu'elles refusaient même de recevoir les troupes du mal-

---

(1) Cela faict, les prisonniers furent amenez devant le roy, lesquels présentèrent pour rançon cent mille ducats; mais le roy jura le diable m'emporte si je boy ni mange avant qu'ils soient penduz et estranglez. Ne jamais pour prière que sçeust faire M. le grand-maistre Chaumont et autres n'y sçeurent mettre remède que le roy ne les fist pendre en la mesme heure.

Histoire des choses mémorables du règne de Louis XII et de François Ier, par Robert de la Marck, maréchal de France.

(Manuscrit de la Biblioth.-du-Roi, n° 107, de la collection de Dupuy.)

« Peu en échappa qui feurent prins prisonniers, entre lesquels estait un provisadour de la seigneurie, et son fils, qui voulurent payer bonne et grosse rançon; mais cela ne leur servit de rien, car chascun à un arbre furent tous deux pendus, qui me sembla grande cruaulté. »

(*Hist. du chev. Bayard*, ch. 30.)

heureux Petigliano. Vérone lui ferma ses portes, et quelques jours après la bataille d'Agnadel, l'armée de la république se trouvait campée à Mestre, c'est-à-dire au bord des lagunes.

C'est une chose qui devrait bien humilier les grands politiques que la fragilité de leurs ouvrages. Un état, c'est-à-dire une société d'intérêts entre plusieurs millions d'hommes, s'écroule et se dissout quelquefois en peu de jours. On se demande ce que sont devenus les intérêts communs, l'attachement au lien qui les unissait, le patriotisme, et à son défaut l'amour-propre. Cet esprit de civilisation, qui fait tout sacrifier à la conservation des propriétés et de la tranquillité individuelle, nous place, dans ces graves circonstances, au-dessous de l'homme sauvage, qui sait au moins défendre le sol natal, et montrer une horreur invincible pour le joug étranger. Peut-être aussi est-ce la faute des gouvernements, qui, uniquement occupés d'agrandir leur puissance dans l'intérieur et à l'extérieur, ne cherchent pas assez à confondre leurs intérêts avec ceux de leurs peuples. On n'a pas le droit de demander aux hommes les vertus qu'on leur a ôtées. Le gouvernement vénitien avait, à cet égard, au moins autant de reproches à se faire qu'un autre. Son administration était sage, douce même; mais le bonheur d'appartenir à quelques familles de Venise ne valait pas d'être acheté par le sacrifice de ses biens et de sa vie.

Plus l'indifférence et la lâcheté des provinces étaient manifestes, plus l'épouvante dut être grande à Venise, quand, au moment où l'on croyait avoir une armée campée dans une position inexpugnable, on y apprit coup-sur-coup la bataille d'Agnadel, ses suites, la défection générale, l'invasion du Frioul par l'empereur, et les mouvements de tous les petits princes voisins qui se jetaient sur leur proie.

<small>X. Terreur à Venise.</small> La confusion fut extrême dans cette capitale. On courait sur les places publiques, on se pressait dans les églises, on s'interrogeait sans se connaître. A tout moment une nouvelle perte venait confirmer les désastres précédents. L'armée du pape était à Ravenne. Le marquis de Mantoue avait repris Asola et Lunato. Le duc de Ferrare envahissait la Polésine; Trieste, secondée par les paysans des environs, avait chassé la garnison vénitienne.

Un patricien, nommé Soncino Benzone, avait trahi sa patrie, livré la ville de Crème où il commandait, et pris du service dans l'armée française. Saisi quelque temps après, sous les bannières du roi, il subit le châtiment qu'il méritait. Le provéditeur André Gritti le fit pendre (1).

Les Allemands arrivaient par Trieste et Gorice, dont ils s'étaient emparés, par Cadore, par Trente. On apprenait que, dans toutes les places, le roi faisait enlever les nobles vénitiens, qu'il les exceptait toujours des capitulations et les retenait prisonniers. Le général écrivait que son armée s'affaiblissait par des désertions journalières, et que les villes de la république ne voulaient pas même le recevoir. Enfin l'armée française arriva jusqu'à Fusine, d'où le roi put voir cette capitale qu'il faisait trembler, et on ajoute (2) qu'il fit établir une batterie de six coulevrines, qui canonnèrent Venise fort inutilement. On juge de la consternation qui devait y régner. Toutes les boutiques étaient fermées, le cours de la justice était interrompu; le sénat, du lieu où il tenait ses séances, voyait la place Saint-Marc continuellement couverte d'une population agitée, qui pouvait être tentée de reprocher ses malheurs à ses maîtres. Les troubles du dedans n'étaient pas moins à craindre que de nouveaux désastres au dehors, et ce fut appa-

---

(1) GUICHARDIN, liv. 9.
(2) BRANTÔME, *Éloge de Louis XII*.

remment pour être en état de contenir le peuple de la capitale que l'on fit avancer les débris de l'armée jusqu'au bord des lagunes.

S'il fallait en croire les historiens vénitiens, le gouvernement aurait su, dans ce péril extrême, conserver toute sa gravité, toute sa sagesse, toute son autorité. Ils veulent nous persuader qu'au milieu de cette confusion universelle, le sénat délibérait sans terreur, et sans détourner un moment ses yeux de l'avenir (1). Sans doute il est naturel de soupçonner de flatterie des écrivains stipendiés ou timides; il est permis de juger les patriciens de cette république comme des hommes, et c'est leur faire assez d'honneur d'ajouter qu'ils montrèrent de la vigilance, et cette présence d'esprit que l'on ne conserve point lorsqu'on est trop préoccupé du danger présent.

L'un de ces patriciens, le procurateur Paul Barbo, vieillard infirme, qui depuis long-temps ne paraissait plus dans les conseils, se fit porter au sénat (2), et sembla se ranimer lui-même

---

(1) Nicolas Doglioni parle un peu plus sincèrement, car il dit (liv. 11.) : Onde erano i senatori piutosto confusi e turbati, che bastanti a consigliar questo fatto.

(2) Bembo, *Hist. venetæ*, lib. 8.

Fatti veneti di F. Verdizzotti, tom. II, lib. 2.

pour ranimer ses concitoyens. On commença par envoyer des patriciens pour rallier les troupes, pour en lever de nouvelles : on arma cinquante galères : le trésor public fut secouru de tout ce que les particuliers avaient à leur disposition ; et, réduit désormais à s'occuper de la défense de Venise, le sénat prit toutes les précautions que pouvait exiger la situation actuelle de cette capitale. On en expulsa les étrangers, mais seulement les étrangers oisifs (1). Ceux qui avaient une profession qui assurait leur existence reçurent l'ordre de continuer leurs travaux. On fit construire des moulins, creuser des citernes, amasser des bleds, examiner l'état des canaux, enlever les balises, armer les citoyens. La loi qui ne permettait pas aux bâtiments étrangers, chargés de vivres, d'aborder à Venise, fut révoquée. On décerna des récompenses aux officiers qui avaient fait leur devoir.

Le sénat envoya des députés au comte Petigliano pour louer sa constance dans ces grands revers. C'était imiter les Romains, qui, après la bataille de Cannes, avaient félicité Varron de n'avoir point désespéré de la république. Cependant, comme la conduite de Petigliano n'avait

{Décret qui loue la constance du général.}

---

(1) *Storia civile* di Vettor Sandi, lib. 9, cap. 10, art. 1°.

pas l'approbation générale, comme on lui reprochait de n'avoir pas secouru assez fortement Alviane à la bataille d'Agnadel, ce qu'on attribuait à un sentiment de jalousie, comme enfin les gouvernements ne doivent pas s'obstiner à conserver les généraux malheureux, on chercha un successeur à celui-ci (1).

<small>Décret qui délie les provinces du serment de fidélité.</small>

C'est alors que fut rendu ce décret célèbre, par lequel la république, déliant de leur serment de fidélité des sujets qu'elle ne pouvait défendre, autorisa ses provinces de terre-ferme à traiter avec l'ennemi selon leurs intérêts, et ordonna à ses commandants d'évacuer les places qu'ils tenaient encore. On a porté divers jugements sur cette résolution. Guichardin dit qu'elle fut prise avec la précipitation du désespoir (2). D'autres (3) ont fait remarquer que le gouvernement put y être décidé par plusieurs raisons; la première, de n'être pas obligé de diviser le peu de forces qui lui restaient; la seconde, de conserver des droits à l'affection des peuples de ces provinces, en n'exigeant pas qu'ils se sacrifias-

---

(1) Verdizzotti, liv. 2, tom. II, raconte, qu'on envoya proposer le commandement à Prosper Colonne.

(2) Con disperazione forse troppo presta. (lib. 8.)

(3) Notamment l'abbé Dubos, *Histoire de la ligue de Cambray*, liv. 1er.

sent pour la république, et en ne laissant entrevoir aucune intention de punir les infidélités. Ces provinces furent même libérées, par le décret, de tous les impôts arriérés. La troisième raison, qui est celle sur laquelle les commentateurs de la politique vénitienne insistent le plus, était l'espérance de voir bientôt naître des divisions entre le roi de France et l'empereur, à l'occasion de ces conquêtes, qu'on leur rendait encore plus faciles.

Cependant Louis XII se conduisit envers son allié, quoique celui-ci n'eût pas encore pris part à la guerre, avec une loyauté qui ne permettait guères de prévoir des divisions. Il refusa de recevoir les clefs de Vérone, de Vicence et de Padoue, et il ordonna aux députés de ces villes d'aller se présenter au plénipotentiaire impérial, qui en prit possession au nom de son maître, avant d'avoir une garnison à y placer.

Les cinq ports du royaume de Naples furent remis sans résistance aux troupes de Ferdinand.

Tout le Frioul se soumit à l'empereur, à l'exception des forteresses de Marano, d'Osopo et de Gradisca, dont la dernière succomba même bientôt après.

Trévise, peut-être, n'était pas moins résignée que les autres villes vénitiennes à subir sa nouvelle destinée. Les plus opulents, toujours les plus empressés de s'accommoder avec le vainqueur, avaient envoyé des députations porter des paroles de soumission; mais on vit arriver, pour prendre possession de cette place, un homme que tout le monde reconnut : c'était un habitant de Vicence qui s'était jeté dans le parti de l'empereur; son nom était Léonard Trissino. Les ministres autrichiens ne pouvaient guères faire un choix plus maladroit. Ils avaient donné cette commission à cet émigré, parce qu'ils lui supposaient une grande influence; mais il se présentait sans troupes, et tout le crédit dont il s'était vanté échoua devant le patriotisme d'un cordonnier, nommé Caligaro, qui se mit à courir dans les rues en criant : « Vive saint Marc! » Le peuple s'ameuta, pilla les maisons de ceux qui avaient appelé l'étranger, chassa le commissaire impérial, et déclara qu'il ne voulait point séparer son sort de celui de la république. On courut au camp de Petigliano, le supplier de jeter au plus vite une garnison dans Trévise; et six ou sept cents hommes qu'il y envoya, sauvèrent cette ville fidèle.

Ainsi la puissance vénitienne, sur la terre-ferme, se trouvait réduite à trois villes, Trévise, Marano et Osopo.

XI.
Efforts des Vénitiens

On avait senti dès le premier moment la nécessité d'essayer la négociation, pour arrêter, s'il était possible, le cours de ces désastres. Deux cardinaux vénitiens, qui se trouvaient alors à Rome (1), furent chargés d'offrir au pape toutes les soumissions qu'il pouvait exiger de la république. Elle lui remettait la citadelle de Ravenne, seule place de la Romagne qui restât en son pouvoir; elle suppliait sa sainteté de considérer tout le danger qui devait résulter, pour l'Italie et pour le saint-siége lui-même, du voisinage des étrangers, et de la destruction de la puissance vénitienne; elle sollicitait la médiation du père commun de la chrétienté. *pour détacher le pape de la ligue.*

Quand ce message arriva à Rome, le pape n'avait plus rien à demander aux Vénitiens. Son armée avait soumis toute la Romagne. Aussi la première réponse de Jules II fut-elle dure, et aurait-elle été désespérante pour tout autre qu'un négociateur italien. Le ministre de Venise, en recevant humblement tous les reproches du pape, en écoutant ses invectives, sa demande de la restitution des fruits que la république avait perçus pendant l'usurpation des domaines de l'église, s'appliquait sur-tout à démêler les véritables sentiments de ce pontife, à l'égard des

---

(1) BEMBO. *Hist. venetæ*, lib. 8.

Storia civile di Vettor SANDI, lib. 9, cap. 10, art. 2.

puissances coalisées, et crut deviner qu'il ne serait pas fâché de mettre un terme aux progrès des ultramontains.

Dès qu'on put soupçonner l'existence de cette disposition, on redoubla les supplications et les soumissions envers sa sainteté. Le doge lui écrivit pour implorer le pardon de la république, et la permission d'envoyer six sénateurs qui viendraient s'humilier aux pieds du saint-père, et recevoir l'absolution des censures que les Vénitiens avaient encourues.

Cette lettre fournit à Jules une occasion de manifester ses véritables sentiments. Il assembla le consistoire, et prit l'avis des cardinaux, sur la réponse à faire aux Vénitiens, laissant entrevoir qu'il n'était pas éloigné de les réconcilier avec l'église. Les cardinaux l'affermirent dans cette résolution, et, malgré les efforts des ambassadeurs de France et de l'empire, il permit d'espérer qu'il admettrait les ambassadeurs chargés de solliciter l'absolution de la république.

XII.
Envoi d'une ambassade à l'empereur.

Dans le même temps, Venise envoya une ambassade à l'empereur Maximilien. Les soumissions envers le pape étaient regardées comme des formules, qui, motivées sur la puissance spirituelle de celui qui devait les recevoir, ne compromettaient pas la puisssance temporelle de celui qui les employait; mais, avec le chef de l'empire, ces soumissions étaient d'une tout autre conséquence. Aussi, tandis que quelques écrivains (1) ont pris soin de recueillir la harangue que l'ambassadeur, Antoine Justiniani, prononça devant Maximilien, tous les historiens vénitiens se sont-ils efforcés de prouver qu'elle n'était qu'une pièce supposée (2).

L'authenticité de ce discours a été déja discutée (3); c'est un point de critique, dont l'exa-

---

(1) Guichardin, liv. 8.
Squitinio della libertà veneta, cap. 4.
Jacq. Treterus dans les *politica imperialia*, p. 977.
Coriugius, *de finibus imperii*, lib. 11, cap. 23.
Goldast, *politica imperialis*, tom. I, par. 21.
Lunig. *Codex diplomat. Italiæ*, tom. II, sect 6, art. 29.

(2) *Historia* P. Giustiniani, liv. 11.
Paolo Paruta, *Discorsi politici*, lib. 11, disc. 3.
Sansovino, *Note all' epitome della storia Guicc.*
Lo squitinio squitiniato (de Raphaël de la Torre.)
Graswinkellius, *de jure præsedent., inter remp. venet. et D. Sabaudiæ.*
Leoni, *Considerazioni sopra la storia di Guicciardino.*

(3) Par Bayle, au mot *Guichardin*, remarque K.
Par l'abbé Dubos, *Histoire de la ligue de Cambray*, liv. 1er.

men nous entraînerait trop loin, sans nous conduire à une solution dont les lecteurs impartiaux fussent satisfaits. Le devoir de l'historien n'est pas d'éclaircir tous les faits obscurs, mais de rapporter les faits douteux, en les donnant pour ce qu'ils sont, lorsque leur importance ne permet pas de les passer sous silence.

<small>Harangue qu'on attribue à l'ambassadeur.</small>

Voici donc la harangue que Guichardin met dans la bouche de l'ambassadeur. Après un exorde dans le goût du temps, où il cite les traits de clémence par lesquels Alexandre, Scipion, César, se sont illustrés, l'orateur ajoute : « Ces vain- « queurs du monde, dont l'empire est votre hé- « ritage, et dont la majesté réside en vous, « n'ont-ils pas conquis plus de nations par leur « clémence et leur équité, que par leurs armes ? « La victoire a mis le sort des Vénitiens entre « vos mains ; mais ce ne sera pas une moindre « gloire d'en user avec modération, si, considé- « rant l'instabilité des choses humaines, vous « préférez les avantages solides de la paix aux « chances toujours douteuses de la guerre. Hélas !

Par Victor SANDI, *Storia civile di Venezia*, lib. 9, cap. 10, art. 3.

Par l'abbé TENTORI, dans son essai *sur l'histoire civile politique et ecclésiastique de Venise*, tom. 2, dissertation 15.

« nous n'avons pas besoin d'aller chercher des
« exemples étrangers de l'inconstance de la for-
« tune. Venise ne prouve que trop combien le
« bonheur des hommes est trompeur et périssa-
« ble. Cette république, si florissante et si puis-
« sante naguère, si illustre dans l'Europe, l'ad-
« miration de l'Afrique et de l'Asie, la voilà, par
« une seule bataille, dans laquelle même ses
« pertes n'ont pas été immenses, déchue de sa
« splendeur, dépouillée de ses richesses, déchi-
« rée, opprimée, ruinée; il ne lui reste ni res-
« sources, ni projets, ni souvenirs.

« Mais les Français se trompent, s'ils récla-
« ment pour leurs armes l'honneur de nous avoir
« humiliés. Nos ancêtres ont montré leur iné-
« branlable courage dans les plus grands périls,
« lorsque tout conspirait pour leur ruine, et
« notamment lorsqu'ils avaient à soutenir une
« guerre si malheureuse contre le cruel ennemi
« de la chrétienté. Ils surent toujours rappeler
« la victoire à force de constance, et nous au-
« rions pu, dans les circonstances présentes, at-
« tendre de notre nation les mêmes efforts et les
« mêmes succès, si elle n'était terrassée par le
« nom redoutable de votre majesté, et si l'invin-
« cible valeur de vos armées ne lui ôtait, je ne
« dis pas l'espérance de vaincre, mais même la
« possibilité de résister. En jetant nos armes, il

« nous reste un espoir, il est dans votre clé-
« mence ineffable, dans votre bonté divine.

« Vous nous voyez, dans notre malheur, venir
« vers vous en suppliants. Au nom du doge, du
« sénat et du peuple de Venise, nous vous con-
« jurons de daigner regarder notre infortune
« avec un œil de compassion, et de nous per-
« mettre d'en attendre le remède de votre clé-
« mence.

« Toutes les conditions que vous dicterez,
« nous les acceptons; nous les tenons d'avance
« pour honorables, pour justes et conformes à
« la raison. Peut-être sommes-nous dignes de
« nous les imposer à nous-mêmes. Que tout ce
« que nos ancêtres ont pu enlever au saint em-
« pire romain et à la maison d'Autriche vous soit
« restitué. Pour nous conformer encore plus à
« notre situation présente, nous y joignons tout
« ce que nous possédons dans la terre-ferme,
« sans aucune réserve de nos droits, quels qu'ils
« puissent être. Nous paierons, en outre, à votre
« majesté et aux empereurs ses successeurs, cin-
« quante mille ducats tous les ans, à perpétuité.
« Nous nous déclarons soumis à vos commande-
« ments, lois, décrets et ordonnances.

« Pour prix de ces sacrifices, nous ne vous
« demandons que de nous protéger contre l'in-
« solence de ceux qui, naguère nos alliés, sont

« maintenant nos plus cruels ennemis, de ceux
« qui ne desirent rien tant que de voir périr
« jusqu'au nom vénitien.

« Conservés par votre clémence, nous vous
« proclamerons le sauveur, le père, le fondateur
« de notre cité. Nous consacrerons vos bienfaits
« et vos vertus dans nos annales, nous les ferons
« chérir à nos enfants, et ce ne sera pas une
« faible gloire ajoutée à celle dont vous brillez
« déja, que d'avoir été le premier dont Venise
« suppliante ait embrassé les genoux. Elle vous
« révère, vous honore, et veut vous servir comme
« sa divinité tutélaire.

« Si le souverain arbitre des destinées eût dé-
« tourné nos aïeux de s'immiscer dans les inté-
« rêts des autres états, notre ville florissante entre
« les villes de l'Europe, verrait encore croître sa
« splendeur ; au lieu de se voir humiliée, et d'être
« devenue un objet de haine et de pitié, en per-
« dant, en un moment, tout le fruit de ses vic-
« toires.

« Mais, pour finir par où j'ai commencé, il
« est en votre pouvoir d'acquérir un nom im-
« mortel, et une gloire qu'aucune autre n'égale,
« en pardonnant aux Vénitiens. Tous les siècles
« vous proclameront le plus grand et le plus
« clément des princes ; et nous, vos fidèles Vé-
« nitiens, en conservant la vie et l'avantage de

« jouir du commerce des hommes, nous publie-
« rons que ce sont vos bienfaits. »

Les historiens vénitiens, comme je l'ai dit, contestent l'authenticité de cette harangue; mais l'un des plus graves, le cardinal Bembo, dont le témoignage n'est pas suspect, dit en propres termes : « Antoine Justiniani fut envoyé vers « l'empereur Maximilien, pour tâcher de conclure « la paix avec lui, quelque dures que pussent « en être les conditions (1). »

Il y a loin de ce langage à celui que la république avait employé si souvent dans sa prospérité. Quelque incertitude qui puisse rester sur les termes du discours qu'on attribue à Justiniani, il est évident que ses maîtres étaient résignés à accepter toutes sortes de conditions,

---

(1) Latum etiam ut Antonius Justinianus ad Maximilianum rectà contenderet et cum illo, si posset, pacem quantumvis duris conditionibus faceret; Tergesteque oppidum et portum Naonis, reliquaque municipia, quæ respublica ex ejus ditione superiore anno ceperat, senatum ei paratum esse restituere, ac quæ oppida ex romanorum imperatorum ditione in Carnis et Galliâ et Venetiâ respublica possideret, ea se omnia illi tanquam accepta relaturum nuntiaret : nisi enim ab altero eorum aliquid auxilii afferatur adversus Gallorum audaciam, atque impetum nullum satis firmum obicem futurum esse verebantur. (lib. 8.)

Il faut convenir que voilà la substance de la harangue.

et il est indifférent qu'il ait employé des formules contenant l'aveu de l'autorité de l'empereur sur la république, puisque dans le fait cette autorité n'a jamais été exercée.

L'empereur aurait été peu fondé à se prévaloir d'une soumission, dont il n'avait pas profité : car il est constant qu'il refusa tout accommodement avec les Vénitiens (1). Mais par une inconséquence, que l'incohérence habituelle de ses desseins peut seule expliquer, en même temps qu'il rejetait la paix, il ne se préparait pas à leur faire la guerre. Il avait dissipé, avant de commencer la campagne, tous les fonds qu'il avait tirés de ses sujets, cent cinquante mille écus d'or levés en Allemagne pour la croisade, et que le pape avait laissés à sa disposition, enfin le prix de l'investiture du duché de Milan. Ce désordre de ses finances lui fit commettre deux fautes. *Refus de l'empereur.*

La première fut de ne pas s'assurer, par de fortes garnisons, des places qu'il venait d'acqué- *Ses fautes.*

---

(1) Nous avons une copie de sa réponse dans un recueil de pièces, pour servir à l'histoire, qui fait partie de la collection de Dupuy, manuscrit de la Biblioth.-du-Roi, n° 258. Cette pièce est intitulée : *Domini Maximiliani imperatoris augusti ad Antonii Justiniani oratoris veneti supplicationem extemporaneam responsio.*

rir à si peu de frais; la seconde, d'y envoyer des gouverneurs qu'il payait fort mal, et qui se dédommageaient de la pénurie de leur maître, en pressurant les habitants, sans avoir des forces suffisantes pour se faire respecter.

XIII.
Les Vénitiens surprennent Padoue.
17 juillet 1509.

Les sujets de la république ne tardèrent pas à comparer leur existence passée avec leur condition présente. Pillés par des étrangers, ils regrettèrent un gouvernement qui n'exigeait d'eux que de l'obéissance et des tributs modérés, et ils remarquèrent que leurs nouveaux maîtres n'étaient pas moins imprudents qu'avides. Léonard Trissino, ce même émigré vicentin que nous avons vu repoussé des portes de Trévise, commandait dans Padoue. Il n'avait que huit cents hommes pour garder cette place (1), mais il vendait ou distribuait, pour se faire des partisans, les biens appartenant aux patriciens de Venise. Un mois s'était à peine écoulé, que déja l'insolence des déserteurs de la cause de la patrie, enrichis par la faveur de l'étranger, avait révolté tous les bons citoyens. Il n'y a point de joug qu'on supporte avec plus d'horreur que celui d'un transfuge.

Le gouvernement vénitien, averti de ces dispositions, se hâta d'en profiter. Un patricien,

---

(1) *Histoire du chev.* BAYARD, chap. 31.

nommé Louis Molino, proposa de surprendre Padoue. Le doge, effrayé d'une entreprise qui pouvait rendre aux ennemis toute leur activité, s'y opposa de tout son pouvoir, mais la tentative fut résolue. André Gritti, à la tête d'un détachement, et suivi de quelques milliers d'hommes, que Petigliano conduisait à peu de distance, s'avança, dans la nuit du 16 au 17 juillet (1). jusque sous les murs de cette place négligemment gardée. La garnison étant faible, on ne tenait que deux portes ouvertes, et il y avait seulement trente hommes de garde à chacune. C'était le temps de la récolte des foins. Le matin du 17 juillet, aussitôt que la porte s'ouvrit, une file de grosses charrettes se présentèrent pour entrer; derrière l'une de ces masses roulantes, six gendarmes vénitiens s'avançaient sans être vus, ayant chacun en croupe un homme de pied, armé d'une arquebuse.

Dès qu'ils furent arrivés sous la porte, les arquebusiers firent feu sur la garde; chacun tua

---

(1) « L'historien de la ligue de Cambray met cet évènement au 18 juin, mais il est certain, dit Muratori, qu'il arriva le 17 juillet, un mardi, jour de la translation de Sainte-Marine, qu'on solennise encore aujourd'hui à Venise, en mémoire de ce commencement de résurrection de la république. » *Art de vérifier les dates.*

son homme (1), les gendarmes chargèrent le reste des Allemands; Gritti accourut avec son détachement, s'empara de la porte, et attaqua la garnison. Elle fit une vigoureuse résistance, tua quinze cents soldats ou bourgeois ; mais voyant arriver toutes les troupes vénitiennes, elle se retira dans le château, et se rendit quelques heures après. Le peuple de Padoue se vengea des fauteurs de l'étranger par le pillage de leurs maisons, et vit passer, comme prisonnier de guerre, l'odieux transfuge, que sa qualité de commissaire impérial sauva du supplice qu'il méritait.

Ce coup-de-main produisit une joie inexprimable dans Venise. Après tant de désastres, on voyait luire un rayon d'espérance. On devait s'attendre que les Allemands feraient sur-le-champ un effort pour reprendre cette place importante ; mais Maximilien ne s'était pas mis en état de le tenter. On avait à craindre l'armée française; une circonstance imprévue écarta ce danger. Par une autre faute de l'empereur, Louis XII était alors assez froidement avec lui. Maximilien avait refusé, après l'avoir acceptée, une entrevue que le roi lui avait fait proposer. Soit

XIV.
Divisions entre les confédérés.
La république négocie pour se réconcilier avec le pape.

---

(1) *Histoire du chev.* BAYARD, ch. 30.

inconstance, soit qu'il eût quelque honte de paraître, dans un état voisin du dénuement, aux yeux d'un roi son vassal, dont la cour était alors très-brillante; il fit dire que d'autres affaires l'appelaient dans le Frioul. Louis XII, qui était déjà en route, fut piqué de ce refus. Impatient lui-même de retourner dans ses états, maître des provinces qui, d'après le traité, devaient former son partage, se croyant assuré de ses conquêtes, qu'en effet les Vénitiens n'étaient pas encore en état de lui disputer, il se décida à repasser les monts. Il licencia même une partie de son armée, en laissant seulement un corps de quatre mille chevaux pour aider son allié.

De si grandes fautes passaient toutes les espérances de la république. Elle se flatta qu'elle trouverait le pape plus traitable, et renouvela ses instances pour obtenir la permission d'envoyer les ambassadeurs chargés de solliciter l'absolution des censures. Jules, par sa dureté, avait révolté le sénat, au point qu'on l'y appelait le bourreau et non pas le père des chrétiens (1). Plusieurs fois on proposa d'appeler les Turcs en Italie, de se mettre même sous leur protection (2);

---

(1) Bembo, liv. 8.
(2) Le cardinal Bembo (liv. 8), rapporte que le grand-sei-

mais on vit qu'on n'éviterait un danger que pour se jeter dans un autre. Suivant l'expression d'un historien (1), « les passions semblaient bannies « de ce corps, » et ce fut une des causes du salut de la république.

Le pape laissa entrevoir des dispositions plus indulgentes. Il permit aux ambassadeurs de venir à sa cour, mais en exigeant qu'ils entrassent dans Rome de nuit et sans aucun appareil, pour ne pas donner aux ministres des coalisés un sujet de plainte. Il refusa long-temps de les admettre à lui baiser les pieds; il les renvoya à une commission de cardinaux. On voyait évidemment que son intention était de traîner cette affaire en longueur, pour prendre son parti selon les évènements. Les Vénitiens n'étaient point gens à se laisser arrêter par des difficultés de forme dans de telles circonstances. Une fois entrés dans Rome, leur unique affaire n'était pas de réconcilier leur gouvernement avec le pape. Il importait également de pratiquer tous ceux qui pouvaient

---

gneur reprochait obligeamment à la république de n'avoir pas eu recours à lui. « Quod quoniam factum non sit, suas nunc opes, terrâ marique, amico se animo atque benevolo reipublicæ polliceri.

(1) L'abbé Dubos, *Histoire de la ligue de Cambray* liv. 1er.

avoir quelque influence sur les résolutions du saint-père, pour faire tourner, selon les intérêts de la république, les diverses négociations dont cette cour était alors le théâtre.

Maximilien, qui n'était pas en état d'entreprendre, avec ses propres moyens, le siége de Padoue, demandait les galères de l'église, pour faire le siége de Venise. Ce système d'attaque n'eût peut-être pas été le plus effrayant pour les Vénitiens, mais il leur importait de ne pas compter le pape parmi leurs ennemis. Pour le déterminer à refuser sa coopération à ses confédérés, ils parvinrent à faire entrer dans leurs intérêts l'archevêque d'Yorck, alors ambassadeur d'Angleterre à Rome, qui rendit à la république ce bon office, parce qu'il travaillait dans ce temps-là à en rendre de mauvais au roi de France.

Louis XII, quand il se détermina à quitter l'Italie, était en discussion et même en état de brouillerie avec le saint-siége. Les papes avaient la prétention de nommer, de leur propre mouvement, aux bénéfices dont les titulaires mouraient à la suite de leur cour. L'exercice de ce droit prétendu, fut une occasion de discorde : il n'en fallait pas tant pour réveiller une haine comme celle que Jules II et le cardinal d'Amboise se portaient. On parvint cependant à un accommodement : le roi céda une partie de ses droits, pour un chapeau de cardinal que le pape promit au neveu du premier ministre : bientôt après on ne tarda pas à se brouiller de nouveau. Le roi fit saisir les revenus des bénéfices, que des prélats romains possédaient dans ses états. Enfin le chapeau du neveu du cardinal d'Amboise arriva, et le nuage élevé entre les deux cours fut dissipé pour quelque temps. On remarqua que, dans les articles du traité qui fut conclu à cette occasion, le pape et le roi se garantissaient mutuellement toutes leurs possessions ; mais qu'ils se réservaient la liberté de traiter séparément avec d'autres puissances, pourvu que ce ne fût point au préjudice de l'un des deux. Cet article laissait apercevoir évidemment l'intention où était le pape de se séparer de la ligue.

Pendant ces brouilleries, Jules II s'était montré plus accessible à toutes les insinuations qu'on avait tentées auprès de lui pour le détacher de la France. Il avait cherché à s'assurer des Suisses, dont la fidélité n'était pas à l'épreuve d'une contribution plus forte que celle que le roi leur payait.

Le génie des Vénitiens se signala, en profitant habilement de toutes les occasions pour diviser leurs ennemis, sans ralentir cependant leurs opérations militaires. qu'ils poursuivirent avec vigueur, dès qu'ils eurent vu renaître une lueur d'espérance.

Leur premier soin avait été de s'assurer la conservation de Padoue, en fortifiant et approvisionnant cette place avec diligence.

XV.
Suite de la guerre.

Mais la sagesse de leur politique et la puissance de leur administration, se signalèrent bien davantage par un décret qui annonça aux sujets de la république, qui rentreraient sous sa domination, une indemnité complette de toutes les pertes qu'ils auraient éprouvées pendant la guerre. Telle était l'opinion que l'on avait de la fidélité et des ressources de ce gouvernement, que tous les sujets de terre-ferme se tinrent pour assurés de la réparation de leurs pertes, et dès-lors on peut juger du zèle avec lequel ils concoururent à se délivrer de leurs nouveaux maîtres.

Pour occuper et diviser les forces de l'empereur, les Vénitiens envoyèrent une escadre sur les côtes du Frioul et de l'Istrie. Ils s'emparèrent de Fiume, donnèrent deux assauts à la garnison de Trieste, en jetèrent une dans Udine. Pendant ce temps-là, ils disputaient aux corps avancés de l'armée allemande les districts de Feltre, de Bellune et de Cadore, et ils surprenaient Legnago, poste important, parce qu'il leur donnait une position et un pont sur l'Adige. Ils n'eurent pas le même succès contre Vicence et Vérone, dont ils s'étaient approchés avec quelque espérance d'y pénétrer. Des détachements de l'armée française s'y étant jetés, firent avorter cette entreprise.

Mais la fortune sembla vouloir dédommager la république de ce double échec, par une faveur inespérée. Le gouverneur vénitien de Legnago apprit que le marquis de Mantoue, qui s'était mis en marche pour aller joindre les Français à Vérone, passait à quelques milles de la place, et qu'il campait assez négligemment à l'isola della Scala, sur le Tartaro. Il fondit sur sa troupe pendant la nuit, la mit en désordre, pénétra dans le camp, fit beaucoup de prisonniers. Le marquis seul, resté caché dans un champ de blé, échappa à toutes les recherches; mais il eut besoin d'un guide pour aller à Vérone, et le paysan auquel il s'adressa le trahit. De sorte que Venise vit arriver dans ses murs, comme prisonnier de guerre, un des princes qui s'étaient ligués contre elle.

Une autre circonstance qui favorisa les Vénitiens, ce fut le désordre qui régnait dans l'armée autrichienne, suite inévitable du désordre des finances de l'empereur. Le pillage et d'inutiles cruautés firent abhorrer les Allemands. *La barbarie tudesque* passa en proverbe, et, l'imagination grossissant les objets, on fit des récits de femmes éventrées, d'enfants dévorés, et de chiens dressés à la chasse des hommes.

Ces exagérations ne laissèrent pas d'avoir quelque influence sur la résistance que la partie énergique de la population pouvait opposer aux étrangers. Les montagnards des provinces de Trévise et de Vicence disputèrent plus d'une fois les passages difficiles, et égorgèrent un grand nombre de maraudeurs; de sorte que l'armée impériale se trouvait déja sensiblement affaiblie lorsqu'elle arriva dans le Vicentin. Maximilien la commandait en personne. Elle était composée de six cents lances et de dix-huit mille Allemands. Elle reçut, en arrivant en Italie, un renfort de six mille Espagnols : sept cents gendarmes français s'y réunirent; le pape et le duc de Ferrare ne crurent pas pouvoir se dispenser d'y joindre chacun deux cents lances : enfin on recruta huit mille volontaires en Italie et ailleurs (1). C'était l'armée la plus considérable qu'on eût vue depuis long-temps en Italie, et Maximilien était un général de réputation.

Aussitôt qu'on vit Padoue sur le point d'être attaquée, les Vénitiens y jetèrent toute leur ar-

XVI.
Siége de Padoue par les alliés.
15 septembre 1509.

(1) GUICHARDIN, liv. 8.

mée, qui pouvait monter encore à vingt ou vingt-cinq mille hommes. Petigliano et le provéditeur, André Gritti, s'y enfermèrent eux-mêmes, et, à l'exemple du doge, qui y envoya ses deux enfants avec cent fantassins entretenus à ses frais, beaucoup de familles patriciennes s'empressèrent de former un corps de trois cents gentilshommes, qui se dévouèrent pour la défense de ce dernier boulevard de la république.

Jamais siége, dit Guichardin, n'avait été si important pour l'Italie. Tous les esprits étaient en suspens, et l'évènement paraissait fort incertain. Après avoir réparé, miné, couvert de canons les vieux remparts qui environnaient la place, on construisit intérieurement de nouveaux ouvrages entourés d'un second fossé. Toute la population des campagnes accourait pour concourir à ces travaux. Sur un autel qu'on éleva au milieu de la place publique, Gritti fit célébrer l'office divin, et là, après avoir harangué les défenseurs de Padoue, il reçut leur serment de mourir pour sauver la liberté et la patrie.

L'ennemi parut devant la place le 15 septembre. L'armée assiégeante n'était pas de moins de cent mille hommes, tant Allemands que Français, Bourguignons, Espagnols ou Italiens. Elle amenait « cent six pièces d'artillerie sur roues, dont la moindre étoit un faucon, et six grosses bombardes de fonte, qui ne se pouvoient tirer sur affûts, mais estoient portées chacune sur une puissante charrette, chargée avec engins, et quand on vouloit faire quelques batteries, on les descendoit, et quand elles estoient à terre, par le devant, avec un engin, on levoit un peu la bouche de la pièce, sous laquelle on mettoit une grosse pièce de bois, et derrière faisoit-on un merveilleux taudis, de peur qu'elle ne reculât. Ces pièces portoient boulets de pierre, car, de fonte, on ne les eust sceu lever, et ne pouvoient tirer que quatre fois le jour au plus (1). »

Malgré cet appareil de forces, l'empereur ne fit pas investir totalement la place; il préféra de se borner à l'attaque d'un point principal, et il paraît qu'il se trompa d'abord sur le choix, car il changea bientôt de position. Maximilien fut encore induit en erreur par ses ingénieurs, qui d'abord avaient cru possible de détourner le cours de la Brenta; mais les niveaux se trouvèrent mal pris, et les travaux qu'on avait commencés furent abandonnés comme inutiles.

La nouvelle attaque des assiégeants était dirigée vers un bastion, voisin de la porte de Ca-

---

(1) *Hist. du chev.* BAYARD, ch. 33.

dalunga, par où l'on sort de Padoue pour aller à Venise.

Les assiégés faisaient de fréquentes sorties, mais les combats se donnaient au pied du rempart; car l'empereur avait placé son quartier-général à demi-portée du canon : il donnait l'exemple de la bravoure et de l'activité. Dès le neuvième jour, ses batteries eurent lancé plus de vingt mille boulets; trois brèches, qu'elles avaient ouvertes, n'en firent bientôt plus qu'une, où mille hommes pouvaient passer de front. On donna d'abord deux assauts, qui furent repoussés avec vigueur. Le troisième, encore plus meurtrier, fut soutenu non moins vaillamment. Le drapeau impérial fut arboré un moment sur la brèche; mais les Espagnols, à qui on attribue l'honneur de l'avoir planté, sautèrent en l'air, par l'explosion d'une mine. Les assiégés accoururent aussitôt parmi les décombres, et culbutèrent le reste des assaillants.

L'empereur fait proposer aux gendarmes français de monter à l'assaut.

Dans tous ces assauts on n'avait, suivant l'usage, commandé que l'infanterie. Maximilien en voulut faire donner un autre par la gendarmerie française, et écrivit au général de se tenir prêt. « Lors eussiez vu une chose merveilleuse, car « les prestres estoient retenus à poids d'or à con- « fesser, pour ce que chascun se vouloit mettre « en bon estat, et y avoit plusieurs gendarmes

« qui leur bailloient leur bourse à garder, et
« pour cela ne faut faire nul doubte que les
« prestres n'eussent bien voulu que ceulx dont
« ils avoient l'argent en garde feussent demeurez
« à l'assault. »

La Palisse assembla les capitaines, et quand
ils furent arrivés à son logis, il leur dit : « Mes-
« seigneurs, il faut dîner, car j'ai quelque chose
« à vous dire, qui, si je vous le disois par aven-
« ture, ne feriez-vous pas bonne chère. Après
« le dîner, la Palisse communiqua la lettre de
« l'empereur, qui fut lue deux fois, pour mieux
« l'entendre; laquelle ouye, chacun se regarda
« l'un l'autre en riant, pour voir qui commen-
« ceroit la parole. Si, dit le seigneur d'Imber-
« court, il ne faut pas tant songer. Monseigneur,
« mandez à l'empereur que nous sommes touts
« prêts; il m'ennuie déja aux champs, car les
« nuits sont froides, et puis les bons vins com-
« mencent à nous faillir; dont chascun se preint
« à rire. Tous s'accordoient au propos du sei-
« gneur d'Imbercourt. La Palisse regarda le che-
« valier Bayard, et veit qu'il faisoit semblant de
« se curer les dents, comme s'il n'avoit pas en-
« tendu. Si, lui dit en riant, eh! puis, l'Hercule
« de la France, qu'en dites-vous ? Il n'est pas
« temps de se curer les dents; il faut répondre
« à cette heure promptement à l'empereur. Le

« bon chevalier, qui toujours étoit coutumier de
« gaudir joyeusement, répondit : Si nous voulons
« trestouts croire monseigneur de Imbercourt,
« il ne faut qu'aller droit à la brèche; mais, parce
« que c'est un passe-temps assez fâcheux à
« hommes d'armes d'aller à pied, je m'en excu-
« serois volontiers. Toutefois, puisqu'il faut que
« j'en dise mon opinion, je le ferai. L'empereur
« mande que vous fassiez mettre tous les gen-
« tilshommes françois à pied, pour donner l'as-
« sault avec ses lansquenets. De moi, combien
« que je n'aye guères de bien en ce monde,
« toutefois je suis gentilhomme; touts vous autres,
« messeigneurs, estes gros seigneurs et de grosses
« maisons, et si font beaucoup de nos gendarmes;
« pense l'empereur que ce soit chose raisonnable
« de mettre tant de noblesse en péril et hasard
« avec des piétons, dont l'un est cordonnier,
« l'autre boulanger, et gens méchaniques, qui
« n'ont leur honneur en si grosse recomman-
« dation que gentilshommes? C'est regardé trop
« petitement à lui, sauf sa grâce. Mon avis est
« que vous, monseigneur, devez rendre réponse
« à l'empereur, qui sera telle, que vous avez fait
« assembler vos capitaines, qui sont très-déli-
« bérés de faire son commandement : qu'il entend
« assez que le roi leur maître n'a point de gens
« en ses ordonnances qui ne soient gentilshom-

« mes : de les mêler parmi des gens de pied, qui
« sont de petite condition, serait peu faire d'es-
« time d'eux; mais qu'il a force comtes, seigneurs
« et gentilshommes d'Allemagne; qu'il les fasse
« mettre à pied avec les gendarmes de France,
« qui volontiers leur montreront le chemin; puis
« viendront les lansquenets s'ils trouvent qu'il
« y fasse bon (1). »

Les gendarmes allemands, non moins scrupuleux sur leurs droits, répondirent à leur tour,
qu'ils étaient venus pour combattre dans l'équipage qui convenait à leur naissance; l'assaut ne
fut pas donné.

Tels étaient les préjugés du temps. L'empereur, {Levée du siége.}
toujours prompt à abandonner ses entreprises,
leva le siége le seizième jour, et partit la nuit
suivante pour l'Allemagne. Padoue était délivrée, {XVII. Succès des Vénitiens.}
mais la province était ruinée, « car au dict Pa-
« douan fut porté dommage de deux millions
« d'escus, tant en meubles qu'en maisons et pa-
« lais bruslés et détruits (2). » En partant, Maximilien fit proposer une trève (3) aux Vénitiens,
qui, dans l'ivresse de leur joie, la refusèrent,

---

(1) *Hist. du chev.* BAYARD, ch. 37 et 38, et *Mémoires de Fleuranges*, tom. XVI.

(2) *Ibid.*

(3) GUICHARDIN, liv. 8.

et, profitant de sa retraite, se jetèrent sur plusieurs petites places qu'ils enlevèrent facilement. Basciano, Feltre, Cividal, furent reconquises : le château de la Scala fut emporté d'assaut : celui de Monselice fut surpris; les soldats de la garnison se jetèrent dans une grosse tour, « où « incontinent ils furent assiégés, et bouta-t-on « le feu au pied. La pluspart se laissèrent brûler « plutôt que de se rendre, les autres sautoient « par les créneaux et étoient reçus sur la pointe « des piques (1). » Les châteaux d'Este, Montagnana, Colonia, Citadella, Bassano, ouvrirent leurs portes à leurs libérateurs. Vicence les appelait; ils l'emportèrent en une heure, et l'empereur n'était pas encore arrivé à Trente, que déja Petigliano était sous les murs de Vérone, où cependant il ne put pénétrer.

Presque toute l'Italie, malgré des sentiments très-divers, voyait avec un œil de complaisance les succès des Vénitiens, que leurs malheurs avaient absous de l'envie qu'on leur portait auparavant. Ils voulurent profiter de l'éloignement de l'armée autrichienne, pour punir le duc de Ferrare, et ressaisir la Polésine de Rovigo. Tandis qu'une division de leur armée soumettait ou

---

(1) *Histoire du chev.* BAYARD, ch. 40.

ravageait cette province, le commandant de la flotte, Ange Trevisani, eut ordre d'entrer dans le Pô, de remonter ce fleuve jusque auprès de Ferrare, de passer l'armée sur la rive droite, et de seconder les opérations du siége de cette capitale. L'amiral eut beau représenter que cette entreprise était très-hasardeuse, sur-tout en hiver; que la flotte pouvait être compromise; on n'écouta que l'envie de se venger du duc, et Trevisani partit avec dix-sept galères, et un grand nombre d'autres bâtiments. Parvenu à Lago-Oscuro, c'est-à-dire à-peu-près à trois milles de Ferrare, il s'occupa de construire une tête de pont. L'armée vénitienne, déja arrivée sur le rivage opposé, n'attendait que la construction du pont pour effectuer le passage. Les gens du duc de Ferrare vinrent attaquer les redoutes, mais ils furent repoussés, et les marins travaillaient avec la plus grande activité, à lier leurs bâtiments de transport, pour ouvrir un passage à leurs troupes.

L'alarme était dans Ferrare; la population des campagnes accourait pour raconter que la flotte ennemie détruisait tout sur son passage; les villages ferrarais, les belles maisons de plaisance, situées sur l'une et l'autre rive, étaient en cendres. Cette capitale, alors peuplée de quatre-vingt mille habitants, n'avait qu'une faible garnison.

Les Français, appelés par le duc, y envoyèrent un détachement de cent cinquante gendarmes; mais ce secours aurait été vraisemblablement insuffisant, si on eût laissé le temps à l'armée vénitienne de passer sur la rive droite du Pô, et si les mouvements des ennemis, du côté de Vérone, ne l'eussent obligée de s'y porter. Dans la nuit du 20 au 21 décembre, on établit des batteries sur les digues qui commandaient le fleuve. Au point du jour, toute cette artillerie fit un feu terrible sur le pont et sur la flotte. Les troupes qui étaient à terre, ne purent parvenir jusqu'à ces batteries; il n'y eut pas moyen d'y répondre avec les canons des galères, ni de rester à une si petite distance sous un feu si meurtrier. Deux galères et plusieurs autres bâtiments, furent coulés bas par les premières volées. Deux ou trois coupèrent leurs câbles, et se hasardèrent à descendre le fleuve en essuyant le feu de toutes les batteries qui couvraient la côte. Le reste, criblé de coups, fut abandonné par les équipages, qui se sauvaient dans les chaloupes, ou se jetaient à la nage. Il périt plus de deux mille Vénitiens dans cette action. Trevisani chercha son salut dans un esquif, abandonnant sa capitane, qui coula bas à trois milles du lieu du combat, et laissant toute sa flotte au pouvoir de l'ennemi.

La flotte vénitienne détruite près de Ferrare. 21 décembre 1509.

Il paya ce désastre par trois ans d'exil, et la république s'empressa d'armer une nouvelle flotte.

Telle fut l'issue de la campagne de 1509, l'une des années les plus mémorables dans l'histoire de Venise. Cette époque fut celle de la mort du comte Petigliano, à qui la république reconnaissante fit élever une statue équestre, avec cette inscription : « A Nicolas des Ursins, prince « de Petigliano, qui, après avoir long-temps « commandé, avec succès, les armées de Sienne, « de Florence, des papes, et du roi de Naples, « fit de grandes choses pour la république, « dans un extrême péril, et lui conserva Pa- « doue. »

XVIII. Réconciliation du pape avec les Vénitiens.

Cependant l'empereur, honteux d'avoir échoué devant Padoue, et de s'être laissé enlever Vicence, ne rougissait pas d'offrir à Louis XII de lui remettre les forts de Vérone, seule place qui lui restât, pour gage d'un prêt de cinquante ou soixante mille ducats. Quand le pape sut que le roi venait d'accéder à cette demande, il s'alarma, plus qu'il n'avait fait jusque alors, des progrès des Français en Italie, et se décida à recevoir les Vénitiens dans ses bonnes graces. Une pénitence publique, l'obligation d'aller témoigner leur repentir dans sept églises, l'humiliation de recevoir, à genoux, l'absolution des censures encourues, n'était pas ce qui coûtait le plus aux Vénitiens. Ils se seraient estimés trop heureux que le pape se fût borné à des punitions de cette nature. Elles étaient assurément absurdes, car la république n'avait fait qu'une guerre juste. Elle s'était défendue, comme toutes les lois divines et humaines l'y autorisaient, mais elle n'avait pas été heureuse, et Jules II, en lui accordant son pardon, ne négligea point les intérêts temporels. L'absolution fut précédée d'un traité, dont les principaux articles étaient (1), que la république se désisterait de l'appel qu'elle avait interjeté, lorsque le pape avait fulminé le monitoire contre elle ; que le gouvernement ne disposerait à l'avenir d'aucuns bénéfices, ceux de patronage laïque exceptés, et que les titulaires seraient mis en possession sans aucune difficulté, sur la seule présentation des provisions expédiées par la chancellerie romaine ; que toutes les causes bénéficiales, ou appartenant à la juridiction ecclésiastique, pourraient être portées à la cour de Rome ; que la république ne pour-

---

(1) GUICHARDIN, liv. 8 ; on peut voir les actes sous le titre de *Copia capitulorum factorum, de anno* 1510, *inter sanctissim. D. N. papam Julium II et illustrissim. dominium Venetorum* dans un manuscrit de la Biblioth.-du-Roi, intitulé *Varie scritture di Venetia*, 220, 1007, — $\frac{H}{261}$.

rait soumettre les biens ecclésiastiques à aucune contribution (1).

On voit combien les Vénitiens se relâchaient de leurs maximes, relativement à la juridiction de l'autorité temporelle sur le clergé. Ce n'était pas tout. Ils renonçaient à toutes prétentions sur les terres de l'église. Ils reconnaissaient n'avoir aucun droit de s'immiscer dans les affaires que le pape pourrait avoir avec ses vassaux,

---

(1) Voici le texte des principaux articles : Item promiserunt nullo unquam tempore, aut quovis quœsito colore, seu quâvis causâ in futurum aliquas decimas, seu impositiones, seu collectas, aut quæcumque onera clericis vel ecclesiasticis personis, tam ratione personarum, quam quorumcumque beneficiorum ecclesiasticorum, seu ecclesiarum, monasteriorum, vel locorum religiosorum, aut hospitalium, imponere, seu impositas exigere.

Item promiserunt non impedire quocumque modo per se vel alium, seu alios, collationes, presentationes, institutiones, provisiones, seu quaslibet dispositiones per sedem apostolicam, vel Rom. Pontif. pro tempore existentem, seu ejusdem sedis legatos et quoscumque alios ordinarios, de quibuscumque dignitatibus ecclesiasticis, etiam metropolitanis, aut patriarchalibus, seu monasteriis etiam consistorialibus, aut quibuscumque aliis piis locis, quomodo libet factas seu faciendas, et de eis nullatenus intromittere ; quinimo illorum omnium et singulorum possessionem liberam et expeditam per eos vel ad quos spectet sine contradictione vel molestiâ tradi, traditas retinere permittere.

promettant de ne donner à ceux-ci ni secours ni retraite. Ils s'engageaient à réparer les dommages que les églises avaient éprouvés pendant la guerre. Ils consentaient à ce que les graces, que les prédécesseurs de Jules II pouvaient avoir accordées à la république, fussent déclarées nulles de plein droit, et considérées comme non avenues, si elles étaient, en quelque chose, préjudiciables aux intérêts de la chambre apostolique. Enfin, et c'étaient ici les deux points qui avaient donné lieu aux plus pénibles discussions, la république renonçait au droit de tenir un vidame à Ferrare, et elle reconnaissait aux sujets de l'église le droit de naviguer dans le golfe Adriatique, sans être assujettis à aucun péage, visite ou déclaration, ni pour leurs vaisseaux, ni pour leurs marchandises, quelle qu'en fût la nature ou l'origine, quand même elles appartiendraient à des étrangers (1).

---

(1) Ce livre est principalement consacré au récit de la campagne de Louis XII contre les Vénitiens. Nous croyons pouvoir hasarder d'insérer ici le récit d'un témoin oculaire; et quoique ce témoin soit un poëte, on pourra remarquer des détails que la prose elle-même aurait à peine recueillis.

Jean Marot, père de Clément, était poëte et valet-de-chambre de la reine Anne de Bretagne. Il accompagna Louis XII dans cette expédition, et en fit le sujet d'une épopée qui dégénère en chronique.

Le poëte suppose que les Dieux veulent donner à la Paix
l'empire de toute la terre. La déesse descend en Italie, et

> Par estranges climatz
> Voit eslever bruynes et frimatz
> Qui procédaient d'un vieil gouffre aquatique,
> Prenans son cours de mer Adriatique,
> Dessus lequel par haultaine divise
> Fondée fut la cité de Venise,
> En qui va veoir cinq trés laydes chymères,
> Filles d'enfer et de tous vices mères,
> Et sont leurs noms trahyson, injustice,
> Rapine, usure et leur mère avarice,
> Avec lesquels recongneux clercs et lais
> Qui d'aultruy bien bastissaient leur palais ;
> Mais lorsque Paix se voulut approcher
> Près de leurs corps, eussiez veu desmarcher
> Ces monstres faulx cryans parmy leur ville
> Comme Lombars de qui la robe on pille.
> Paix, ne voulant user de violence,

va exciter tous les princes de l'Europe à se liguer contre
le peuple vénitien, seul obstacle à la paix générale.
Voici l'exhortation qu'elle adresse au pape :

> Père très sainct bien vous vouldroys requerre,
> Que du povoir que vous laissa Sainct Pierre
> Le mauldissez, comme Caïn filz d'Adam,
> Et rengreges d'ung si rudde caterre,
> Que abismé soit au centre de la terre,
> Comme jadis Abiron et Dathan :
> De vostre chesne il a mangé le glan,
> Et vostre avoir avec le sien enferme,
> Faictes sonner dedans Rome l'alarme,
> Remettez sus Scipions et Césars,
> Et qu'il n'y ayt prebstre, moyne ne carme

Qui a présent ne trenche du gendarme
Pour expulser ce lyon de vos parcs.
Comment lyon? mais cruelle chimère,
Qui transgloutit et dévore sa mèr,
La saincte église, où vous êtes le chef.
Montrez-vous donc naturel et vray père,
Et ne souffrez que ce bastard vipère
Fasse sur vous si horrible meschief;
Car pour venir de son emprinse à chief,
S'efforce mettre aux chrétiennes places
Chiens barbarins, extraicts de viles races,
Turcs, Tartarins, Mammeluz, Mahomets;
Pourtant prélatz tournans à Dieu voz faces,
Convertissez vos rochets en cuyraces,
La croce en lance et mistres en armetz.

Bientôt le poëte cesse de faire usage du merveilleux.

Énumération de l'armée.

Normanville a dessoulz ses estendarts,
Mille et cinq cens Normans hardiz souldars;
Cinq cents Picars Montcauray a mis sus;
Cadet Duras ameine de ses pars
Mille Gascons humains comme lyepars,
Ayant les doys aussi prenans que glus.
Puis autre mil sans malle ne bahuz
Le cappitaine Odet mect sur les champs.
Moullard conduit mille loyaulx marchans,
Bayard cinq cents; le seigneur de la Crote
Autant en a avecques lui marchans,
Gens de conseil, justes et non meschans;
Car voulentiers payent deux foys leur hoste.
Mille hommes a le seigneur de Vandenesse,
Qui ne vouldraient forger une finesse
Pour cent marcs d'or, tant sont de conscience:

LIVRE XXII.

Roussillon mille gens tous plains de sagesse,
Car avant l'an chacun d'eulx se confesse
Cinq ou six fois ; c'est belle repentance.
Ymbault cinq cents hommes de grant science
Aussi rassis comme beau vif argent.
Autres cinq cents en ordre bel et gent
Marchent dehait soubz le chevalier Blanc,
Bons escoliers disciples de Pregent ;
Tant libéraux ils sont à toute gent
Qu'ils ne manient jamais ung petit blanc.
Le bon seigneur du Tresvel en a mille
Qui ont juré ne porter croix ne pille
De peur d'avoir le bruit d'estre usuriers ;
Puis Olivier de Silly homme habille
Cinq cents en a, toute bonne famille,
Doulx comme chatz, loyaulx comme meusniers.
Richemont mayne autant d'avanturiers,
Vrais innocens au desroc de dez et flus,
Comme Judas fut de la mort de Jésus.
Puis les cinq cents jaques Gor font merveilles.
Monsieur Despic cinq cents, et au surplus
De pionniers cinq cents tant malostrus
Qu'ilz ne sauroient finer trois cents oreilles.
. . . .
Adventuriers jusqu'à Millan marchèrent,
Passant pays honnêtement payèrent,
L'hoste est heureux qui avec eux praticque.
Ainsi vivans Alpes et rocs passèrent,
Leurs chefs de guerre aussi les gouvernèrent,
Brebis sans paistre entrent au chemin oblique.
Qui lors les veit marcher dessoubz la picque,
Dire povait contemplant leur maintien
Que quant à eulx Suisses n'est plus rien,
Ils ont le cueur, force, sens et vaillance
Ayment leur roy, par quoy dy et maintien

Tome III.

Que qui vouldra les gaiger aussi bien
On trouvera prou Suisses en France.

Jean Marot raconte ensuite la sommation que le roi d'armes de France fit au podestat de Crémone de rendre cette place, et la déclaration de guerre que le même héraut alla porter à la seigneurie de Venise, ainsi que la réponse du doge. Ces pièces, que l'auteur a laissées en prose, sont intercallées dans le poëme :

> Montjoie part et sans dilation
> Abandonna palais et tabernacle :
> Ne demanda faire collation,
> Craignant trouver pour sa réfection
> Quelque morceau d'esprouveur de triacle.

Portraits des deux généraux vénitiens.

> Barthélemy, surnommé d'Alviane,
> Estoit leur chef, homme très vertueux,
> Et l'autre estoit le comte Pétillane,
> Vaillant de loing, hardy comme une cane,
> Mais en painctures horrible et valeureux :
> Veoir on le peult aux gestes somptueux
> Qu'en sa maison il a dépeinctz et faitz,
> Ressemble aux Grecz de gloire ambitieux
> Dont les escripts vallent mieulx que les faictz.

Revue de l'armée du roi avant la bataille.

> Pour bien descrire ainsi que puis sçavoir
> Ce que le roy peult d'exercite avoir,
> Deux mil deux cents gorgias hommes d'armes
> Montez, bardez, pretz à faire devoir,
> Sans quatre cents archiers qu'il feist beau veoir
> Très bien montez, hommes puissans et fermes,
> De gens de pied prest à faire vacarmes

Par compte faict vingt mille combattans,
Et ne croy pas que depuis cinq cents ans
Ensemble on vist tant de haulx gens de bien.
Vénitiens sont encor plus puissans
De nombre faict, du cœur je n'en dys rien.
Or vous ay dit selon mon povre sens
Le camp du roy, par quoy je me consens
D'escrire au vray l'ost de la seigneurie :
Et tout premier y eust mil et huyt cents
Hommes d'armes, si braves en tous sens
Qu'ilz estimoient fleur de chevalerie.
D'aultres chevaulx faitz à gendarmerie
Comme Albanoys, autres avantcoureurs,
Neuf mil cinq cents hardys entrepreneurs.
Avoient en ordre et bataille marchans;
De gens de pied, sans leurs bons conducteurs.
Vingt et sept mil misrent dessus les champs.
. . . .

Ung samedi matin, de may unziesme jour
Environ les quatre heures, le roy sans long séjour
Faict sonner mettez selles, gendarmes à cheval ;
Trompes, tambours resonnent tant d'amont que d'aval.
Chascune compagnie arrive en la campaigne,
Soubdain courent aux armes, s'en vont soubs leur enseigne,
Tentes et pavillons ; lors eussiez veu par terre
Ung chascun en droit soy tout son bagaige serre ;
Le long de la rivière marchoit tout le sommaige
L'avant garde au-dessus pour doubte du pillaige,
Laquelle conduysoient en moult belle ordonnance
Le seigneur de Chaumont, lors grant maistre de France,
Et le seigneur Jean Jacques, chevalier très discret
Qui au faict de la guerre entendoit maint secret.
. . . .

Avecques luy marchèrent princes de grant renom,
La pluspart de son sang, dont veulx dire le nom.
Charles, duc d'Alançon, armé de toutes armes,

Chevauchoit près de luy, tenant assez bons termes;
Charles, duc de Bourbon, y fut si sumptueux,
Que bien monstroit la geste d'homme très vertueux.
Le seigneur de Fouez à l'avantgarde estoit
Qui comme plain de cueur la bataille appeloit.
De Lorraine le duc, bien monté et armé,
Marchoit en la bataille de tous bien estimé.
Près de lui estoit Charles de Vendosme le comte
Si pompeux en ruades que chacun en tint compte.
Le train de près suyvoyt le comte de Nevers,
Qui maintz saulx et ruades fit de long et travers,
Puis Loys d'Orléans et Rhotelin marquis
Tenoit bien le maintien d'homme aux armes exquis.
Le comte de Genève, Philippe de Savoye,
Armé triumphament chevaulchoit par la voye,
Marquis de Montferrat très pompeux y estoit :
Le marquis de Saluces en armes le suyvoit :
Loys de la Trimoille y fust en grant arroy,
En tel ordre et triumphe marchent avec le roy.
Après en l'avantgarde si marchoit à la file
Dom François d'Orléans, lors duc de Longueville ;....
. . . .
Lors Jacques de Cabanes seigneur de la Palice
Tout devant l'avant garde, la lance sur la cuisse,
Va cherchant ennemys, desirant les trouver
En bataille rangée, pour sa vertu prouver.

Cy commence la bataille du roi contre les Vénitiens, faicte en la plaine de Vella, près d'Aignadel.

Lundi de mai le quatorziesme jour
Vénitiens sans plus faire séjour,
Lèvent leur camp, abandonnent leur fort,
Ce néantmoins qui leur en grevast fort.
. . . .
Crians Marcous, tirant vers leurs enseignes

Soixante mil et plus en la campaigne.
....

Or sont Françoys dès troys heures sur champs
Lundi matin en bataille marchans,
Ung mil et plus de bon pays trouvèrent,
Mais tost après maulvais chemins passèrent,
Comme marestz, vignes, praeries et bledz,
Environnez de fossez d'eau comblez,
Tant que passer n'y povoit le charroy
Sans grande peine et merveilleux desroy.
Bref tout le camp où n'avoit que remordre,
Passer n'y peult sans dangereux désordre,
Deux mil et plus furent en cette peine,
Puis on trouva belle praerie et plaine.
Adonc veissiez marcher en ordonnance
Le camp françoys, c'estoit une plaisance.
Car nonosbtant que fust toutes campaignes,
Sembloit forest de picques et d'enseignes.
D'aultre costé à deux mil costoyans
Estoient Marquetz en armes flamboyans,
Vont à couvert par petites foretz
Entre deux ostz, prez, vignes et maretz,
Tendans loger chascun en nng mesme estre.
Mais or verrons tantost qui sera maistre ;
Car seize mil et plus y logeront
Qui du logis jamais ne partiront.
....

Vénitiens estoient de l'aultre rive,
Quatre scadrons ont en leur exercite,
Dont le premier estoit soubz la conduicte
De Pétillan, dont chascun tenoit conte,
Le tiers messire Anthoine dict de Py,
Et puis le quart seigneur Barthelemy.
....

De l'autre part Vénitiens estoient
Gaignans pays et moult fort se hastoient,

Délibérez de renforcer la place,
Mais le seigneur Jehan Jacques eut tel' grace
Qui cognoissoit les lieux et les détroictz
Qui les laissa entrer es lieux estroictz,
Laissant passer les trois premiers scadrons,
Pour mieulx tenir en serre ces poultrons,
En tel' façon que d'Alvian dernier
Par ce moyen se trouve le premier.
Alors a dit au seigneur de Chabanes,
Mon très cher filz je voy que tu ahanes
D'estre à repos, ne faiz plus de demeure,
Donne dedans, car ores il est heure.
Vénitiens adonc voyent les bannières
Du roy françois marcher vers leurs frontières.
Lors en bataille accourent à l'encontre,
Dont commença la terrible rencontre.
Car si Françoys marchèrent en avant,
Vénitiens leur vindrent au devant
Si fièrement qu'à bien tout estimer
Nully des deux on ne sçauroit blasmer.
En cest assault et sanglante tuerie
Incessamment tirait l'artillerie
Si roidement de toutes les deux parts
Que plusieurs sont occis, mors et espars.
. . . .
Dans les fossez peult on veoir atterrez
Maintz povres corps de glaives enferrez.
Car les Françoys tousjours marchoient avant,
Quelques fossez qu'il y eust au devant,
Jectans, ruans coups si très vertueux,
Qu'il n'est Marquet qui dure devant eulx.
Lors on peult veoir les enseignes de France
Gaigner le hault, combatent à outrance,
Et tellement que seigneur d'Alviane
Voyant ainsi l'armée gallicane
Passer fossez et gaigner l'avantage.

Ses gens ralyes et leur donne courage.
Oultre plus fist venir pour son renfort
Le tiers scadron qui feist terrible effort.
Car la Palice, avecques ses gens d'armes,
Qui les fossez par vertueuses armes
Avoient passé pour leur donner la chasse.
Du tiers scadron sont trouvez en la place,
Dont la bataille alors se renouvelle
Plus que devant, aspre, fière et mortelle.
....

A ce renfort la tourbe d'ennemys
Si grosse fut, que François sont remis
Et repoussez sur le bord des fossez
Qu'auparavant à force avoient passez.
Lors le seigneur de Chaumont qui fut chef
De l'avant-garde, en voyant ce meschef,
Manda au roy que tost et à grand cours
Sans plus attendre il envoyast secours.
Ceci oyant de Bourbon le seigneur
Désirant gloire et immortel honneur.
....

Adonc s'en part Bourbon de la bataille
Vient au conflict où d'estoc et de taille
Nos ennemis avoient jà repoussez
Nostre avant-garde endeça des fossez.
....

L'ung crie Jesus! l'autre, Saincte Marie!
Bref on ne vit oncques tel' boucherie.
Car d'Alvian et sa chevalerie
   Diminuent fort.
Par quoy transmet pour avoir du renfort
A Petillan lui demandant confort
Et au comte Bernardin qui effort
   Font d'y aller.
Mais quant ont veu les enseignes en l'air
Du roy françois qui se venoit mesler

En leurs scadrons , à peine ont peu parler.
<blockquote>Ains cueur perdirent ,</blockquote>
Car si grant ordre en la bataille veirent
Et tant de gens que de peur s'esbayrent ,
<blockquote>Tournent le dos , jusqu'à Bresse fuyrent ,
Sans desbrider.</blockquote>
Lors eussiez-vu grans courciers desbarder
Haulx appareilz getter pour mieulx s'ayder.
Les plus hardys n'osoient pas regarder
<blockquote>Qui les suyvoient.</blockquote>
La raison est le loysir ils n'avoient ;
Car si grant peur encor du roy avoient
Qu'advis leur est qu'à leur queue ilz le veoient
<blockquote>à la poursuyte.</blockquote>
Voilà comment Petillan print la fuyte
Avec le conte Bernardin et sa suyte.
. . . .
Mais ainsi est que Françoys les accueillent
Si rudement que par force ils reculent
Tant et si bien qu'ils furent renversez
Tous l'ung sur l'autre et par terre poussez.
Lors eussiez veu en la plaine et campaigne
De gens occis trop piteuse montaigne.
Car sept vingtz piedz avoit de circuit
Et de hauteur environ sept ou huyt ,
Dont puis compter qu'à celle heure je vis
Piteusement les morts tuer les vifs ,
Car les premiers furent si bien ferrez
Que les derniers en furent atterrez
Voyre en façon que ceulx qui morts tomboient
Ceulx de dessoubz (à la foule) étouffoient.
Picques vingt mil eussiez-veu par les champs
Auprès des mors par la terre couchans ,
Dont il fut faict plus de mille fagotz
Qui pour ce jour vindrent bien à propos.

LIVRE XXII.

Prise de Peschiera.

Le roy voyant que jà trop long séjour
Il avoit faict, vingt huitiesme jour
Du moys de may, en pompe singulière
Bresse abandonne et tire vers Pesquière.
Or est ainsi qu'il avoit jà transmis
Par devers eulx aucuns héraults commis
Pour les sommer de réduire la place
Entre ses mains, leur offrant toute grace.
Mais qu'au refuz leur denonce tout franc
Plus qu'oncques mais guerre à feu et à sang.
Lesquels voyant cette dure semonse
Semblant n'en font, ains pour toute réponse
Comme méchans extraicts de vilenaille
Monstrent leur cul par dessus la muraille
Proferans motz si vilains et pervers
Qu'il n'est autheur qui les couchast par vers.
. . . .
Vénitiens soudars à ce bruit et oraige
Vers leur donjon s'enfuient, perdent cueur et couraige;
Françoys de tous cotés rompent comme liepars,
Par brèches et lucarnes, murailles et remparts.
Au lieu du fier Marcou qui souloit baloyer
Sur le hault du donjon, ilz ont faict desployer
Et mettre un linge blanc sur le bout d'une lance,
Qui de miséricorde donnoit signifiance.
Certes ce fut trop tard ; car ja adventuriers,
Gascons, Normands, Picars entroient de tous cartiers,
Leurs enseignes au point; lors commença l'alarme
Par dedans le chateau, si très horrible et ferme
Que c'estoit grant horreur voir tuer et pourfendre
Povres Vénitiens, sans nul à mercy prendre ;
Tant fut dur le chapplys qu'on oyoit par dehors
Les hurlements et cris des misérables corps,
Par chambres, salles, cours l'on trouvoit renversez

Souldars mors et sanglans, des glaives transpercez;
Qui plus est, du donjon, en ces mortels débatz,
Plusieurs furent jettez tous vifz du hault en bas.
. . . .
Une chose y advint bien digne de record,
C'est que ung Vénitien étant navré à mort
En faisant les soupirs de mort qui près le touche,
Cinq ou six ducats d'or escumast de la bouche.
Adventuriers françois, quand ce faict advisèrent,
Ne fault pas s'enquérir si bien les visitèrent;
Disant, par la mort bieu ilz ont mangé leur or,
Cuydans en l'autre monde aller faire trésor.
Les aulcuns commencèrent, qui fut horrible cas,
Ouvrir ces povres corps, pour chercher leurs ducatz.
O la grande pitié! car quatre cents et plus
Furent là despechez et de vie forcluz.
Ce chastelain de là, aussi le capitaine,
Pour la derrision et response vilaine
Qu'ils firent au hérault, furent prins et sanglez,
Puis devant tout le monde penduz et estranglez.
Dedans une grand'salle se fist une trainée
Que les Vénitiens y avoient machinée,
Sitôt que les François dedans furent entrez
Le feu partout se prit dont très mal accoutrez
Se trouvèrent alors, car les planchiers tumbèrent,
Qui plusieurs gens de bien navrèrent et blessèrent.

Ce poëme se termine par l'entrée triomphale de Louis XII dans Milan, et par le rondeau suivant:

En moins d'ung moys Loys douziesme roy
A rué jus le belliqueux arroy
Vénitien, ravi l'artillerie,
D'Alvian prins, chef de la seigneurie,
Le tout occis ou mis en desarroy,
Dedans Rivolte et Carrevas pour vray,

Pesquière aussi fist un terrible effroy,
De gros canons et sanglant' tuerie
  En moins d'un moys.
L'an mil cinq cents et neuf, au moys de may,
Villes, chasteaulx mist en si grand esmoy
Que sans attendre assaulx ne batterie
Rendirent clefs, bastons, armurerie,
Entra dedans, print leurs sermens et foy.
  En moins d'ung moys.

LIVRE XXIII.

Campagne de 1510. — Diète de l'empire. — Harangue d'Hélian. — Ligue du pape, des Vénitiens, des Suisses et du roi d'Arragon, contre Louis XII. — Tentatives infructueuses sur Vérone et sur Gênes. — Concile de Tours. — Danger du pape à Bologne. — Siége de la Mirandole. — Campagne de 1511. — Concile de Pise. — Ligue de la Ste.-Union. — Campagne de 1512. — Siége de Bologne. — Prise et reprise de Brescia. — Bataille de Ravenne. — Retraite des Français ; ils perdent presque toute l'Italie.

I.
Diète de l'empire. Harangue qu'y prononce l'ambassadeur de France.

C'ÉTAIT beaucoup pour les Vénitiens de pouvoir compter dans l'Europe un prince qui osât se dire en paix avec eux. Le pape, après les avoir forcés à la soumission, embrassait leurs intérêts avec chaleur. Ennemi de la ligue qu'il avait formée, il était revenu à son premier projet d'expulser les étrangers de l'Italie, pour y dominer sans partage. La diète de l'empire était alors assemblée : Maximilien y sollicitait des secours pour faire une nouvelle compagne ; le pape et les Vénitiens intriguaient auprès des princes, pour que ces secours lui fussent refusés ; mais l'ambassadeur de France appuyait vivement les demandes de l'empereur. On a conservé la harangue que ce ministre, nommé Louis Hélian, et qui passait pour un des hommes éloquents de ce temps-là, prononça pour exciter contre les Vénitiens le ressentiment du corps germanique. Ce discours, beaucoup trop long pour être rapporté ici, est une invective (1), où la vérité, quelquefois incontestable, des reproches, disparaît sous l'exagération de l'expression. L'orateur, par exemple, accuse les Vénitiens d'avoir mis obstacle à la guerre que les quatre grands princes confédérés avaient résolu de faire aux Turcs, pour la délivrance des lieux saints. Il dit que, bourrelés par leur conscience, ils ont voulu conserver par la force ce qu'ils avaient acquis par des crimes. Il craint que, si l'on n'y prend garde, ils ne deviennent plus puissants que jamais, et peu-à-peu les maîtres de l'Italie et de tout l'empire d'Occident. Selon lui, c'est là le but que se proposent ces malicieux renards, ces superbes lions. Il faut écra-

---

(1) Cette harangue est imprimée par-tout, notamment à la suite de l'*Histoire du gouvernement de Venise*, par AMELOT de la Houssaye.

ser la tête du serpent, « cette race sortie de la lie des nations, s'écrie l'orateur, ces fugitifs devenus pêcheurs; de pêcheurs, revendeurs et regrattiers; de regrattiers, pilotes; de pilotes, marchands; de marchands, seigneurs et princes, par des larcins, des meurtres, des empoisonnements; se disent les maîtres de la mer; ils l'épousent, comme s'ils étaient les maris de Thétis ou les femmes de Neptune. Ni les Carthaginois, ni les Romains ne s'étaient avisés d'une pareille invention; mais elle était digne de ces corsaires, de ces baleines, de ces Cyclopes, de ces Polyphèmes.

« Ils oppriment leurs sujets; ils leur envoient, pour les gouverner, des officiers qui ont passé leur jeunesse, non pas à Padoue, ni à Paris, mais sur la mer et sur le Tanaïs; qui, au lieu d'avoir étudié la philosophie, le droit, ou notre sainte religion, ont appris à sucer les peuples, à amasser de l'argent, et ont pris toutes les coutumes des Orientaux. Pour nous, qui n'allons pas vêtus de pourpre, qui n'avons pas des coffres pleins d'or, qui ne mangeons pas dans de la vaisselle d'argent, nous sommes, à leur dire, des barbares. Je passe sous silence leur gourmandise et leurs infâmes débauches. Ils ont des boucheries de chair humaine; ils ont leurs carrières et leurs taureaux d'airain. »

On voit que l'orateur, parmi toutes ses déclamations, n'omettait pas de toucher la corde sensible, c'est-à-dire de réveiller la jalousie qu'excitaient par-tout les richesses et la puissance des Vénitiens. Tous ces princes allemands, dans leurs châteaux gothiques, au milieu de leurs cours encore demi-barbares, étaient indignés d'apprendre qu'il existât une république, dont les citoyens avaient des palais de marbre et de la vaisselle d'argent, et ils croyaient faire un raisonnement politique, quand ils disaient : De même qu'ils ne convient point à des princes d'être marchands, il n'appartient point à des marchands d'être princes (1). Hélian, après avoir entraîné la diète par son éloquence, et en avoir obtenu les subsides que Maximilien sollicitait, passa à la cour du roi de Hongrie, et le détermina à entrer dans la ligue. Cette acquisition que firent les confédérés, ne les dédommagea point de la défection du pape. Le roi de Hongrie pouvait sans doute opérer une diversion très-inquiétante pour la république ; mais son autorité n'était pas telle, qu'il disposât des forces de son royaume par sa seule volonté ; aussi borna-t-il ses hostilités à des menaces.

Maximilien, aidé des subsides du corps ger-

II.
Campagne de 1510.

_____

(1) Harangue d'HELIAN.

manique et des troupes auxiliaires, que le roi de France laissait à sa disposition, commença la campagne de 1510.

Il ne vint point y commander en personne; le prince d'Anhalt était son lieutenant-général en Italie. Les Français, au nombre de quinze cents lances et de dix mille hommes de pied, étaient commandés par Chaumont d'Amboise, gouverneur du Milanais, et neveu du premier ministre (1).

Quant aux Vénitiens, depuis la mort de Pétigliano, ils avaient offert le commandement de leur petite armée à plusieurs généraux, notamment à André Gritti, qui avait eu la modestie de le refuser, ne se réservant que la part qu'il lui était permis de prendre au danger, en sa qualité de provéditeur; et ils avaient fini par confier

---

(1) Ce gouverneur, qui d'ailleurs n'était pas un homme cruel, eut, dans les premiers temps de son commandement, des affaires un peu vives, où l'on passa quelques Italiens au fil de l'épée sans beaucoup de nécessité. Louis XII, en racontant ces nouvelles à un ambassadeur étranger, se complaisait à lui dire qu'on avait tué plus de six cents hommes, que pas un n'avait échappé, à quoi il ajoutait en riant: Il y a un an que les Italiens me regardaient comme un homme odieux; Chaumont va prendre ma place.

(MACHIAVEL. *Légation en France.* Lettre du 29 juillet 1510.)

cette charge à Paul Baglione, qui avait commandé dans l'armée du pape; car Jules, par une infraction manifeste de la ligue, dont il ne s'était point encore séparé, avait permis à ses officiers et aux sujets de l'église, de prendre du service chez les Vénitiens. Malgré cette ressource, l'armée de la république se réduisait à six cents hommes d'armes, quatre mille chevaux légers, et huit mille hommes d'infanterie. On sent qu'elle ne pouvait faire qu'une guerre défensive.

Aussi le duc de Ferrare eut-il l'occasion de reconquérir, sans obstacle, la Polésine de Rovigo, les châteaux d'Este et de Montagnana, tandis que l'armée combinée de l'empereur et du roi, sortant de Vérone, obligeait les Vénitiens à se replier devant elle, à se retirer sous Padoue, et par conséquent à abandonner Vicence.

Cette ville envoya des députés aux pieds du prince d'Anhalt, pour implorer sa clémence; mais ils n'en obtinrent qu'une réponse foudroyante, et malgré les sollicitations du général français, les Vicentins furent traités avec la dernière barbarie. Leur ville fut saccagée; quelques-uns de ces malheureux qui s'étaient cachés dans une grotte voisine, essayèrent de s'y défendre : pour les forcer dans cette retraite, on alluma un grand feu à l'ouverture par laquelle ils recevaient de l'air; il en périt, dit-on, plus de mille. L'histoire a pris soin de reprocher aux Vénitiens les dévastations qu'ils avaient commises dans le pays de Ferrare, et le grand poëte que protégèrent les princes de cette maison, a voulu immortaliser le ressentiment des Ferrarais (1); mais la postérité, plus impartiale, doit dire que, dans cette guerre, les Vénitiens défendaient leur existence contre la France, l'Empire et l'Italie. Jamais cause ne fut plus juste, plus sacrée que la leur, et ils furent loin d'égaler les horreurs dont leurs ennemis se rendirent coupables.

<small>Prise de Legnago par les Français.</small> L'armée française entreprit d'emporter Legnago, seule place que les Vénitiens eussent recouvrée sur l'Adige : ils l'avaient entourée d'une inondation qui en rendait l'approche fort difficile. L'avant-garde de Chaumont trouva une partie de la garnison à l'extrémité de la digue, la chargea, la poursuivit, traversa les marais, et entra avec elle dans le quartier de la ville situé sur la rive gauche de l'Adige; mais les forts principaux se trouvaient de l'autre côté, et il n'était pas

---

(1) L'Arioste, chap. 36. Il est vrai qu'il met les excès qu'il rapporte sur le compte des soldats mercenaires, et non sur celui des Vénitiens :

Che sempre esempio di giustizia foro.

possible d'établir un pont sous leurs batteries. Chaumont jeta sur la rive droite quatre mille Gascons avec six pièces de canon. Les châteaux battus des deux côtés se rendirent successivement au bout de quelques jours. Ce fut une action d'une grande vigueur, et qui ajouta beaucoup à la gloire du capitaine Molard, officier dauphinais, qui, malgré sa naissance, sa réputation et les préjugés du temps, voulait bien servir dans l'infanterie.

Legnago, d'après l'acte de partage, devait appartenir à l'empereur; mais l'armée impériale était si faible et si mal en ordre, que les Français furent obligés de fournir la garnison des places conquises. Louis XII était dégoûté d'un allié qui lui laissait tout le fardeau de la guerre. Il annonçait l'intention de rappeler ses troupes. Maximilien, effrayé, se hâta de l'engager à continuer la campagne au moins jusqu'à la fin de juillet, offrant de se charger de toutes les dépenses autres que la solde; mais, comme il n'était pas en état de payer, mêmes ses propres troupes, il emprunta encore du roi cinquante mille ducats, en lui donnant Legnago pour gage, et en lui permettant de garder cette place et même Vérone, si cette somme, et celle prêtée l'hiver précédent, n'étaient pas remboursées dans un an.

On conçoit que, faite par de pareils alliés, la

guerre ne pouvait être ni conduite avec beaucoup d'ensemble, ni poussée avec vigueur : aussi n'entreprit-on rien de considérable. Quelques petites places, comme Citadella, Marostica, Basciano, se rendirent à la première sommation. Feltre fût brûlée, et Monselice, quoique défendue par une assez forte garnison, fut emportée; parce que les Vénitiens prirent une reconnaissance pour un assaut, et se jetèrent dans la citadelle, où ils furent tous brûlés ou massacrés. Les vainqueurs traitaient de rebelles les villes qui osaient faire la moindre résistance; mais tant de cruautés ne faisaient qu'exalter le courage des habitants des campagnes. « Ils sont furieux, enragés, écrivait Machiavel, alors en mission pour sa république à Vérone. Hier, on en amena un qui venait d'être pris. Quand il fut devant l'évêque de Trente, commissaire impérial, il se mit à crier, *Vive saint Marc!* On eut beau le charger de fers, le menacer, lui promettre la vie; il n'en voulut point, et ne cessa de répéter qu'il voulait mourir pour saint Marc (1). »

Pendant que ces choses se passaient sur l'Adige et sur la Brenta, d'autres évènements appelaient ailleurs l'attention des Français.

---

(1) Légation à Mantoue, dépêche du 26 novembre.

Le pape n'ayant pu mettre l'empereur dans l'impossibilité de faire cette campagne, avait voulu le détacher de la ligue, en l'engageant à conclure une paix séparée avec les Vénitiens (1). Maximilien exigeait la cession de Vérone. Jules se croyait assez d'autorité sur la république pour la déterminer à ce sacrifice. Il se trompait. Il trouva le sénat dans la résolution inébranlable de ne point abandonner ses droits sur cette place, et il fallut rompre la négociation.

III. Brouillerie ouverte entre le pape et Louis XII. Jules II s'assure les secours des Suisses. Coalition contre la France.

Comme il redoutait encore plus la puissance de Louis XII en Italie que celle des Allemands, il chercha à lui susciter des ennemis qui le missent dans la nécessité de se défendre, au lieu de poursuivre ses conquêtes.

Dans cette vue, il avait sollicité Henri VIII, nouvellement assis sur le trône d'Angleterre, de déclarer la guerre à la France. La jeunesse de ce prince et son caractère ardent, faisaient espérer qu'il ne se refuserait pas à opérer cette diversion.

---

(1) Julii II, P. M. Breve ad episcopum Gurcensem directum, in quo ei ante oculos ponit quæ in imperatorem Maximilianum I, redundare possent emolumenta, si cum Venetis tractatus pacis instituere haud gravaretur. 11 februarii, anno 1510.
Codex Italiæ diplomaticus, Lunig, tom. II, pars 2, sect. 6, xxix.

Louis XII s'était brouillé avec les Suisses, pour la fixation du subside qu'il leur payait (1). L'alliance entre les cantons et la France expirait précisément cette année (en 1510). Le pape chargea l'évêque de Sion, à qui il promettait le chapeau, pour prix de ses bons offices, d'entretenir l'aigreur qui existait entre eux et le roi, et leur offrit un subside plus considérable, s'ils voulaient s'engager à la défense des intérêts du saint-siége.

Assuré de ce secours, il chercha les occasions de se brouiller avec le roi. Le premier expédient dont il s'avisa fut d'opprimer le duc de Ferrare. Ce

---

(1) Il n'y a qu'à voir dans Machiavel, l'opinion de ce politique sur le systéme de la cour de France, d'entretenir des Suisses à son service. « Charles VII, dit-il, après avoir, par sa valeur, délivré la France des Anglais, convaincu de la nécessité de combattre avec ses propres troupes, établit par toute la France des compagnies d'ordonnance à pied et à cheval. Louis XI, son fils, cassa celles d'infanterie, auxquelles il substitua les Suisses. Cette faute, que commirent aussi ses successeurs, est la source des maux de cet état, comme on le voit aujourd'hui. » Cette introduction des Suisses dans les rangs de l'armée française, choquait à tel point Machiavel, qu'il finit par cette exagération : « Les rois, en accréditant cette milice, ont avili la leur, qui ne sait plus ni se mesurer avec les Suisses, ni faire la guerre sans eux. »

(*Le Prince*, ch. 13.)

prince, comme membre de la ligue, avait profité des disgraces des Vénitiens. Il avait reconquis la province de Rovigo, et s'était mis à user de la faculté, qui lui avait été interdite pendant si long-temps, de recueillir du sel dans ses salines. Quel fut son étonnement, lorsqu'il reçut un ordre du pape de faire cesser la fabrication du sel, et de contraindre ses sujets à s'en pourvoir dans la Romagne! Il eut beau représenter que cette obligation n'était point une conséquence de sa vassalité envers le saint-siége, Jules prétendit avoir succédé à cet égard à tous les droits des Vénitiens. Le duc, qui s'était mis depuis quelque temps sous la protection du roi, à qui il payait à cet effet un subside de trente mille ducats, eut recours à Louis XII. Celui-ci intervint dans le différend. Aussitôt le pape s'écria que le roi se déclarait contre le saint-siége, en protégeant la résistance d'un vassal rebelle à l'église; il ne voulut entendre à aucun accommodement, et fit entrer son armée dans le Ferrarais.

Sur ces entrefaites, on apprit la mort du cardinal d'Amboise. Comme il était l'ennemi personnel de Jules II, on se flatta que la réconciliation du roi et du pape deviendrait plus facile, quand le ministre n'y mettrait plus obstacle; mais cette mort fournit à la politique du pape une nouvelle occasion de brouillerie. Il s'avisa, *Mort du cardinal d'Amboise.*

en vertu d'une ancienne prétention de la cour de Rome, de réclamer l'épargne du cardinal, que l'opinion publique faisait monter à trois cent mille écus d'or en espèces (1). Cette demande était sans doute fort étrange; mais elle le devient un peu moins, si l'on considère que les trésors du cardinal provenaient en partie du droit dont il avait joui pendant dix ans, comme légat *à latere*, de recevoir le prix de toutes les dispenses qu'il donnait au nom de la cour de Rome, et d'une pension de cinquante mille ducats, que les princes d'Italie lui payaient, à l'insu du roi, à qui ce ministre, trop vanté pour son désintéressement, en fit l'aveu au lit de mort (2).

---

(1) Belcar. *Rerum gallic.* lib. 12, n° 3.

(2) « Il expira à Lyon le 25 mai 1510. Quatre jours auparavant, Louis XII étant allé le voir, d'Amboise, versant un torrent de larmes, fit au monarque sa confession générale et ministérielle. Il lui avoua qu'il laissait des biens considérables, sur l'acquisition desquels il avait à se reprocher bien des choses; en soutenant qu'il n'avait rien pris sur les sujets du roi, il convint que depuis long-temps il recevait une pension de 50,000 ducats de différents princes et républiques d'Italie, et 30,000 des seuls Florentins. Il avait d'ailleurs touché des présents considérables et amassé de grosses sommes : il pria le roi de lui permettre de disposer de tout ce qu'il possédait. Le bon roi Louis XII lui accorda plus qu'il ne demandait. »

« Il usa de cette liberté dans son testament, dont le premier

Le cardinal Bembo, son confrère, dit (1) que les legs, portés dans son testament, s'élevaient à six mille marcs d'or. Cette somme équivaudrait à près de vingt-cinq millions de notre monnaie d'aujourd'hui. D'autres font monter la fortune de ce prélat à plus du double. Il n'était pas de la dignité du roi de condescendre à la

---

article est sigulier; en voici les termes : « Je laisse à mon
« neveu, (Georges d'Amboise), mon archevêché de Rouen
« et toute ma *déferre*, laquelle est prisée deux millions d'or,
« ensemble les meubles de Gaillon et l'accommodement de la
« maison telle qu'elle est. *Item*, à mon neveu, M. le grand-
« maître, chef de mes armes, 150,000 ducats d'or, ma belle
« coupe, prisée 200,000 écus; cent pièces d'or, chacune
« valant 500 écus; ma vaisselle d'or et 5000 marcs en
« vaisselle d'argent. *Item*, tout mon patrimoine au fils du
« grand-maître. »

« Il fait des legs considérables à ses autres neveux, et à sa sœur : 10,000 francs aux quatre ordres mendians, pour dire des messes pour le salut de son ame, et de quoi marier 150 filles, en l'honneur des 150 pseaumes qui composent le pseautier. Son enterrement fut le plus somptueux qui ait été fait à aucun prélat. Son cœur demeura aux Célestins de Lyon, et son corps fut porté à Rouen, accompagné de onze mille prêtres, douze cents prélats et deux cents gentils-hommes, etc.

(*Loisirs d'un ministre d'état*, par le marquis de Paulmy.)

(1) *Hist. venet.* lib. 10.

nouvelle prétention de la cour romaine. Ce fut pour le pape un prétexte de redoubler ses plaintes contre la France, et d'appeler à son secours les Suisses, devenus ses alliés.

En même temps, il fit entrer dans ses projets le roi d'Arragon, ennemi naturel de la France. Pour le détacher de la ligue, il lui donna l'investiture du royaume de Naples (1); et, comme cette investiture obligeait le vassal à servir avec toutes ses forces son suzerain, il exigea que Ferdinand remplît cette obligation à la lettre.

Ainsi, pendant que l'armée de Louis XII aidait celle de l'empereur à conquérir quelques villes sur les Vénitiens, une coalition s'était formée contre la France. On y comptait déja le pape, le roi d'Arragon, les Suisses, et la république de Venise, et il était à craindre que l'Angleterre ne s'y joignît.

IV.
Invasion des Suisses dans le Milanais.

L'armée du pape ravageait le duché de Ferrare, six mille Suisses (2) se présentèrent sur la frontière septentrionale du Milanais; et une

---

(1) *Investitura Julii papæ secundi de regno Siciliæ citrà pharum in personam Ferdinandi regis*, etc., juillet 1510.

(Manuscrit de la Biblioth.-du-Roi, collection de Brienne n° 14.)

(2) GUICHARDIN dit douze mille d'abord, et quelques pages plus bas, dix mille, liv. 9.

flotte de onze galères vénitiennes, auxquelles une galère du pape s'était jointe, parut sur les côtes de Gênes.

Suite de la campagne de 1510.

Ces trois attaques simultanées obligèrent l'armée française de quitter précipitamment les bords de l'Adige, pour accourir à la défense du Milanais. Chaumont fut assez heureux pour faire face de tous côtés avec succès. Un petit renfort, qu'il envoya au duc de Ferrare, mit ce prince en état d'arrêter la marche des troupes de l'église. La descente qu'on voulut tenter sur les côtes de Gênes fut repoussée; les mécontents de cette ville furent contenus. Chaumont lui-même, à la tête de cinq cents gendarmes, et de quatre mille hommes d'infanterie (car il avait été obligé de diviser ses forces), s'avança pour fermer le passage aux Suisses qui arrivaient par Belinzona.

Quoiqu'ils ne dissimulassent point leur ressentiment contre Louis XII, ils ne déclaraient point formellement la guerre; mais il demandaient fièrement le passage à travers le Milanais, pour aller, disaient-ils, au secours de l'église, et ils se mirent en marche, par la vallée qui sépare le lac Majeur du lac de Lugano, jusqu'à Varèse, où ils n'étaient plus qu'à quelques lieues de Milan. Il était à craindre qu'ils ne s'emparassent de quelque place, et qu'ils n'allassent rejoindre l'armée du pape ou celle des Vénitiens. Chaumont, avec son petit corps, les observait, les retardait, mais sans oser les attaquer.

Ces six mille Suisses n'avaient point d'artillerie. Il n'y en avait pas la moitié qui eussent des armes à feu, et on n'en comptait pas plus de quatre cents à cheval; mais ils avaient reçu un renfort de quatre mille hommes à Varèse. Ils marchaient fort serrés, au petit pas, présentant, quand le terrain le permettait, un front de quatre-vingts ou cent hommes. On lisait sur leur étendard : *Vainqueurs des rois, amis de la justice, défenseurs de la sainte église romaine.*

En partant de Varèse, où ils avaient séjourné quatre jours, ils ne se dirigèrent point sur Milan. Ils prirent à gauche, comme pour aller vers le territoire vénitien, passèrent à Castiglione, puis à Vedano, où ils traversèrent l'Olona près de sa source; ensuite à Appiano. Dans cette marche de plusieurs jours, ils avaient déja beaucoup souffert. Soit que les vivres leur manquassent totalement, soit qu'ils reconnussent l'impossibilité de traverser les rivières sans attirail de pontons, ils tournèrent tout-à-coup vers Côme, et on vit leurs troupes se séparer pour rentrer dans les montagnes.

Quoique cette diversion n'eût pas réussi, elle

avait donné lieu aux Vénitiens de faire de nouveaux efforts, et ils venaient de recouvrer tout ce que les Français leur avaient enlevé dans les commencements de la campagne, à l'exception de Legnago. Ils mirent même le siége devant Vérone, mais ils y trouvèrent une vigoureuse résistance, et furent obligés de se retirer, lorsqu'ils apprirent que Chaumont, débarrassé des Suisses, accourait au secours de cette place.

La nouvelle coalition acquit vers ce temps-là un allié de plus. On se rappelle que le marquis de Mantoue avait été fait prisonnier de guerre par les Vénitiens. Il supportait sa captivité avec beaucoup d'impatience. Sa famille, après avoir épuisé tous les moyens d'obtenir sa liberté, imagina de s'adresser au grand-seigneur, avec qui ce prince avait eu quelques relations. Bajazet, flatté de faire montre de son crédit, ou plutôt de son autorité sur les Vénitiens, manda le baile de la république, et exigea de lui la promesse que le marquis serait mis en liberté. La seigneurie n'osa pas démentir la parole de son envoyé; mais, toujours habile à tirer parti des moindres circonstances, elle fit croire qu'elle accordait à l'intervention du pape, ce qu'elle faisait en effet par déférence pour le sultan. Le prisonnier, se croyant redevable de sa liberté au souverain pontife, alla lui en exprimer sa reconnaissance, et Jules II l'engagea non-seulement à entrer dans la ligue, mais encore à prendre le commandement de l'armée de la république. Il est vrai qu'il ne montra d'ardeur que pour le quitter. Ce fut un allié très-inutile; mais ce fut un ennemi de moins.

Les premiers revers de la coalition ne firent rien perdre au pape de son courage. Ce prince avait de l'énergie, de grandes vues. C'en était une de vouloir délivrer l'Italie de la présence des étrangers : il aurait été le bienfaiteur de son pays, s'il se fût moins abandonné à l'emportement de ses passions. Il conquit un domaine à l'église, et il aurait mérité d'être cité parmi les grands papes, s'il eût possédé les vertus de son état.

Il exigea des Vénitiens qu'ils renouvelassent avec leur flotte, renforcée de quelques-uns de ses bâtiments, leur tentative sur la côte de Gênes. Elle n'eut pas plus de succès que la première. L'escadre fut par-tout accueillie à coups de canons, ne put aborder nulle part, et, à son retour, fut dispersée par une tempête qui engloutit cinq galères dans la mer de Sicile.

V. Emportement du pape contre Louis XII.

Après ce nouvel échec, le roi fit proposer à Jules un accommodement. Il offrait même d'abandonner la cause du duc de Ferrare, car il consentait à remettre les droits de ce prince à la dé-

cision de commissaires que le pape nommerait ;
mais Jules ne voulut pas que son vassal eût
d'autres juges que lui-même, exigea que Louis XII
remît les Génois en liberté, rejeta tous les projets de conciliation, fit arrêter l'ambassadeur de
France et le fit mettre au château Saint-Ange :
c'était imiter les procédés du grand-seigneur. Il
alla bien plus loin ; l'envoyé du duc de Savoie
s'étant hasardé à proposer la médiation de son
maître, le pape s'emporta contre lui jusqu'aux
derniers excès de la fureur, le traita d'espion,
et, s'autorisant d'une accusation échappée à sa
colère, fit jeter ce ministre dans un cachot, et
lui fit donner la question (1).

Il lançait les excommunications contre le
duc de Ferrare, contre les généraux français :
Il appelait à grands cris dans le Ferrarais les
troupes du roi de Naples, les armées et les
flottes de Venise. Les siennes s'étaient déja emparées de Modène, et menaçant la capitale,
avaient forcé le duc d'abandonner la Polésine
encore une fois. Il ne cessait de presser les opérations et d'ordonner à ses généraux de livrer
bataille.

On a droit de s'étonner qu'un roi de France

---

(1) Guichardin, liv. 9.

et un empereur, ne se vengeassent pas, par une guerre plus active, de la défection de cet ancien allié. Mais notre système de conduite est toujours subordonné à notre manière d'envisager les choses : or cette guerre contre le pape était jugée fort diversement par Louis XII et par Maximilien.

A la première nouvelle de l'invasion du Ferrarais par les troupes du saint-siége, l'empereur avait envoyé un héraut, pour signifier à Jules la défense d'attaquer un prince qui était sous la protection de l'empire. C'était se montrer en roi ; il manquait à Maximilien de savoir agir. Louis XII au contraire, qui, lorsqu'il n'était que prince du sang, n'avait pas craint de faire la guerre à son maître, partageant aujourd'hui les scrupules d'Anne de Bretagne, sa femme, ne croyait pas que le fils aîné de l'église pût attaquer le pape, sans se rendre coupable de rébellion, et assemblait un concile pour savoir jusqu'à quel point la défense était légitime contre un tel ennemi. Peut-être aussi, n'était-ce qu'une concession qu'il faisait à l'esprit de son siècle, un moyen d'encourager son peuple à cette guerre, ou d'attaquer le souverain pontife avec ses propres armes.

<small>VI.
Louis XII assemble un concile à Tours. Décisions de cette assemblée.</small>

Machiavel raconte (1) qu'il se trouvait un jour chez le secrétaire d'état Robertet lorsqu'on vint présenter à celui-ci un portrait du cardinal d'Amboise. « O mon maître ! s'écria Robertet, « si tu étais encore vivant, l'armée du roi se-« rait aux portes de Rome. »

Tout le clergé de France, réuni à Tours au mois de septembre 1510, était occupé d'éclairer ou de rassurer la conscience du roi, par la solution des huit questions suivantes (2).

1°, Un pape peut-il en conscience déclarer la guerre, lever des troupes, les entretenir et les mettre en action, lorsqu'il ne s'agit ni de la religion, ni du domaine de l'église ?

Le concile répondit, que le pape ne le pouvait, ni ne le devait.

Il est impossible de croire que le saint-esprit ait dicté cette réponse; car on ne pouvait refuser au pape, comme souverain, le droit de faire la guerre pour d'autres intérêts que ceux qui touchaient immédiatement ses états ou la religion. Louis XII lui en donnait l'exemple; il combattait pour le duc de Ferrare.

---

(1) 3e légation à la cour de France, dépêche du 2 septembre 1510.

(2) *Hist. ecclésiastique*, liv. 121.

2°, Est-il permis à un prince qui défend sa personne et ses états contre le pape, de repousser l'attaque par les armes? Peut-il aussi saisir les terres de l'église, en s'abstenant du projet de les retenir; mais seulement pour ôter à son ennemi les moyens de lui nuire?

Cette question fut résolue affirmativement, avec cette restriction que le prince en guerre avec le pape, ne pourrait retenir les états de l'église après les avoir conquis.

3°, Quand un pape persécute un prince par haine, et arme d'autres états contre lui, est-il permis à ce prince de se soustraire à l'obéissance du pape?

Le concile répondit qu'on le pouvait, non pas en tout, mais seulement pour la défense des droits temporels.

4°, Supposé que le prince se soit soustrait à l'obéissance du pape, que doit-il faire, et comment doivent faire ses sujets, dans les circonstances où il est nécessaire d'avoir recours au saint-siége?

L'assemblée décida qu'il fallait s'en tenir à la pragmatique-sanction de Charles VIII.

5°, Est-il permis à un prince chrétien de prendre la défense d'un autre prince chrétien son allié, dans une cause légitime contre le pape?

La réponse fut affirmative.

6°, Quand le pape prétend avoir droit sur les possessions d'un prince, qui demande à remettre le différend à des arbitres, le pape peut-il lui faire la guerre légitimement? est-il permis au prince attaqué de résister, et à ses alliés de le secourir ?

On décida que la défense et le secours étaient légitimes.

7°, Si le pape rend une sentence contre le prince qui demande des arbitres, ce prince est-il tenu d'y obéir, même lorsqu'il n'y aurait pas sûreté pour lui d'aller à Rome?

8°, Si le pape, en état de guerre et sans observer aucune formalité, excommunie ce prince et ceux qui ont embrassé sa cause, quelle est la force de cette excommunication ?

Le concile décida que, dans l'un et l'autre cas, la censure était nulle, et devait être regardée comme non obligatoire.

On conçoit quel avantage de semblables scrupules donnaient au pape, dans une guerre où les généraux étaient obligés d'attendre les décisions d'un concile pour agir.

Le conseil-d'état alla plus loin que l'assemblée des évêques. Excité par le célèbre Mathieu Lang, évêque de Gurck et ambassadeur de Maximilien, il proposa la convocation d'un concile général, pour réformer l'église dans son chef et dans ses membres. Il n'y avait pas de meilleur moyen, pour lever les scrupules du roi, que de dépouiller son ennemi du caractère qui le rendait sacré.

<small>VII.
L'empereur ambitionne la tiare.</small>

C'était par un tout autre motif que l'empereur desirait la déposition du pape. Maximilien, qui n'était pas digne de former de grands projets, parce qu'il n'était capable ni d'activité, ni de prévoyance, aspirait à réunir le pontificat à l'empire. Nous avons encore la lettre, dans laquelle il faisait confidence de ce dessein à un seigneur de sa cour (1), et lui expliquait les mesures par lesquelles il comptait en assurer le succès. Il lui raconte, qu'il a fait marché avec des cardinaux, pour trois cent mille ducats, que doivent lui prêter les comtes Fugger d'Augsbourg, et dont le remboursement, dit-il, sera assigné sur les revenus de notre pontificat. Il ne bornait pas même son ambition à la tiare; car il écrivait à sa fille, la gouvernante des Pays-

---

(1) Au baron de Liechtenstein. Voyez *Monita politica ad screnissimos imp. rom. principes*, Francfort 1609. Cette anecdote est le sujet d'une dissertation de Bayle, dans les réponses aux questions d'un provincial, chap. 124. Voyez aussi Mariana, *Hist. hisp.*, lib. 30.

Bas (1), qu'il voulait devenir pape, et être canonisé après sa mort; « afin, lui disait-il, que vous m'adressiez un jour vos prières, dont je me tiendrai bien glorieux. C'est pourquoi je vous prie de m'envoyer deux ou trois cent mille ducats, pour me faciliter l'exécution de ce dessein (2). »

En attendant, à l'exemple des empereurs romains, ses prédécesseurs, il avait ajouté à ses titres celui de *pontifex maximus*, et le pape, pour ne pas être en reste, avait pris celui de *Cæsar* (3). Tous ces princes semblaient avoir changé de rôle; Maximilien voulait être pape et saint; Louis XII tenait un concile; Jules, joignant le titre de César à celui de vicaire de Jésus-Christ, couvrait ses cheveux blancs d'un casque et endossait la cuirasse, pour mener une cour composée de vieux prêtres, sous le feu du canon.

Pendant qu'il était plein de ses projets mili- *Maladie du pape.*

---

(1) *Recueil des lettres du roi Louis XII, et de quelques autres princes de son temps*, 4ᵉ vol.

(2) Questa strana voglia di Massimiliano d'esercitar il papato non si poteva quasi mettere in dubbio.

(DENINA. *Revol. d'Italia*, lib. 20, cap. 2.)

(3) *Hist. de la ligue de Cambray*, par l'abbé DUBOS, tom. 1ᵉʳ, liv. 11, pag. 261.

taires, une maladie aiguë, occasionnée, dit-on, par la colère à laquelle il s'était livré, en apprenant la convocation du concile, vint en suspendre l'exécution. Dans ce nouveau danger, la ténacité de son caractère ne se démentit point. Aussi indocile sur le lit de douleur, qu'inflexible dans le conseil, il ne voulut jamais cesser, malgré une fièvre ardente, de boire à la glace, ni de manger des fruits cruds. La force de son tempérament triompha de ce mauvais régime; mais il n'était pas encore en état de quitter Bologne, lorsqu'il apprit que les Français arrivaient à trois milles de cette place.

Chaumont, par le conseil des Bentivoglio, seigneurs dépossédés de Bologne, avait entrepris d'y surprendre et d'enlever le pape, qu'il savait entouré de peu de troupes, au milieu d'une population, dans laquelle les Bentivoglio comptaient beaucoup de partisans.

VIII. Les Français sont sur le point de prendre le pape dans Bologne.

On attendait à Bologne des troupes de Naples: on savait qu'une partie de l'armée vénitienne était en marche; mais ni les unes ni les autres n'avaient paru, et les Français étaient aux portes de la ville.

L'historien de la ligue de Cambrai (1), fait au

---

(1) L'abbé Dubos, liv. 2. Machiavel a écrit tout un chapitre sur le danger qu'il y a de se fier à des exilés.

sujet du parti que prit Chaumont, à l'instigation des exilés de Bologne, cette réflexion que l'expérience a souvent confirmée. « C'est manquer « de prudence, dit-il, que de former un projet « contre un état, sur les relations infidèles de « ceux que les révolutions en ont chassés. » Cependant cette entreprise n'était pas si téméraire, si l'on en juge par la terreur qu'éprouva toute la cour du pape, en apercevant une armée, qui, sans le secours d'aucune intelligence au-dedans, pouvait forcer une ville mal fortifiée et encore plus mal défendue. La retraite même était interdite par des troupes légères qui battaient la campagne. Tous les vieux prélats de la suite du pape se croyaient déjà prisonniers. Les plus hardis furent ceux qui osèrent se présenter devant Jules, pour lui proposer d'entrer en négociation avec Chaumont. Jules seul était inébranlable; il leur répondit par des fureurs, et s'emporta contre les ambassadeurs de Venise et de Naples, accusant la lenteur de leurs troupes du danger qu'il allait courir.

Mais ce danger ne l'intimidait pas. Au lieu de consentir à négocier, il faisait partir d'heure en heure des courriers, pour hâter la marche des généraux vénitiens et napolitains. Il encourageait sa faible garnison; il excitait le peuple de Bologne à prendre les armes, prodiguant les promesses d'immunités et de priviléges. Il exigea de l'ambassadeur d'Angleterre, résidant auprès de lui, qu'il allât trouver les généraux français, et les menaçât d'une rupture avec son maître, s'ils entraient dans Bologne. Il fit agir dans le même sens le ministre d'Arragon et celui de l'empereur.

Cependant, quand on lui fit remarquer qu'on ne recevait aucune nouvelle des troupes vainement attendues, que ni le peuple ni la garnison ne montraient aucune disposition à se défendre, il se laissa arracher son consentement pour entamer une négociation.

Chaumont, qui ne laissait pas d'être effrayé lui-même de la hardiesse de son entreprise, qui n'était pas sûr qu'elle fût approuvée de sa cour, qui voyait les ministres d'Angleterre, d'Arragon et de l'empire, le sommer de s'arrêter, ne fût pas fâché de se tirer de toutes ces difficultés par un arrangement, qui allait lui assurer de grands avantages, sans employer jusqu'à la violence.

On commença par convenir d'un armistice de deux jours. On en consuma une partie à disputer sur le choix des plénipotentiaires ; enfin on était tombé d'accord de quelques conditions, qui étaient le maintien de la ligue de Cambrai, l'évacuation du duché de Ferrare par les troupes de l'église, et le renvoi des contestations, élevées entre le pape et le duc, à des commissaires qui seraient nommés contradictoirement; lorsque, dans la soirée du jour où l'armistice devait expirer, la tête de l'armée vénitienne parut dans la plaine de Bologne.

S'il faut en croire Guichardin, auteur presque contemporain (1), et un témoin oculaire, un évêque, Paul Jove, cette avant-garde était un corps de Turcs, que le pape avait appelés ou fait recruter, pour les opposer aux Français, ou, ce qui est plus vraisemblable, qui servaient dans l'armée vénitienne (2). « Ce fut, dit un « historien (3), un spectacle bien étrange de « voir le saint père défendu par une troupe « d'infidèles, contre l'armée du roi très-chré- « tien. »

Les Vénitiens et les Espagnols entrèrent dans la ville la nuit suivante. Le pape reprit toute sa hauteur, rompit les conférences, et Chaumont, qui avait fait trop et trop peu, se retira dans le Ferrarais, honteux d'avoir perdu le

---

(1) *Histoire des guerres d'Italie*, liv. 9.

(2) La république avait pris à son service, dès l'année précédente, un corps de cinq cents cavaliers turcs, commandés par Jean l'Épirote.

(3) GARNIER, *Hist. de France*, Louis XII.

temps et l'occasion au lieu de consommer une de ces entreprises, qui sont d'autant plus dangereuses qu'on ne les achève pas.

<small>IX.
Le pape
attaque les
états de Pic
de la
Mirandole.
1511.</small>

Jules jeta aussitôt son armée, alors formidable, dans le pays de Ferrare. Elle soumit, en paraissant, les petites places de Sascolo et de Formigine. La passion du pape était d'emporter Ferrare; mais on était au mois de décembre : sa cour, et même ses généraux, s'effrayaient de l'idée d'un siége, qui ne pouvait manquer d'être long et très-pénible, la place étant en bon état de défense, et la saison fort rigoureuse. On savait à quelles fatigues on devait s'attendre, en combattant sous les yeux d'un maître, qui trouvait que les opérations de la guerre n'étaient jamais conduites avec assez de vigueur.

L'activité des préparatifs militaires n'empêchait pas la politique italienne d'employer d'autres moyens, qui lui étaient plus familiers. Le pape essaya de détacher le duc de Ferrare de la cause des Français, par des offres éblouissantes. Le duc échappa à ces séductions, et gagna le négociateur, qui, de lui-même, s'offrit à empoisonner Jules. Heureusement pour celui-ci, le chevalier Bayard, dont la loyauté s'indigna de cette proposition, déclara qu'il allait faire pendre le traître, et avertir le pontife; à quoi le duc répondit, en haussant les épaules : « Eh bien! si Dieu n'y

« met remède, vous et moi nous nous en re-
« pentirons (1). »

Pour tâcher au moins d'occuper ailleurs l'activité de Jules, on lui proposa d'enlever les deux places de Concordia et de la Mirandole. Il n'en avait aucun droit, aucune raison : ces deux villes n'appartenaient point au duc de Ferrare; elles n'étaient point dans le domaine de l'église; le comte Pic de la Mirandole les tenait comme fiefs de l'empire; un des princes de cette maison venait d'être reçu dans l'alliance du pape, quelques jours auparavant, par un bref qui l'assurait de la protection du saint-siége. Mais on fit entendre à Jules qu'il importait de posséder ces deux places, pour s'ouvrir une route vers le Milanais, et dans son ardeur de guerroyer, ne pouvant attaquer Ferrare, il s'en prit où l'on voulut. Concordia fut surprise et enlevée sans résistance. Les Français eurent le temps de jeter une garnison dans la Mirandole. Jules envoya son armée pour en former le siége. Le canon tira dès le quatrième jour; les assiégeants souffraient cruellement du froid, et manquaient déjà de vivres. Les Français se défendaient vigoureusement. Jules, accusant tour-

Prise de Concordia.

Siége de la Mirandole.

---

(1) *Hist. du chev.* BAYARD, ch. 45.

à-tour ses officiers de lâcheté et de perfidie, voulut aller lui-même presser les opérations, et annonça son départ. Les représentations des plus graves personnages de sa cour, les larmes des plus timides, les instances de ses médecins, la rigueur de la saison, rien ne put le retenir. Il partit, encore convalescent, le 2 janvier 1511.

Le pape sur le point d'être enlevé par le chevalier Bayard.

Les Français avaient été informés de sa marche, et le chevalier Bayard, embusqué pour l'enlever, l'attendait à quelque distance d'un château où la cour pontificale avait couché. Le pape s'était mis en route ; lorsque le temps devint si affreux que toute sa suite le supplia de rebrousser chemin. Il y consentit avec peine, et, comme il venait de s'y résoudre, il vit revenir à toute bride quelques-uns de ses gens, qui, ayant pris les devants, avaient donné dans l'embuscade, et étaient poursuivis par les Français. Lui-même se jeta en bas de sa litière, et se sauva à pied dans le château, dont il eut à peine le temps de faire lever le pont, à quoi il aida lui-même. « Ce qui fut d'homme de bon esprit, car s'il eût « autant demeuré qu'on mettroit à dire un *pater* « *noster*, il étoit croqué. Qui fut bien marry ? « Ce fut le bon chevalier Bayard. Il ne pouvoit « pénétrer dans le château sans artillerie, ni « s'arrêter sans s'exposer à être coupé dans sa « retraite. Il fit un grand nombre de prison-

« niers, et retourna bien mélancolié. Jules, de
« cette peur qu'il avait eue, trembla la fièvre
« tout le long du jour (1). »

Malgré toutes ces difficultés, il arriva à son armée, et, dès le premier jour, plaça son quartier-général dans une masure sous le canon de la ville. Dès ce moment, revêtu d'une cuirasse, le casque sur la tête, continuellement à cheval, il se montrait sans cesse à ses troupes composées de Romains, de Napolitains, de Vénitiens, de Grecs, de Dalmates et de Turcs, pressait les travaux, dirigeait les batteries, et partageait toutes les fatigues comme tous les dangers. *Le pape à la tranchée.*

Cette ville, assiégée par un pape, était défendue par une femme. La comtesse de la Mirandole commandait dans la place.

Mais la neige tombait à gros flocons; la gelée rendait les travaux des pionniers très-pénibles. On n'avait point de grosse artillerie. Ce siége, entrepris à l'improviste, tirait en longueur. On parvint à entraîner le pape à Concordia. Il s'en échappa presque aussitôt, et revint dans son camp occuper cette même masure, qui fut traversée deux fois par les boulets ennemis. Deux de ses cuisiniers ayant été tués, il con-

---

(1) *Hist. du chev.* BAYARD, ch. 43.

sentit à se placer un peu plus loin; son ardeur l'y ramena. Bientôt le logement ne fut plus tenable; il en choisit un autre où les boulets se dirigèrent comme sur le premier.

<small>Prise de la Mirandole.</small> Un général qui aurait voulu aguerrir son armée n'aurait pas fait davantage. Enfin, à force d'être jour et nuit à la tranchée, il parvint à faire une large brèche à la place. La gelée permettait de traverser le fossé. Il allait faire donner l'assaut, lorsque les assiégés offrirent de capituler. On eut beaucoup de peine à obtenir de cet ardent vieillard, qu'il leur accordât la vie, et on le vit entrer dans la Mirandole par la brèche, comme aurait pu faire un jeune conquérant.

Après cet exploit, il fut obligé de se replier, parce que les Français arrivaient en forces. L'activité d'un tel allié, laissait peu de chose à faire aux Vénitiens. Il occupait la moitié de leur armée dans le pays de Ferrare, et par conséquent réduisait à-peu-près à l'inaction ce qui en restait dans le Frioul et sur l'Adige. Aussi la guerre se bornait-elle à des ravages. Avec d'autres troupes, il eût été difficile de prévoir où l'ardeur de ce pontife se serait arrêtée. Beaucoup d'auteurs rapportent qu'un jour il jeta dans le Tibre les clefs de saint Pierre, pour ne plus se servir, disait-il, que de l'épée de saint Paul (1).

---

(1) Claves Petri nil juvant, valeat S. Pauli gladius.

Cette anecdote, qui peut avoir été imaginée par des historiens satiriques, n'en peint pas moins le caractère de ce pontife. Mais il éprouvait la vérité de cette observation de Guichardin, que les papes sont toujours mal servis à la guerre; et il s'en plaignait continuellement. La faiblesse de ses troupes et de ses officiers n'aboutit qu'à faire mieux ressortir la vigueur de son caractère. Déja il avait développé tout son plan, qui était d'expulser les étrangers de l'Italie, et d'en devenir le dominateur. Il conduisait à sa suite les Vénitiens, le marquis de Mantoue, les peuples de la Romagne et les Napolitains; il faisait des révolutions à Florence, il en préparait à Gênes. Cette réunion de toutes les puissances de la péninsule sous les mêmes drapeaux, était l'effet de l'indiscrétion de Louis XII. Ce prince avait dit hautement, et tous les ministres étrangers qui remplissaient sa cour avaient mandé à leurs maîtres, qu'il allait se rendre enfin aux instances de l'empereur, et partager avec lui toute l'Italie (1). Les armées portaient la peine des dévastations qu'elles avaient faites. Les Français qui servaient dans le Frioul sous la Palisse,

---

(1) MACHIAVEL, 3ᵉ légation à la cour de France, dépêche du 9 août 1510.

restèrent six jours sans pain. Les maladies firent d'horribles ravages: La Palisse ramena à peine la moitié de son monde. Tous les Grisons qui servaient sous les drapeaux de l'empereur périrent; on dit que deux ou trois seulement revirent leur pays (1).

Ferdinand d'Arragon, qui prévoyait que tôt ou tard il aurait les Français sur les bras, soit à Naples, s'ils étaient heureux en Italie, soit sur les frontières d'Espagne, travaillait de tout son pouvoir à séparer Maximilien de Louis XII, et, pour cela, il proposa à l'un et à l'autre d'entamer des négociations pour la paix. L'évêque de Gurck fut envoyé par l'empereur à Bologne où était le pape; mais il y affectait une extrême hauteur, jusque-là qu'il gourmanda l'ambassadeur de Venise, pour avoir osé paraître en sa présence, et qu'au lieu de traiter personnellement avec trois cardinaux, que le pape avait députés pour conférer avec lui, il nomma, de son côté, trois de ses gentilshommes pour les entendre.

Il était difficile qu'un négociateur aussi hautain que l'évêque de Gurck, et un prince aussi inflexible que Jules, s'accordassent dans une

---

(1) *Histoire du chev.* BAYARD, chap. 46.

affaire, dont l'accommodement demandait des concessions réciproques. Le ministre impérial exigeait que les Vénitiens cédassent Vérone, Vicence, Trévise et Padoue, et que le pape se réconciliât avec le roi de France. Les Vénitiens ne voulurent pas même abandonner deux de ces provinces. Jules répondit que rien ne pourrait le déterminer à laisser le Milanais au roi, dût-il lui en coûter la tiare et la vie. Il fallut rompre les conférences, et se préparer à une nouvelle campagne.

On devait s'attendre que le roi de France, dont l'activité, l'énergie, les ressources, ne s'étaient pas développées pendant la campagne de 1510, commencerait celle de 1511 d'une manière plus imposante. En effet, Chaumont étant mort, le maréchal de Trivulce, qui lui succédait, reprit sans difficulté presque tout ce que le pape avait conquis dans le pays de Ferrare, emporta d'assaut Concordia, enleva quelques quartiers à l'armée combinée, mais ne put réussir à la déloger du poste qu'elle avait choisi dans l'angle que forment la Burana et le Pô à leur confluent. Le duc de Ferrare secondait les opérations des Français, et il en coûta aux Vénitiens une nouvelle flotte, qui s'était hasardée dans les eaux intérieures.

X. Campagne de 1511. Les Français marchent vers la Romagne.

Le pape, dès qu'il reçut l'avis de la marche

de Trivulce, partit pour se mettre à la tête de ses troupes, et forcer ses généraux à livrer bataille. Mais on lui rendit compte qu'il y avait sur sa route, dans un village qu'il fallait traverser, un petit corps à sa solde qui s'était mutiné, faute d'être payé exactement ; ce contre-temps, auquel il ne pouvait remédier dans le moment, l'obligea à revenir sur ses pas. Rentré dans Bologne, il apprit que le maréchal de Trivulce marchait sur lui. Pour cette fois, il n'y avait pas moyen de l'attendre ; Jules se retira à Forli. L'armée papale voulut faire un mouvement sur Bologne, pour sauver cette place ; les bourgeois lui fermèrent leurs portes, mirent en pièces une statue de Jules, ouvrage de Michel-Ange, chassèrent le légat, appelèrent les Français. Ceux-ci tombèrent sur l'armée de l'église, qui s'enfuit en déroute. Le pape s'éloigna jusqu'à Ravenne. Il n'aurait tenu qu'à Trivulce de pousser ses conquêtes plus loin, car déja Imola lui envoyait ses clefs, si des ordres de Louis XII ne fussent venus lui prescrire de s'arrêter sur les frontières de l'état de l'église.

XI. Conciles de Pise et de Latran.

Au lieu de vaincre le pape à coups de canon, on voulait le combattre avec les armes spirituelles. L'empereur et le roi le firent citer au concile qu'ils venaient de convoquer à Pise.

Si on a eu occasion de reprocher des fautes

à Louis XII, on ne peut trop louer sa modération. Non-seulement il arrêta la marche de son armée victorieuse, mais il défendit de célébrer, par aucunes réjouissances, des succès obtenus sur le chef de la chrétienté. Il fit encore offrir la paix à Jules, qui n'était pas fâché de gagner du temps; mais qui persistait à vouloir dicter des conditions, telles qu'aurait pu les prescrire un vainqueur irrité. Ce qu'il y a d'incroyable, c'est que le roi rappela son armée dans le Milanais, et congédia presque toute son infanterie : c'était une faute qui se renouvelait tous les ans.

Le pape, à qui le futur concile ne laissait pas de causer quelque inquiétude, voulut affaiblir l'autorité de cette assemblée, en lui en opposant une autre qu'il convoqua de son côté.

Le clergé de France, et trois ou quatre cardinaux italiens formaient le concile anathématisé par le pape, et qui errait de Pise à Milan; les évêques d'Allemagne, entrant dans les vues secrètes de l'empereur, refusèrent d'y assister. Il n'y vint aucun prélat des autres pays de la chrétienté. Il était difficile qu'une assemblée si peu nombreuse, formée au milieu du tumulte de la guerre, et par des prélats d'une seule nation, pût se donner pour l'organe de l'église universelle, véritable régulatrice des opinions du monde chrétien. Cependant les pères, qui se disaient eux-mêmes *le sel de la terre et la lumière du monde* (1), obligés de quitter Pise en proie à la discorde, s'étaient refugiés à Milan ; là, après avoir fait citer trois fois le pape Jules II, ils rendirent, le 21 avril 1512, le décret suivant :

<small>Décret du concile de Pise contre le pape.</small>

« Au nom du père, du fils et du saint-esprit.

« Le sacré concile général de Pise légitimement « assemblé, au nom du saint-esprit, représentant « l'église universelle.

« Le seigneur a dit, par le prophète Isaïe, « ôtez de la voie de mon peuple tout ce qui peut « le faire tomber, et dans l'apôtre saint Paul, « retranchez le mal du milieu de vous, car un « peu de levain aigrit toute la pâte. Puisqu'il faut « donc retirer le peuple des mains de Goliath, « et le préserver de la ruine dont les Philistins « le menacent, c'est-à-dire de ce déluge de cri- « mes, qui inondent l'église dans son chef et « dans ses membres ; puisque la foi périclite, que « l'église tombe en ruines, et que les gens de « bien souhaitent qu'il s'élève un nouveau Da- « vid ; le saint concile ici présent s'est assemblé « pour être ce David, et arracher l'église des mains « des infidèles. Tel a été le dessein de cette as- « semblée, traversée par tant d'obstacles, atta-

---

(1) 6ᵉ session.

« quée par celui qui devait la protéger; quoiqu'on
« ait tout employé pour engager le souverain pon-
« tife à rentrer dans lui-même, sans qu'il ait
« voulu rien écouter; tandis qu'il s'est au con-
« traire élevé contre les décrets de ce saint concile,
« menaçant ceux qui le composent d'interdits, de
« censures et de privations de bénéfices, qu'il a
« employé toutes sortes d'artifices pour s'opposer
« à l'exécution de nos pieux desseins, pour diviser,
« dissoudre, diffamer et anéantir nos travaux:
« c'est pourquoi le saint concile exhorte les car-
« dinaux, patriarches, archevêques, évêques,
« abbés, prévôts des cathédrales et chapitres des
« collégiales, les rois, princes, ducs, marquis,
« comtes, barons, universités, communautés,
« vicaires de la sainte église romaine, vassaux,
« gouverneurs, feudataires et sujets, réguliers et
« séculiers, de quelque dignité, état et condition
« qu'ils soient, enfin tout le peuple chrétien, à
« ne plus reconnaître le pape Jules, et défend
« de lui obéir à l'avenir; puisqu'il est déclaré
« notoirement perturbateur du concile, contu-
« mace, auteur de schisme, incorrigible et en-
« durci (1). »

Telle fut l'issue de ce concile, qui n'ébranla

---

(1) *Hist. ecclésiastique*, liv. 122.

point Jules II sur son trône. Revenons aux évènements militaires.

XII.
Ligue de la sainte-union contre les Français.
5 octobre 1511.

L'empereur Maximilien prétendait faire la guerre et des conquêtes, non-seulement sans y paraître, mais même sans soudoyer une armée. Quand il avait obtenu des subsides du corps germanique, ou quelque prêt du roi de France, il en dissipait la plus grande partie, laissait le reste à ses ministres, pour rassembler quelques troupes, que le défaut de paye dispersait presque aussitôt, et s'avançait dans le Tyrol ou vers le Trentin, mais il perdait le temps à chasser, au lieu de venir se mettre à la tête des opérations militaires, ce qui était d'autant plus déplorable, qu'il était en état de les bien diriger.

Les Vénitiens auraient été trop heureux s'ils n'avaient eu en tête que cet adversaire; mais, d'une part, le pape retenait sous ses drapeaux la moitié de leur armée, et de l'autre, l'empereur leur opposait le corps français que le roi avait mis à sa disposition. L'armée de la république avait pu tenir la campagne, et conserver Vicence et la Polésine de Rovigo, tant que les forces du roi avaient été occupées du côté de Bologne; mais dès qu'elles reparurent, il fallut qu'elle se repliât sur les deux seules places qui lui offraient quelque sûreté, Trévise et Padoue. A peine les Français étaient-ils arrivés, et avaient-ils repris Vicence et quelques châteaux, qu'une nouvelle incursion des Suisses les rappela dans le Milanais.

Le pape venait de resserrer, par un traité signé le 5 octobre 1511, les liens de la coalition qu'il était parvenu à former contre la France. Non content de disposer des troupes du roi de Naples son vassal, il avait engagé ce prince à entrer dans sa querelle, comme roi d'Arragon, et à le seconder avec toutes les forces des royaumes de Naples, d'Arragon et de Castille. On avait réservé, dans cette ligue, une place au roi d'Angleterre, Henri VIII, qui ne tarda pas à l'accepter.

Le pape fournissait quatre cents gendarmes, cinq cents chevau-légers, et six mille hommes d'infanterie; les Vénitiens huit cents gendarmes, mille cavaliers albanais, et huit mille hommes de pied. Le roi d'Arragon s'engageait à y joindre douze cents gendarmes, mille chevau-légers et dix mille fantassins espagnols. Cette armée, qu'on appelait l'armée de la sainte-union, devait être commandée par Raymond de Cardonne, vice-roi de Naples.

Pendant que cette nouvelle ligue se formait, Louis XII continuait de négocier avec le pape, espérant l'amener à un accommodement, et achevait de s'aliéner les Suisses, en leur refusant les

XIII. Invasion des Suisses dans le Milanais.

subsides qu'ils demandaient, et en leur interdisant la faculté de tirer du Milanais des vivres dont ils avaient besoin.

Sollicités par le pape, d'accord avec les Vénitiens, qui leur avaient promis de se joindre à eux sur l'Adda, ils descendirent de leurs montagnes, au nombre de seize mille hommes, et envoyèrent au général français une déclaration de guerre au nom de la sainte-union.

Pour résister à toutes ces forces, le roi n'avait en Italie que treize cents gendarmes, un corps de deux cents gentilshommes et trois ou quatre mille hommes d'infanterie. Encore ces troupes étaient-elles fort dispersées, parce qu'il avait fallu en laisser à Bologne, à Vérone et à Brescia.

Gaston de Foix gouverneur de Milan.

Ces troupes étaient sous le commandement du nouveau gouverneur de Milan, Gaston de Foix, duc de Nemours, neveu du roi. Ce prince, à peine âgé de vingt-deux ans, déja distingué, non-seulement par sa valeur, mais par une capacité au-dessus de son âge, réunit cinq cents gendarmes, deux cents gentilshommes, et à-peu-près deux mille fantassins, et se porta au devant des Suisses, pendant qu'on élevait à la hâte quelques retranchements autour de Milan, et qu'on y recrutait autant de monde qu'on pouvait.

Les Suisses s'avancèrent de Varèse droit sur

cette capitale, avec circonspection, comme la première fois, marchant en ordre et en masse, mais sans cavalerie, sans artillerie, et par conséquent ne pouvant battre la campagne, pour y rassembler des vivres, ni se déployer avec avantage dans la plaine, sous le canon de l'ennemi.

Gaston se replia devant eux jusque dans les faubourgs de Milan. Arrivés à une lieue de la ville, les Suisses, au lieu de l'attaquer, tournèrent vers Monza, s'approchèrent de l'Adda, brûlèrent une vingtaine de villages; mais, ne recevant aucune nouvelle des Vénitiens, qui accouraient cependant en toute hâte des frontières du Frioul, ils se replièrent sur Côme, et rentrèrent dans leur pays, comme ils avaient fait précédemment.

Cette diversion, que les Suisses firent manquer, pour n'avoir pas voulu attendre les Vénitiens pendant quelques jours, avait été combinée avec les mouvements que la grande armée de l'union allait opérer dans la Romagne.

XIV. Siége de Bologne par les alliés. Janvier 1512.

Elle partit d'Imola, forte de dix-huit cents gendarmes, de seize cents chevau-légers, et de seize mille hommes d'infanterie, moitié Italiens, et moitié Espagnols; soumit la partie méridionale du Ferrarais, et arriva devant Bologne, le 26 janvier 1512. A la première nouvelle de cette invasion, Gaston s'était porté, avec ses troupes, sur Carpi et Finale. En passant dans la première de ces villes, Gaston, la Palisse, Bayard, et la plupart des capitaines de l'armée, ne manquèrent pas de consulter un fameux astrologue, qui, s'il faut en croire les mémoires de ce temps (1), leur prédit qu'ils gagneraient une grande bataille dans peu de jours, le vendredi-saint ou le jour de Pâques, et annonça à tous ceux qui l'interrogèrent, ce qui devait personnellement leur arriver. Gaston avait treize cents gendarmes, et était parvenu à réunir quatorze mille hommes d'infanterie. Sa présence à quelques lieues de Bologne, commandait beaucoup de circonspection aux assiégeants ; mais ils espéraient être bientôt débarrassés de cet incommode voisinage, par une diversion que l'armée vénitienne devait opérer, et qui devait attirer les Français dans la Lombardie. En effet, Gaston apprit que les troupes de la république marchaient sur Brescia. Il ne voulut pas quitter la Romagne sans avoir fait lever le siège de Bologne, qui était vivement canonnée depuis quelques jours, et où les ennemis avaient déjà fait une brèche praticable. Il déroba sa marche aux alliés, à la faveur d'un temps affreux, et entra

---

(1) *Hist. du chev.* BAYARD, ch. 47.

dans la place sans être aperçu. Si la fatigue de ses troupes lui eût permis d'attaquer les assiégeants dès le soir même de son arrivée, il les aurait surpris ; mais il fut obligé de remettre sa sortie au lendemain, et dans la soirée, ils furent avertis par un soldat, qu'on prit autour de la ville, que toute l'armée française était dedans. Aussitôt ils profitèrent de la nuit pour retirer leur canon des batteries, lui firent prendre les devants par la route d'Imola, et se retirèrent au point du jour. Gaston se borna à les faire poursuivre par sa cavalerie légère, laissa, pour la sûreté de la place, un corps de quatre cents gendarmes et quatre mille hommes de pied, et se mit en route le lendemain pour Brescia, où il arriva neuf jours après, ayant fait une marche de plus de cinquante lieues (1), traversé plusieurs rivières, et détruit une division vénitienne qui gardait un passage sur l'Adige.

XV.
Prise et reprise de Brescia.

En arrivant, il trouva les Vénitiens maîtres de Brescia, mais non pas du château. Ils avaient surpris cette ville, la veille du jour qu'il était entré dans Bologne, le 4 février, à la faveur de

---

(1) Il marchoit si diligemment qu'un chevaucheur sur un courtault de cent escus n'eust sceu faire plus de pays qu'il en faisoit en un jour avec toute son armée.
(*Hist. du chev.* BAYARD, ch. 49.)

leurs intelligences, notamment par le conseil du comte Louis Avogaro. André Gritti, après une première tentative infructueuse, avait profité de la sécurité de l'ennemi, pour en hasarder une seconde. Il paraît que les bourgeois avaient introduit les Vénitiens par un égoût, tandis que de fausses attaques attiraient ailleurs l'attention de la garnison; mais il faut dire aussi, à la gloire du provéditeur Gritti, que ces attaques étaient des assauts, et que, des trois points qu'il assaillit, deux furent emportés l'épée à la main. Dès le lendemain, il commença à canonner la citadelle, y ouvrit une brèche en peu de jours, et envoya des détachements reprendre Bergame, Ponte-Vico, les Orci et quelques autres places, qui, à la nouvelle de ses succès, s'étaient déclarées pour leurs anciens maîtres.

Gaston, en arrivant devant Brescia, laissa une partie de son armée en dehors, et entra dans le château avec le reste, par la porte qui donnait sur la campagne. En débouchant du côté de la place, il trouva sur l'esplanade l'armée vénitienne, composée de cinq cents gendarmes, huit cents chevau-légers et huit mille fantassins, sous les ordres d'André Gritti. L'attaque des Français fut impétueuse et médiocrement soutenue par les ennemis. Ceux-ci se replièrent de rue en rue, protégés par le feu des habitants, qui tiraient sur les soldats de Gaston. Alors la partie de l'armée française, qui était restée devant la place, se mit à en canonner la seule porte qui ne fût pas murée, l'enfonça, ferma toute retraite aux Vénitiens, et en fit un horrible carnage. Rien ne se sauva. Le provéditeur Gritti, le podestat Justiniani, et beaucoup d'autres hommes de marque furent fait prisonniers. On évalue à quinze mille (1) le nombre des soldats ou habitants qui furent tués dans cette action, et le sac de l'opulente ville de Brescia fut la suite de la victoire. « Or chacun se mit au pillage parmi les maisons, et y eust de grosses pitiez; car comme pouvez entendre, en tels affaires, il s'en trouve toujours quelques-uns meschants, lesquels entrèrent dedans les monastères et feirent beaucoup de dissolutions, car ils pillèrent et dérobèrent en beaucoup de façons; de sorte qu'on estimoit le butin de la ville à trois millions d'escus. Il n'est rien si certain que la prinse de Bresse feut en Italie la ruine des François, car ils avoient tant gaigné en ceste ville, que la pluspart s'en retourna et laissa la guerre (2). »

---

(1) Guichardin dit seulement huit mille, (liv. 10,) d'autres vingt-deux mille, enfin il y en a qui vont jusqu'à quarante mille.

(2) *Histoire du chev.* BAYARD, chap. 50.

Parmi les scènes d'un désordre effroyable qui dura sept jours, je ne recueillerai qu'une circonstance. Une partie de la population s'était réfugiée dans les églises. Des soldats y entrèrent en sabrant, sans pitié comme sans distinction, tout ce qu'ils rencontraient. Un enfant de la dernière classe du peuple, âgé à peine de dix ou douze ans, reçut, dans les bras de sa mère, cinq blessures, dont une lui ouvrit le crâne; une autre, qui lui avait fendu les lèvres, lui fit donner le surnom de Tartaglia, *qui bégaye*; et ce nom, le seul qu'on lui connaisse aujourd'hui, tant celui de sa famille était obscur, rappelle le restaurateur des mathématiques.

Bergame, et les autres villes révoltées, étaient rentrées dans la soumission aussitôt que les Français avaient reparu.

XVI. Négociations.

L'activité d'un jeune prince venait de déconcerter les projets des coalisés. De leurs deux entreprises, faites à-la-fois sur Bologne et sur Brescia, une au moins devait réussir. Elles furent déjouées toutes les deux, et les Vénitiens venaient de perdre presque toute leur armée. Mais l'activité de Gaston ne pouvait rien sur les évènements préparés par la politique.

Le roi d'Angleterre accède à la sainte-union.

Le roi d'Angleterre, déterminé par les instances du pape, venait d'accéder à la sainte-union, et de congédier l'ambassadeur de France. Ce nouvel ennemi était d'autant plus à craindre, que le roi, pour porter toutes ses forces en Italie, n'avait gardé que deux cents gendarmes sur la frontière septentrionale de son royaume.

De tous les alliés de la France, il ne lui restait que le duc de Ferrare, qui avait besoin de protection, et l'empereur, qui mettait sa fidélité à un prix qui la rendait suspecte.

Il demandait que les affaires de Bologne et de Ferrare fussent remises à sa décision. Il voulait être l'arbitre entre les deux conciles, et déjà il avait fait déclarer, par les évêques allemands, l'assemblée de Pise schismatique. Il faisait notifier au roi qu'il ne pouvait consentir à voir les Français étendre leurs conquêtes en Italie ; et en même temps, il exigeait que la France lui garantît tout ce qui lui avait été promis par le traité de Cambrai. Ce n'était pas tout ; il lui fallait un gage de la fidélité du roi, et ce gage devait être la jeune princesse dont la reine était accouchée deux ans auparavant, qu'il voulait qu'on lui envoyât, pour être mariée, quand il en serait temps, avec Charles d'Autriche. Il prétendait enfin que, dès-à-présent, on lui remît aussi la dot de la jeune princesse, et que cette dot fût la Bourgogne.

L'empereur fait une trêve avec les Vénitiens.

De pareilles propositions décelaient l'envie

d'être refusé, et l'impatience de se voir dégagé de l'alliance de la France.

Le pape et le roi d'Arragon continuaient leurs efforts pour l'en détacher. Ils surent tirer parti, pour la cause commune, des désastres que les Vénitiens venaient d'éprouver, en déterminant la république à accepter une trève de dix mois avec l'empereur. Elle se résigna à lui payer une somme de cinquante mille florins, et à lui laisser la possession provisoire de tout ce qu'il occupait, c'est-à-dire de Gradisca, de Vicence et de Vérone (1).

XVII. Bataille de Ravenne. 11 avril 1512.

Maximilien fit notifier cette trève au roi, qui n'en avait pas eu le moindre soupçon. Il n'y avait pas moyen de se méprendre sur la conduite ultérieure d'un tel allié. Louis XII envoya sur-le-champ à son armée l'ordre de se porter dans la Romagne, et de poursuivre à outrance l'armée de la sainte-union. Ce nom inspirait cependant encore quelques scrupules. Pour les lever, on imagina de convertir cette guerre de rois en une guerre de prêtres. Chacun des deux partis voulut s'autoriser des intérêts de la religion. Le concile, seul allié qui restât à la France, auto-

---

(1) *Codex Italiæ diplomaticus*, LUNIG, tom. 2, pars 2, sectio 6, xxx.

risa formellement Gaston à conquérir les terres de l'église, pour les tenir en dépôt, et envoya un légat à l'armée. Gaston et ses gendarmes ne furent plus que les soldats du concile. Le cardinal de Saint-Severin parut dans leur camp, la cuirasse sur le dos; et ces mêmes lieux, qui avaient vu si souvent les aigles combattre les aigles, virent marcher la croix contre la croix.

Une nouvelle maladie, qui avertissait Jules de sa vieillesse, et l'obligation de laisser le commandement au général espagnol, ne lui permettaient plus de paraître à l'armée; il y envoya, comme légat, le cardinal de Médicis, à qui la fortune réservait le pontificat, et la gloire de donner son nom à son siècle.

L'armée du roi arriva à Finale dans le mois d'avril. Elle avait reçu quelques renforts, et se trouvait composée de seize cents gendarmes, et de dix-huit mille hommes d'infanterie, parmi lesquels on comptait cinq mille Gascons, mille Picards, mille aventuriers, cinq mille lansquenets; le reste était des Italiens.

Le duc de Ferrare vint joindre Gaston avec cent gendarmes et deux cents chevau-légers; mais il lui amenait un secours plus important, c'était une excellente artillerie. L'arsenal de Ferrare était alors le mieux fourni de l'Europe, après celui de Venise.

Les troupes des alliés, au lieu de s'accroître, s'étaient affaiblies. Elles consistaient en quatorze cents gendarmes, mille chevau-légers, sept mille hommes d'infanterie espagnole, et trois mille Italiens. On attendait six mille Suisses, que le pape et les Vénitiens avaient pris à leur solde; aussi les généraux étaient-ils bien déterminés à se conformer aux instructions du roi d'Arragon, qui avait recommandé à Cardonne de ne pas oublier qu'à la guerre il faut moins s'attacher aux faits éclatants qu'aux résultats, et que la gloire est d'atteindre son but.

Les alliés, voyant les Français arriver avec de si grandes forces et avec une résolution si positive de terminer la guerre par une bataille, mirent tous leurs soins à l'éviter. Dès qu'ils les surent à Castel-Guelfo, ils se replièrent sur Imola. Le lendemain, quand Gaston parut à un mille de cette place, il les trouva en bataille et retranchés dans leur camp. Quand ils quittèrent cette position, ce fut pour prendre celle de Castel-Bolognese; et, de position en position, ils reculèrent jusque sous le canon de Faenza, pour éloigner l'ennemi de ses magasins, se présentant toujours en ordre de bataille, les canons en batterie et dans des postes difficiles à attaquer. Le général espagnol, sans jamais s'écarter de son plan, laissa tranquillement les Français enlever, sous ses yeux, quelques places de médiocre importance, et se contenta de jeter une garnison dans Ravenne qu'il ne pouvait abandonner.

Le pays entre Ferrare et Ravenne est coupé par une vingtaine de rivières, qui coulent parallèlement de l'Apennin vers l'Adriatique. Ces accidents du terrain offraient naturellement beaucoup de positions défensives, et ne permettaient pas aux Français de s'avancer fort au-delà de celle qu'occupait l'armée combinée, parce qu'ils se seraient exposés à n'avoir plus de communications avec le Pô.

Gaston, obligé, par l'insuffisance de ses approvisionnements, de presser les opérations, fut averti qu'un courrier venait d'arriver dans son camp. Il avait été expédié de Rome par l'ambassadeur de l'empereur, et il portait au commandant des lansquenets, l'ordre de quitter sur-le-champ l'armée du roi, avec tous les Allemands. Cet ordre, venant de Rome et non de Vienne, avait l'air de n'être donné qu'au nom du pape. Les lansquenets, pour être Allemands, n'étaient pas des troupes de l'empereur. Enfin il était difficile de se séparer sans honte, la veille d'une bataille, de gens tels que Gaston, la Palisse, Lautrec et Bayard. Le commandant alla consulter le chevalier sans peur et sans reproche (1), qui le détermina à rester encore quelques jours à l'armée. C'était, pour Gaston, une raison de se hâter, et de forcer l'ennemi à combattre. Pour cela, il alla droit à Ravenne, se posta entre les deux rivières qui font le tour de cette ville, la canonna vivement, et fit donner un assaut avant que la brèche fût praticable.

Quoique cet assaut eût été vaillamment repoussé, le général espagnol dut craindre, à la vivacité de cette attaque, que la place ne succombât. Aussi vit-on arriver, deux jours après, toute l'armée de l'union, par la rive droite de la petite rivière de Ronco, dont les Français occupaient la rive gauche.

Aussitôt l'armée du roi se mit en bataille. Gaston délibéra s'il passerait à l'instant la rivière, pour se placer entre Ravenne et les alliés; mais il ne crut pas pouvoir exécuter ce passage assez promptement. Ceux-ci au contraire ne doutèrent pas qu'il ne l'effectuât, et, au lieu de profiter du temps pour se jeter dans la place, ils s'arrêtèrent à deux ou trois milles, et élevèrent des retranchements autour de leur camp.

Le 11 avril 1512, à la pointe du jour, Gaston

---

(1) *Hist. du chev.* BAYARD, ch. 52.

fit passer le Ronco à toute son armée, ne laissant qu'une faible réserve pour contenir les assiégés, et se déploya en demi-cercle dans la plaine, en marchant vers les alliés qui l'attendaient en bataille derrière leurs retranchements. L'aile droite de l'armée du roi, qui s'appuyait au Ronco, était commandée par le duc de Ferrare, qui avait sous ses ordres sept cents gendarmes et cinq mille lansquenets. Au centre, on voyait l'infanterie française, forte de huit mille hommes; plus loin, cinq mille fantassins italiens, et à l'extrême gauche, trois mille archers et chevau-légers. Enfin, en arrière du corps de bataille, était le reste de la gendarmerie, sous les ordres de la Palisse, lequel avait à ses côtés le cardinal de Saint-Severin, qu'à son armure et à son ardeur martiale, on aurait pris pour un capitaine plutôt que pour le légat du concile.

Les alliés avaient à leur gauche, c'est-à-dire près de la rivière, huit cents gendarmes, puis six mille hommes de pied italiens; au centre, et un peu en arrière, le corps de bataille composé de six cents gendarmes et de quatre mille Espagnols. Ce corps avait à sa droite plusieurs escadrons de gendarmerie, et l'autre moitié de l'infanterie espagnole. Enfin la cavalerie légère voltigeait du côté le plus éloigné de la rivière.

Une chose digne d'attention, dans les dispositions qui précédèrent cette bataille, c'est que Pierre Navarre, ce même officier qui, le premier, avait fait jouer des mines dix ans auparavant, au siége des châteaux de Naples, et qui commandait ici l'infanterie espagnole, avait imaginé de faire monter sur des chariots des pièces de canon légères, pour les porter plus rapidement là où l'emploi pourrait en être utile. Cette innovation est beaucoup plus digne de remarque que les énormes boulets dont nous avons quelquefois parlé. Quand une invention est récente, on croit obtenir plus d'effet des machines en en augmentant les proportions; mais l'art ne se perfectionne que dans les mains de l'observateur judicieux, qui cherche à rendre ces machines plus simples, plus justes, plus maniables, et qui parvient à obtenir de plus grands résultats, sans exagérer les moyens.

Fabrice Colonne, qui commandait l'armée du pape, avait été d'avis que l'on se précipitât sur les Français, pendant qu'ils effectuaient le passage du Ronco; mais Pierre Navarre détermina le commandant en chef à les attendre sans sortir des retranchements.

Quand ils en furent à deux cents pas, ils s'arrêtèrent, et l'artillerie commença à jouer des deux côtés. Celle des alliés, tirant avec plus d'avantage, sillonnait la plaine et emportait des files de l'infanterie française. On resta deux heures dans cette situation; deux mille hommes de cette infanterie étaient hors de combat avant que les deux armées se fussent approchées. Presque tous les capitaines tombèrent, notamment le capitaine Molard et le commandant des lansquenets qui déjeûnaient, pendant la canonnade, entre leur troupe et la batterie espagnole. L'aile droite de l'armée française donna. Une forte batterie du duc de Ferrare prit une position d'où elle enfilait la ligne ennemie. Canonnée par le flanc, l'infanterie des alliés se mit ventre à terre; mais les gendarmes restaient découverts, et étaient écrasés par les boulets. Colonne, indigné de voir tomber autour de lui tous ses gendarmes, sans qu'ils pussent tirer l'épée, s'écria : « Faut-il périr ici sans vengeance, et cela « par la malice d'un Maure! » C'était l'Espagnol Navarre qu'il désignait par cette épithète injurieuse. Aussitôt, sans attendre l'ordre du général, il s'élança hors des retranchements, et l'infanterie espagnole, se relevant fièrement, se vit obligée de descendre à sa suite dans la plaine.

Alors la mêlée devint générale; l'impétuosité de Colonne et de la gendarmerie fut telle, qu'il s'ouvrit un chemin au travers de l'infanterie française, et malgré les efforts du chevalier Bayard et de Gaston lui-même, qui ne purent l'arrêter, il pénétra au-delà de la première ligne, jusqu'à la gendarmerie de la Palisse. Gaston fit accourir la réserve qu'il avait laissée dans son camp. Mais déja la gendarmerie des alliés, qui avait beaucoup souffert, ne pouvait résister à la gendarmerie française. Le choc des troupes de réserve acheva de l'ébranler; elle prit la fuite.

L'infanterie espagnole, abandonnée par sa cavalerie, qui avait engagé le combat, le soutint avec une extrême valeur. Elle enfonça les lansquenets, donna le temps de se rallier à l'infanterie italienne, qui avait été mise en déroute par les Gascons, repoussa plusieurs charges de la gendarmerie française; et lorsque, accablée par le nombre, elle désespéra de garder le champ de bataille, elle se détermina à faire un mouvement de retraite, mais en bon ordre, au petit pas, et s'arrêtant toutes les fois qu'elle était suivie de trop près. Il y avait dix heures qu'on se battait. Gaston tenait déja la victoire; mais il la jugeait incomplète, si cette vaillante infanterie lui échappait. A la tête d'un escadron de gendarmerie, il se précipita sur elle, pénétra au milieu des rangs, et y trouva la mort.

Gaston est tué.

C'est ainsi que périt, au milieu de si beaux trophées, un héros de vingt-deux ans, à qui une campagne de trois mois venait de mériter l'immortalité. Sa mort permit à l'infanterie espagnole d'achever sa retraite. Le reste des alliés fuyait en désordre; ils laissaient sur le champ de bataille sept mille morts, toute leur artillerie, leurs bagages et un grand nombre de prisonniers, entre lesquels les plus considérables étaient le cardinal de Médicis, Navarre et Fabrice Colonne, réservés à l'humiliation de suivre à pied, non pas le triomphe, mais le char funèbre de leur vainqueur (1).

---

(1) L'historien de Bayard a recueilli une lettre, où ce brave chevalier raconte la bataille de Ravenne :

« Monsieur, si très-humblement que faire puis, à vostre
« bonne grace me recommande.

« Monsieur, depuis que dernièrement vous ay écrit,
« avons eu, comme ja avez peu sçavoir, la bataille contre
« nos ennemis ; mais pour vous en advertir bien au long,
« la chose fut telle. C'est que nostre armée vint loger auprès
« de cette ville de Ravenne : nos ennemis y feurent aussitost
« que nous, afin de donner cœur à ladite ville ; et au moyen
« tant d'aucunes nouvelles qui courraient chacun jour de la
« descente des Suisses, qu'aussi la faute de vivres qu'avions
« en nostre camp, monsieur de Nemours se délibéra de don-
« ner la bataille, et dimanche dernier passa une petite rivière
« qui estoit entre nos dits ennemis et nous. Si les vinsmes
« rencontrer ; ils marchoient en très-bel ordre, et estoient
« plus de dix-sept cents hommes d'armes, les plus gorgias
« et triomphants qu'on vid jamais, et bien quatorze mil
« hommes de pied, aussi gentils galands qu'on sçauroit dire :
« si veindrent environ mille hommes d'armes des leurs

XVIII. Ce fut une consternation inexprimable dans Rome, quand on apprit la perte de la bataille; que Ravenne avait succombé le lendemain; que

Consternation à Rome. Hésitation des Français. Le pape négocie avec le roi, et le trompe.

« (comme gens désesperez de ce que notre artillerie les af-
« foloit) ruer sur nostre bataille, en laquelle estoit monsieur
« de Nemours en personne, sa compagnie, celle de monsieur
« de Lorraine, de monsieur d'Ars et autres, jusques au
« nombre de quatre cents hommes d'armes, ou environ,
« qui receurent lesdits ennemis de si grand cœur, qu'on
« ne vit jamais mieux combattre. Entre nostre avant-garde,
« qui estoit de mille hommes d'armes, et nous, il y avoit de
« grands fossez, et aussi elle avoit affaire ailleurs que nous
« pouvoir secourir. Si convient à ladite bataille de porter le
« faix desdits mille hommes ou environ. En cet endroict
« monsieur de Nemours rompit sa lance entre les deux ba-
« tailles, et perça un homme d'armes des leurs tout à travers,
« et demi brassée davantage. Si feurent lesdits mille hommes
« d'armes deffaits et mis en fuite; et ainsi que leur donnions
« la chasse, vinsmes rencontrer leurs gens de pied auprès de
« leur artillerie, avec cinq ou six cents hommes d'armes,
« qui estoient parquez et au-devant d'eux avoient des char-
« rettes à deux roues, sur lesquelles il y avoit un grand fer
« à deux aisles, de la longueur de deux ou trois brasses, et
« estoient nos gens de pied combattus main à main; leurs dits
« gens de pied avoient tant d'arquebuses, que quand ce vint
« à l'aborder, ils tuèrent quasi tous nos capitaines de gens
« de pied, en voye d'esbranler et tourner le dos; mais ils
« furent si bien secourus des gens d'armes qu'après bien
« combattre, nos dits ennemis furent défaits, perdirent leur
« artillerie, et sept ou huict cents hommes d'armes qui leur

les Français y avaient commis d'horribles cruautés, et même des profanations, préludes de celles qu'ils réservaient à Rome ; que les débris de l'ar-

« furent tuez, et la pluspart de leurs capitaines, avec sept ou
« huict mille hommes de pied, et ne sçait-on point qu'il se
« soit sauvé aucuns capitaines que le vice-roy ; car nous
« avons prisonniers les seigneurs Fabrice Colonne, le cardi-
« nal de Medicis, légat du pape, Petro Navarre, le marquis
« de Pesquiere, le marquis de Padule, le fils du prince de
« Melfe, dom Jean de Cardonne; le fils du marquis de Be-
« tonde, qui est blessé à mort et d'autres dont je ne sçay le
« nom. Ceux qui se sauvèrent furent chassez huict ou dix
« milles, et s'en vont par les montagnes écartez, encor dit-on
« que les vilains les ont mis en pièces.

« Monsieur, si le roi a gaigné la bataille, je vous jure
« que les pauvres gentils-hommes l'ont bien perdue ; car ainsi
« que nous donnions la chasse, monsieur de Nemours vint
« trouver quelques gens de pied qui se rallioient, si voulut
« donner dedans ; mais le gentil prince se trouva si mal
« accompagné, qu'il y fut tué, dont toutes les desplaisances
« et deuils qui furent jamais faits, ne fut pareil que celui
« qu'on a demené, et qu'on demene encore en nostre camp ;
« car il semble que nous ayons perdu la bataille ; bien vous
« promets-je, monsieur, que c'est le plus grand dommage
« que de prince qui mourut cent ans a, et s'il eust vescu âge
« d'homme, il eut fait des choses que onques prince ne fit ;
« et peuvent bien dire ceux qui sont de deçà, qu'ils ont
« perdu leur père ; et de moy, monsieur, je n'y sçaurois
« vivre qu'en melancolie, car j'ay tant perdu, que je ne le
« vous sçaurois écrire.

mée s'étaient sauvés jusque sous Crémone; que beaucoup de seigneurs de l'état de l'église, semblaient disposés à prendre parti pour les

---

« Monsieur, en d'autres lieux furent tuez monsieur d'Alè-
« gre, et son fils, monsieur du Molar, six capitaines alle-
« mands et le capitaine Jacob, leur colonel, le capitaine
« Maugiron, le baron de Grand-Mont et plus de deux cents
« gentils-hommes de nom, et tous d'estime, sans plus de
« deux mille hommes de pied des nostres, et vous asseure
« que de cent ans le royaume de France ne recouvrera
« la perte qu'y avons eue.

« Monsieur, hier matin fut amené le corps de feu monsieur
« à Milan, avec deux cents hommes d'armes, au plus
« grand honneur qu'on a sceu adviser; car on porte devant
« luy dix-huit ou vingt enseignes, les plus triomphantes
« qu'on vid jamais, qui ont esté en cette bataille gagnées;
« il demeurera à Milan, jusques à ce que le roi aye mandé
« s'il veut qu'il soit porté en France ou non.

« Monsieur, nostre armée s'en va temporisant par cette
« Romagne, en prenant toutes les villes pour le concile; ils
« ne se font point prier d'eux rendre, au moyen de ce qu'ils
« ont peur d'être pillez, comme a esté cette ville de Ravenne
« en laquelle n'est rien demeuré, et ne bougerons de ce
« quartier que le roy n'aye mandé qu'il veut que son
« armée face.

« Monsieur, touchant le frère du poste, dont m'avez
« écrit, incontinent que l'envoyerez, il n'y aura point de
« faute que ne le pourvoye. Puis que cecy est depesché, je
« crois qu'aurons abstinence de guerres; toute fois les Suisses
« font quelque bruict toujours, mais quand ils sauront cette

Français, et que ceux-ci pouvaient paraître aux portes de la ville d'un moment à l'autre. On a reproché (1) à Jules II d'avoir confié sa fortune à des troupes auxiliaires, plus dangereuses encore que les mercenaires, parce que, dit-on, elles ne sont jamais utiles qu'à celui qui les fournit : battues, elles vous abandonnent; victorieuses, elles vous oppriment. Ces généralités ne suffisent point pour faire condamner la conduite de ce pontife. Sans doute il porta trop loin l'ardeur guerrière; mais le projet d'expulser les étrangers de l'Italie était grand et noble; or, dans l'impossibilité de les en chasser avec ses propres troupes, que pouvait-il faire de mieux que de former une ligue de tous les princes italiens, et de se mettre à leur tête?

Toute la cour du pape se jeta à ses pieds, pour le supplier de sauver Rome, d'abandonner ses projets; mais les ambassadeurs de Venise

---

« deffaite, peut-estre ils mettront quelque peu d'eau en leur « vin. Incontinent que les choses seront un peu appaisées, je « vous iray voir. Priant Dieu, monsieur, qu'il vous donne très-bonne vie et longue.

« Escrit au camp de Ravenne, ce 14ᵉ jour d'avril.
                            « Vostre humble serviteur,
                                           BAYARD.

(1) MACHIAVEL, *le Prince*, ch. 13.

et d'Arragon étaient là, et la constance de cet intrépide vieillard n'avait pas besoin d'être raffermie.

Malgré tous les motifs de sécurité que ces ministres pouvaient tirer des pertes très-considérables que l'armée française elle-même avait essuyées, malgré tous leurs raisonnements sur les retards que le défaut de vivres et la mort du général devaient apporter dans ses opérations, le péril de Rome était certainement très-grand; aussi le pape fit-il préparer quelques galères dans le port d'Ostie, et, comme sa fermeté n'excluait pas la dissimulation, il prêta l'oreille aux propositions d'un envoyé de France, qui était depuis quelque temps à sa cour. Ce négociateur faisait des offres dignes en effet d'être acceptées, si Jules eût pu perdre de vue un moment son projet de chasser les Français de l'Italie. L'envoyé offrait une entière satisfaction au pape sur presque tous les points. Le roi consentait à dissoudre son concile, à laisser Bologne au saint-siége; il sacrifiait même presque entièrement les intérêts du duc de Ferrare, et, pour tout cela, il ne demandait à Jules que de faire une paix séparée entre l'église et la France. On a reproché à Louis XII de n'avoir pas ordonné à son armée de poursuivre sa victoire; il est certain qu'elle pouvait marcher sur Rome; mais il ne l'est pas que Jules II eût cédé. Il avait auprès du roi un puissant auxiliaire, c'était la reine Anne de Bretagne, qui, troublée des terreurs que lui inspiraient les ecclésiastiques auxquels elle abandonnait la direction de sa conscience, ne cessait de fatiguer son mari de ses sollicitations, pour qu'il se réconciliât avec le chef de l'église. Louis fit plus que ne lui permettaient l'intérêt de ses peuples et l'honneur de sa couronne. Ceux qui composaient le conseil du pape ne pouvaient comprendre qu'on hésitât à accepter de pareilles conditions. Jules ne les rejetait pas, mais il voulait attendre les évènements. Il savait que le roi d'Angleterre allait se déclarer contre la France; que les Suisses se disposaient à une nouvelle invasion dans le Milanais, et il venait de recevoir une dépêche qui lui faisait connaître la véritable situation de l'armée française.

Le cardinal de Médicis, fait prisonnier à la bataille de Ravenne, avait prié la Palisse, commandant de l'armée depuis la mort de Gaston, de lui permettre d'envoyer quelqu'un de sa suite à Rome. La Palisse eut la légèreté d'accorder cette permission, et le pape fut informé que les Français, après avoir soumis toutes les places de la Romagne, à l'exception d'Imola et de Forli, étaient fort incertains sur ce qui leur restait à faire; qu'ils avaient perdu dans la bataille trois ou quatre mille hommes, et beaucoup depuis par la désertion; que les Allemands, à la solde du roi, venaient de recevoir de l'empereur l'ordre de rentrer dans leur pays; que la mésintelligence avait éclaté entre les généraux et le cardinal de Saint-Severin, parce que celui-ci avait voulu recevoir, au nom du concile, le serment de fidélité des villes conquises; que le nouveau général était fort irrésolu, qu'il attendait des ordres de sa cour, et que le moindre évènement pouvait le déterminer à s'éloigner des états romains.

Jules II, pour confirmer les Français dans cette disposition, poussa la duplicité jusqu'à signer, le 20 avril, des préliminaires qui paraissaient assurer la paix, et commit pour traiter définitivement avec la cour de France, le vice-légat qu'il avait alors à Avignon; mais en ayant soin de différer l'envoi des pleins pouvoirs. Ce fut dans ce moment de sécurité, et au milieu de l'ivresse de la victoire, que le concile réuni à Milan, prononça contre Jules le décret que nous avons déja rapporté.

Les choses étaient dans cet état, lorsque la Palisse reçut l'avis d'une prochaine irruption des Suisses, sur les frontières de Milan. Il laissa dans la Romagne le cardinal de Saint-Severin, avec quatre cents gendarmes et six mille hommes d'infanterie, et marcha à grandes journées contre ces nouveaux ennemis.

Pendant ce temps-là, le pape ouvrait son concile de Latran, qui se déclarait œcuménique et cassait tous les décrets du concile de Pise.

L'empereur venait de prolonger sa trêve avec les Vénitiens. Le roi d'Angleterre accédait publiquement à la sainte-union, et en déclarant la guerre à la France, forçait le roi de rappeler quatre cents gendarmes de son armée d'Italie. Il est vrai que Louis XII venait de conclure un traité avec les Florentins, qui s'étaient engagés à lui en fournir autant; c'était avec ce seul secours que la France allait avoir toute l'Europe à combattre.

Le roi s'était empressé d'accepter toutes les conditions stipulées dans les préliminaires déja signés par le pape; mais on juge que, dans ces nouvelles circonstances, Jules était plus déterminé que jamais à suivre la passion qui l'animait. Pour colorer son manque de foi, il assembla le consistoire, où les cardinaux, opinant selon ses inspirations, lui représentèrent que les conditions qu'il avait souscrites, n'étaient que des conditions provisoires; qu'elles étaient trop contraires aux intérêts de l'église, pour qu'il pût en conscience les tenir, et Jules, feignant de céder à leurs sollicitations, rétracta solennellement l'engagement qu'il avait pris.

XIX.
Les Français victorieux obligés d'évacuer l'Italie.

La Palisse avait à faire face à l'armée de l'union, qui se réorganisait dans la Romagne, aux Suisses, qui se rassemblaient au nombre de vingt mille hommes, et aux Vénitiens, qui étaient parvenus à former une nouvelle armée de huit cents gendarmes, autant de chevau-légers, et six mille hommes d'infanterie. Il n'y avait pas moyen de garder une multitude de places, à moins de renoncer à tenir la campagne. Le général français rappela toutes les garnisons, même celles de Vérone, et celles de la Romagne. Vérone n'en avait pas besoin, puisqu'elle appartenait à l'empereur, qui était en état de trêve avec les Vénitiens; mais toutes les autres places furent réoccupées par les alliés, aussitôt qu'évacuées.

Les Suisses, chez qui le cardinal de Sion avait prêché une espèce de croisade contre les Français, descendirent en Italie sous la conduite de ce prélat, et au lieu de commettre, comme dans leurs expéditions précédentes, la faute de mettre plusieurs rivières entre eux et les Vénitiens, auxquels ils voulaient se joindre, ils prirent leur route par Coire, par Trente, où l'empereur les laissa passer sans opposition, et descendirent le long de l'Adige, jusque dans le Véronais, où ils opérèrent leur jonction avec l'armée de la république.

La Palisse n'avait pas plus de douze mille hommes à opposer à cette armée combinée, qui en comptait au moins trente mille. Il faisait bien, en toute hâte, des levées dans le Milanais ; mais l'empereur, levant le masque, publia un monitoire, qui ordonnait à tous les sujets de l'empire de quitter le service de France ; de sorte que tous les lansquenets abandonnèrent les drapeaux du roi. L'opinion des Français eux-mêmes, sur la légitimité de cette guerre contre le pape, était tellement ébranlée, que, dans Milan, sous les yeux du concile qui venait de déclarer Jules déchu de la tiare, l'arrivée du cardinal de Médicis prisonnier, avait excité une nouvelle ferveur de dévotion dans toutes les consciences timorées. On courait en foule à ses pieds s'accuser d'avoir servi contre le saint-père, et il ne manquait pas de donner l'absolution aux soldats qui promettaient de ne plus porter les armes contre l'église, et sur-tout à ceux qui désertaient.

D'autres causes contribuaient encore à affaiblir l'armée française. L'une était la division qui s'était manifestée parmi les généraux ; l'autre, l'inconstance trop naturelle à la nation, qui leur avait fait prendre en aversion le séjour de l'Italie; de sorte que les soldats, les officiers, n'étaient pas moins impatients que l'ennemi de voir Louis XII dépouillé de son duché de Milan.

Cette maladie, que les Français sont sujets à gagner si subitement, leur a fait perdre plus de conquêtes que les batailles malheureuses.

La Palisse était campé au-delà du Mincio, lorsque les Vénitiens et les Suisses opérèrent leur jonction. Dès qu'ils firent mine de s'ébranler, il fut obligé de repasser cette rivière. Il proposa à ses officiers de se retrancher au moins sur l'Oglio; mais il n'y eut qu'un cri contre cette proposition, non pas tant parce qu'elle était hasardeuse, que parce qu'elle retardait leur retour en France. Il fallut s'affaiblir encore pour jeter quelques compagnies de gendarmes dans les forts de Brescia, de Bergame et de Crémone, et se replier sur l'Adda, avec trop peu de monde, même pour en défendre le passage; de là il se retira sur Pavie. Pendant qu'il en disputait l'entrée aux ennemis, pour se donner le temps de traverser le Tésin, les alliés enfoncèrent les portes, chargèrent les Français, leur tuèrent trois ou quatre cents hommes, et il ne fallut pas moins que toute l'intrépidité de Bayard pour les contenir. Ce reste d'armée, si vivement poursuivi, emmenait, dans sa retraite, les principaux prisonniers faits à Ravenne, les Milanais assez fidèles au roi pour se trouver compromis, et les pères du concile, objet de dérision non moins que de pitié. Enfin, le 28 juin, cette même armée qui, le 11 avril, avait remporté une victoire éclatante sous Ravenne, se trouvait au pied des Alpes.

A la faveur de cette retraite, pendant laquelle le cardinal de Médicis trouva l'occasion de s'échapper, tout le duché de Milan, et même le comté d'Asti, furent reconquis par les alliés. Quinze cents Français, que leurs affaires, leurs plaisirs, leur négligence ou leurs blessures, avaient retenus à Milan, y furent indignement massacrés. Gênes ne tarda pas à se révolter, et il ne restait à Louis XII, de toutes ses conquêtes en Italie, que quelques forts où des garnisons abandonnées attendaient l'assaut et la famine.

LIVRE XXIV.

Campagne de 1513. — Division des confédérés. — Réconciliation et alliance des Vénitiens avec la France. — Mort de Jules II. — Élection de Léon X. — Bataille de Novarre. — Bataille de la Motta. — Campagne de 1514. — Désastre des Vénitiens. — Mort de Louis XII. — Campagne de 1515. — Arrivée de François Ier en Italie. — Bataille de Marignan. — Campagne de 1516. — Traité de paix de la France avec le pape et avec les Suisses. — Paix générale, qui termine la guerre de la ligue de Cambrai.

I.
Vues politiques du pape Jules II.

Les succès de la coalition avaient été si rapides, qu'on n'avait pas eu le temps de se mettre d'accord sur le partage de conquêtes inespérées. D'ailleurs, Jules II ne bornait pas sa gloire à se montrer le libérateur de l'Italie; il portait son ambition jusqu'à en être l'arbitre et le dominateur. En voyant fuir l'armée française, il oubliait qu'il était lui-même sur le bord de la tombe, et il lui échappait souvent de dire qu'il chasserait ainsi les autres barbares.

Il entrait dans les vues de sa politique de placer sur le trône de Milan un prince incapable de lui faire ombrage, qui lui fût redevable de la couronne, et qui sur-tout fût l'ennemi irréconciliable de la France. Maximilien Sforce, fils du dernier duc (1), paraissait remplir toutes ces conditions.

Gênes venait de secouer le joug : il fallait la mettre sous la domination d'une faction qui eût déja signalé sa haine contre les Français.

Les Florentins avaient témoigné quelque atta-

---

(1) Il y a des historiens qui croient que ce dernier duc, c'est-à-dire Louis Sforce, vivait encore. L'abbé Dubos a adopté cette opinion. (*Hist. de la ligue de Cambrai*, liv. 4.) Il veut même que Louis XII ait conçu l'idée de mettre ce prince en liberté, pour l'envoyer en Italie, dans l'espérance qu'il sèmerait la division parmi la ligue. Mais il paraît que ce projet du roi est une supposition, car le biographe des Sforce (Nicolas Ratti *della famiglia Sforza*, parte 1,) assure que Louis était mort en 1510. Alberti, Argelati, placent cette mort en 1508, et Giovio en 1505 ; on peut voir, sur cette mort, ce que dit André Duchesne, *antiq. urb. Gall.* L'anecdote du projet de Louis XII a été tirée du livre des *généalogies historiques*, mais comment se résoudre à croire que Louis Sforce fût encore vivant à l'époque où son fils Maximilien prenait possession du duché de Milan, lorsqu'on ne voit pas qu'il ait été fait aucune mention du père dans le serment prêté au fils, ni dans l'investiture, ni dans les autres actes ?

chement à Louis XII. Il fallait qu'ils expiassent cette infidélité à la cause de l'Italie par la perte de leur liberté, et qu'un maître soumis au pape répondît d'eux.

Les Vénitiens avaient été redoutables ; ils seraient abaissés.

Le duc de Ferrare était le protégé du roi ; il devait être dépouillé.

Sa dépouille devait agrandir le domaine de l'église, car c'était sur-tout à fonder la puissance temporelle du saint-siége que Jules II mettait la gloire de son pontificat. On a vu comment il avait acquis la Romagne, en se chargeant de l'iniquité des usurpations de Borgia et des Vénitiens ; Bologne, en dépouillant lui-même les Bentivoglio. Il venait de reconquérir Ravenne, et ce fut à la faveur de cette possession, qu'il imagina d'étendre ses prétentions sur beaucoup d'autres états.

L'exarchat de Ravenne était une principauté fort ancienne, qui avait éprouvé beaucoup de vicissitudes, et dont les limites avaient par conséquent changé plusieurs fois ; mais jamais elles ne s'étaient étendues que jusqu'au Tanaro. Jules, partant de la donation de l'exarchat de Ravenne, faite à l'église, sept cents ans auparavant, par Pepin et par Charlemagne, se mit en devoir de réclamer tout ce qui, selon lui, avait appartenu à cet exarchat. En conséquence, il fit prendre possession, au nom du saint-siége, non-seulement de Modène, qui est sur le Tanaro; mais de Reggio, de Parme, de Plaisance, qui sont bien au-delà. Il disait que Parme, Plaisance avaient été comprises dans la fameuse donation de la comtesse Mathilde, et il étendit ses demandes jusques sur le comté d'Asti, qui est en Piémont.

Ces conquêtes lui étaient faciles. Il avait mis dans ses intérêts le cardinal de Sion, qui était le général des Suisses, en lui donnant le titre de légat de l'armée (1). Ce cardinal, servant les projets et même les passions de Jules, prenait possession du pays au nom de la sainte-ligue, remettait au pape les villes que le saint-siége s'était réservées, et amenait à sa suite, pour le faire couronner à Milan, le jeune Maximilien Sforce, qui avait erré dans l'Allemagne pendant la longue captivité de son père.

L'argent du pape, répandu par les mains du cardinal (2), avait contribué à former, dans cette

II. Milan rendu à l'héritier des Sforce.

(1) GUICHARDIN, liv. 10.
(2) Il papa mandò di lungo a Venezia il cardinale di Sion con denari, acciocchè col favore della repubblica passasse fra i suoi, e conducesse in Italia, a danni de' Francesi, e richiamasse gli Sforzi nello stato di Milano.
(*Historia universale*, lib. 6.)

capitale et dans le sénat de Venise, un parti à l'héritier de l'ancien duc. Ainsi ce prince se voyait porté sur le trône par le pape, par les Vénitiens, qui en avaient chassé son père, et par les Suisses, qui l'avaient trahi et livré aux Français. Mais on était loin de vouloir rétablir Sforce dans toute la splendeur de ses aïeux. On ne pouvait lui rendre Gênes, et on le dépouillait de Parme et de Plaisance, pour en augmenter le domaine de l'église.

Afin de le dédommager, le cardinal voulut lui donner les places qui avaient appartenu aux Vénitiens, parce qu'il entrait aussi dans les vues du pape d'affaiblir la puissance de la république. Lorsque Crémone capitula, il ne permit point au général vénitien d'en prendre possession; il exigea que les habitants prêtassent serment au nouveau duc (1). Il en fit autant à Bergame, et il en aurait été de même à Crème, si les Vénitiens n'avaient eu l'adresse de séduire le gouverneur français Duras (2), et de se faire livrer la place,

Les Vénitiens se font livrer la ville de Crème.
1513.

―――

(1) Voici le serment: « Tibi Maximiliano Sfortiæ vicecomiti, vero et legitimo successori in statum et ducatum tuum Mediolani, restituto dei gratiâ ac sanctissimâ ligâ cooperante et favente, juramentum fidelitatis præstamus. »

(*Storia civile di Cremona*, lib. III.)

(2) GUICHARDIN, lib. II.

qui ne leur coûta que quinze mille ducats. Il est probable que la garnison en avait grand besoin, car le gouverneur avait vendu jusqu'à sa vaisselle pour la faire subsister.

Les Suisses, qui se vantaient avec raison d'avoir eu la principale part à l'expulsion des Français, mettaient leurs services à très-haut prix. Ils s'étaient fait céder par le nouveau duc de Milan, généreux comme tous les princes qui ne savent pas reconquérir eux-mêmes leurs états, quatre bailliages en-deçà des Alpes. Le pape leur avait envoyé des bannières bénites de sa main, et les avait décorés du titre de défenseurs de la liberté du saint-siége. C'était à la faveur de ce titre qu'ils rançonnaient le pays en vainqueurs insatiables, et que leur général, c'est-à-dire le cardinal de Sion, traitait avec une égale hauteur les vaincus, les peuples conquis et les alliés.

III.
Le cardinal de Sion à la tête des Suisses.

Le premier acte par lequel il signala sa haine contre les Français, en entrant dans Milan, fut la démolition du tombeau que l'armée avait élevé au vainqueur de Ravenne.

Il disposait à son gré des conquêtes, et ne permettait pas aux Vénitiens de ressaisir ce qui leur avait appartenu, quoiqu'ils eussent fourni douze ou quinze mille hommes à son armée.

C'était une position assez humiliante pour la république, de ne pouvoir se faire justice, ni l'obtenir ; d'avoir contribué à la conquête, sans rentrer même dans ses anciennes possessions ; de jouer un rôle subalterne, et d'attendre la part que voudraient bien lui faire, au gré de leurs caprices, des alliés auxquels il fallait même payer un subside.

Ses procédés envers les Vénitiens.

Le cardinal poussait la hauteur jusqu'à l'insulte. Quelques compagnies, que les Florentins avaient fournies à l'armée française, avaient reçu de lui un sauf-conduit pour rentrer dans leur patrie. Il n'était pas fâché qu'on les pillât, et on prétend même qu'il fit marcher un corps d'infanterie, pour appuyer les Vénitiens dans cette expédition, dont ils s'acquittèrent avec toute l'ardeur que donne l'avidité. Mais lorsqu'ils furent rentrés dans leur camp, il réclama ces honteuses dépouilles, prétendant qu'elles devaient appartenir aux Suisses ; et, sur les représentations que hasardèrent les provéditeurs, il eut l'insolence de les faire arrêter, taxa lui-même la valeur du butin, et ne les relâcha que lorsqu'ils eurent donné caution pour la somme qu'il exigeait (1). Il retenait leur armée sur le bord du Tésin, sous prétexte des craintes qu'il avait du côté du Piémont, mais en effet, pour les éloi-

---

(1) GUICHARDIN, liv. 11.

gner des provinces dans la possession desquelles ils auraient voulu rentrer.

Trop faibles pour lui résister, les Vénitiens prirent le parti de lui échapper. Profitant d'un moment où les Suisses étaient du côté d'Alexandrie, ils quittèrent leur camp, et se dirigèrent rapidement vers Bergame, d'où ils chassèrent les officiers du duc de Milan, puis vers Brescia, que les Français tenaient encore. Cette ville soutint un siége. Cela donna le temps aux Espagnols d'arriver. Le gouverneur ne voulut traiter qu'avec ceux-ci. Les garnisons de Legnano et de Peschiera refusèrent également de se rendre aux armes et aux offres des Vénitiens. Elles capitulèrent, mais avec les Allemands; et la république eut la mortification de voir ses alliés s'emparer de tant d'importantes places, qui lui avaient appartenu, et dont on interdisait l'entrée à ses troupes.

Une telle conduite révélait suffisamment le projet arrêté entre le pape, l'empereur, les Suisses et le roi d'Arragon, de faire descendre Venise du rang où elle s'était placée parmi les puissances de l'Italie. Quant aux Français, on attribua à leur politique le soin qu'ils eurent de rendre les places à ceux des confédérés dont les droits étaient le plus susceptibles de contestation. On supposait qu'ils n'étaient pas fâchés de jeter, en

IV.
Division des confédérés; leurs projets contre Venise.

partant, des semences de division parmi les alliés. Si c'est leur faire trop d'honneur que d'attribuer tant de prévoyance à des commandants de place isolés, et qui n'avaient pu ni recevoir des instructions, ni se concerter, il n'en est pas moins vrai que cette manière arbitraire de partager les conquêtes désunit une ligue dont l'unité d'intérêt pouvait seule être le lien.

Les Vénitiens n'avaient plus d'ennemis déclarés en Italie, et ils n'étaient rentrés que dans deux de leurs places; Bergame, qu'ils avaient surprise, et Crème, qu'il avait fallu acheter. Dès que les puissances confédérées eurent assemblé leurs plénipotentiaires, pour traiter des affaires générales de l'union, la république porta ses réclamations au jugement de ce congrès, c'est-à-dire du pape et de l'empereur; mais elle put juger, par les propositions qu'on lui fit, que le pape ne la regardait plus comme une alliée utile, ni l'empereur comme une ennemie à ménager. Voici les conditions qui lui furent, non pas offertes, mais dictées. L'empereur consentait qu'elle gardât Padoue et Trévise, qu'elle rentrât en possession de Crème, de Bergame et de Brescia; mais il exigeait qu'on renonçât à toute prétention sur Vérone, qu'on lui laissât tout ce qu'il avait conquis, qu'on lui remît Vicence, et que la république ne possédât ce qui lui resterait dans la terre-ferme qu'à titre de fief de l'empire. La somme à payer pour l'investiture était fixée à deux cent mille florins du Rhin, et la redevance annuelle et perpétuelle à trente mille.

C'était à ce prix que l'empereur consentait à convertir en traité de paix la trève existante entre lui et les Vénitiens. Ils se récrièrent contre de telles propositions, et quoiqu'ils ne se flattassent guères d'en obtenir la modification, ils sollicitèrent vivement le pape de s'entremettre, pour amener l'empereur à des conditions plus raisonnables. Seuls, ils avaient supporté long-temps le fardeau de la guerre. Les premiers, ils avaient été les alliés du pape contre le roi de France, et, après le triomphe de la cause commune, le saint-siége gardait ce qu'il leur avait enlevé; il fallait qu'ils soudoyassent les Suisses, les Espagnols; qu'ils sacrifiassent une partie de leur territoire pour arrondir le duché de Milan : l'empereur retenait leurs deux plus belles provinces, et ne leur permettait de conserver le reste qu'à titre de vassaux et moyennant un tribut.

Jules II avait cessé de s'intéresser aux Vénitiens, dès qu'ils avaient cessé de lui être nécessaires. Sa politique ne le portait pas à desirer que les Allemands s'établissent en Italie; mais l'ambition d'agrandir ses propres états l'obligeait à ménager l'empereur. Il avait deux choses à demander à ce prince; la première de lui sacrifier le duc de Ferrare, pour que sa principauté fût réunie au domaine de l'église ; la seconde de reconnaître le concile de Latran. Outre cela, il desirait que l'empereur lui remît Modène, et contribuât à soumettre Sienne, pour en faire une principauté au duc d'Urbin. Maximilien accorda sans hésiter ces deux conditions, accéda formellement à la ligue; et le pape, non moins facile, lui abandonna les Vénitiens, le releva de l'obligation d'observer la trève non encore expirée, et promit même de les tenir pour ses ennemis, s'ils s'obstinaient à rejeter les propositions de l'empereur. Ils ne pouvaient s'y soumettre; ils offrirent jusqu'à six cents mille ducats, pourvu qu'il leur rendît tout leur territoire, ils consentirent même à abandonner leurs prétentions sur Crémone; mais Maximilien ne voulut jamais se désister des siennes sur le Véronais : alors la république, regardant la guerre comme inévitable, fit un traité avec les Suisses, qui s'engagèrent à la défendre moyennant un subside de vingt-cinq mille écus d'or.

Par le traité de la sainte-union, les Vénitiens s'étaient obligés à en payer un de quarante mille ducats au roi d'Arragon; mais mécontents de ce que les Espagnols avaient pris possession de de Brescia, ils cessèrent d'acquitter ce subside. La famille de Médicis profita de cette occasion pour prendre ces troupes à sa solde; et Cardonne, leur général, se chargea de la honte d'être le destructeur mercenaire de la liberté de Florence.

Les rois d'Angleterre et d'Arragon refusèrent d'entrer dans la nouvelle ligue qui venait de se former contre la république de Venise; le premier était trop éloigné pour prendre à cette guerre un véritable intérêt; le second ne pouvait voir avec plaisir ni l'empereur acquérir des possessions en Italie, ni le pape étendre les siennes; il fit représenter à Jules que le danger dont on menaçait les Vénitiens, pourrait les forcer à se jeter entre les bras de la France.

Cette puissance ne pouvait manquer de saisir toutes les occasions d'acquérir un allié : car les Anglais l'attaquaient au nord, les Espagnols au midi enlevaient la Navarre à Jean d'Albret allié de Louis XII, les Suisses menaçaient la Bourgogne d'une invasion, et le pape venait de mettre le royaume en interdit.

V.
Alliance entre les Vénitiens et Louis XII.
14 mars 1513.

Le maréchal de Trivulce et le secrétaire-d'état Robertet, furent les premiers qui conseillèrent au roi de se réconcilier avec les Vénitiens, pour faire cause commune avec eux. C'était une alliance raisonnable, parce qu'elle était fondée sur un besoin réciproque. Trivulce envoya à Venise, sous prétexte de quelques affaires domestiques, un homme de confiance qui fit des ouvertures au sénat ; aussitôt le provéditeur Gritti, qui était resté prisonnier en France depuis la prise de Brescia, reçut des pouvoirs pour négocier, et un traité d'alliance fut conclu avec une promptitude qui prouvait combien chacune des deux parties le jugeait nécessaire.

On n'eut à discuter qu'un seul point ; c'était de savoir à qui appartiendraient Crémone et le pays situé entre l'Adda, l'Oglio et le Pô. Le roi les avait cédés aux Vénitiens lors de sa première alliance avec eux. Depuis, il avait formé la ligue de Cambrai pour les leur reprendre. Maintenant il y tenait plus fortement que jamais. Les Vénitiens, plus sages, sentirent que ce n'était pas encore le moment de se brouiller pour le partage de conquêtes qui n'étaient pas faites. On dit même que l'on signa des articles secrets pour s'arranger aux dépens d'autrui. La république renonçait à Crémone et aux bords de l'Adda, et le roi trouvait bon qu'elle se dédommageât par l'occupation des états du marquis de Mantoue, dont il promettait même de faciliter l'envahissement. Il fut convenu que le roi enverrait en Italie une armée de quinze cents gendarmes, huit cents chevau-légers et quinze mille hommes d'infanterie; que les Vénitiens lui fourniraient huit cents gendarmes, quinze cents chevau-légers et dix mille hommes de pied. Cette nouvelle ligue était offensive et défensive. Les deux puissances s'engageaient à ne pas poser les armes que chacune ne fût rentrée en possession ; savoir : le roi, du comté d'Asti, de Gênes et du Milanais; les Vénitiens, de toutes leurs anciennes provinces dans l'Italie septentrionale. Ils auraient bien voulu y faire comprendre la Romagne, et les cinq ports dans le royaume de Naples; mais Louis XII, qui voulait ménager encore le pape, et qui venait de conclure une trêve avec le roi d'Arragon, refusa absolument sa coopération aux Vénitiens pour le recouvrement de ces possessions.

Ce traité fut signé à Blois le 14 mars 1513 (1).

VI. Mort de Jules II. Élection de Léon X.

Le pape Jules II venait de mourir le 21 février en prononçant ces dernières paroles : « Les Français loin de l'Italie. » C'était un grand évènement, pour la péninsule, que la mort de ce pontife, trop loué et trop blâmé, comme la plu-

---

(1) Il y en a une copie authentique dans un recueil de pièces historiques, qui provient de la Bibliothèque de Dupuy, et qui est à la biblioth.-du-Roi, n° 45, et dans un autre manuscrit provenant de la biblioth. de Brienne, n° 14. Voyez aussi *Codex Italiæ diplomaticus*, LUNIG, tom. 2, pars 2, sect. 6, xxx.

part des souverains. Il avait embrassé avec ardeur le projet de délivrer l'Italie de toute domination étrangère, et il aurait eu la gloire de l'accomplir, s'il ne se fût livré en même temps à la passion d'agrandir le domaine de l'église. On a dit de lui (1), « qu'il n'eut des héros, que leurs « vices; des souverains, que leur faste; des po- « litiques, que leur fausseté, et que son nom « doit trouver place parmi les noms des mé- « chants qui n'ont inspiré que de la haine, et « à qui on ne doit que du mépris. »

Ce portrait est d'une injustice odieuse. Jules II n'eut certainement aucune des vertus du sacerdoce. Né dans une condition privée il se montra supérieur à la faiblesse de presque tous les pontifes qui ont cru illustrer leur nom en n'élevant que leur famille. Sa plus grande faute, en politique, fut peut-être de ne pas conserver les formes de l'apostolat (2). Rien n'en était plus éloigné sans doute que de se faire représenter sur des médailles, avec le bizarre contraste de la tiare sur la tête et d'un fouet à la main, chassant les barbares de l'Italie, et foulant aux pieds l'écu de France, pour qu'on ne se méprît pas sur l'ap-

---

(1) LAUGIER, *Hist. de Venise*, liv. 32.
(2) *Essai sur la puissance temporelle des papes*, tom. I, chap. 9.

plication. Le caractère dont il était revêtu, ne permet pas de louer en lui les vertus guerrières; mais, si on est dispensé de lui tenir compte d'un courage, qui compromettait sa dignité, on ne peut s'empêcher de reconnaître ses grandes vues, et sa constance dans les revers. Très-inférieur à Louis XII par ses vertus, il ne prouva que trop, pour le malheur de la France, la supériorité de ses talents. Guichardin va peut-être trop loin, quand il dit que Jules se serait couvert d'une gloire immortelle, s'il eût porté toute autre couronne que la tiare (1).

Le cardinal de Médicis, qui prit le nom de Léon X, lui succéda dans la chaire de saint Pierre, et fut couronné le jour anniversaire de la bataille de Ravenne, où il avait été fait prisonnier par les Français.

On était dans l'attente des changements que l'exaltation d'un nouveau pape pouvait apporter dans la politique de la cour de Rome; mais ceux qui les espéraient ne savaient pas, qu'après les états aristocratiques, les gouvernements les plus constants dans leurs systêmes, sont ceux où la couronne est élective, parce qu'il faut que l'inviolabilité des maximes compense ce qu'il y a

---

(1) Liv 11.

d'incertain dans le droit de succession. Un prince, qui monte sur le trône après son père, y porte ses passions et ses vues. Un prince, qui passe tout-à-coup de la condition privée au rang des souverains, devient un homme nouveau, pour qui il n'existe plus de liaison entre le passé et le présent. Il n'y a point de poste où on dépouille sitôt le vieil homme, que dans la chaire de saint Pierre.

Léon X avait beau faire protester à Louis XII, qu'il aurait toujours présente à la mémoire la protection que la France avait accordée à son père Laurent-le-Magnifique ; ces promesses n'étaient que des formules. On ne peut pas douter que ce pape, quoique né avec des inclinations moins guerrières, n'eût les mêmes vues que Jules II. Guichardin dépose (1) avoir ouï dire au cardinal de Médicis, favori de Léon X, qu'après avoir expulsé les Français de Gênes et de Milan, ce pontife espérait conquérir facilement le royaume de Naples, et mériter ainsi le titre glorieux de libérateur de l'Italie, objet avoué de l'ambition de son prédécesseur.

VII.
Nouvelle conquête

L'armée du roi, commandée par Louis de la Trémouille, qui avait sous lui le maréchal de

_____

(1) Liv. 14.

Trivulce, passa les monts pendant qu'Alviane, prisonnier des Français depuis la bataille d'A-gnadel, retournait à Venise pour y prendre le commandement des forces de la république.

du duché de Milan par l'armée française.

A l'approche des Français, l'armée espagnole, qui ne favorisait pas les vues ambitieuses du pape, et qui déja avait fait révolter les villes de Parme et de Plaisance contre lui, se mit en marche pour rentrer dans le royaume de Naples. On jugea que le roi d'Arragon, plus fidèle à ses intérêts qu'à la ligue, voulait avant tout mettre ses états en sûreté. Si les armes françaises devaient être malheureuses, sa coopération était inutile; si au contraire Louis XII devait conquérir le Milanais, il importait à Ferdinand de ne lui avoir donné aucun sujet de plainte, et, dans tous les cas, il ménageait ses propres forces, et se tenait en mesure de défendre ses frontières, ou d'intervenir, selon les occurrences, dans les arrangements de la paix. Cependant cette armée espagnole s'arrêta dans sa marche, et revint occuper sa position sur la Trebbia.

La première opération de l'armée française fut de surprendre Asti et Alexandrie. Le peu de Suisses qu'il y avait, car leur armée n'était pas encore rassemblée, repassa le Pô et se jeta dans Novarre, où ils attendirent des renforts. Gênes fut recouvrée presque aussitôt, à la faveur des partisans que les Français y avaient conservés. Pendant ce temps-là, les Vénitiens, après avoir essayé sans succès d'enlever Vérone par un coup-de-main, avaient passé le Mincio vers la fin de mai, repris Peschiera, et s'avançaient avec une telle rapidité, dans l'intention de se joindre à l'armée française, qu'ils ne voulurent pas se détourner pour prendre possession de Brescia qui les appelait. Alviane se contenta d'envoyer un détachement, pour seconder les bonnes dispositions des habitants.

Il dirigea sa marche vers Crémone, entra dans le château, que les Français tenaient encore depuis la campagne précédente, de là se jeta dans la ville, fit prisonnière la garnison milanaise, forte d'à-peu-près mille hommes, et reçut le serment de fidélité que les habitants prêtèrent à Louis XII, voulant avoir l'honneur de remettre lui-même cette place sous la puissance du roi. Les Espagnols, campés sur la Trebbia, demeuraient spectateurs indifférents de ces conquêtes. Presque toutes les autres places du Milanais reçurent garnison ou envoyèrent leurs clefs. Milan traitait de sa soumission. Ces peuples avaient éprouvé qu'il n'y a pas de condition plus déplorable que d'obéir à un prince régnant sous la protection de l'étranger. Les Suisses leur avaient appris que les mœurs rustiques n'excluent ni l'arrogance, ni la rapacité. Les habitants de la Lombardie se jetèrent aux pieds d'un vainqueur qui voulut bien se croire assez leur maître pour daigner les protéger. Telle est la malheureuse condition des peuples qui ne sont pas assez forts pour inspirer de l'énergie à leur propre gouvernement, et faire eux-mêmes leur destinée.

Le nouveau duc, dont la capacité était bien au-dessous de ces graves circonstances, abandonné par ceux-là mêmes qui avaient embrassé sa cause, et dont il avait trompé l'espoir, s'était réfugié dans le camp des Suisses à Novarre, c'est-à-dire, dans le même lieu où son père avait été livré par la même nation, aux mêmes généraux qui commandaient actuellement l'armée française. Tout semblait, comme dit Guichardin (1), rappeler le passé; aussi la Trémouille s'empressa-t-il d'écrire au roi qu'il espérait prendre le fils, comme il avait pris le père treize ans auparavant. Ce succès n'était pas en effet sans vraisemblance. Les Suisses n'étaient dans Novarre qu'au nombre de six mille hommes, sans cavalerie et sans artillerie de campagne. Il est vrai qu'ils attendaient deux corps de sept mille hommes chacun, qui devaient leur arriver par la vallée d'Aoste, et par celle du Tésin : c'était une raison pour se

VIII.
Bataille de Novarre.
6 juin 1513.

(1) Liv. 11.

hâter de forcer dans Novarre ceux qui y étaient déja. La Trémouille, sans attendre que toute son armée eût pu le joindre, jeta une garnison dans Alexandrie, et marcha sur Novarre avec cinq cents gendarmes, six mille lansquenets, quatre mille hommes d'infanterie française, et vingt-deux pièces de canon.

Arrivé devant la place, il n'y trouva ni disposition à l'y recevoir, ni disposition à le craindre; les Suisses ne daignèrent pas même fermer les portes, essuyèrent le feu de son artillerie sans en être ébranlés, et le repoussèrent fièrement quand il s'avança pour les tâter de plus près. Il fallait se résigner à former un siége en règle, mais l'approche des renforts qu'ils attendaient ne permettait pas d'y penser.

On apprit que la première division de sept mille hommes devait arriver le lendemain, et que la seconde marchait à une journée de distance. La Trémouille décampa aussitôt, pour se porter à deux mille de Novarre, vers un bourg appelé la Riotta, dans l'espérance sans doute d'arrêter la première de ces divisions au passage du Tésin; mais les Suisses, instruits apparemment de sa marche, ne se présentèrent point au passage où il les attendait, franchirent le fleuve plus bas, et entrèrent dans Novarre le soir même du jour qu'il s'en était éloigné.

Dès qu'ils se virent au nombre de treize mille hommes, ils prirent une de ces résolutions qui caractérisent l'audace des capitaines et la confiance du soldat : sans se donner un jour de repos, sans attendre leur seconde division, sans considérer qu'ils n'avaient ni canon, ni cavalerie, ils partirent le 6 juin 1513 à minuit, pour aller attaquer l'armée française dans son camp.

Ce camp était, dit-on, mal choisi, et on en attribue la faute au maréchal de Trivulce, qui avait voulu ménager une terre qu'il possédait dans cet endroit. Les Français, arrivés depuis quelques heures, n'avaient pas eu le temps de se fortifier, bien qu'ils fussent pourvus de retranchements portatifs, qui consistaient en madriers qu'on enlaçait les uns dans les autres, invention de Robert de la Marck, seigneur de Sedan, l'un de leurs généraux.

La nuit, quoiqu'elle soit très-courte dans cette saison, durait encore, lorsque le camp fut assailli à l'improviste. Sept mille Suisses se dirigeaient vers le centre de l'armée française, le reste des leurs menaçait les deux ailes, et contenait les troupes dans leurs positions ; mais on ne pouvait savoir à quel nombre on avait affaire. Malgré le désordre inséparable de toutes les surprises, et sur-tout des surprises nocturnes, la Trémouille parvint à ranger son armée en bataille, et le canon commença à tirer avant qu'on pût distinguer les objets. Les cris des assaillants servaient à le diriger, et annonçaient que son effet était déja très-meurtrier.

Quand le jour vint éclairer cette scène de carnage, il se trouva que les Suisses étaient à la portée de toutes les armes de trait, et ils renouvelèrent leurs efforts pour arriver droit au centre de la ligne, et s'emparer de l'artillerie qui les foudroyait. Ce fut alors que le canon, dirigé sur ces masses épaisses et serrées, qui s'avançaient sans précipitation, les sillonna dans tous les sens, emportant des files entières, mais sans pouvoir parvenir à arrêter la colonne. Les lansquenets et l'infanterie française, disputaient l'approche du camp; la cavalerie, qui aurait pu charger ces masses avec avantage, parce qu'elles n'avaient qu'une faible mousqueterie, ne le fit point. Les historiens italiens en accusent la lâcheté des gendarmes; les Français les excusent, en attribuant leur inaction, à des marais qui coupaient le terrain. On cite cependant une charge effectuée par Robert de la Marck, qui, apprenant que ses deux fils étaient enveloppés par les ennemis, se jeta avec un escadron au milieu d'un bataillon suisse, et parvint à les dégager (1).

---

(1) Ce trait est raconté dans l'*Histoire des choses mémo-*

Quoi qu'il en soit, après deux ou trois heures de combat, le corps de réserve des Suisses fit un dernier effort, les lansquenets lâchèrent le pied, les batteries restèrent sans défense, et pendant ce temps-là, un corps d'ennemis vint attaquer les derrières du camp. La gendarmerie y courut : aussitôt toute l'armée française se crut abandonnée par ce qui faisait, dans son opinion, sa principale force, et la déroute devint générale.

Les Suisses étaient maîtres du champ de bataille, de tous les bagages, et de toute l'artillerie.

Cette bataille faisait trop d'honneur à leur courage, pour qu'il fût nécessaire d'attribuer leurs succès à la lâcheté des Français. Huit ou dix mille morts ou blessés étendus sur la place attestaient une assez vigoureuse résistance. Tous les historiens s'accordent à dire que les Français en laissèrent au moins six mille. Ceux qui atténuent le plus la perte des Suisses, la portent à quinze cents hommes. Il y en a qui vont jusqu'à cinq mille.

Il est rare que les grands évènements puissent être attribués avec justice à une seule cause.

Réflexion sur cette bataille.

---

rables advenues sous les règnes de Louis XII et de François Ier, par le maréchal Robert de la Marck.

Sans doute, le mauvais choix de la position, l'avantage que donne une surprise nocturne, et sur-tout la bravoure des Suisses, eurent une grande influence sur le résultat de cette journée. La Trémouille aurait mieux fait de se garder, les lansquenets de tenir ferme, la cavalerie de charger, mais toutes ces fautes sont des fautes ordinaires, et la perte de cette bataille tient peut-être à une autre cause.

On n'était pas encore désabusé de ce préjugé que la cavalerie faisait la force des armées. Il en résultait qu'on ne soignait point, qu'on n'honorait que faiblement l'infanterie, et que, lorsque la cavalerie ne pouvait pas, ou ne voulait pas donner, on se croyait perdu.

Combattre à cheval, était un privilége que la noblesse féodale s'était réservé, parce que c'était un moyen de combattre avec avantage. Pour l'attaque, la force d'impulsion ajoutait à la force du bras qui présentait la lance; l'homme-d'armes, du haut de son cheval, assenait des coups plus dangereux que ceux du fantassin : pour la défense, le cavalier pouvait se couvrir d'une armure plus lourde et par conséquent plus impénétrable que celle de l'homme à pied : par là, s'était établi le préjugé, que la force de la gendarmerie était irrésistible. Comment ce préjugé ne se serait-il pas accrédité, tant qu'on n'opposa à la gendarmerie qu'une infanterie misérable, rassemblée à la hâte et au hasard, mal armée, mal organisée et nullement exercée? Les roturiers étaient exclus de la gendarmerie, les gentils hommes dédaignaient de servir dans l'infanterie, c'en était assez pour que celle-ci fût sans considération.

Mais lorsque les armes de jet devinrent plus puissantes; lorsque les gros mousquets percèrent les cuirasses des cavaliers, ceux-ci se trouvèrent réduits à l'alternative, ou de combattre avec des armes blanches (1) contre la mousqueterie, ou de n'avoir à opposer qu'une ligne d'hommes de fer, peu capables de se mouvoir.

On ne tarda pas à s'apercevoir que l'avantage de l'infanterie, encore trop mal armée pour attendre le choc, consistait à choisir sa position, à mettre un obstacle entre elle et la cavalerie, de manière à pouvoir l'atteindre sans être à la portée des armes blanches. Pour faire ces dispositions avec intelligence et à propos, il fallait que cette infanterie fût organisée. Charles VII qui avait établi un corps régulier de cavalerie sous le nom de compagnies d'ordonnance, soudoyés

---

(1) Ce ne fut qu'à la bataille d'Ivry que les hommes-d'armes firent usage du pistolet pour la première fois.

pendant la paix comme pendant la guerre, forma un corps de francs-archers. Louis XI supprima ceux-ci, et les remplaça par des Suisses, qu'il renforçait, suivant le besoin, par des corps d'aventuriers. Louis XII y ajouta de l'infanterie allemande, ces troupes à pied étaient organisées par bandes, et les bandes étaient divisées en enseignes de deux cents hommes chacune. François Ier leur substitua des corps plus nombreux, formés sur le modèle de la légion romaine; mais une légion de cinq à six mille hommes était d'un usage peu commode pendant la paix. On renonça bientôt à cette organisation, et on revint aux bandes, qui ont été l'origine des régiments.

A la bataille de Ravenne, les Espagnols avaient montré de quelle ressource l'infanterie peut être dans une retraite.

La bataille de Novarre prouva que l'infanterie est la meilleure de toutes les armes, sur-tout la nuit et dans les terrains difficiles. Ni les Français, ni les Suisses eux-mêmes, ne s'en doutaient. Cette armée de pauvres montagnards, sans chevaux et sans canons, révéla ce secret, ou, pour mieux dire, ramena l'art de la guerre à ses véritables éléments.

Il y a cependant entre ces deux actions des différences remarquables : à Ravenne, les Espagnols étaient sur la défensive; à Novarre, les Suisses attaquaient. A Ravenne, les premiers, couchés à plat ventre, pendant la canonnade, n'eurent pas à souffrir de l'artillerie; à Novarre, les seconds s'avançaient à découvert sous le feu du canon. Là, ils eurent à soutenir la retraite ; ici, ils remportèrent la victoire. Enfin, les Suisses étaient armés de longues hallebardes, les Espagnols d'une épée courte et d'un bouclier. Mais toutes ces différences prouvent l'excellence de l'infanterie, en faisant voir que, de toutes les armes, c'est celle qui agit avec le plus d'efficacité dans des circonstances diverses.

Les Français suivant leur usage imprescriptible de ne jamais s'arrêter dans leurs retraites, se sauvèrent vers Alexandrie, puis dans le fond du Piémont, puis enfin, repassèrent les Alpes, abandonnant ainsi, malgré les instances de Gritti, qui avait accompagné la Trémouille, Gênes, le duché de Milan, et leurs alliés, les Vénitiens, dont l'armée campée dans le Crémonais, était rappelée vers les lagunes par les mouvements des Autrichiens.

Un corps de six cents chevaux et de deux mille fantassins, sortis de Vérone, parcourait et ravageait impunément les provinces de la rive gauche de l'Adige, prenait plusieurs petites places, brûlait les villes de Cologna et de Soave, interceptait les communications, détruisait un pont que l'armée avait sur l'Adige, et tentait de surprendre Vicence.

IX.
Retraite de l'armée vénitienne.

Alviane, qui sentait que les évènements décisifs devaient se passer dans le Milanais, ne se serait inquiété que faiblement de ce qui se passait derrière lui, malgré les cris des Vénitiens, et le bruit répandu que les Autrichiens attendaient du Tyrol un renfort considérable ; mais sitôt qu'il eut appris le désastre de Novarre, croyant qu'il allait avoir sur lui les Suisses et les Espagnols, il se porta à grandes journées sur l'Adige, se retirant avec une telle précipitation qu'il abandonna quelques pièces d'artillerie, qui retardaient sa marche. A peine jeta-t-il une faible garnison dans Crémone ; et, pour ne pas diminuer sa petite armée, il laissa Brescia sans défense. En passant auprès de Legnago, il fit attaquer cette place, que Paul Baglione eut la gloire d'emporter d'assaut, et dont on fit sauter les fortifications. Ensuite Alviane jeta un pont sur l'Adige, et, tombant tout-à-coup sur Vérone, en canonna vivement un bastion, fit écrouler quelques toises de mur, et livra, en un jour, sur la brèche, deux combats sanglants, qui n'eurent point de succès.

Les Espagnols sortirent de leur inaction aussitôt que la bataille de Novarre eut décidé du résultat de la campagne. Ils prirent Crémone, Bergame, Brescia, que les Vénitiens évacuaient, et Peschiera, qui ne se défendit que faiblement.

Enfin les Vénitiens furent réduits à se renfermer dans Trévise et dans Padoue. Paul Baglione se chargea, avec trois mille hommes, de la défense de la première de ces deux places, et Alviane entra dans la seconde avec le reste de l'armée.

Ces deux villes étaient les seuls boulevards qui restassent à la république; aussi le sénat, redoutant cette infatigable activité dont Alviane venait de donner de si brillantes preuves, lui défendit-il de faire sortir ses troupes sous aucun prétexte et quoi qu'il pût arriver au dehors. On juge bien qu'en devenant les alliés du roi de France, les Vénitiens avaient perdu tout espoir de voir les Suisses tenir l'engagement qu'ils avaient pris de leur fournir des troupes.

Le pape et le roi d'Arragon firent de nouveaux efforts auprès de la république, pour l'engager à accepter la paix avec l'empereur, le seul des coalisés à qui il restât des réclamations à former contre elle. Mais Maximilien, demeurant inébranlable dans ses prétentions, comme le gouvernement vénitien dans ses refus, les deux puissances médiatrices se déterminèrent à agir en ennemies, et une armée composée d'Allemands, d'Espagnols et de deux cents gendarmes du pape, vint mettre le siége devant Padoue. La place était bien approvisionnée ; les fortifications étaient dans le meilleur état ; beaucoup de jeunes patriciens accouraient pour partager la gloire de cette défense. Les paysans des environs s'étaient refugiés dans la ville ou éloignés, de sorte que les assiégeants manquèrent de bras pour leurs travaux.

L'armée des confédérés, n'étant pas beaucoup plus forte que la garnison, reconnut bientôt l'impossibilité de soumettre la place. Après l'avoir menacée pendant dix-huit jours, elle en leva le siège, et le résultat de cette entreprise manquée, fut, comme de coutume, la désunion des confédérés.

Le général espagnol, piqué du mauvais succès de cette tentative, des reproches que les Allemands lui adressaient, embarrassé pour faire vivre ses troupes, pour les payer, et se doutant bien que l'armée qui gardait Padoue avait reçu défense d'en sortir, se mit à ravager tout le pays qui restait aux Vénitiens.

Il saccagea les villages, pilla les belles maisons de campagne, que les riches habitants de Venise avaient sur les bords de la Brenta et du Bacchiglione, mit en cendres les villes de Mestre, de Marghera, de Lizza-Fusina ; et, pour ajouter une bravade à tant de ravages, fit avancer sur le bord des lagunes, dix grosses pièces d'artillerie qu'il pointa sur Venise, et dont quelques boulets portèrent jusqu'au monastère de San Secondo, à quelques cents toises de cette capitale.

De la place Saint-Marc, on entendait le canon de l'ennemi, on voyait les villages en feu.

Alviane demandait à grands cris la permission de sortir de Padoue, pour tomber sur ces pillards, dont il assurait que la défaite devait être facile. Le gouvernement, vaincu par ses sollicitations, et par les plaintes des citoyens, donna enfin à son général l'autorisation qu'il attendait si impatiemment. Alviane courut sur les Espagnols, avec l'espoir de les empêcher de repasser la Brenta, et en effet il arriva sur ce fleuve avant eux, précisément sur le point où ils se présentèrent. L'ennemi fit mine de vouloir remonter la rivière pour la passer plus haut. Quand Alviane aperçut, de la rive droite, la cavalerie espagnole prenant cette direction, il s'empressa de la suivre, en marchant parallèlement à elle : mais l'infanterie espagnole, par un mouvement contraire, descendit plus bas, passa la Brenta à un gué, rappela sa cavalerie, et se porta rapidement sur le Bacchiglione, qu'il fallait aussi franchir. Alviane fit une telle diligence, qu'il arriva encore à ce passage avant les ennemis.

X. Bataille de la Motta. 7 octobre 1513.

Ceux-ci, désespérant de le forcer, prirent le parti de retourner sur leurs pas, de remonter la Brenta jusque vers Bassano, dans le dessein de se jeter ensuite, par les montagnes, dans la vallée de l'Adige, pour regagner Vérone. Ils venaient de brûler leurs bagages. Un brouillard déroba leur mouvement à la vue des Vénitiens pendant quelques heures. Alviane marcha à leur poursuite, les atteignit le même jour, qui était le 7 octobre, à deux mille de Vicence, près de la Motta. L'action s'engagea entre son armée et celle des Espagnols, exténués de fatigue, et chargés de butin. On ne sait pas si ce furent les Vénitiens qui fondirent sur l'armée en retraite, ou celle-ci qui se retourna pour arrêter leur poursuite. On a fait un reproche à Alviane d'avoir attaqué les ennemis dans une position où il pouvait les forcer à se rendre sans combattre. Toutes les censures de ce genre sont très-hasardées. Le fait est que, dans quelque position que ce soit, pour se promettre quelque résultat d'une action, il faut avoir des troupes déterminées; or celles de la république trompèrent, dans cette occasion, l'espérance de leur général. Elles lâchèrent le pied dès le premier choc, et abandonnèrent leur artillerie et leurs chefs. Paul Baglione fut fait prisonnier; Alviane se jeta dans Trévise, et le provéditeur Gritti, poursuivi jusque sur les glacis de Vicence, ne se sauva qu'à l'aide d'une corde qu'on lui jeta pour escalader le rempart (1). L'autre provéditeur, qui était André Loredan, fut massacré. Cette bataille coûta quatre mille hommes aux Vénitiens, et couvrit de gloire une armée, qui, un instant auparavant, désespérait de son salut. Quand les troupes vénitiennes auraient été meilleures, les Espagnols n'en auraient pas moins eu, de leur côté, le courage du désespoir, la nécessité, la dernière et la plus forte de toutes les armes, comme dit Tite-Live (2).

Ni ce grand revers de la fortune, ni la perte de la place de Marano, qu'un traître de moine livra, vers ce temps-là, aux Autrichiens, ni un incendie, qui consuma bientôt après le quartier le plus marchand de Venise, rien n'ébranla la constance du sénat. Il lui restait trois hommes, qui, sans pouvoir réparer les malheurs de la patrie, soutenaient du moins sa gloire. L'un

XI.
Constance des Vénitiens.
Guerre dans le Frioul.
1514.

---

(1) Hostes subsequenti cùm jamjam manu tenerent, spesque illi Vicentiam urbem, quo ex clade contendebat, ingrediendi pene præcisa esset, quòd portas iis, qui principes fugiendi fuerant, ne hostes introïrent, ante clauserant oppidani ; fune a præsidiis in murum sublatus periculum vix evasit.

Andreæ Griti Vita Nicolao Barbadico autore.

(2) Necessitas quæ ultimum ac maximum telum est.

était Renzo da Ceri, gouverneur de Crème, l'autre le comte Savorgnano, l'un des seigneurs du Frioul dévoués à la république, et enfin Alviane, dont la seigneurie avait encore redoublé l'ardeur, en l'assurant qu'elle ne lui imputait point ses revers.

C'est un exemple trop rarement suivi dans les temps de désastres, et sur-tout chez les gouvernements républicains, de soutenir le courage des généraux malheureux, en leur témoignant de la confiance. L'unanimité de sentiments sauva la république, au milieu des plus grandes disgraces, et fit taire toutes les passions, excepté l'enthousiasme national. Au moment où l'on était obligé de lever des soldats dans Venise, d'enrégimenter les artisans, de faire marcher les ouvriers de l'arsenal pour la défense de Padoue, on ne négligea point ce qui pouvait exalter le ressentiment du peuple. On lui racontait, ce qui était vrai, à la honte de l'humanité, que les Autrichiens faisaient crever les yeux, ou couper les pouces, aux paysans du Frioul, qui refusaient de se soumettre (1). On donna même à la populace de Venise une occasion d'assouvir sa vengeance : le prêtre qui avait vendu Marano ayant

---

(1) Paul Jove, liv. 12.

été pris, le gouvernement livra ce misérable au peuple, qui le lapida sur la place Saint-Marc. Cette manière d'exalter les sentiments populaires avait sans doute des inconvénients, mais on avait besoin de porter l'énergie jusqu'à la fureur.

Trois mois après la bataille de la Motta, le 13 janvier 1514, un nouveau désastre vint consterner Venise. Un incendie, qui prit naissance dans quelques boutiques du pont de Rialte, fut porté, par un vent du nord, sur le quartier le plus populeux de cette capitale et consuma deux mille maisons. Malgré ces pertes immenses, la république sut trouver encore des ressources, et créer une nouvelle armée.

Tandis que Savorgnano soutenait les efforts de l'ennemi dans le Frioul, renouvelait ses tentatives sur Marano, et méritait le surnom d'*Osopo*, par la belle défense de ce château; tandis que Renzo da Ceri, gouverneur de la seule place que la république possédât au-delà de l'Adige, faisait des excursions de tous côtés, enlevait des convois, des détachements, et reprenait Bergame; Alviane, qui se trouvait déja à la tête de quelques troupes, se portait tour-à-tour à Padoue, à Trévise, pour les mettre en état de braver tous les efforts de l'ennemi; sur la Livenza, pour débloquer le château d'Osopo, battre les Autrichiens, et reconquérir Porto-Gruaro, Udine, Belgrado, Monte-Falcone; enfin vers le Pô, où il enlevait, sous les yeux de l'armée espagnole, les places d'Este et de Camisano, poussait des détachements jusque sur Vérone, et forçait les ennemis de lui abandonner la Polésine de Rovigo.

Pendant toutes ces opérations, qui avaient signalé la fin de l'année 1513 et une partie de 1514, le roi de France, après de nouveaux malheurs, venait de conclure la paix avec le roi d'Angleterre, et une trève avec l'empereur et le roi d'Arragon. Cette paix n'était pas glorieuse, mais elle mettait Louis XII en état de reprendre son projet favori, la conquête du Milanais.

XII. Le pape veut engager la république à se détacher de l'alliance de la France et à céder Vérone à l'empereur.

Le pape, alarmé du retour des Français en Italie, renouvelait ses instances pour détacher les Vénitiens de l'alliance du roi, en faisant leur paix avec l'empereur. Il chargea de cette mission un littérateur célèbre, un patricien de Venise, alors son secrétaire, Pierre Bembo, qui, dans la suite, fut cardinal. Cet envoyé, chargé de concilier ses compatriotes et son bienfaiteur, composa avec soin une longue harangue, où l'ambition de l'orateur se laisse apercevoir, au moins autant que celle du diplomate. Je vais en extraire ce qui peut donner une idée de la politique du temps, ou du moins de celle de la cour de Rome (1). Après avoir exposé devant le collége les sentiments paternels que le souverain pontife avait constamment manifestés pour la république, quoique sans lui en faire part, elle eût contracté une alliance avec la France, l'orateur assure que les vues du saint-père ont toujours tendu à réparer les pertes que Venise avait essuyées dans les guerres précédentes, et à la réconcilier, pour y parvenir, avec le roi d'Espagne et l'empereur. C'est dans cet objet, qu'il a déja ménagé un accommodement entre la France et l'Angleterre, s'exposant par-là aux plaintes des autres souverains, uniquement pour servir la république. Sa sainteté n'a cessé de solliciter l'empereur et le roi catholique de rendre leur amitié aux Vénitiens; mais il serait difficile d'espérer aucun succès de ces exhortations, si Venise continuait de favoriser l'ambition du roi de France, et d'attirer les troupes de ce monarque en Italie.

« Le roi d'Espagne, ajoutait l'orateur, a fait savoir au saint-père que, selon son opinion, l'empereur serait disposé à traiter de la paix avec la république, et à lui rendre tout ce qu'elle a perdu, excepté seulement la ville de Vérone,

Harangue du nonce Pierre Bembo.

---

(1) Elle est dans les OEuvres du cardinal BEMBO, tom. 3.

moyennant un paiement de deux cent mille florins d'or. Après avoir chargé votre ambassadeur de vous transmettre cet avis, sa sainteté a voulu que cette proposition vous fût portée de vive voix, et elle a daigné choisir pour ce message un homme digne peut-être de vous inspirer quelque confiance, puisque enfin il vous appartient.

« Le saint-père m'a ordonné de faire considérer à la seigneurie que, de l'acceptation ou du refus de cette proposition, peuvent dépendre le salut ou la perte de la république. Père commun de tous les chrétiens, pénétré pour vous de l'affection la plus tendre, il vous conjure de ne pas rejeter ce moyen de salut. Il pense que vous devez y accéder par respect pour Dieu, que vous offenseriez, en retardant la paix générale de la chrétienté, et en exposant l'église à de nouveaux malheurs; par égard pour sa sainteté elle-même, qui a négligé ses propres intérêts, pour s'occuper des vôtres; enfin, et sur-tout par l'intime conviction des dangers que le rejet imprudent de ces propositions ferait courir à cet état.

« On vous demande Vérone; mais daignez considérer que ce n'est pas la perdre, que c'est la laisser en dépôt en d'autres mains, et pour un temps probablement très-court. On vous demande deux cent mille florins : le paiement de cette somme ne sera pas difficile, en prenant quelques délais, et moyennant ce paiement, vous mettez fin à la guerre, et vous recouvrez toutes vos provinces. Laisser Vérone à l'empereur, ce n'est que lui laisser ce qu'il possède déjà ; vouloir la recouvrer par la force, c'est compromettre peut-être l'existence de la république.

« Voici le raisonnement que fait sa sainteté. Vous avez à choisir entre la paix avec l'empereur et l'alliance de la France. La paix avec l'empereur vous procure la restitution de tous vos états, excepté Vérone, la jouissance de vos revenus, la cessation des dépenses que la guerre nécessite. Remise en possession de ses richesses, votre république reprend son ancienne splendeur ; votre peuple retrouve le repos ; vous êtes délivrés des inquiétudes que vous avez si long-temps éprouvées ; vous n'avez plus à redouter les désastres qui sont la suite d'une bataille perdue, ou de l'infidélité d'un général.

« Il y a plus : de tous les moyens de recouvrer Vérone, celui-là est le plus sûr. Quand le roi de France reviendrait en Italie, quand il y ferait encore des conquêtes, quand il vous rendrait des provinces, pourrait-il reprendre Vérone, qu'il est si facile à l'empereur de munir contre toute attaque ? Si vous ôtez à l'empereur toute inquiétude du côté de l'Italie, il formera d'autres projets; ces projets lui feront sentir la détresse de ses finances, et il sera le premier à vous proposer de vous rendre Vérone, moyennant quelque argent. Il est impossible qu'un prince, si naturellement porté aux grandes entreprises, n'aït tôt ou tard besoin de vos secours; et vous aurez manifesté votre amour pour la paix, votre modération, en même temps que vous aurez imposé silence à ceux qui accusent votre république d'aspirer à la domination de toute l'Italie. Vous aurez coopéré à la réunion de tous les chrétiens, et rendu possible une guerre générale contre les infidèles qui vous menacent.

« A ces avantages que vous procure la paix, comparons les résultats de l'alliance avec la France. Si le roi vient en Italie, qui vous répond qu'il restera fidèle aux intérêts de la république? Mais vous lui avez donné des gages de votre amitié, vous avez fermé les yeux sur tous vos dangers; vous vous êtes attiré la guerre pour persister dans son alliance: il vous avait déja toutes ces obligations, lorsque vous l'avez vu abandonner votre cause, se liguer avec vos ennemis, vous dépouiller de tous vos états de terre-ferme. Quelle raison avez-vous de croire qu'il en agira autrement à l'avenir? Le nom des Vénitiens doit lui être odieux, parce qu'il sent qu'il ne peut en être aimé, après tous les maux qu'il leur a faits. Peut-être élevera-t-il des prétentions sur Crème, sur Bergame, sur Brescia, pour les avoir occupées un moment. Ne jugez-vous pas qu'il pourra être tenté de vous affaiblir, pour vous mettre hors d'état de tirer vengeance de ses injustices? Pensez-vous que, s'il a recherché votre alliance, ce fût dans un autre objet que de s'appuyer de vos forces, pour s'emparer du duché de Milan? Il ne veut pas être votre ami celui qui a une fois méconnu vos services et renoncé à votre amitié. Il veut se servir de vous et vous tromper encore. Mais supposons qu'il soit sincère; le voisinage d'un tel prince ne vous inspirera-t-il point de crainte? Vous résignerez-vous à vivre dans sa dépendance? et qu'est-ce que la perte de Vérone, en comparaison d'un pareil malheur? Et si, avant de descendre en Italie, il se ligue avec l'empereur, avec le roi catholique, pour leur garantir ce qu'ils vous ont enlevé, pour les aider même à consommer votre ruine? Son caractère confirme ces soupçons. Il a abandonné les Écossais, ses antiques alliés, et les a livrés à la discrétion de l'Angleterre. Il était le parent du roi de Navarre, et il l'a laissé dépouiller par les Espagnols. Ces deux rois étaient ses amis; il en a coûté à l'un sa couronne, à l'autre la vie.

« J'en ai dit assez sans doute pour laisser entrevoir tous les dangers que l'arrivée du roi très-chrétien en Italie ferait courir à votre république. Mais s'il n'y vient pas, ou bien s'il en est repoussé, comme il l'a déja été, dans quelle situation vous trouverez-vous, seuls, sans secours, après vous être déclarés les ennemis, non-seulement de l'empereur, non-seulement de l'Espagne, mais encore de toute l'Italie? Or il est fort douteux que le roi entreprenne ce voyage, il est même douteux qu'il le veuille ; en paix avec l'Angleterre, à la tête d'une bonne armée, appelé par le pape, il a hésité et n'a pas osé tenter cette grande entreprise. Est-il probable qu'il montre plus de résolution dans un moment où les Suisses, l'Espagne, l'empereur, Milan, Florence, Gênes, et le saint-père, sont prêts à lui disputer le passage? Ajoutez qu'il vient d'épouser une femme jeune et belle, que ce nouvel attachement doit le détourner de la guerre : et il y a des gens dont la prévoyance va plus loin; ils jugent qu'un homme déja avancé en âge, naturellement incontinent, et épris d'une femme de dix-huit ans, dont les charmes effacent, dit-on, tout ce qu'on a vu de nos jours, doit abréger sa vie auprès d'elle. On assure qu'il a déja des infirmités.

« Que si le roi d'Angleterre lui a promis quelques archers, pour l'aider dans ses projets de conquête, il n'en est pas moins certain, en dépit des traités et des alliances, que l'Angleterre ne peut aider la France à s'agrandir. La cour de Rome est informée que la première de ces deux puissances a des prétextes tout prêts pour différer, pour éluder l'envoi de ce secours. Je conjure votre sérénité et vos seigneuries de garder le plus profond secret sur cette communication. Il faut en conclure que l'âge, les plaisirs, les charmes du repos, la crainte des fatigues et des chances de la guerre, détourneront le roi de France du projet de descendre en Italie.

« Mais le voulût-il, les Suisses sont résolus, seuls, sans le secours de personne, à lui fermer les passages, ou à lui livrer dans la plaine une bataille, qui pourrait avoir le même résultat que celle de Novarre. Ils ont déja quarante mille hommes de bonne volonté prêts à marcher aussitôt que le roi s'avancera. L'année dernière, il ne leur en a fallu que huit mille pour détruire une belle armée française. Les Suisses d'ailleurs ne seront pas seuls. Gênes est prête à les seconder; j'ai vu une lettre du doge de cette république, en date du 20 du mois dernier, qui annonce que deux cent cinquante mille florins d'or sont déja disponibles pour assurer le succès de cette entreprise. Florence y concourra également.

parce qu'elle ne voudra pas se compromettre, en se séparant d'une cause qu'embrassent les Suisses, les Génois, Milan, l'Espagne et l'empereur. Pour vous en convaincre, seigneurs, je puis vous confier que Laurent de Médicis a promis deux cent mille florins à la première requisition du pape. Voilà déja, comme vous voyez, des fonds considérables; on n'est pas moins assuré du concours du roi catholique, de l'empereur, du duc de Milan, qui, comme vous savez, n'est pas un voisin à dédaigner; et enfin, le saint-père n'entend pas rester neutre. C'en est assez, sans doute, pour nous convaincre que le roi de France ne pourra pénétrer en Italie; et alors, je le répète, quelle sera la situation de votre république? Dès que vous aurez rejeté l'accommodement qu'on vous propose, la ligue se formera, et s'empressera de vous ôter les moyens de favoriser les desseins de la France; et comment nier que cela ne soit juste? Les ennemis du roi ne doivent-ils pas être ceux de ses alliés?

« Voilà ce que sa sainteté redoute pour vous. Déterminée à fermer aux barbares l'entrée de l'Italie, elle veut commencer par la délivrer des Français. Dans ce dessein, elle veut essayer d'abord auprès du roi les moyens de persuasion, et l'engager, moyennant un tribut que lui paierait le duc de Milan, à renoncer à l'invasion qu'il médite. C'est dans cette même vue de tout pacifier, qu'une proposition d'accommodement vous est adressée. De quoi s'agit-il? Il s'agit d'échanger, non pas Vérone, car vous ne la possédez pas, mais vos droits sur Vérone, contre toutes les provinces de la rive droite de l'Adige; contre l'amitié de tous les peuples de l'Italie; contre le repos et la prospérité de vos sujets; contre l'indépendance et la sûreté de cet état. Que si, malgré les exhortations du saint-père, qui vous conjure, avec larmes, de ne pas rejeter votre salut, vous fermez les yeux sur vos véritables intérêts, et l'oreille aux propositions qui vous sont faites, j'ai ordre de vous prévenir que le saint-siége se séparera de votre cause, et sera forcé de vous abandonner. Rappelez-vous l'exemple du duc de Milan, Ludovic Sforce, à qui l'alliance de la France devint si fatale. Rappelez-vous que vous-mêmes, il y a quelques années, pour n'avoir pas voulu céder Faenza ou Rimini à Jules II, vous vous vîtes, en peu de jours, dépouillés de toutes vos provinces.

« Après vous avoir parlé, ainsi qu'il m'a été ordonné, au nom du prince qui m'envoie; je vous prie de ne voir, dans mes instances, que le zèle patriotique d'un de vos citoyens, qui, les mains jointes, le cœur brisé, implore le ciel pour qu'il vous inspire une résolution salutaire, et pour qu'en vous confiant à l'amitié dangereuse d'un allié lointain, vous n'attiriez pas sur vous les armes de tant de princes qui vous entourent. Cette puissante ligue est prête à se former. Le pape et les Florentins y fournissent mille hommes d'armes au moins, le roi catholique huit cents, l'empereur trois cents, le duc de Milan quatre cents. Cela fait en tout deux mille cinq cents lances. On aura, en outre, deux mille chevau-légers. L'état de l'église et Florence fourniront toute l'infanterie dont on aura besoin. Quant aux fonds, ils sont déja prêts. Ce n'est pas tout ; les princes de Ferrare, de Mantoue, du Montferrat, de Saluces, se préparent à se joindre à la confédération. Quatre ou cinq mille Suisses sont déja en marche, pour déterminer le duc de Savoie à entrer dans la cause commune. Les lettres du commissaire de sa sainteté à Vérone, dont les avis ne nous ont jamais trompés, annoncent que l'empereur se dispose à marcher vers le Frioul. Votre sollicitude paternelle pour vos peuples se réveille au souvenir des désastres qui ont accompagné la dernière invasion. Quand vous avez vu Bassano, Vicence, Trévise, Padoue, occupées, et tous les villages de votre territoire en flammes, vous ne pouvez fermer les yeux sur vos dangers, ni exposer encore vos peuples à de si grands malheurs ; et l'Italie qui vous offre son amitié, recevra un nouveau gage de vos dispositions pacifiques, et un nouvel exemple de votre haute prudence. »

Ce discours fut écouté assez froidement par les Vénitiens. Ils firent de grands compliments à l'orateur sur son éloquence, pour se dispenser de discuter ses propositions, et finirent par répondre qu'ils ne pouvaient renoncer ni à Vérone, ni à l'alliance de la France.

Cependant le pape insista, et, comme ils conservaient toujours avec lui les formes les plus respectueuses, ils consentirent à ce qu'il se portât pour arbitre entre la république et Maximilien. L'on se flatta même de les avoir amenés à se désister de leurs droits sur Vérone, pourvu que l'empereur leur cédât Valeggio et Legnago; mais l'obstination de Maximilien à tout refuser dégagea les Vénitiens de leurs promesses.

Le pape n'en prononça pas moins sa sentence arbitrale, dont la bizarrerie annonçait d'avance l'inexécution; il ordonna qu'il y aurait paix et amitié perpétuelle entre l'empereur et la république, se réservant de faire connaître, dans un an, ce que celle-ci devrait céder; en attendant, il exigeait que les deux parties déposassent entre ses mains, savoir : les Vénitiens, la ville de Crème; et l'empereur, Vicence, et toutes les places qu'il tenait dans les territoires de Trévise et de Padoue; enfin il obligeait les Vénitiens à payer cinquante mille ducats.

Un pareil arbitrage devait mécontenter également les deux parties, aussi n'y eut-on aucun égard : la négociation fut rompue, et les Vénitiens firent partir une ambassade pour complimenter Louis XII au sujet de son mariage avec la sœur du roi d'Angleterre, et pour resserrer l'alliance qui existait entre la France et la république.

XIII.
Avènement de François Ier.
1er janvier 1515.
Il passe les Alpes.

Les ambassadeurs apprirent en route la mort de ce prince, arrivée le 1er janvier 1515, et l'avènement du duc d'Angoulême.

François Ier, jeune, ardent, plein de ce brillant courage qui distinguait les guerriers de cette époque et de sa nation, éloigné de l'armée pendant le règne de Louis XII, et poursuivi dans son oisiveté par le bruit des exploits de Gaston, se hâta de prendre le titre de duc de Milan, en montant sur le trône; et, lorsqu'à l'arrivée des ambassadeurs de Venise il signa le renouvellement de l'alliance conclue à Blois deux ans auparavant, il leur dit qu'il donnait rendez-vous dans quatre mois à leur armée sur les bords de l'Adda. Il se mit en mesure de tenir parole. Au mois d'août, deux mille cinq cents gendarmes, et trente-deux mille hommes d'infanterie, se présentèrent au pied des Alpes. Les dangers exposés aux Vénitiens par Pierre Bembo allaient se réaliser. L'empereur, le roi d'Espagne et les Suisses avaient conclu une ligue pour la défense du Milanais. Le pape avait hésité long-temps avant d'y accéder, il s'y était refusé même formellement, et il est probable que, par circonspection, il aurait persisté dans sa neutralité, si François Ier, en le pressant trop vivement de s'allier à la France, ne l'eût fait sortir violemment de son irrésolution. Gênes seule trahit la cause de l'Italie, en ouvrant ses ports aux Français; mais l'empereur, quoique membre de la ligue, ne paraissait point encore sur le champ de bataille : l'armée du pape n'avançait qu'avec timidité : il était difficile d'espérer aucun ensemble dans les opérations de plusieurs généraux indépendants les uns des autres.

Don Raymond de Cardonne, à la tête de douze mille Espagnols, attaqua les Vénitiens et leur enleva Vicence, tandis que les Milanais s'avançaient dans le Piémont, pour en disputer l'entrée, et que les Suisses déja postés au pas de Suze, y attendaient les Français. Ils furent obligés de revenir promptement dans la plaine, lorsqu'ils apprirent que le chevalier Bayard y avait paru à la tête de quelques troupes, et que le roi avait conduit son armée et ses canons par des passages réputés impraticables jusque alors (1). Ce fut à Novarre, sur le lieu même où ils avaient vaincu deux ans auparavant, que les Suisses vinrent l'attendre. Ils y étaient au nombre d'environ trente mille.

Là, ils éprouvèrent un retard dans le paiement de leur solde, dont les alliés, c'est-à-dire le pape et le roi d'Arragon, n'avaient pas fait les fonds exactement. Aussitôt le mécontentement de ces intraitables et insatiables milices alla jusqu'à la révolte et à la défection; elles pillèrent la caisse du commissaire apostolique qui suivait leur armée, et se mirent en route pour leur pays (2). On courut après elles; l'argent qui se trouva sur leur passage, l'attente d'un nombreux renfort, qui descendait des montagnes comme elles allaient y rentrer, et les prédications du

---

(1) Le principal passage avait eu lieu par la vallée de l'Argentière. Il avait duré cinq jours.

(2) L'abbé Dubos fait honneur de cette défection au baron d'Altsax et au colonel Diesbach. On n'imaginerait pas qu'il y eût un historien qui prît le soin de dire à la louange de deux officiers qu'ils ont eu le mérite de faire mutiner leur troupe contre les ordres de leur gouvernement; mais la raison qu'il en donne est encore plus singulière : « c'est, dit-il, que « ces deux personnes, sorties de bonne maison et qui avoient « beaucoup d'honneur, étoient des serviteurs secrets de la «France. »

Histoire de la ligue de Cambrai, liv. 5.

cardinal de Sion, parvinrent à les arrêter du côté de Galera. Les Français, qui ne trouvaient plus d'obstacle, entrèrent dans Novarre et dans Pavie, passèrent le Tésin. Tandis qu'une division de l'armée suivait la rive droite du Pô, le reste s'avança jusqu'à Buffalora, poussant des détachements dans les faubourgs de Milan. Rien ne bougeait dans cette capitale : on s'y souvenait des contributions immenses qu'elle avait eu à payer après sa dernière défection. Aussi les habitants envoyèrent-ils des députés au roi, pour protester de leur dévouement, et lui demander la permission d'attendre, pour le faire éclater, que la fortune eût décidé de leur sort.

Pendant ce temps-là, le duc de Savoie qui ne pouvait voir qu'avec une mortelle inquiétude ses états traversés par des armées étrangères, assez peu disposées à respecter sa neutralité, s'était rendu au camp des Suisses, et les avait déterminés, à l'aide des partisans que le roi y soudoyait, à conclure un traité de paix avec la France. Ce traité portait qu'il y aurait, entre le roi et les cantons, une alliance qui durerait pendant toute la vie de François Ier, et dix ans après sa mort; que les quatre bailliages, envahis sur le Milanais en 1512, seraient rendus, ainsi que Chiavena et la Valteline, les Suisses s'engageant à les faire restituer par les Grisons; que

Il traite avec les Suisses.

Maximilien Sforce serait obligé de céder au roi tous ses droits sur le duché de Milan, et d'accepter en échange le duché de Nemours, avec une pension de douze mille écus. On voit que les Suisses consentaient à évacuer le duché de Milan en faveur du roi.

Pour prix de toutes ces concessions inespérées, ils ne demandaient que de l'argent. Le roi s'obligeait à leur payer quatre cent mille écus d'or, qui leur avaient été promis, lorsqu'ils avaient évacué la Bourgogne, un supplément de trois cent mille écus d'or (1), une gratification de trois mois de solde; et pour l'avenir, le subside annuel de dix mille écus d'or, que la France payait précédemment aux cantons, devait être doublé.

Ce traité est rompu.

Ces sommes étaient considérables, mais c'était un bonheur inappréciable pour la France de terminer, sans coup férir, une guerre qui pouvait être si sérieuse, et de recouvrer le duché de Milan. Ce bonheur fut détruit aussi inopinément qu'il avait été obtenu. Les autres Suisses, qui arrivaient au nombre de vingt mille, et qui ne devaient pas avoir part à la gratification de trois mois de solde, ne voulurent pas reconnaître un

---

(1) L'écu d'or valait 35 sols tournois.

traité fait sans eux. Le cardinal de Sion, qui l'avait souffert à regret, travailla ardemment à l'annuler. La division se mit dans le camp. Les partisans de la paix, au nombre de cinq ou six mille, se retirèrent. Le reste, partageant le fanatisme du cardinal de Sion, rompit le traité, et s'avança entre Monza et Milan. Ils formaient une armée d'à-peu-près quarante mille hommes.

Milan voyait d'un côté les Suisses, de l'autre les Français. Ces deux armées allaient se disputer le pays qui est entre le Tésin et l'Adda. Plus loin, entre le Mincio et l'Adige, le général espagnol et le général vénitien s'observaient, pour s'empêcher l'un l'autre de donner la main à leurs alliés. Enfin au midi, sur la rive droite du Pô, une division de l'armée française, l'armée du pape et les troupes du duc de Ferrare étaient en observation, et attendaient les évènements.

XIV.
Bataille de Marignan.

L'infanterie espagnole était beaucoup meilleure, mais moins nombreuse que l'infanterie vénitienne. La république avait fait un nouvel effort, et venait de mettre en campagne mille gendarmes, quatre cents chevau-légers et dix mille hommes d'infanterie. Cardonne, qui avait déja assez affaire de contenir Alviane, craignit que, d'un moment à l'autre, les Français ne passassent l'Adda. Cette manœuvre l'aurait mis entre deux corps plus forts que le sien, et il n'aurait pas eu de retraite. Pour échapper à ce danger, il forma la résolution d'opérer sa jonction avec les Suisses, jeta les troupes nécessaires dans Brescia et dans Vérone, et resta à la tête de sept cents gendarmes, huit cents chevau-légers et quatre mille fantassins, avec lesquels il s'agissait d'aller des bords de l'Adige aux portes de Milan.

Par la route directe, il était sûr que l'infatigable Alviane le poursuivrait, l'atteindrait, et il était possible que quelque corps français s'avançât au-devant des Espagnols, et leur disputât le passage de l'une des nombreuses rivières qu'il avait à traverser. Cette crainte lui fit prendre le parti de se jeter tout de suite sur la rive droite du Pô, et de remonter cette rivière jusqu'à la hauteur où devait se trouver l'armée suisse.

En exécution de ce dessein, il déroba une marche aux Vénitiens, franchit le Pô à Ostiglia, au-dessous du confluent du Mincio, et fit dire au général des troupes du pape de lui préparer les moyens de repasser sur la rive gauche.

Alviane s'étant aperçu du mouvement des Espagnols, remonta le Pô de son côté, avec une telle diligence, qu'il arriva en quatre jours au confluent de l'Adda, et qu'ils l'aperçurent sur le bord opposé, quand ils se présentèrent pour effectuer le passage du fleuve.

Les Français, avertis de l'approche des Vénitiens et des Espagnols, s'étaient avancés pour donner la main aux uns, et disputer le passage aux autres. Dans ce double objet, ils avaient choisi la position de Marignan, qui est à une égale distance de Milan, du Pô et de l'Adda.

Le 13 septembre, les Suisses, exaltés par les harangues virulentes du cardinal de Sion, sortirent de leur camp au nombre de quarante mille hommes, ayant avec eux sept ou huit cents cavaliers, et une vingtaine de pièces de canon, que leur avait données le duc de Milan.

Leur attaque fut si prompte, et les Français se gardent toujours si négligemment, que l'armée de François Ier eut à peine le temps de se mettre en bataille. L'ennemi pénétrait dans le parc d'artillerie, et l'infanterie était déjà en désordre, lorsque le roi, à la tête de la gendarmerie, chargea avec toute l'ardeur d'un héros de vingt-deux ans. Les canons, qui venaient d'être enlevés, furent repris; l'action devint générale, et était encore sans résultat après cinq heures de carnage. L'obscurité, déja profonde, sépara enfin les combattants.

Chacun passa la nuit à la place où elle l'avait surpris. D'aucun côté on n'alluma des feux. Plusieurs partis égarés tombèrent au milieu des ennemis, et furent égorgés ou faits prisonniers.

C'étaient à tout moment des alertes, des attaques qui n'avaient été ni projetées, ni attendues.

La Palisse ralliait l'avant-garde, le maréchal de Trivulce prenait le commandement de la réserve, et le duc de Bourbon disposait l'artillerie. François Ier, pendant ce temps-là, prenait quelques instants de repos sur un affût de canon.

Au point du jour le combat recommença avec une égale fureur. Les Suisses, dont la ligne débordait celle de l'armée royale, détachèrent de leur gauche une forte division, qui devait venir prendre à revers l'aile droite des Français. Heureusement le roi avait à opposer à cette redoutable infanterie, un corps de dix mille montagnards des Alpes du Dauphiné ou des Pyrénées, que Pierre Navarre avait organisés et armés à l'Espagnole. Ce général, prisonnier de guerre depuis la bataille de Ravenne, était entré au service de France, par ressentiment contre Ferdinand d'Arragon, qui n'avait pas voulu payer sa rançon. Il se porta rapidement à la rencontre de cette division suisse, qui fut taillée en pièces. Pendant ce temps-là, le roi, avec le reste de ses gendarmes, enfonça le centre des ennemis. Cette seconde bataille n'avait duré que quatre heures. Un corps de douze cents suisses, qui s'était jeté dans un village, s'obstina à s'y défendre. Ils y furent entourés, le village fut bientôt en feu, et tous périrent dans l'incendie (1). Les autres se retirèrent en bon ordre, quoique poursuivis par la cavalerie, et rentrèrent dans Milan, laissant un grand nombre des leurs sur le champ de bataille. On peut en juger par la perte des vainqueurs, qui fut de cinq à six mille hommes (2).

Alviane, au bruit du canon, était accouru auprès du roi, mais avec un piquet de cavalerie seulement; il suivit François Ier pendant une partie de cette journée. C'est une exagération des historiens italiens de dire que l'armée vénitienne prit part à cette bataille. Elle n'arriva que sur la fin de l'action, pour se mettre à la poursuite des ennemis (3). Il est naturel d'en croire un contemporain, un Vénitien, un homme dont

---

(1) Conquête de Milan par le roi François Ier, man. de la biblioth. de Monsieur, n° 119.

(2) MACHIAVEL rapporte (*Discours sur* TITE-LIVE, liv. III, ch. 18) que cette bataille ne fut si funeste aux Suisses que parce que ceux qui recommencèrent le combat le lendemain, étaient un corps qui n'avait pas été entamé, et qui ignorait les pertes que leur armée avait faites la veille. Cette erreur leur fit attendre le jour sur le champ de bataille, et compromit l'armée d'Espagne et l'armée du pape, qui, sur ce faux avis, avaient déja passé le Pô.

(3) *Hist. du chev.* BAYARD, ch. 60.

le nom a trop ajouté à la gloire de sa patrie, pour qu'on puisse l'accuser d'avoir omis une circonstance honorable pour elle. Or, l'historien Moncénigo (1) se contente de dire ce que je viens de rapporter.

La bataille de Marignan décida les Suisses à rentrer dans leurs montagnes. Ils laissèrent seulement quinze cents hommes dans le château de Milan, où le duc s'était réfugié avec cinq cents des siens; et la Lombardie se trouva encore une fois sous un nouveau maître.

Reddition des châteaux de Milan et de Crémone. Le château de Milan et la citadelle de Crémone, seules places qui tinssent encore contre les Français, capitulèrent au bout de trois semaines. Les quinze cents Suisses se retirèrent, en se faisant même payer leur solde arriérée par le roi; et Maximilien Sforce, également incapable de conjurer, de supporter et de sentir une grande infortune, alla jouir en France d'une pension; trop prompt à se consoler pour inspirer aucun intérêt.

Les Espagnols ne furent pas moins diligents que les Suisses à se retirer dans leurs frontières. Il faut convenir que Cardonne agissait sagement, en évitant de se compromettre pour des alliés tels que le pape et l'empereur, et dans un

---

(1) Liv. 6.

pays où son maître n'avait aucun établissement à desirer. Il s'occupa donc uniquement de conserver son armée, de couvrir Naples, et ramena ses troupes dans ce royaume.

Son départ rendit aux Vénitiens une pleine liberté. Ils travaillèrent à recouvrer leurs provinces.

Le pape, qui avait attendu l'évènement pour se décider, et qui voyait avec dépit que cet évènement avait été tellement favorable aux Français, qu'il ne restait plus aucun obstacle à la prise de Parme et de Plaisance, le pape, dis-je, s'empressa d'entamer des négociations, qui se terminèrent en peu de jours par un traité de paix. On y stipulait que les villes de Parme et de Plaisance seraient remises au roi, pour faire partie du duché de Milan ; que ce prince prendrait sous sa protection le nouveau gouvernement de Florence, c'est-à-dire les Médicis, et que les deux puissances contractantes s'entr'aideraient pour la défense de leurs états.

XV.
Paix entre le roi, et le pape.

Il y avait dans ce traité deux clauses qui intéressaient les Vénitiens : par la première, le pape s'engageait à retirer les troupes qu'il avait dans Brescia et dans Vérone. La seconde eût été, dans d'autres temps, une importante affaire pour la république, mais elle en avait alors de plus considérables : le roi contractait l'obligation de faire prendre à Cervia, c'est-à-dire dans les salines du pape, tout le sel nécessaire à la consommation du duché de Milan. Ainsi les Vénitiens, qui, depuis huit ou dix siècles, jouissaient du privilége exclusif de ce commerce dans toute la Lombardie, allaient en être privés.

<small>Paix entre le roi et les Suisses.</small> François Ier, après avoir repoussé plutôt que vaincu les Suisses, leur fit proposer la paix aux conditions qui avaient été arrêtées quelques jours avant la bataille de Marignan. Ces conditions se réduisaient à trois points principaux, le paiement des sommes considérables que le roi leur avait promises; ils ne pouvaient manquer de l'accepter : l'abandon de la cause de Maximilien Sforce; il n'y avait plus moyen de la défendre, puisque ce prince était en France : l'évacuation des bailliages ultramontains, dont les Suisses s'étaient emparés; cet article éprouva beaucoup de difficultés, et fut rejeté positivement par les cinq cantons plus particulièrement intéressés dans cette clause. Mais ce refus, quoique l'objet en fût très-important, n'empêcha pas François Ier de conclure, avec les huit autres cantons, un traité qui lui donnait les Suisses pour alliés, et qui paraissait lui assurer désormais la paisible jouissance de ses conquêtes en Italie. Aussitôt après, le roi repartit pour la France, en licenciant ses troupes, excepté sept

cents gendarmes et dix mille fantassins. Je reviens aux évènements militaires qui concernent particulièrement les Vénitiens.

Aussitôt que la bataille de Marignan, et la retraite des Espagnols eurent permis à Alviane de quitter le poste qu'il occupait sur l'Adda, il reprit, avec sa vigilance ordinaire, les villes que la république avait perdues, et qui, dans ce moment, se trouvaient réduites à leurs garnisons; mais la fortune ne lui réservait pas le bonheur de couronner ses exploits par ces conquêtes devenues moins difficiles. La mort le surprit au moment où, après être rentré dans Bergame, il allait commencer le siége de Brescia. Les fatigues de cette campagne avaient épuisé le reste de ses forces. Ce général, qui devait à lui-même toute son illustration, n'avait pas toujours été heureux. On avait souvent attribué ses revers à ses fautes. On lui reprochait de s'être laissé emporter plus d'une fois par son ardeur. Peut-être son tort était-il de se faire trop facilement illusion sur l'infériorité très-réelle des troupes qu'il commandait. Mais on avait toujours eu à admirer en lui une valeur brillante, une constance inébranlable, un rare désintéressement; et, quoique sexagénaire, il avait conservé cette activité qui est le véritable moyen de suppléer à l'insuffisance des forces, par la rapidité du mou-

XVI.
Mort de Barthélemi Alviane.

vement. Le premier, il fit faire aux troupes italiennes plus de huit milles par jour ; ce qui était un prodige dans ce temps-là.

Le gouvernement vénitien, qui savait récompenser comme il savait punir, voulut décerner de grands honneurs à la mémoire de son général : il ordonna que son corps fût transféré à Venise, pour lui faire des obsèques magnifiques ; mais cette translation ne pouvait s'effectuer sans difficulté : il fallait traverser le territoire de Vérone, que les Autrichiens occupaient, et on chargea le provéditeur, qui avait pris le commandement depuis la mort d'Alviane, de demander pour ce cortège un sauf-conduit au général ennemi. Quand les soldats entendirent parler de ce projet, ils se firent un point-d'honneur de conduire les restes de leur général jusqu'à Venise, et Alviane au cercueil passa encore une fois au travers des bataillons ennemis (1).

Siége de Brescia. Novembre 1515.

Une division française de sept cents hommes d'armes et de six mille Gascons, sous les ordres du maréchal de Lautrec, fut détachée pour venir aider l'armée vénitienne dans ses conquêtes. Le maréchal de Trivulce (2) appelé par le sénat, de

---

(1) On dit qu'il laissa si peu de bien que les Vénitiens furent obligés de prendre soin de sa famille ; c'est une erreur, car la république lui avait donné la ville de Pordenone dans le Frioul.

(2) L'abbé Dubos dit Théodore Trivulce. L'abbé Laugier

l'aveu du roi, à la commander, s'était déja emparé de Peschiera, d'Asola et de Lunato; et il était devant Brescia, avant que ce renfort le joignît; mais les Allemands et les Espagnols qui défendaient cette place, bravaient l'infanterie vénitienne, et lui avaient enlevé ou encloué presque toute son artillerie dans des sorties. Après l'arrivée des Français, on reprit le siége avec une nouvelle ardeur, et avec aussi peu de succès. On était à la fin de novembre; une division de huit mille Allemands était annoncée, qui venait renforcer les garnisons de Vérone et de Brescia. Les Vénitiens se portèrent à sa rencontre, pour lui disputer le passage des montagnes, mais à son approche, ils se retirèrent précipitamment; les places furent secourues, et il fallut renvoyer les siéges à la campagne suivante. Le maréchal de Trivulce, sur qui le mauvais succès de ce siége attira beaucoup de reproches et même de soupçons, quitta le service des Vénitiens, et fut remplacé dans le commandement par Théodore Trivulce, son parent.

XVII. Arrivée des

Au commencement de 1516, on apprit avec

---

dit Jean-Jacques Trivulce, c'est-à-dire celui qui était maréchal au service de France. C'est une inadvertance de l'abbé Dubos, Théodore Trivulce succéda à Jean-Jacques Trivulce dans ce commandement.

impériaux sur le théâtre de la guerre. 1516.

étonnement, que l'empereur, déployant pour la première fois de l'énergie et de l'activité, arrivait en Italie avec une armée formidable. Il avait profité de la division qui s'était manifestée parmi les Suisses, à l'occasion de la paix conclue avec François Ier, et obtenu quinze mille hommes des cinq cantons qui avaient refusé de ratifier le traité.

C'était encore un trait de bizarrerie, qui appartenait au caractère de ce prince, d'avoir choisi, pour déployer cet appareil de forces, le moment où tous ses alliés l'avaient abandonné, plutôt que de se rendre à leurs instances dans tant d'autres occasions où un effort aurait pu être décisif.

Il ne pouvait plus compter sur les Espagnols : le roi Ferdinand venait de mourir, et l'héritier des monarchies d'Arragon, de Castille et de Naples était alors en parfaite intelligence avec la France. L'empereur ne devait pas compter non plus sur la coopération du pape, qui venait de traiter avec le roi; cependant il en reçut des secours pécuniaires, et même un secours de troupes, faible à la vérité et non avoué, mais qui avertissait le reste de l'Italie de ne pas regarder cette cause comme désespérée.

Une avant-garde de trois mille hommes, qu'il envoyait à Vérone avec un convoi d'argent, fut attaquée par une partie de la division de Lautrec, qui l'obligea de rétrograder, après lui avoir tué huit cents hommes : et comme l'exactitude des paiements répondait seule de la fidélité des garnisons, il était à craindre que Vérone et Brescia ne fussent perdues, si on tardait à les secourir. Maximilien se mit en personne à la tête de son armée, sans attendre même qu'elle fût entièrement rassemblée, et arriva en Italie dès le mois de mars, à la tête de trente mille hommes, moitié Suisses, moitié Allemands, et de quatre ou cinq mille chevaux.

Il parvint jusqu'à Vérone, sans que Théodore Trivulce et Lautrec osassent se présenter sur son passage. Après avoir jeté précipitamment quelques troupes dans Padoue, ils se portèrent avec le reste vers Peschiera, laissant, par ce mouvement, tout le pays vénitien à la discrétion de l'ennemi, et s'occupant uniquement de retarder son entrée dans le Milanais, si le Mincio était capable de l'arrêter. Mais ni le Mincio, ni l'Oglio, ni même l'Adda, ne parurent à ces troupes, effrayées de leur infériorité numérique, des positions où elles pussent se mesurer avec l'armée impériale. {L'empereur s'avance jusqu'à deux lieues de Milan.}

Le gouverneur du Milanais, qui était alors le duc de Bourbon, se hâta de demander un secours de dix mille hommes aux huit cantons suisses, qui avaient signé le traité d'alliance avec la France, et fit brûler les faubourgs de Milan, malgré les cris des habitants, qui imputaient ce désastre aux conseils des Vénitiens et à leur jalousie.

C'en était fait de toutes les conquêtes des Français, si l'empereur eût mis dans ses manœuvres autant de rapidité qu'il paraissait cette fois y mettre de résolution. Heureusement, il perdit du temps à s'emparer de cette multitude de petites places, qui sont toujours le prix assuré d'une première victoire. Quand il se présenta devant Pizzighitone, pour y passer l'Adda, il y trouva quelque résistance; il remonta un peu plus haut, franchit le fleuve à Rivolta, et envoya l'ordre aux Milanais de lui apporter les clefs de leur ville.

Bourbon, Trivulce, Lautrec, y étaient réunis; mais ils n'avaient pas plus de huit cents gendarmes, et de sept mille hommes d'infanterie, pour contenir une ville populeuse, et arrêter une armée formidable. Cette armée n'était plus qu'à deux lieues de Milan, lorsque les dix mille Suisses, dont on avait sollicité le secours, y entrèrent. On avait même perdu l'espérance de les voir arriver; parce qu'on était instruit que les cantons, voyant à regret leurs citoyens à la solde de deux puissances ennemies, et sur le point de s'entr'égorger, les avaient rappelés tous dans leur patrie.

L'officier qui commandait les dix mille hommes, venus au secours des Français, se trouva être un partisan zélé de la France. Il avait reçu en route l'ordre de rétrograder; mais sous prétexte de quelque mal-entendu, il en avait éludé l'exécution.

Son arrivée inspira de la confiance aux Français, qui, depuis plusieurs jours, travaillaient à rendre Milan susceptible de défense. La destruction entière des faubourgs de cette riche capitale, annonçait la ferme résolution d'en disputer l'entrée.

Maximilien touchait au but de son entreprise. Sur le point de la terminer, il s'arrêta. *Et se retire sans combattre.* Les réflexions, les inquiétudes l'assaillirent; et son caractère d'irrésolution reprit le dessus. Il considérait que son armée était toute composée de soldats, dont la fidélité n'était point à l'épreuve d'un retard de paye; que son inexactitude, à cet égard, était généralement connue; que les Suisses avaient livré l'ancien duc de Milan, sans avoir aucune raison de le haïr, qu'ils pouvaient le trahir aussi lui-même, étant les ennemis naturels de sa maison. On dit que le maréchal de Trivulce le confirma dans ces soupçons, en faisant tomber entre ses mains une fausse correspondance, qui tendait à faire croire que les Suisses de l'armée impériale étaient d'intelligence avec les Français.

Telle était la facilité de ce prince à abandonner comme à concevoir ses entreprises, que, sans considérer qu'il n'avait pas reçu le moindre échec, et que son armée était encore deux fois plus forte que l'armée française, il renonça tout-à-coup à ses conquêtes, à Milan, à l'Italie. Il jeta précipitamment les Suisses dans Lodi, repassa l'Adda avec les Allemands, et se retira vers Bergame. Il semblait que l'armée française fût à sa poursuite.

Elle n'en avait garde. Elle ne pouvait même pénétrer les motifs de cette retraite, et elle était obligée de se séparer de ses dix mille Suisses, que les ordres réitérés de leur gouvernement rappelaient.

Ceux qui servaient dans l'armée de l'empereur, reçurent le même ordre, et retournèrent aussi dans leur pays. Alors Maximilien, songeant que le passage de l'Adda n'était plus gardé, que les Français et les Vénitiens pouvaient marcher sur lui d'un moment à l'autre, ne sut plus résister à une terreur inexplicable dans un homme de sens, dans un guerrier qui avait de l'expérience, de l'habileté; il se sauva plutôt qu'il ne se retira à Trente, laissant son armée derrière lui; mais oubliant tellement de pourvoir à ses besoins et à sa solde, qu'elle se débanda bientôt après. Tout ce que ses généraux purent faire, ce fut d'amener jusqu'à Vérone le peu de soldats qu'ils étaient parvenus à retenir sous les drapeaux.

Aussitôt après ce départ, Bergame et toutes les petites places ouvrirent leurs portes aux Vénitiens. Lautrec et Trivulce allèrent mettre le siége devant Brescia, qui, battue par quarante huit pièces de grosse artillerie, capitula après une courte résistance. Les Vénitiens rentrèrent dans cette place le 24 mai 1516, sept ans après l'avoir perdue.

Les Vénitiens rentrent dans Brescia. 24 mai 1516.

On se préparait à faire le siége de Vérone, la seule place qui restât à reconquérir. Le sénat, et sur-tout le provéditeur Gritti, pressaient vivement cette entreprise; mais Lautrec, au lieu de la favoriser, s'y opposait, et dirigeait ses troupes vers le Milanais. Les mois de juin et de juillet se perdirent à combattre tous les prétextes qu'il imaginait successivement pour ne point agir; enfin, on commença le siége, non sans beaucoup d'objections de sa part; il fit cependant donner un assaut; mais les premières attaques n'ayant point réussi, les Vénitiens prirent, dit-on, la résolution de réduire, par la famine, une ville qui leur appartenait. Rien ne

XVIII. Traité de paix de Noyon, qui met fin à la guerre de la ligue de Cambrai. 13 août 1516.

put déterminer Lautrec à rester devant la place. Cette inexplicable froideur, qui avait tous les effets de la malveillance, et les intrigues du pape pour former une nouvelle ligue, causaient une mortelle inquiétude aux Vénitiens : ils découvrirent enfin que Lautrec n'avait fait que se conformer à ses instructions, lorsqu'on apprit qu'un traité de paix venait d'être signé, le 13 août 1516, à Noyon, entre le roi d'Espagne Charles, et François Ier. Quoique les puissances belligérantes ne fussent point intervenues dans ce traité, il réglait les affaires de l'Italie (1).

Il y était stipulé, entre autres conditions, que l'empereur, aïeul du nouveau roi d'Espagne, serait compris dans le traité, moyennant qu'il consignerait Vérone au roi, son petit-fils, qui, après l'avoir gardée six semaines, la confierait au roi de France, pour la remettre aux

---

(1) On peut voir, au sujet de ce traité, l'extrait des instructions baillées au sieur de Boissy, comte de Camas, conseiller et chambellan du roi, grand-maître de France, à l'évêque de Paris, et à maistre Jacques Olivier, président au parlement, ambassadeurs pour le roi, pour capituler, accorder et conclure avec l'ambassadeur du roi catholique. Noyon, juin 1516. (Manusc. de la Biblioth.-du-Roi provenant de la biblioth. de Brienne, n° 14.)

Il y a un autre manuscrit de la Biblioth.-du-Roi (n° 74) de la collection de Dupuy, qui contient cette instruction tout au long.

Vénitiens ; que la république paierait cent mille écus d'or, non à l'empereur, mais à François Ier, en remboursement de toutes les sommes infiniment plus considérables que Maximilien devait à la France; qu'il y aurait entre l'empereur et la république une trêve de dix-huit mois, durant laquelle ce prince garderait trois places, qu'il avait conquises; savoir, Gradisca dans le Frioul, Rovérédo dans la vallée du haut Adige, et Riva au nord du lac de Garde; c'étaient les clefs de trois passages importants.

Maximilien avait droit d'être étonné que son petit-fils, à peine sorti de l'enfance, eût stipulé pour lui, sans mission, et l'eût compris, sans son aveu, dans un traité, en lui assignant un terme de deux mois pour l'accepter.

Les rois de France et d'Espagne l'avaient traité, dans cette occasion, comme un prince d'un rang inférieur. Sa vanité en était blessée; il s'écriait que son petit-fils voulait être son tuteur; mais, après avoir exhalé sa colère, il envoya ses ambassadeurs à un congrès, qui fut ouvert à Bruxelles. Les Vénitiens y députèrent aussi de leur côté. Les discussions, quoique très-vives, eurent une heureuse issue, et se terminèrent par l'acceptation de l'arrangement, qui avait été arrêté à Noyon.

Vérone fut livrée aux ministres du roi d'Espagne, et, quelques jours après, aux Français, qui la remirent aux Vénitiens, le 15 janvier 1517, et, l'année suivante, la trève entre l'empereur et la république fut prolongée pour cinq ans, moyennant un subside annuel de vingt mille ducats.

Telle fut l'issue de cette ligue de Cambrai, qui occasionna une guerre de huit ans. Les Vénitiens, pour la perte desquels elle avait été formée, ne durent pas uniquement leur salut à leur constance et à leur sagesse. Il n'est pas au pouvoir des hommes de faire que la fortune n'ait aucune part dans les évènements; mais on ne peut se dispenser de reconnaître que le sénat vénitien délibéra toujours avec calme, n'irrita jamais ses ennemis, ramena ceux qui n'étaient point irréconciliables, divisa les autres par son habileté, sut également saisir les occasions et les attendre, déploya d'immenses ressources, répara rapidement de grands désastres, et ce qui fait le plus d'honneur à cette république, c'est que, pendant sept ans d'adversités, on y remarqua toujours la même unanimité de sentiments.

Après s'être vue réduite à ses lagunes, Venise sortait, non sans gloire, d'une lutte si inégale. Elle perdait Crémone, les bords de l'Adda et la Romagne; c'étaient des acquisitions récentes qu'elle n'avait pas eu le temps de consolider. Trieste, que les Vénitiens n'avaient occupée qu'un moment pendant cette guerre, demeura pour toujours à l'Autriche.

Le sort des trois places, qui restaient entre les mains de l'empereur, était remis à un traité ultérieur.

Mais ce qui affaiblissait réellement Venise, c'était d'être devenue un objet de haine et d'envie, et d'avoir diminué sa force relative, en attirant dans son voisinage deux princes plus puissants qu'elle (1).

---

(1) Voici l'opinion d'un contemporain, d'un grand politique, sur cet évènement.

« Tandis qu'ils furent fidèles à ce plan de conduite, redoutés sur mer, respectés en Italie, ils furent souvent choisis pour arbitres des différends qui s'y élevaient; mais s'étant dans la suite rendus maîtres de Padoue, de Vicence, de Trévise, puis de Vérone, de Bergame, de Brescia et de plusieurs autres villes dans la Romagne et dans le royaume de Naples; ces mêmes Vénitiens, enflammés du desir de dominer, accrurent tellement l'idée qu'on avait de leur puissance, qu'elle inspira de la crainte, non-seulement aux princes d'Italie, mais encore aux souverains placés au-delà des monts. Ils conjurèrent contre cette république, et lui enlevèrent, en un jour, l'empire qu'elle n'avait obtenu qu'en beaucoup d'années et à grands frais. Quoiqu'elle en ait reconquis une partie dans les derniers temps, comme elle n'a pu recouvrer ni sa réputation, ni ses forces, elle se trouve,

Une guerre si longue et si long-temps malheureuse, avait été soutenue, sans que le gouvernement pût tirer, pendant cet intervalle, aucune ressource de ses provinces d'Italie. Les revenus de l'état étaient diminués de moitié, il avait fallu y suppléer par d'autres moyens.

On commença par diminuer les dépenses, en réduisant tous les traitements payés par l'état. Cette retenue fut d'abord de la moitié (1), et il y eut des fonctionnaires qui en supportèrent une plus forte.

On fit comme avait fait Louis XII, on vendit les fonctions publiques (2); mais cet usage de mettre les magistratures à l'encan, était encore plus dangereux dans une république, que dans une monarchie. Les villes furent imposées à cinquante, cent, deux cents marcs d'or. Le clergé fut taxé à un tiers de ses revenus. Tout

---

ainsi que les autres princes de l'Italie, à la discrétion de l'étranger. »

(MACHIAVEL, *Hist. de Florence*, liv. 1.)

(1) Senatus decrevit ut magistratus omnes, provinciales atque urbani, mediam stipendiorum partem reipublicæ remitterent.

(Petri BEMBI *Historiæ venetæ*, lib. 5 et 6.)

(2) Quamobrem omnia passim erunt venalia nempe immerito, quoniam ita senatus et civitatis principes decreverunt. (*Ibid.*, lib. 6.)

le monde envoya son argenterie à la monnaie. Des commissaires furent nommés pour établir une taxe proportionnelle, sur la fortune présumée de tous les citoyens, et ceux qui ne l'acquittaient pas exactement étaient exclus de l'exercice de leurs droits politiques.

La république ouvrit des emprunts, où les citoyens s'empressèrent de verser des sommes considérables; elle se montra exacte à en payer les intérêts; et lorsqu'elle crut pouvoir, dans la suite, les réduire à quatre pour cent, ce fut en offrant, à ceux qui ne s'en contenteraient pas, le remboursement de leur capital (1).

Ces diverses ressources fournirent au gouvernement le moyen de pourvoir à une dépense

---

(1) Pendant la guerre qu'elle eut à soutenir contre les princes unis par la ligue de Cambrai, Venise leva des sommes qui, même aujourd'hui, seraient regardées comme prodigieuses; et, tandis que le roi de France payait, pour l'argent qu'il était obligé d'emprunter, l'intérêt énorme de quarante par cent; tandis que l'empereur, connu sous le nom de Maximilien sans argent, cherchait à emprunter, sans pouvoir trouver de crédit, les Vénitiens trouvaient tout l'argent dont ils avaient besoin, moyennant l'intérêt modique de cinq pour cent.

(*Histoire de Charles-Quint* par Robertson, introduction.)

Tome III.

qui s'éleva, pendant les huit années de cette guerre, à cinq millions de ducats d'or, représentant alors, à dix-sept livres chacun, quatre-vingt-cinq millions de notre monnaie, et au moins le double valeur d'aujourd'hui.

FIN DU TOME TROISIÈME.

TABLE DES MATIÈRES

CONTENUES DANS CE VOLUME.

PAGE.

LIVRE XVIII. Guerre des Florentins, alliés aux Vénitiens, contre le pape et le roi de Naples. — Ligue de la république avec le pape. — Les Turcs appelés dans le royaume de Naples par les Vénitiens. — Guerre de la république contre le duc de Ferrare et le roi de Naples. — Conquête et acquisition de la Polésine de Rovigo. — Ligue contre les Vénitiens. — Le pape les excommunie. — Traité de paix. — Les Français sont appelés en Italie, 1418-1493.. 1

LIVRE XIX. Tableau du commerce des Vénitiens; leurs manufactures; leur marine............... 56

LIVRE XX. Expédition de Charles VIII à Naples, 1494-1498................................... 213

LIVRE XXI. Guerre contre les Turcs. — Conquête de l'île de Céphalonie. — Alliance de la république avec Louis XII; elle acquiert le pays de Crémone. — Louis Sforce chassé du trône, 1499-1501. — Expédition des Français à Naples, sous Louis XII; conquête, partage et perte de ce royaume. — Efforts du cardinal d'Amboise pour parvenir au pontificat. — Sujets de mécontentement du roi de France contre les Vénitiens, 1501-1504. — Occupation de la Romagne par les Vénitiens. — Traité de Blois, entre Louis XII et l'empereur.

— Guerre de la république contre l'Autriche, 1504-1508.................................... 280

Livre XXII. Ligue de Cambrai, 1509. — Guerre de la ligue de Cambrai. — Campagne de 1509. — Bataille d'Agnadel. — Les Vénitiens perdent toutes leurs provinces de terre-ferme. — Leur ambassade à l'empereur. — Ils surprennent Padoue et Vicence. — Siége de Padoue. — Ils se réconcilient avec le pape. 414

Livre XXIII. Campagne de 1510. — Diète de l'empire. — Harangue d'Hélian. — Ligue du pape, des Vénitiens, des Suisses et du roi d'Arragon, contre Louis XII. — Tentatives infructueuses sur Vérone et sur Gênes. — Concile de Tours. — Danger du pape à Bologne. — Siége de la Mirandole. — Campagne de 1511. — Concile de Pise. — Ligue de la Ste.-Union. — Campagne de 1512. — Siége de Bologne. — Prise et reprise de Brescia. — Bataille de Ravenne. — Retraite des Français ; ils perdent presque toute l'Italie...................... 508

Livre XXIV. Campagne de 1513. — Division des confédérés. — Réconciliation et alliance des Vénitiens avec la France. — Mort de Jules II. — Election de Léon X. — Bataille de Novarre. — Bataille de la Motta. — Campagne de 1514. — Désastre des Vénitiens. — Mort de Louis XII. — Campagne de 1515. — Arrivée de François Ier en Italie. — Bataille de Marignan. — Campagne de 1516. — Traité de paix de la France avec le pape et avec les Suisses. — Paix générale, qui termine la guerre de la ligue de Cambrai........................

FIN DE LA TABLE DES MATIÈRES DU TOME TROISIÈME.

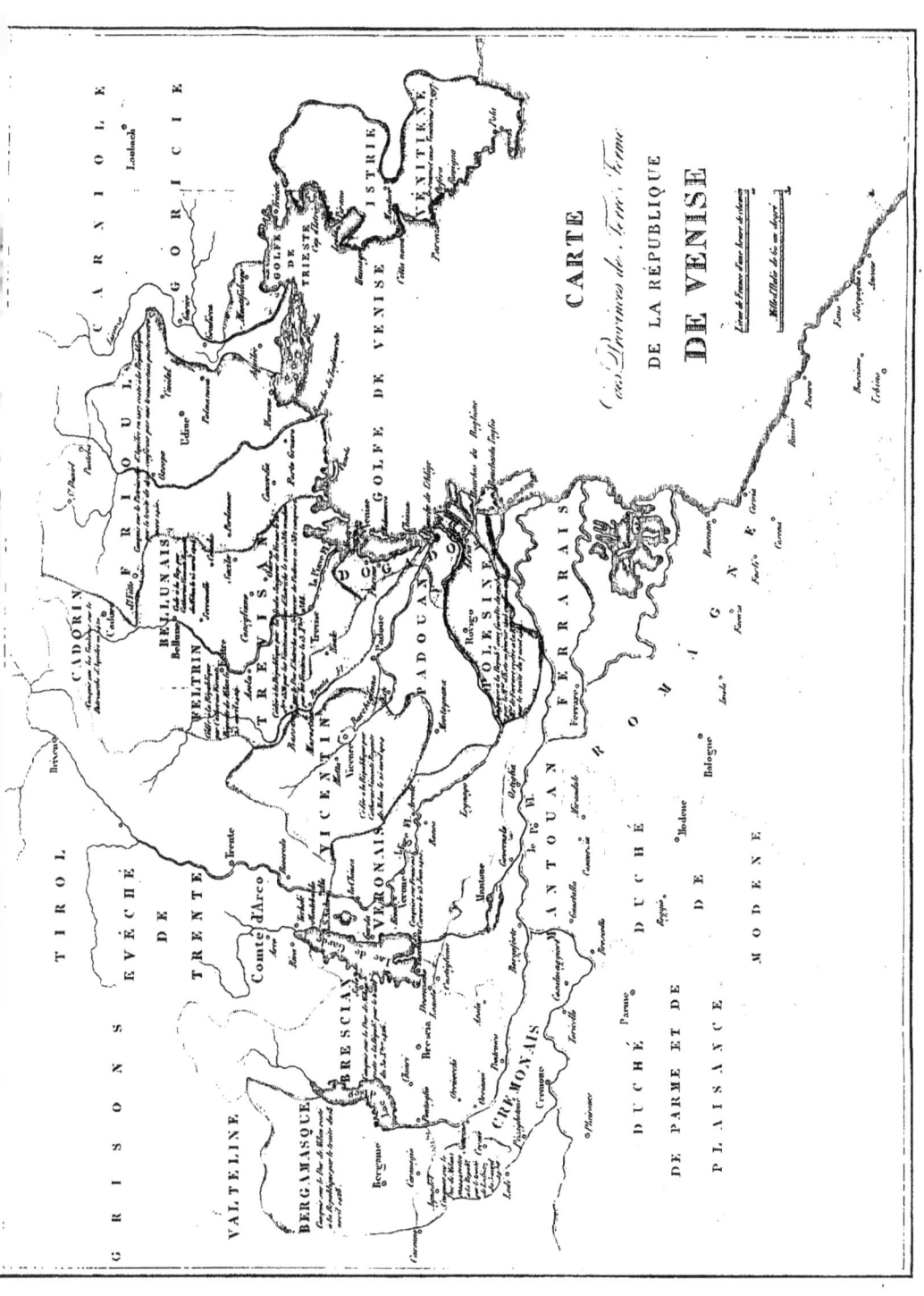

www.ingramcontent.com/pod-product-compliance
Lightning Source LLC
Chambersburg PA
CBHW050321240426
43673CB00042B/1492